Dictionnaire Sar

Gotengaye Constan

John M. Keegan

The Sara-Bagirmi Languages Project

Morkeg Books
Cuenca

Sixième edition

mai, 2017

Ce dictionnaire avec enregistrements pour les mots et les phrases se trouve à

http://morkegbooks.com/Services/World/Languages/SaraBagirmi
\SoundDictionary/Sar/#page1

Cet ouvrage est dédiqué au grand linguist edes langues Saras Jacque Fédry et à la mémoir de Maurice Fournier et Pierre Palayer

Introduction

Sar est une langue Sara parlée au sud du Tchad dans les régions de Moyen-Chari et Mandoul. Selon Keegan (2012) la langue Sar est apparentée aux langues Saras Orientales: le Mbay, le Ngam, le Nar (peut-être un dialecte Sar) et le Daba. Selon Lewis, Simons et Fennig (2013), il y avait a peu près 183,000 locuteurs de Sar en 1993.

Ce lexique contient plus de 3050 mots, 3850 phrases illustratives et 350 expressions idiomatiques. Les informations sur la langue Sar ont été recueillies à N'Djaména au cours des étés 2010, 2011, 2012, 2013, 2014 et 2015 en travaillant avec Gotengaye Constant. Cet ouvrage repose sur le travail du Collège Charles Lwanga à Sarh, et surtout Palayer (1992) et Fournier (1976).

Ce travail a été rendu possible par des dons de *National Endowment to the Humanities* (FN-5007410, FN-5010412 et FN50134-14). Cette édition du dictionnaire contient beaucoup de mots relevés de Palayer (1992). Il nous reste ajouter beaucoup de mots, et surtout les descriptifs.s La plupart des noms scientifiques des plantes sont relevés de Palayer (1977).

Abbréviations

Aux.	-	verbe auxiliare	PrA	-	affixe pronominal

Aux. - verbe auxiliare
Av. - adverbe
Cmp.- « complementizer »
Cnj. - conjunction
Exp. - expr. idiomatique
fréq. - fréquentetif
Id. - ideophone
Inf. - infinitif
Inj. - interjection
Int. - interrogatif
Loc. - locatif
N. - nom
Nin. - nom inalienable
NP. - nom propre
Pr. - pronom

PrA - affixe pronominal
qqc - quelque chose
qqn - quelqu'un
Spc. - « specifier » (article
ou demonstratif)
NPl - marque le pluriel
d'un nom
Num.- numéro
V. - verb
VN - nom verbal
VPl - marque le pluriel du
verbe
VT - verbe tTransitif
v. - voir

Ordre Alphabetique

a, a̰, b, ɓ, d, e, ḛ, g,
h, i, ḭ, ɨ, j, k, l, m, mb, n,
nd, ng, nj, o, o̰, ɔ, p,
r/ɽ, ɗ, s, t, u, ṵ, w, y

Les jeunes Sars de nos jours ne distinguent plus la 'r' de la 'ɽ', et dans ce travail on a utilisé la forme trouvée dans Palayer (1992). Dans l'introduction à Palayer (1970 :XV), Maurice Fournier nous donne une description de la ' ɽ' : "Cette consonne se prononce de la manière suivante: la pointe de la langue légèrement retournée bat contre la partie postérieure des alvéoles (vibrantes rétroflexe à un seul battement) ... En finale, quand elle est syllabique, on a l'impression qu'une voyelle très brève suit la consonne, parce que le voisement sure pendant tout le mouvement articulatoire.

à [à]

AUX marqueur progressif, être en train de (*fonctionner avec* ndì,ndà *et* ò *"être assis, debout, couché"*). **àw̄ ndì à wáɽ nàjī. àw̄ rà à wáɽ nàjī.** Il est parti et il est en train de cause (assis). Il est parti et il est en train de cause (debout). **àw̄ ndì à rā kɩ̀là.** Il est parti et il est en train de travailler (assis). **Ngōn tò à ɓī.** L'enfant est en train de dormir (couché). **Bɔ̀bɩ̄-m̄ ndà à rā kɩ̀là.** Mon père est en train de travailler (debout).

à [à]

AUX marqueur du futur. **à rèē bíṛí.** Il viendra demain.

à [à]

AV marqueur d'interrogation. **Gúrsɩ̀ yā-í tò nṳ̀ṳ́ à?** As-tu de l'argent? **ā mbā à?** Es-tu parti en voyage?

à [à] (Syn: ànī)

CNJ alors (marque la fin de certaines propositions). **ā āw à ī-rèē m-ɩ́là-ī.** Quand tu partiras, viens et je te donnerai une commission.

ā [ā]

AUX marqueur de futur (2ème pers.). **ā ī-rā ì rí ɓōó-làā?** Que vas-tu faire aujourd'hui?

-á

LOC dans, en (*suit noms qui contiennent la voyelle 'a'*). **àw̄ Sáɽ-á.** Il est parti à Sarh. **àw̄ mbàɽ-á.** Il est parti dans la région montagneuse.

INS marqueur d'instrumentalité (avec la prép. kɩ̀).

PRA indique qu'on cherche l'objet. **Kɔ́-í àw̄ ì rá? Kɔ́-m̄ àw̄ màñ-á.** Ta mère est partie où? Ma mère est partie chercher de l'eau.

-á

PRA le, la (accusatif) (*seulement quand le sujet du verbe est à la 3ème pers. du pluriel*). **àdɩ̄-ñ-á yá-kɩsà.** Ils lui ont donné à manger. **ìndà-ñ-á = ìndà-ǹ-ñ.** Ils l'ont beaucoup frappé.

àā

V aller (*v.* àw̄).

àá

INJ hein! **ɩ̄ dá, ī-njīrā ngáy àá!** Toi vraiment, tu marches vite, hein!

àbàkós (Sango)

N veste. **Bɩ̀ṛà-kɔ̀sɩ̀ kɩ́ ngà-yá gī à ò̱ō̱-ñ ì àbàkós.** Les grand-cultivateurs riches portent des vestes.

àbìyō̱ [àbìyō̱, àbìyɔ́ɔ̱̀] (Français)

N avion. **àbìyō̱ à ɩ̀ mbàng kɩ́ kùt-gìdì-kógī.** L'avion va décoller à onze heures.

àdɩ̄

VT donner. **ì ná̱ā̱ ǹ àdɩ̄-ī?** Qui te l'a donné? **àdɩ̄-m̄ mā̱ àlé.** A moi, il ne m'en a pas donné. **ādɩ̄-m̄ bìlō yā-í ādɩ̄ m-ā-ǹ mbā tɩ.** Donne-moi ton vélo afin que je puisse faire un voyage avec. **M-ādɩ̄, ādɩ̄, àdɩ̄, j-àdɩ̄, ādɩ̄-ī, àdɩ̄-ñ** J'ai donné, tu as donné, il a donné, nous avons donné, vous avez donné, ils ont donné **àdī-m̄, àdī-ī, àdī-ǹ, àdī-jí, àdī-sí, àdī-dɨ́** - Il m'a donné, il t'a donné, il lui a donné, il nous a donnés, il vous a donnés, il leur a donnés. **àdī-m̄-ñ, àdī-ñ-ī, àdī-ñ-ǹ, àdī-ñ-jí, àdī-ñ-sí, àdī-ñ-dɨ́** - Ils m'ont donné, ils t'ont donné, ils lui ont donné, ils nous ont donnés, ils vous ont donnés, ils leur ont donnés. **ādī-m̄-ī, ādī-ī-ǹ, ādī-ī-dɨ́** - Vous m'avez donné, vous lui avez donné, vous leur avez donnés.

VT provoquer (une maladie). **Dò kɨ́ njà-m̄ tɨ́ àdī-m̄ kɔ̄ṛ-mbā.** La plaie sur mon pied m'a provoqué un ganglion de l'aine.

ādī

CNJ si bien que. **Kāgī tètɨ̀ ìndà ngòng kɨ wúl̄-ú àdī òsō nàng tɨ.** La branche s'est cassée, si bien que le sac est tombé par terre avec les pois de terre.

àgɨ̀

VI ramper (un enfant). **Ngōn-m̄ àgɨ̀ kɔ̄ɔ́ àdī à njīyā ngɔ̀ṛ.** Mon enfant rampe déjà, bientôt il sera sur pied. **Expr: àgɨ̀ nàā** - s'amuser, jouer ensemble. **Ngōn kɨ àgɨ̀ nàā àlé ì ngōn kɨ́ sàpɨ̀.** L'enfant qui ne s'amuse pas est un enfant retardé.

àgī

VI augmenter en volume. **Mɨ̀njò ǹ ī-ndīr ní àgī ròsɨ̀**

jóò. Les haricots que tu préparais ont augmentés en volume et ils ont remplis la marmite.

Expr: àgī dūn-ǹ - se courber le dos. **Mɨ̀là àgī dūn-ǹ à ngèy-ě ì yégī.** Le chat sauvage se courbe le dos pour guetter le rat.

VT faire enfler. **Líbɨ̀r àgī gír-m̄ ngáy.** L'injection a fait gonfler ma fesse.

ájálà (Arabe)

N vitesse (note expr. ìsà mbàng). **ájálà ɔ̀gī sùwā kɨ̀sà mbàng.** La vitesse a empêché l'arabe de prendre le pouvoir.

Av vite. **āw ájálà ɓē-é nà màñ à èdɨ̀ ngɔ̀r.** Va vite chez toi car la pluie va tomber bientôt.

àjɨ̀

V guérir. **ájī ngōn-m̄ ɓá-à mā̰ m-ādī-ī yá̰ ń ā ī-gèy ní.** Si tu guéris mon enfant, je te donnerai n'importe quelle chose que tu veux.

V sauver. **ì nɨ̀ kɨ-rá ǹ àjɨ̀ bɔ̀bī-ǹ ní?** C'est lequel qui a sauvé son père? **ɓō̰ó-làā m-ájī ngōn màñ-á.** J'ai sauvé un enfant au fleuve aujourd'hui.

ájɨ̀bà (Arabe)

N prostituée. **ájɨ̀bà àsɨ̀ ndì kújɨ̀-ngàw-á àlé.** Une prostituée ne peut pas rester dans la maison conjugale.

àl (Syn: àlà)

VI ramper (une plante). **Wàsɨ̄ ì kāgī kɨ́ à àl nàng tɨ́**

= **Wàsī ì kāgī kɨ́ à àlà nàŋg.** Le melon est une plante qui rampe par terre.

àl

V nager. **M-ál bā m̄-tèē gìdɨ̀ tɨ́.** J'ai nagé et je l'ai traversé.

àɾ

VI monter, grimper. **Bà Súū rèē ɔ̀y wúɾ̀ ròsɨ̀ ngɔ̀ng, ɑ̀ɑ̀ àɾ-n̄ dɔ̀ kāgī tɨ́.** Mais Sou est venu et il a pris un plein sac de pois de terre, et il s'est enfui et grimpa sur un arbre. **Ngōn àɾ̀ dɔ̀ kāgī tɨ́.** L'enfant est monté dans l'arbre. **àɾ̀ gìdɨ̀ ngō-kɔ́-n̄ tɨ́.** Il est monté sur le dos de son frère.

Expr: àɾ̀ [dèē] n̄ɑ̀ɑ̄ tɨ́ - dominer, dépasser [qqn]. **Bɨ̀ɾà-kɔ̀sɨ̀ rā kɨ̀là ngáy àdī kɔ̀ɾ̀ àɾ-n̄ n̄ɑ̀ɑ̄ tɨ́.** Le cultivateur a travaillé si fort que la fatigue enfin s'empara de lui.

VT être trop grand pour. **Kūbī ń àdī-m̄-n̄ ní àɾ-m̄ ngáy.** Le vêtement qu'on m'a donné est trop grand pour moi.

àɾ́   (Syn: àlé)

AV pas, ne ... pas. **Ndīr mìnjò kì ngélē-é àɾ́ .** Elle a préparé les haricots sans natron.

Expr: àɾ́ ɓáy - pas encore. **M-āw àɾ́ ɓáy.** Je ne suis pas encore rentré.

àl-ngáẁ

N sorte de chapeau tressé.

àlà   (Syn: àl)

VI ramper (plante). **Wàsī ì kāgī kɨ́ àlà nàng tɨ́.** Le melon est une plante qui rampe par terre.

àláà

INT n'est-ce pas? **ì ngōn-jɨ̀ mbàkɨ̀ àláà!** C'est notre enfant à tous, n'est-ce pas?

Álà   (Arabe)

NP Dieu. **Álà ì ngè-kùbɨ̀-yɑ́-gī màlàng.** Dieu est le créateur de tous.

álàpó   (Sango)

N pâte de manioc grillée dans récipient sans eau ni huile. **Kété álàpó ì gúsɨ̀ jōó bà ngɔ̀-làā ì gúsɨ̀ mí.** Avant les beignets de manioc étaient a dix francs m ais maintenant ils sont à vingt-cinc.

àlè   (Français)

CNJ alors ... immédiatement (indique enchaînement immédiat). **Rèē ɓá-à àlè bɔ̄ɔ̄-n̄ ɔ̀tɨ̀ kɔ́ɔ́.** Aussitôt qu'il est arrivé son père est parti.

àlé   (Syn: àɾ́)

AV pas, ne ... pas. **Bísɨ́ kógɨ́m̄ gē ìdà nàjī àlé.** Aucun chien ne dit un mot. **Kàdɨ̀-á ní mbàng ɔ̀sɨ̀ ngáy àdī m-ā m-āw lò tɨ́ àlé.** A midi, comme le soleil tape dur, je ne suis pas sorti. **Jɨ̄ɨ̄ ngè-ɓògɨ̀ àlé.** Nous ne sommes pas des voleurs.

àlgépɨ [àlgép, àlgépɨ]
N chapeau en paille. **Bàlsá kɨ́ ngò-làā gɨ̄ ò̰ò̰-n̄ àlgépɨ àlé.** Les jeunes galans de nos jours ne portent pas chapeaux en paille.

àlgétɨ [àlgét, àlgétɨ]
AV instrument de musique en forme de corne allongée. **ásgàr gɨ̄ à kɔ̄ŕ-n̄ àlgétɨ kɨ-ndòý tā à rā-n̄ kɨ̀là ɓáy.** Les soldats sonnent la trompete le matin avant de travailler.
Expr: kɔ̄ŕ àlgétɨ = ɓāṛ àlgétɨ - sonner la corne.

àlú
N race de grand mouton. **Bàtɨ̄ àlú ì bàtɨ̄ kùl̄ Mbōrō gɨ̄.** Le mouton "alu" est un mouton que les Foulbés nomadiques élèvent.

àmèríkɨ (Français)
NP l'Amérique. **Lò kàw̄ àmèríkɨ̀ tɨ́ kɨ kàmyō̰ gòtóō.** Il n'est pas possible aller en amérique en camion.

àmpúl̀
N maladie, sorte d'infection. **àmpúl̀ ì mò̰y kɨ́ tōr ngáy, à rā kàdɨ dèē gɨ̄ gēé mbɔ́ṛ dèē gɨ̄ gēé.** L'infection "ampul" est une maladie que fait beaucoup mal, elle attaque la poitrine ou la joue des gens.

àmsótɨ (Arabe)
N abcès ganglionnaire à l'aîne ou à l'aisselle. **àmsótɨ tōr-m̄ ngáy àdɨ̄ m-āw-ň dòktōr-ó.** L'abcès ganglionnaire me derange

beaucoup et je vais à l'hôpital (avec).

àmbɨ̄ɨ
N pommade pour éclaircir la peau. **Dèē gɨ̄ gḛ̀ḛ̀-n̄ dɨ̰yá̰ ngé ndùm àmbɨ̄ɨ gɨ̄ àlé.** Les gens n'aiment pas les femmes que dépigmentent (leur peau) avec la pommade pour l'éclaircir.

àn̄
VI fructifier. **Kòń-làā mángò gɨ̄ àn̄-n̄ ngáy.** Cette année les manguiers donnent beaucoup de fruits.

àn̄
VT faire des boulettes pour la bouille. **ān̄ kɔ̄rɔ̄ bɨ́yā̰ bò tá màjɨ kà̰ȳ.** Fais les boulettes de la bouillie grandes et elles seront bonnes à manger.

ànɨ̄
CNJ alors. **Kɨ-dù-lòý làā ànɨ̄, ngàṛ ìlà pàjā gō dèē-gɨ̄ tɨ́ yā rā sàrìyà tā.** Au lever du jour, le chef envoya un serviteur les chercher afin de faire le jugement. **Ré ɨ̄-tógó jɨ̄-í àɨ́ ànɨ̄ ā íngá mò̰y.** Si tu ne laves pas les mains tu vas devenir malade. **Ré m-ɔ́dɨ́ gúsɨ yā-í ànɨ̄, m-ỳ.** Si j'ai touché ton argent alors que je meure!

àndɨ̄
VT avoir des rapports sexuels (avec nà̰ā̰).
VT violer, avoir des rapports sexuels avec la force. **Dɨ̀ngàm kɨ́ tɔ̀gɨ àndɨ̄ ngōn kɨ́ dūú.** Un homme

adulte a violé une petite fille.

ángàl (Arabe)
V caractère. **Ngōn ń-tòō ùn ángàl bɔ̀bī-ǹ àlé.** Cet enfant n'a pas le caractère de son père.

àngìrépì (Arabe)
N lit de petits bois. **ɓɔ̀rɓɔ̄r gī ì ngáy kūtí àngìrépì yā-ḿ tì.** Il y a beaucoup de punaises dans mon lit en bois.

árgè (Arabe) (Syn: yérgè)
N boisson alcoolisée (forte). **árgè ì kàsì kí à rā-ñ ì kì ngàlì-á, bà bíl-bìl ì kàsì kí à rā-ñ ì kì ūwá-á.** L'argi est une boisson fabriquée à base du manioc tandis que le "bil-bil" est fabriqué à base du mil. **Kɔ́-ḿ rā árgè.** Ma mère prépare de la boisson alcoolisée (normalement pour la vendre).

ásgàr (Arabe)
N soldat, militaire. **ásgàr gī ì dèē gī kí ngɔ̄dī-ñ kàmyɔ̄ ngáy.** Les soldats sont des personnes qui roulent les voitures à toute vitesse.

àsì
VI être suffisant, assez. **M-āw kì kújí kógīḿ bèē, àsì tām yē dìyá jōó tì àlé.** Je n'ai qu'une seule case, pas suffisant pour deux femmes.
Expr: **àsì bèē** - comme ça. **Ngō-kɔ̄-í à rā ì rí ǹ ìngà-ň gúsì àsì bèē.** C'est quoi que ton frère a fait pour trouver autant d'argent?

Expr: **àsì [gúrsì] àlé** - ne valoir pas [argent]. **Kīnjá kí dūú bèē ń-tòō àsì gúrsì kùtì-mí àlé.** Une toute petite poule comme ça ne vaut pas 250 francs.
Expr: **àsì nàā** - être égal, le même. **Ngāl-dí àsì nàā dèpì.** Ils sont exactement de la même taille.
Expr: **àsì tā** - arriver (temps, moment). **Kàdì àsì tā.** Il est midi maintenant.
VT suffire, être suffisant pour. **àsì-sí ɓóó-làā, nà kɔ̀r rā-sí ngáy.** Cela vous suffit pour aujourd'hui, vous êtes très fatigués. **Mùr àsì-ḿ kɔ̄ɔ̄.** La boule me suffit maintenant.
VI être environs. **Tò làā àsì mí.** Il y a environs cinq.
VT pouvoir. **Màň kí kìdì, ngōn àsì kà̀ȳ àlé.** L'eau aigre, un enfant ne peut pas la boire.

àtì
VI être tranchant. **Tà kìyā yā-ḿ àtì ngáy.** La lame de mon couteau est très tranchante.
Expr: **jī [dèē] àtì** - [qqn] être adroit. **Kí ngè kù̀ só jī-ǹ àtì ngáy.** Le quatrième était très adroit.

àtī
VI être amer. **Górò àtī ngáy.** La noix de kola est très amère.

átìsō
N éternuement. **ḿ-gèy kùr átìsō bà tèē àlé.** J'ai besoin

d'éternuer, mais il ne sort pas.

àẃ
INT hein? **āw à ī-rèē àẃ?** Tu vas et tu viens, hein?

àw̄ (Syn: àā)
VI aller. **Kṵ́-ḿ àā súkī́-ú dù-lòý làā.** Ma mère est allée au marché ce matin.

àw̄
VI développer (les tubercules). **Bāngàw kí ndɔ̀r̄ kí kàtī-á à àw̄ màjì ngáy bà nèī̀ àlé.** La patate cultivée avec l'engrais développe très bien mais elle n'est pas agréable.

àȳ
VI être sec (surface). **Kūbī yā-ḿ àȳ àḭ́ ɓáy.** Mes vêtements ne sont pas encore secs.
Expr: **r̥ɔ̄ [dèē] àȳ-ǹ -** [qqn] être faible (à cause d'une maladie). **Dɔ̀-ḿ tōr-ḿ àdī r̥ɔ̄-ḿ àȳ-ḿ ngáy.** J'ai mal à la tête et alors je suis très faible.
Expr: **njà/jī [dèē] àȳ -** [qqn] avoir la jambe/main engourgie.

àyá
INJ quoi! (marque étonnement). **àyá! Njīrā gír-ǹ séngē!** Quoi! Il marche nu!

à [àà]
VT voir. **Dàn-ń ɓɔ̀ŋg rèē ànī, à-dí àlé.** Lorsque l'hyène revint, elle ne les vit pas. **m-áà̰, áà̰, à, j-à, á-ī, à-ñ -** je vois, tu vois, il voit,

nous voyons, vous voyez, ils voient.
VT regarder. **á dḭ̀ȳá ń à ùr yá̰ nò, gòy yē-ǹ ngāl ngáy.** Regarde cette femme qui pile là, son pilon est très long.

-á̰
LOC a, dans, de (*avec noms dont la dernière voyelle est a̰*). **Ngōn-ḿ òsō dɔ̀ kḭ̄ȳa̰-á̰ àdī jī-ǹ ɓīngā.** Mon enfant est tombé de l'arbre de karité et il souffre d'une luxation du poignet.

à̰ā̰ (Syn: à̰ȳ)
VI fuir, s'enfuir. **à̰ā̰ àw̄ kèm bèmbèé, àw̄ ndì à nṵ̄.** Elle s'enfuit, elle alla en brousse et se mit à pleurer.

à̰ā̰
N planter, repiquer (arbre, bois) (*accent de Koumogo; v.* ìgà). **à̰ā̰ ndògī gìdì kújì-ú.** Il a planté du secko autour de la maison.

à̰á̰
INT quoi? (indique qu'on n'a pas entendu/compris). **à̰á̰? ídà nè ì rí?** Quoi? Qu'est-ce que tu dis?

à-á̰
AV non. **à-á̰, m̄-gèr̄ kùm àḭ́ ɓáy.** Non, je ne comprends pas encore son sens.

à̰á̰ā̰
AV oui. **à̰á̰ā̰, tò nṵ̀ ṵ́ kàr̥ī ɓáy.** Oui, il est toujours là et tout va bien.

à̄ȳ

VT boire. **M-úwà dùl, nà dùl à̄ȳ màñ.** J'attrape la biche-cochon, car la biche-cochon boit l'eau. **àdī ī-rèē ī-tá̧ bíyā̧ ādī m-ā̧y.** Alors viens me préparer de la bouillie pour que je mange. **ādī-m̄ màñ m-ā̧y.** Donne-moi de l'eau à boire.

à̄ȳ (Syn: à̧ā̧)

VI fuir, s'enfuir; courir. **Bísí njīrā kī ṟɔ̄-ḿ tí kàdī dò̧-m̄, bà m-ā̧y kɔ́ɔ́.** Le chien se dirigeait vers moi pour me mordre, mais j'ai fui. **m-ā̧y, ā̧y, à̄ȳ** - je fuis, tu fuis, il fuit.

à̄ȳ

VI donner de fruit (un tubercule). **Kɔ́ń-làā ngúī̀ yā-ḿ à̄ȳ ngá̧y.** Cette année mes ignames ont donné beaucoup de fruit.

bà [bà]

CNJ mais. **Sēngē yā-ḿ tò nù̧ú̧ bà mbùtì kɔ́ɔ́.** J'ai une moustiquaire, mais elle est trouée. **Bà ā ī-ndì ì rá?** Et où es-tu resté? **m̄-ɓēṟ-ǹ kìsà yá̧ sè-jí bà mbātí.** Je l'ai invité à manger avec nous mais il n'a pas voulu.

bà [bàà]

VI être nombreux. **Bòlò yégī ní bà ngá̧y.** Les terrains des rats sont nombreux. **Sár̀-á dèē-gī bà-ñ ngá̧y.** À Sarh les gens sont très nomreux.

VI être large. **Ndɔ̄r̄ yā-ḿ bà ngá̧y àdī m-ásí ndɔ̄r̄ kí-**

kér̀-ḿ àlé. Mon champ est très large, je ne peux pas le cultiver tout seule.

bà [bàà]

N terrain actuellement cultivé (*normalement avec* ndɔ̄r̄; *sens limité*). **M-āw bà ndɔ̄r̄ yē kà-ḿ tí.** Je vais dans le terrain du champ de mon grand-père.

bā [bāā]

N fleuve, rivière. **Màñ bā ì lò kógī nà̧ā̧ lé, ī-lō kìyà̧-ī ngán gī kàdī àw̄-ñ kūtì.** L'eau au fleuve n'est pas un endroit pour s'amuser -- ne laissez pas les enfants y aller. **m̄-gāng bā kì tò-ó.** Je traverse le fleuve avec une pirogue.

Expr: tàl bā - la rosée du fleuve.

bāá

N trou en terre; terrier. **Bāá yégī ì ngá̧y kújí yā-ḿ tí àdī m-ūtī sȩ́y.** Les terriers de rats sont nombreux en ma maison, je vais les fermer un peu.

bāá-yò

N fosse (pour un cadavre). **Dèē-kí-dìyá̧ ndēr bāá-yò àlé.** Une femme ne creuse pas la fosse pour un cadavre.

bàaa [bààà]

ID partout (disperser) (*descr. de* tí̧í̧). **Tànjì gī tí̧í̧-ñ nà̧ā̧ bàaa kèm mù̧ gī tí.** Les pintades se dispersent partout dans les herbes.

bàbá

N papa (langage enfantin). **Bàbá àw̄ ndɔ̀r̄-ɔ́.** Papa est parti au champ.

bābādîì

N pou (surnom) (*origine du livre l'école africaine "Mamadou et Bineta", où Babadi ne se lavait pas*).

bábáng

ID indique la perte de connaissance ou de sensation (descr. de sìtī). **Ndéỳ sìtī-ǹ bábáng.** Les coups de chicotte lui ont fait perdre connaissance. **ID** complétement (sourd). **Mbī-ǹ mbó bábáng.** Il est complétent sourd.

bàbáà̰

N esp. d'oiseau aquatique.

bādī

N sac en peau (souvent pour le gibier). **Dèē gòō̰ kèm bādī yē gáw àlé.** On ne peut pas regarder l'intérieur du sac d'un chasseur (parce qu'il ne veut pas).

bàdì

N type of plant [Stylochiton sp.]. **Bàdì ì ndījá kɨ́ ndòō̰ ngáy.** Le "badi" est un oignon sauvage qui démange beaucoup.

bàdī

VI être inactif sans rien faire. **ílá ngōn-í làkɔ́l-ɔ́ àĺ nà̰á̰ bàdī kɔ́ɔ́ ní.** Tu n'as pas envoyé ton enfant à l'école, c'est pourquoi il ne fait rien. **VI** rester sans finir, inachevé. **ì rí ǹ rā yá̰ á tà**

kɨ̀là yē-í bàdī kɔ́ɔ́ bèē? Qu'est-ce que ce passe pour que ton travail reste inachevé comme ça? **VT** rendre inactif, paresseux. **árgè bàdī-dɨ́ kɔ́ɔ́.** L'alcool les a rendus inactifs.

bádɨ́bóỳ

N engoulevent (*on dit aussi lébɨ̄*). **Bádɨ́bóỳ ɨ̀ bàl ngáy ndɔ̄ɔ́. Kùm-ǹ tò ɓōí ngáy.** L'engoulevent saute beaucoup pendant la nuit; ses yeux sont effrayants.

bādīm

N fourmilier (*v.* mbār). **Bādīm ì dà̰ kɨ́ dèē à ìsà dà̰-ǹ àlé.** Le fourmilier est un animal que les gens ne mangent pas sa viande.

bàgétɨ (Français)

N baguettes circulaires de la charpente du toit. **M-ā m̄-sā kāgī lèng-léǹg kàdī m̄-rā-ň bàgétɨ.** Je vais chercher le bois de l'arbre "leng-leng" pour fabrique baguettes circulaires du toit avec.

àgɨ̀

ID complètement, entièrement (couvrir). **ìnā bájò dɔ̀-ǹ tɨ́ bàgɨ̀.** Il l'a recouvert entièrement d'une

11

couverture. **Jākā tíbī dɔ̄-ɱ̀ bàgɨ̀.** Le chapeau me couvre complètement la tête.
ID dans son intégralité, tout entière (verse, se renverser). **Mùr̄ sébī nàng tɨ́ bàgɨ̀.** La boule s'est renversée tout entière par terre.

bágɨ̀
N bac. **Jɨ̀-tēē màñ kɨ̀ bágɨ́-á.** Nous avons traversé le fleuve avec le bac.

bágɨ́-dàr (Arabe)
V pouvoir (pas: toujours dans une phrase négative). **Jɨ̀-bágɨ́-ī-dàr gāng màñ ɲ́-tòō àlé = jɨ̀-bágɨ́-dàr-ī gāng màñ ɲ́-tòō àlé.** Nous ne pouvons pas traverser ce cours d'eau.

bàgɨ̀jà
AV aussitôt. **Ngōn tēē kèm kɔ́-ɲ̀ tɨ́ bàgɨ̀jà ō ɔ̀r̄ nàjī ō.** Aussitôt que l'enfant est sorti de sa mère (était né) il a commencé à parler.
ID d'un coup, sans difficulté (accoucher). **òjɨ̀ ngōn bàgɨ̀jà.** Elle a accouché d'un coup (sans difficulté).
Av brusquement, avec la force. **ìnā jóò nàng tɨ́ bàgɨ̀jà tɔ̄.** Il a mis le canari sur la terre brusquement et il est cassé.

bàgɨ̀m
ID abonnament (large: descr. de là). **Kɨ́ɓō mɔ̀y là bàgɨ̀m.** Le couvercle du grenier et large et deborde.

bájàl (Arabe)
N maladie vénérienne, la gonococcie. **Bájàl ì mɔ̀y kɨ́ à rā mɔ̀tɨ̀ dèē gī.** La gonococcie est une maladie qui attaque le pénis des hommes.

bàjɨ̀
N mâle du guib harnaché tòw. **Ré bàjɨ̀ rēē kèm ɓē-é à dèē à tɔ̄l-ɲ̀ àlé tɔ̀dɔ̄ ì ndíl dèē kɨ́ tɔ̀gɨ̀ kɨ́rēý ɲ̀ tél.** Si un guib harnaché entre dans le village on ne le tue pas parce que c'est l'âme d'un ancien qui est revenu.

bájò
N couverture. **Mā̰ tá à m̄-ɓíɽ̄ r̄ɔ̄-ɱ̀ kɨ̀ bájò-ó.** Quant à moi, je m'enveloppe dans une couverture.

bákɨ̀ [bák, bákɨ̀] (Français)
N baccalauréat. **Ngōn rā bákɨ̀ njà mɨ̀tá bà ìngà àlé.** L'enfant a fait le baccalauréat trois fois mais il n'a pas réussi.

bàkúrī
N torteau d'arachide. **bàkúrī à yá̰ kɨ́ à rā-ñ ì kɨ̀ wúdùm-é.** Le torteau est une chose qu'on prépare avec les arachides.

bàl
N saut (*normalement* kɨ̀ bàl *'sauter'*). **Dùl ì dā̰ kɨ́ ngɔ̄dī ngáy ō ɨ̀ bàl ngáy ō.** La biche-cochon est un animal que court vite et saute beaucoup.

bàl

N bouc. **Bàl ì bī̠yā̠ kí dìngàm.** Le bouc est une chèvre mâle.

bàĺ

V passer sans s'arrêter. **Bàl̀ kànjī rā-jí lápíyà.** Il est passé sans nous saluer.

báĺ (Français)

N balle (pour les jeux). **Bàĺ ndūbī àdī dèē gī ɓóĺ -ñ màlàng.** La balle a éclaté et les gens ont pris peur.

N football. **Ngán gī ìndà-ñ báĺ tà làkɔ́ĺ tí.** Les enfants jouent au football devant l'école.

Expr: ìndà báĺ - jouer au football.

bàl-kí-mòɍyò̠

N esp. d'oiseau, Loriot Doré. **bàl-kí-mòɍyò̠ ì yèɍkí à ìsà mātī ngáy.** Le Loriot Doré est un oiseau qui mange beaucoup le (fruit du) néré.

bàl-wùsì

N punaise (*accent de Koumogo; v.* ɓò̠ɍɓō̠ɍ).

bààlō

N creux, sans jus (une tige). **Kádí kí ɓāl-á bààlō.** La tige de la saison sèche n'a pas de jus.

bàlsáà

N jeune homme, galant (*on dit aussi* bàsá). **àdī bàlsáà-gī àw̄-ñ nùng-ǹ tí, bà bòbī-ǹ ɔ̀dì àlé.** Et beaucoup de galants venaient faire la demande en mariage, mais son père refusait.

VI être beau. **Ngōn ngā̠ɍ bàlsá ngáy, àdī màndɪ gī màlàng gè̠y-ñ nùng-ñ-ǹ.** Le fils du chef est très beau, toutes les jeunes filles veulent le marier.

bàĺ yā

V détruire complètement. **Hòr bàĺ yā lò.** Le feu a tout détruit.

VI n'être plus amer (et alors bon à manger). **M- īnā ngàlìyà màñ-á ndɔ̄ mìtá àdī ń-tòō bàĺ yā kɔ́ɔ́.** J'ai laissé le manioc dans l'eau pendant trois jours et maintenant il n'est plus amer.

báɱ

V tâtonner; utiliser tous les moyens possibles pour obtenir ce qu'on veut. **Bòbī-ɱ gèɍ rā bìlō àlé bā báɱ máɍ̀ày àdī òsō nà̠à̠ tí.** Mon père ne sait pas réparer les vélos mais il tâtonne jusqu'à réussir.

bámbā

VI réussir, avoir valeur. **Ngōn-í à gè̠y rā làkɔ́ĺ àlé àdī à bámbā dúníyà tí àlé.** Ton enfant ne veut pas aller à l'école et alors il ne vas pas réussir dans la vie.

Expr: bámbā kì [dèē] - [qqn] avoir la chance de trouer quelque chose. **Lò-sòl-í ré bámbā sę́y sè-ɱ ɓá-à m-ā ɱ-rèē.** Ce soir, si j'ai la chance de trouver quelque chose je viendrai.

VI être efficace. **Dáwá ń-tòō bámbā ngáy.** Ce médicament est très efficace.

bàmbı̀

N esp. d'herbe utilisée pour tresser la corde. **M-ōjō ndògī kı̀ kı̀lā bàmbı̀-á.** Je tresse le secko avec la corde de l'herbe "bambi".

bàmbō

N piège à oiseaux (*on dit aussi* bòmbō). **Bàmbō ì gūm kı́ à ùwà-ñ-nèé yèɨ̄-gī** Le "bambo" est un piège qu'on attrape les oiseaux avec.

bàmbo̱

N esp. d'arbuste [Moringa oleifera].

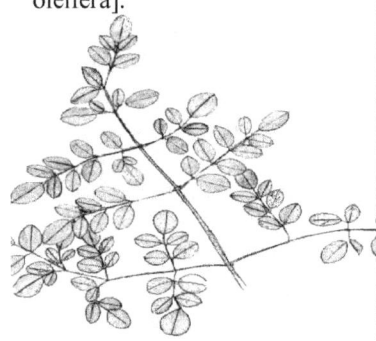

bànáǹ (Français)

N banane.

N bananier. **Bànáǹ ì kāgī kı́ à àñ njà jōó àlé.** Le bananier est un arbre qui ne donne pas de fruits deux fois.

Bànànà

NP Massa (un peuple du Mayo-Kebbi) (*v.* Màsà).

Bándà

NP Banda, population centrafricaine. **Bándà gɨ̄ ì ngáy Sár̄-á.** Il y a beaucoup de Banda à Sarh.

bàndē

N cache-sexe féminin de jadis. **Kété dı̱̀yá̱ gɨ̄ à ò̱-ñ ì bàndē.** Avant les femmes portaient des cache-sexes.

bàndì-sàlàw (Syn: kı̀mā)

N esp. d'arbuste [Jatropha euphorbiaceae]. **Bàndì-sàlàw ì kám kı́ dèē gɨ̄ à gɨ̄r̄-ñ-nèé lò yē-dı́.** Le Jatropha est un arbuste que les gens utilisent pour entourer leurs concessions.

bándı̀ (Syn: bɨ̄r̄ā)

N filet. **Yō̱, ì bà̱ý á ó̱ bándı̀?** Termite, pourquoi manges-tu le filet de chasse?

bándɨ̄lā

VT se draper, enrouler autour de soi. **Bándɨ̄lā bájò gír̄-ñ tı́.** Il s'est mis une couverture autour des reins.

bàng

AV juste; vrai. **Ré mā̱ ǹ m̄-rā yá̱ ń-tòō bàng ɓá-à kàdī mbī mātī ń-tòō tɔ̄l-m̄.** Si vraiment c'est moi qui aie fait cette chose, que cette feuille qui est néré me tue.

bāngá

N esp. d'arbuste, "manioc de caoutchouc". **Bāngá mbī-ñ à rā-ñ-nèé ì tá̱, bà ngɨrà-ñ à rā-ñ-nèé ì árgè.** La feuille de l'arbuste "banga" est utilisée pour

faire la sauce, sa racine pour
fabriquer le "argi".

bāngàw
N patate douce. **Bāngàw kɨ́
tɔ́ɍ à ndīr-ñ ì kɨ̀ yìbī-í.** La
patate douce pelée, on la
prépare avec de l'huile.

Bāngīí
NP La République
Centrafricaine. **Dèē gī
Bāngīí gī ń àỹ-ñ rɔ̄ ní nì-ñ ì
ngáy Sár-á.** Les gens de
Centrafrique qui ont fui la
guerre sont nombreux a
Sarh.

bàńglā
VT fatiguer, épuiser. **m̄-
ndɔ̄ɍ kùm mbàng-á ngáy
àdī mbàng bàńglā-m̄.** J'ai
beaucoup labouré beaucoup
sous le soleil et le soleil m'a
fatigué.

bànjàng
AV en grande quantité,
abondante. **Màñ rà
bànjàng kèm bɨ̀lò-ó.** L'eau
est abondante dans le puits.
**Ɨ-ɓōkɨ́ tá bànjàng ādī j-ò̰-ń
mùɍ.** Verse beaucoup de
sauce pour que nous
mangions ainsi la boule.

bānjī
N lèpre. **Yày ndīngā bānjī.**
Le paresseux convoite la
lèpre.

bānjī-hāyā
N maladie de la peau qui
provoque démangeaisons (v.
aussi l'herbe hāyā qui
provoque démangeaisons).
**Bānjī-hāyā ì mò̰y kɨ́ ndò̰
ngáy, gòtóō ngò̰-làā.** "Banji

haya" est une maladie qui
provoque beaucoup de
démangeaisons, il n'existe
pas maintenant.

bānjī-kèdī
N maladie de la peau,
attaque mains, bouche,
oreilles. **bānjī-kèdī ì mò̰y kɨ́
à ɍó̰ỹ dèē gī kɨ̀ dò-ó.** "Banji
kedi" est une maladie qui
provoque des plaies suur les
gens.

bàɍ
N bois plat, planche. **Dèē-
kɨ́-dìngàm gī òtō-ñ kīɍ kɨ̀
bàɍ-á.** Les hommes portent
le fagot sur un bois plat.

bàɍ̄
N sorghum dont les épis
sont vides ou dont les
graines sont mal formés (v.
aussi jòr). **Bàɍ̄ ì ngáy kèm
ūwá yā-m̄ tɨ́.** Il y beaucoup
des épis mal venus dans
mon champ de sorgho.

bár̀
N bar. **ájɨ̀bà gī gèy-ñ lò kɨ́
bár̀ tɨ́ ngáy.** Les prostituées
aiment beaucoup l'ambiance
du bar.

bārā
VI s'élargir, être élargi
(qqc. de souple et
circulaire). **Tà bòɍ̄ bārā
bɨ̀sɨ̀sɨ̀.** Le groin du
phacochère est élargi et
retroussé.
VT élargir (en forçant). **Tà
jākā yā-m̄ dūú ngáy àdī m̄-
bārā tà-ǹ.** L'ouvrture de
mon chapeau est trop petit,
je vais l'élargir. **M-ā m̄-**

bārā tà-í. Je te vais élargir la bouche (ménace).

bárá
NIN trou pour semer. **Ré ītílā tà bārā kì gō-ó àlé à kó-nàṛ gī à ɔ̀y-ñ wúdùm kɔ̄ɔ́.** Si tu ne fermes pas bien le trou pour semer alors les fourmis vont ramasser les arachides.

bàrátì (Arabe)
V théière. **Bàrátì ì yá̰ ndīr sáỳ.** La théière est une chose pour préparer le thé.

bàrbár (Arabe)
V montrer supériorité, faire l'important. **Tò gír rā bàrbár tí kàṛī, bà rā yá̰ kí ngáā àlé.** Il ne fait que se montrer, mais il ne fait rien de valable.

bàrkà
N coupe-coupe, machette. **Bàrkà ì yá̰ tígā kāgī.** La machette est une chose pour couper les arbres.

bàrká
N tabouret en bois, en forme de sablier (*utilisé par les initiés du* ndò-tḛ̄y *ou bien* dò-gɔ̀jì). **Ndò-tḛ̄y gī à ndì-ñ ì dɔ̀ bàrká tí à ndì-ñ dɔ̀ dá nàng tí àlé.** Les initiés se assient sur le tabouret en bois, ils ne restent pas par terre.

bàrtáĺ (Arabe)
N plateau en paille tressé. **Ngɔ̀-làā ngé-kùn-kàmyɔ̄ gī à ndì-ñ ì dɔ̀ bàrtáĺ tí tām kàdī ndàm rā-dí àlé.** À nos jours les chauffeurs s'assoient sur les plateau en paillé tressé pour eviter l'hernie testiculaire.

bàsá
N jeune homme, galant (*v.* bàlsáà).

básàl (Arabe)
N oignon. **Dèē gī à ndɔ̀r̄-ñ básàl Sár-á ì tām yā kɔ̰̀ mbī-ǹ.** Les gens cultivent l'oignon à Sarh pour manger sa feuille.

básì
AV précisément, exactement. **ì kèm-ḿ básì tōr-ḿ ngá̰y.** C'est au ventre précisément que j'ai très mal.

bàtàkúmbá (Sango)
N apprenti chauffeur. **Bàtàkúmbá ì ngè rā kìlà kì ngè-kùn kàmyɔ̄.** L'apprenti chauffeur est quelqu'un qui travaille avec le chauffeur.

bàtàng
N esp. de petit animal, Galago de Sénégal. **Bàtàng ì ngōn dā̰ kí kùm-ǹ bò ngá̰y, à gól ngé-ndɔ̰̀ gī.** Le galago est un petit animal à grands yeux, il trompe les chasseurs.

bàtì
ID d'un coup (couper, casser: descr. de). **Kìlā gāng bàtì sè-nèé àdī ìsō.** La corde s'est cassé d'un coup et ça l'a fait tomber.

bàtī

N mouton. **Bàtī gī ɓōĺ -ñ kúwá-dɨ́ tītī bḭ̄yā̰ gī àlé.** Les moutons ont moins peur de leurs propriétaires que les chèvres.

bátɨ́

AV de tout (pas). **ɓōó-làā màjɨ̀ sè-ḿ àĺ bátɨ́.** Aujourd'hui n'est pas du tout bon pour moi.

AV jamais. **M-á̰ Njàménà àĺ bátɨ́.** Je n'ai jamais vu N'Djaména.

bátɨ́-bátɨ́

AV en pièces, en morceaux (*on dit aussi* bétɨ́-bétɨ̀). **Rɔ̄-ñ nā̰ā̰ àdī kūbī kɨ́ rɔ̄-ǹ tɨ́ tò bátɨ́-bátɨ́.** Ils se sont bagarré et le habit qu'il porte est en pièces.

bàtī-dɔ̀-ndà

N esp. d'herbe annuelle à inforensce argntée [Celosia trigyna].

bàtú (Arabe)

N chat (*origine Kanuri; v.* mɨ̀là). **Ré bàtú ì kújɨ́-ú à yégī gī gòtóō-ñ.** S'il y a un chat dans la maison il n'y aura pas de rats.

bày

N petite poterie (pour la sauce ou bien la boule). **Bày ì kār kɨ́ tɨ̀ngā mùr̄ ngá̰y.** La poterie pour la sauce est une "calebasse" qui maintient la boule bien chaude.

bày

AV complètement (rasé) (*on dit aussi* bày-ndà). **m̄-ndɨ̀sā dɔ̀-ḿ bày.** J'ai complètement rasé la tête.

bày

N partie plate (de qqc dur). **bày nò, bày tà tò, bày tà jóò** devant de la pirogue, devant du front, couvercle plat de la jarre **Ngé nēl tò gī à ndɨ̀-ñ ì bày tà tò tɨ́.** Celui qui pagaye reste dans le devant de la pirogue.

bày

VI être large (*v.* bà). **Tà jó bày ngá̰y.** L'ouverture de la jarre est très large.

VT élargir. **Jɨ̀-bày tà róbɨ̀.** Nous élargissons la route.

bày-dɨsā

N poterie hémisphérique contenant l'eau destinée au rasage des cheveux des initiés.

bày-tà-tò

N partie plate du pirogue, derrière ou devant. **Ngè nēl tò ndɨ tà bày-tà-tò tɨ́ tá à nēl-ň ɓáy.** Le piroguier s'assieds dans la partie plate de la pirogue d'abord pour la conduire.

Bāyā

NP Gbaya. **Bāyā ì-ñ dèē gī kɨ́ ɨ̀ñ Bāngīí.** Les Gbayas sont des gens qui viennent de la République Centrafricaine.

bà̰

[bà̰à̰]

N place, surface de terrain. **ɔ́tɨ̀ bà̰ tà róbɨ́ tɨ́ kɔ̄ɔ́.** écarte-toi de la place devant la porte.

bàā̰

N rancune. **Bà̰ā̰ yā bɔ̀bī-í nà̰y dɔ̀-í tí.** La rancune de ton père reste sur toi.

bá̰à̰ (Français)

N banc. **Kété jóò ngōn kí dūú ndì dɔ̀ bá̰à̰ tí ìsà yá àlé.** Auparavant un petit enfant s'est pas assis sur un banc pour manger.

bà̰á̰m̀

N esp. d'oiseau, Rollier d'Abyssinie. **bà̰á̰m̀ ìdà nà n̄-njīrā ɓà̰ɽ-á àlé nè yèdī kīɓā òtɪ̀-ǹ."** Le Rollier d'Abyssinie dit qu'il ne se promène pas dans la saison des pluies de peur que les déchets du repas des feuilles d'haricot répandent une odeur sur lui.

bà̰y (Syn: sē)

N odeur. **Bà̰y-ǹ ìsō dɔ̀-m̀ tí.** Son odeur m'a saisi (j'ai envie de vomir).

bà̰ý

INT comment. **ì bà̰ý?** Comment vas-tu? **ì bà̰ý ń dèē gī ngóō-n̄-ī bèē?** Comment se fait-il que les gens t'attendent en vain? **Expr: ì bà̰ý ń -** c'est pour quoi que. **Yō̰, ì bà̰ý ń ọ́ bándɪ?** Termite, pourquoi manges-tu le filet de chasse? **Expr: ì bà̰ý á? -** pourquoi; c'est pourquoi que?. **Kīnjá, ì bà̰ý á ī-túɽ̄ yō̰?** Poule, pourquoi avales-tu le termite?

bàyà̰

N initiation féminine. **Kìjà bà̰yà̰ kí ɓà̰ɽ-á ɔ̀gī mà̰n kèdɪ.** L'initiation faite pendant la saison pluvieuse empêche la pluie de tomber. **Expr: kɪ̀jà/ìjà bà̰yà̰ -** faire l'initiation. **Gògí-là̰ā ɔ̀gī-n̄ kɪ̀jà bà̰yà̰ kɔ̄ɔ́ tɔ̀dɔ̄ mò̰y ì ngáy.** À nos jours on a interdit l'initiation de jeunes filles parce que il y beaucoup de maladies. N femme initiée. **Bà̰yà̰ gī à à̰y-n̄ kàsɪ àlé, bà ì kọ́-dò-dɪ́ gī n̄ à à̰y-n̄ kàsɪ.** Les jeunes filles initiées ne boivent pas le boisson mais c'est leurs marraines qui boivent.

bè

Cnj et (avant 'si'). **Bè ré m-ɔ́dɪ àɪ́   ní ā ī-rā ì rí?** Et si je n'accepte pas, que vas-tu faire?

bèē

AV ainsi. **ì bèē à, j-à̰w̄-ī tā. = ì bèē ànī, j-à̰w̄-ī tā.** Si c'est ainsi, partons.

bèē

AV seulement, très (petit). **Kīnjá kí dūú bèē ń-tòō àsɪ̀ gúrsɪ kùtɪ-mí àlé.** Une toute petite poule comme ça ne vaut pas 250 francs. **Mà̰n èdɪ sɛ́y bèē.** La pluie est tombée un peu seulement.

bè-ré

CNJ et si. **Ré m̄-rèē ɓē yē-í bè-ré ī-rā kɪ̀là àɪ́   ànī m-ā m-ídā-ī.** Si je viens chez toi et si tu n'as pas fait le travail, je vais te dire.

bébɨr

AV de très petit taille. **ì dèē kɨ́ tò bébɨr = ì dèē kɨ́ gīndī bébɨr -** Il est une personne de très petit taille.

bējē

N morceau de pierre pour lancer (*on le met dans un tissu et on la tourne autour de la tête et on le jette*). **Dèē gī kété gī à rɔ̄-ñ nà̰a̰ ì kɨ bējē-é.** Les gens d'autrefois faisaient la guerre avec la pierre pour lancer.

bèjɨ́

VT montrer mécontentement (avec paroles). **ɨ̄-bèjɨ́ nàjī bèjɨ̀-bèjɨ̀ tītī dèē kɨ́ ɓgà bèē.** Tu montres ton mécontentement sans cesser de parler comme un vieux.

bèjɨ̀-bèjɨ̀

ID sans cesser de parler (se montrer mécontent: descr. de bèjɨ̀). **Kɔ́ dìyá̰ kɨ́ tɔ́gɨ gī à bèjɨ̀-ñ nàjī bèjɨ̀-bèjɨ̀.** Les vieilles femmes ne cessent pas de se plaindre.

bèɼ

NIN plume. **Ngán ndò gī ɨlà-ñ bèɼ dɔ̀-dɨ́ tɨ́.** Les jeunes de l'initiation mettent des plumes dans leurs cheveux. N éventail. **Túmàkɨ gī gèɼ-ñ kòjō bèɼ ngá̰y.** Les Toumaks savent bien tresser les éventails.

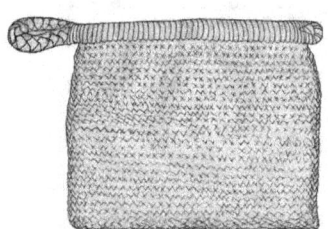

bēl

VI être sans sens. **ì nàjī kɨ́ bēl dɔ̀ kàṟī.** C'est une parole sans sens.

bēl

N bois où on attache les animaux (l'âne, boeuf, cheval, etc.). **Kòrō ì dā̰ kɨ́ gèṟ bēl-ñ àlé.** L'âne ne s'en souvient pas de là où on l'attache.

béɼ

VI faire le gueux, faire le pique-assiette. **ɔ̀gī sɨɓà béɼ.** (La pluie) empêche le célibataire de faire le gueux.

bèl-bél̀

N papillon. **Bèl-bél̀ gī ɔ̀sɨ̀-ñ dɔ̀-dɨ́ kàdɨ bɨlò-màñ tɨ́.** Les papillons se rassemblent à côté du puits.

bèɼ-dɔ̀-kùm

N sourcils. **ā ɨ̄-ndɨsā bèɼ-dɔ̀-kùm-í à à tòtō à ɔ̀sō kùm-í láw ngá̰y.** Si tu rases tes sourcils alors la sueur va tomber très vite dans tes yeux.

bèɼ-gír-déṟ

N esp. d'herbe [Polycarpea eriantha] (*utilisée en médicament pour les ganglions enflés*).

bélē

VI faire le gueux, faire le pique-assiette (v. béɼ).

bélé

N échange usuraire. **Kɛ̀sá̰a̰ gī tàā gúsɨ bélé tɨ́ ngá̰y.** Les anciens combattants empruntent beaucoup d'argent à un taux usuraire.

bélɪm

N esp. d'herbe [Cassia absus] (*soigne chancres vénériens*).

bém

N esp. de fourmi, grande et noire (*on dit aussi* bémbɪ). **Bém ì kùɼ̄ kɪ́ tītī kó̩-nàr bà nɪ̀-tá òtɪ ngá̩y.** La fourmi "bem" est pareille à la fourmi "konar" mais elle sent mauvais.

bèmbèé

N la brousse, dans la brousse (*locatif de* bèmbɪ). **Kété, m-āw kɪ̀yā rɔ́ý bèmbèé.** D'abord, je vais ramasser des noix de karité dans la brousse. **à̩ā̩ àw̄ bèmbèé kɔ́ɔ́, àw̄ ndì à nū̩.** Elle s'enfuit, elle alla en brousse et se mit à pleurer. **M-āw bèmbèé yē sā dɔ̀ kámbɪ́ ndògī.** Je vais en brousse pour chercher des plantes (médicinales) pour me laver avec.

bèmbɪ

N la brousse. **Bèmbɪ̀ ì lò tò dā̩ gī.** La brousse est là où habitent les animaux.

bèñ

NIN tante paternelle. **Bèñ-m̄ ɪ̀ ngō-kó̩ bɔ̀bī-m̄.** Ma tante paternelle est la soeur de mon père.

bèñ

N rhinocéros.

Bèñ ɔ̄ɼ yìbī kó-tè̩ɣ̄ kɪ̀ gàjɪ-nè-é. Le rhinocéros enlève le miel de l'abeille "ko-teen" à l'aide de sa corne.

bèndɪ

N sac en filet. **Kété jóò dèē gī à òtō-ñ wúɼ kèm bèndɪ-é.** Auparavant les gens transportaient les pois de terre avec les sacs en filet.

bèr

N résidu au fond d'un liquide. **Njè̩ɼ kàsɪ̀ dɔ̀ bèr-ɪ̀ tɪ́.** Il verse la boisson sur le résidu.

bēɼ

N esp. d'arbuste épineux [Dichrostachys cinerea]. **Bēɼ ì kāgī kɪ́ ngɪ̩ɼà ngá̩y à rà ì dɔ̀-dīí tɪ́.** Le "ber" est un arbuste très résistant, il se trouve sur les termitières.

bér-bér [bə́rbə́r]

ID très (rouge) foncé (descr. de kɪrē). **Kùm-tūr rā-ñ àdī kùm-ñ kɪrē bér-bér.** La conjonctivite le frappe de sorte que ses yeux sont devenus très rouges.

bér-bér [bérbér]

ID tranquille (avec). **Kèm-m̄ ɪ̄sō nàng tɪ́ bér-bér.** Je suis tranquille

bèr-mɪnjò

N maladie de la peau, rougeole. **Bèr-mɪnjò rā ngōn-m̄ m-āw sè-nèé dòktóɼ-ó.** La rougeole attaque mon fils et je l'amène à l'hôpital.

bér-ngàlyà

N tapioca séché. **Bér-ngàlyà ì yá̧ rā-mbā à?** Est-ce le tapioca séché est une chose pour donner à un étranger?

bē̠r-ngàm̄

N variété de sorgho (*grains petits et rouges*). **Bē̠r-ngàm̄ ì gò̧jì kí rā rɔ̄-ǹ láw ngáy.** Le "berngam" est un sorgho qui développe très vite.

bè̠rbèsí

N esp. d'herbe servant de nourriture pour le bétail. **Bè̠rbèsí ì mù̧ kí nè̠l̄ màng gī ngáy.** Le "berbesi" est une herbe qui plait beaucoup aux boeufs.

bèrlè

N grand cuvette émaillée (plus grand que dójì). **ɔ̀jì wúdùm kèm bèrlè-é àdī-m̄.** Il a mesuré les arachides dans la grande cuvette pour moi.

bēsȩ̀ý

N la teigne; maladie de la peau et des cheveux. **bēsȩ̀ý ì mò̧y kí à rā ì ngán gī.** La teigne est une malade qui attaque que les enfants.

bètì-bètì

N en lambeaux, éffiloché, en petits morceaux (tissu, corde). **Kūbī yā-m̄ gáng bètì-bètì = Kūbī yā-m̄ tò bètì-bètì.** Mon habit est en petits morceaux.

bētīlē

NIN morceaux à brûler de médiocre qualité

(*normalement avec* mù̧, kāgī). **āw ɔ́y bētīlē mù̧ gī ādī-jì tíngā-ň wúl̄.** Va ramasser des morceaux des herbes pour que nous grillions les pois de terre.

bētīlē

N filet formant une nappe longue, munis de flotteurs. **Ré āw kì tò àlé ànī ā ī-ndò̧ kì bētīlē àlé.** Si tu n'as pas de pirogue tu ne peux pas faire la pêche avec le filet "betile".

bȩ̀ [bȩ̀ȩ̀]

N sorte de colle (*toujours avec* ɓìtà). **M-ā m̄-sā bȩ̀ ɓìtà kàdī m-úwā-ň yèl̄-gī.** Je vais chercher de la colle de l'arbre Daniellia oliveri pour attraper les oiseaux avec.

Expr: bȩ̀ ɓìtà - sève de Daniellia oliveri.

bídɨ

N variole. **Ré bídɨ rā ngōn-í à ī-sā jèl-bídɨ ādī-ň.** Si ton enfant a la variole tu cherches la plante "jel-bide" pour lui donner.

bíkɨ

N bic, stylo. **Tàā bíkɨ́ ń nò ādī-m̄.** Prends ce bic et donne-le-moi.

Expr: bíkɨ ùwà jī [dèē] tɨ́ àlé - [qqn] être paresseux avec les études. **Dèē kɨ́ bíkɨ ùwà jī-ň tɨ́ àlé ì dèē kɨ́ gè̠r̄ yá̧ àlé.** Une personne paresseuse avec ses études est une personne qui ne connaît rien.

bíl-bìl

N bière de mil. **āw ī-tàā bíl-bìl ādī-m̄ tí.** Va prendre de la bière de mil pour moi, s'il te plaît.

bìlō [bìlō,bìlōò,bèlō,]
(Français)

N vélo. **Màdī-ɓē-m̄ tīl-m̄ dɔ̀ róbı́ tı́ kı̀ bìlō yē-nè.** Mon ami m'a passé sur la route avec son vélo.

bìr̄

N mortier. **Dı̀yá̧ ɓōkı́ ūwá kèm bìr̄-í.** La femme a versé le mil dans le mortier.

bìr-bìr

N esp. de chauve-souris noire. **Bìr-bìr ì yèr̄ kı́ tītī dōw bà nı̧̀-tá ì kı́ ndùl.** Le "bir-bir" est un oiseau pareil à la chauve-souris, mais il est noir.

bìr-mìnjò

N rougeole (v. bìŗà-mìnjò). **bìr-mìnjò ì mò̧y kı́ à rā ngán gī ngáy.** La rougeole est une maladie que attaque beaucoup d'enfants.

bìr̄bìtī

N esp. de petite fourmi noire. **Bìr̄bìtī dò̧ tōr ngáy.** La piqûre de la petite fourmi noire fait très mal.

bìr̄bìtī-dèē

N homme sans importance. **ā ī-tàā bìr̄bìtī-dèē kàdī ī-rā-ň rí?** Tu as marié un homme sans importance pour faire quoi avec?

bíŗí

AV demain. **Bíŗí à m-ā m-āw.** Demain, je vais partir. **à rèē bíŗí.** Il viendra demain.
Expr: **bíŗí tá tā.** - à demain.
Expr: **bíŗí dù-lò̧ý** - demain matin. **Bíŗí dù-lò̧ý ā ī-rā ì rí?** Demain matin, qu'est-ce que tu vas faire?

bìsìsì

Id plat et large. **tò bìsìsì = là bìsìsì = bārā bìsìsì** - il est large et plat.

bísı̀

N chien. **Bı̧̀à bísı̀ bò dɔ̀ ɓē yā màdī-ǹ tı́ àlé.** Le vieux chien n'engraisse pas chez son camarade. **Bísı̀ yā-m̄ ɓōí ɓòr̄ gī àlé.** Mon chien ne craint pas les phacochères.
Expr: **bísı̀ kɔ̄ŗ** - un chien enragé.

bìyò

NIN comportement répréhensible (*suit par l'activité répréhensible*). **à rā bìyò kàsı̀.** Il fait de comportement répréhensible en boire beaucoup.
NIN personne dont comportement est répréhensible. **bìyò dı̀yá̧, bìyò kàsı̀, bìyò ndām** - coureur de femmes, grand buveur, personne qui passe son temps à danser.

bı̄ı̧̄

NIN poils. **Dā̧ kı́ kànjī bı̄ı̧̄-ǹ, ì rí? ì būŗ.** Un animal sans poil, qu'est-ce que c'est? C'est le varan. **Bɔ̀bī-m̄ ì dìngàm kı́ àā kı̀ bı̄ı̧̄-í ngáy.** Mon père est un homme avec beaucoup de poils.

bı̰̄ı̰̄

N scarabée : esp. de. **Dèē gī ìsà-ń bı̰̄ı̰̄ àlé, bı̰̄ı̰̄ à ìsà yèdī.** Les gens ne mangent pas le scarabée; le scarabée mange l'excrément.

bı̰̄ı̰̄-ngōn-dāngā

N esp. d'herbe [Aeschnomene lateritia].

bı̰̀ı̰̀ı̰̀

ID très (rouge), (rouge) brillant (descr. de kı̀rē). **ı̰̄ ì Dày á ō̰ kūbī kı́ kı̀rē bı̰̀ı̰̀ı̰̀ à?** Es-tu Day pour porter les habits très rouges?

bı̀yà̰

VI être usé, rugueux. **Tà kāgī gèr̄ bı̀yà̰ kɔ̄ɔ́.** Le bout du bâton à sauce est usé. **Expr: ùsı̀ bı̀yà̰ = òjı̀ bı̀yà̰ -** être usé.

bı̀yà̰

N abeille de terre. **Tèjı̀ bı̀yà̰ ì tèjı̀ kı́ à ndì nàńg; nı̰̀ rɔ̄ ngá̰y àlé.** Les abeilles de terre vivent dans des trous dans le sol, mais elles ne sont pas très agressives.

bı̄yā̰

N chèvre. **Dèē ń rèē kı̀ bı̄yā̰ kı́ dìyá̰-á àĺ ō, kı́ dìngàm àĺ ō ɓá à, à tàā ngōn-ḿ.** Si quelqu'un apporte une chèvre qui n'est ni femelle ni mâle, il aura ma fille. **Kṵ́ bı̄yā̰ yā-ḿ àā kı̀ ngán gī ngá̰y.** Ma chèvre a eu beaucoup de petits.

bı́yā̰

N bouillie. **àdī ı̄-rèē ı̄-tá̰ bı́yā̰ ādı̄-ḿ m-ā̰y.** Alors viens me préparer de la bouillie pour que je mange. **M-ā m-ā̰y ì bı́yā̰.** Je suis en train de manger la bouillie.

bı̄dē

VI être tronqué, amputé. **Ngán jı̄-ǹ kı́ jōó gī bı̄dē-ń. = Ngán jı̄-ǹ kı́ jōó gī ì kı́ bı̄dē-ń.** Deux de ses doigts sont tronqués.

bı̄dē (Syn: gīgı̀)

N souche. **m̄-tı̀gā njà-ḿ kùtı̀ bı̄dē tı́.** J'ai frappé mon pied contre la souche. **Bı̄dē tı́gā njà-ḿ.** J'ai trébuché sur la souche [litt: la souche a frappé mon pied].

bı̀gà

VI être bruyant, plein de bruit. **Nàjı̄ ń ídá-m̄ ní lò bı̀gà njı̰̀ı̰̀ı̰̀ àdı̄ m-ō àlé.** Ce que tu m'as dit, il y avait beaucoup de bruit et je n'a pas écouté.

bı̄gā

VT se jeter en masse. **Dā̰ gī bı̄gā-ń nà̰ā̰ dɔ̀ kō tı́.** Les animaux se sont jetés sur la récolte. **Expr: bı̄gā nàjı̄ dɔ̀ [dèē] tı́ -** attirer des histoires à [qqn].

bı̀gā

VI se renverser (plus. choses, plus. fois, etc.). **Dı̀lè kújı̀ bı́gā kɔ̄ɔ́.** Le toit de paille s'est renversé. **VT** verser (à plus. reprises). **ı̄-bı́gā mùr̄ kèm súpı̀rà-á ādı̄ j-ò̰.** Verse les boules dans le plateau en métal pour que nous mangions.

bı́gá-bı́gá

AV de petit taille. **ı̀ dèē kı́ tò bı́gá-bı́gá, àsı̀ kàɼ kèm mō̱y-ó̱ àlé.** Il est une personne de petit taille, il ne peut pas monter dans le grenier.

bı̀là

NIN abri (animaux domestiques). **Bı̀là kı̄njá yā-ḿ tɔ̄ kɔ́ɔ́, m-ā m̄-gè̱y rā kı́-ràng.** Mon poulailler est devenu ancien, je vais construire un nouveau.
Expr: bı̀là bı̄yā̱ - abri pour les chèvres.
Expr: bı̀là kı̄njá - poulailler.

bı̀là

VI être nombreux. **Kété jóò kèdı̄ gı̄ bı̀là-ñ ngá̱y bà ngò-làā dèē gı̄ tɔ̄l-ñ-dı́ màlàng.** Auparavant les éléphants étaient nombreux, mais aujourd'hui les gens les ont tous tués.
VI se rassembler en grand nombre. **Dèē gı̄ bı̀là-ñ nà̱ā̱ tà ɓē ngāɼ tı́.** Les gens se rassemblent en grand nombre devant la maison du chef.

bı̀là

N rite pour les forgerons. **Kɔ̀dı̄ tɔ̄l kı̄njá kı́ ndùl kàdı̄ gūgı̄-ň bı̀là yā-ñ.** Le forgeron a tué un poulet noir pour faire son rite.

bı̀lá

V se moquer de (en criant). **Dèē gı̄ bı̀lá-ñ nà̱ā̱ dɔ̀ ngè-ɓògı̀ tı́.** Les gens se moquent du voleur en criant.
N clameur, cris (de gens). **Bı̀lá dèē gı̄ ɓāɼ ngá̱y lò ɓàĺ tı́.** La clameur de la foule s'enlève au terrain de football.

bı́là

N arrière de la jambe, entre-jambes. **Ngōn èdı̀ yèdı̄ gō bı́là-ñ tı́.** L'enfant a laissé l'excrément se répandre sur l'arrière de sa jambe. **Bı́sı́ mān bı́là-ñ tı́.** Le chien est passé entre ses jambes.

bı́lè

N épi petit et mal formé avec des grains noirs (*avec le verbe* tètı̀). **Gɔ̀jı̀-dɔ̀ tètı̀ bı́lè.** Le maïs a formé des petits epis avec les grains noirs.

bı́lé-bı́lé

ID tout (blanc et sale: descr. de). **Ngōn kógı̄ nà̱ā̱ dàn bùmbúr-ú àdı̄ rō-ñ ndà bı́lé-bı́lé.** L'enfant roulait dans la poussière et son corps est blanc et sale.

bìlìm

ID par un coup (chaleur, lumière). **Hòr ọ̀ bìlìm.** Le feu a eu une flambée soudaine. **Mbàng túr̃-m̃ bìlìm bìlìm.** Le soleil m'envoie des bouffées de chaleur.

ID avec des grandes flames. **Hòr ọ̀ bìlìm bìlìm.** Le feu a brûle avec des grandes flames.

bìlò

N trou (*v.* bòlò).

bìlò-màñ (Syn: dɔ̀-bìlò-màñ)

N puits. **Bìlò-màñ kí kèm ɓē yē-jí tí lúū ngáy.** Le puits dans notre village est très profond.

bìlùkì

ID doux à toucher (descr. de et). **Kāgī ùr̃ ndùjī bìlùkì.** Le bois vermoulu tombe en poussière.

bìnā

N son de mil. **Dìyá ɓōkí kō kèm kèē-é hà ìgà kàdī ɔ̀r̃ bìnā kɔ́ɔ́.** La femme a versé le mil dans le van et l'a secoué pour enlever le son.

bìndā

VI se pencher. **ī-rùgì nàŋg séy, ī-bìndā gō-í gògì.** Courbe-toi un peu, penche-toi vers derrière.

VT comliquer la vie pour, fatiguer. **Sàrìyà bìndā-m̃ ngáy.** Le jugement m'a beaucoup compliqué la vie.

bìndā

VT comliquer la vie pour, fatiguer (*fréq. de* bìndā). **Sàrìyà bìndā-jí ngáy.** Le procès nous a compliqué la vie.

bìndìng

ID large et dégagé. **Lò-kí-mángá tò bìndìng.** Le desert est vaste et nu.

bìndùkì

ID finement (pilé: descr. de èdī). **Ndùjī ìdī bìndùkì.** La farine est finement pilée.

ID très (fin: descr. de sòl̃). **Kūbī sòl̃ bìndùkì.** Le tissu est très fin.

bìngál̃

N vague, remous. **Màn bā-kàtī bìngál̃-n̄ ì ngáy, dèè àsì kàl àlé.** Il y a beaucoup de vagues dans l'eau du mer, on ne peut pas y nager.

bìngàr̃

N rat de Gambie. **Bìngàr̃ ìsà kàn mūr̃-kūtī ngáy.** Le rat de Gambie mange beaucoup la plante appelée "mur-kute".

bìr̃à

NIN père (*mais normalement* bɔ̀bī). **Bìrà-m̃ rā kìlà tò àlé.** Mon père ne travail plus.

NIN un grand, un âgé. **Bìr̃à bísì bò dɔ̀ ɓē yā màdī-n̄ tí àlé.** Le vieux chien n'engraisse pas chez son camarade.

NIn mâle de certains animaux. **bìr̃à màdì, bìr̃à**

bísì cynocéphale mâle, chien mâle

bìrà

N ensembles d'éléments formant un tout. **bìrà mātī, bìrà láyā** - grappe de gousses de néré, ensemble d'amulettes.

bìrá

AV comme ça. **Kìlà ń m-ɔ́jì-sí ní ì bìrá àlé.** Le travail que je vous ai montré n'est pas comme ça.

bīɾā (Syn: bándì)

N filet. **Náẁ ìnā bīɾā màñ-á.** Le pêcheur lançait le filet dans l'eau.

bīɾā

N esp. de grande cigogne noire et blanche, Jabiru du Sénégal.

bírà

NIN gencives. **M-ásī kìsà dā kì ngìɾà àlé, bìrá-ḿ ì kì hólō.** Je ne peux pas manger la viande dure, mes gencives sont enflées.

bìrà-ɓē

NP Seigneur, Dieu (Chr.). **Bìrà-ɓē òō ndɔy yā-ḿ.** Dieu a écouté ma prière.

bìrà-dɔ̀-kújì

N petite couronne décorée au sommet d'une case ronde (*on dit aussi* bìrà-kújì). **Bìrà-dɔ̀-kújì Sàɾ̄ gī tī yā Bànànà gī àlé.** Les parties supérieures des toits Sar ne ressemblent pas celles des Massas.

bìrà-kɔ̀sì

N expert cultivateur, grand cultivateur. **Bɔ̀bī-ḿ ì bìrà-kɔ̀sì kì bò ngáy, àsì kàdī ndɔ̀ɾ̄ kìlā kūbī kùtì kì ɓāl gī màlàng.** Mon père est un grand cultivateur, il peut labourer dix champs de coton chaque année.

bìrà-kújì

N petite couronne au sommet d'une case ronde (*v.* bìrà-dɔ̀-kújì).

bìrà-mìnjò (Syn: bìr-mìnjò)

N rougeole. **Bìrà-mìnjò ì mɔ̀y kì tɔ̄l ngán gī ngáy.** La rougeole est une maladie qui tue beaucoup d'enfants.

bìrà-mbā

NIN hôte. **íngá bìrà-mbā-í ɓē à?** As-tu trouvé ton hôte à sa maison?

bìrà-ndò

N parrain d'initiation. **Ndò gī màlàng gī àw̄-ñ kì bìrà-ndò-dí gī kàdī ɔ̀ɾ̄-ñ nò-dí.** Tous les initiés ont un parrain d'initiation pour les guider.

bīrē

VI être tronqué, amputé. **Bátɨ bátɨ gīgē à jī ngè-bānjī à bīrē ɓáy.** Quelles que soient les conditions, la main du lépreux sera amputée (Prov: tôt ou tard, il y aura des conséquences pour les mauvaises actions). **Expr: bīrē kāgī** - reste d'un arbre sans branches.

bɨ̀ríkɨ [bɨ̀ríkɨ, bɨ̀rík] (Français)

N brique. **m-ɔ̄r bɨ̀ríkɨ kàdī m̄-tɨ́ngā m̄-rā-ň kújɨ.** Je fabrique des briques pour cuire et en construire une maison.

bɨ̀rìng

AV sans but, sans rien faire. **Ngōn-í à njīrā bɨ̀rìng dàn róbɨ-ó nò.** Ton enfant se promène pour rien sur la route.

bɨ̀rìng

AV pendu et bougeant. **Dā̧ rà bɨrìng kùm kɨlā tɨ́.** L'animal reste pendu (et vivant) à la corde (du piège).

bɨrísɨ (Arabe)

N sorte de nasse tressé des folioles de palmier (v. wàá, ɽ̀àgɨ).

bɨróò [bɨ̀róò, bɨ̀rō] (Français)

N bureau. **Ngé rā kɨlà bɨrō tɨ́ gī ùn-ñ gúsɨ àlé.** Les gens qui travaillent aux bureaux n'ont pas reçu leurs salaires.

bɨ̀tè

N sorte de sauce (faite avec la farine mélangée avec le mucilage de la plante Grewia venusta). **m̄-ndàw̄ wúɽ-dùm kàdī m̄-rā bɨtè tɨ́.** Je grille des arachides pour en préparer la sauce "bite".

bɨtél (Français)

N bouteille (v. gàɭ). **Dèē gī tūr-ñ árgè bɨtél Gàlā-á.** Les gens versent l'argi dans la bouteille de la bière "Gala".

bɨtó

N chose qui n'est pas encore cuit. **M-ɨsá wúɽ kɨ́ bɨtó àlé.** Je ne mange pas les pois de terre crus.

bò [bòò]

VI être gros. **Mā̧ m-ɨngà kānjī kɨ́ bò ngáy.** Moi, j'ai trouvé un gros poisson. **Expr: kártɨ kɨ́ bò gī** - les honneurs. **Kártɨ kɨ́ bò gī ní ì: bɔ̀bī ō kṵ̀ṵ̀ ō káy ō, "trois-tetes" ō "deux-tetes" ō.** Les honneurs sont: l'as, le trois, le roi, la dame et le valet.

V être grand. **Kújɨ́ ń ngō-kṵ́-m̄ rā ní bò ngáy àɭ , bà màjɨ ngáy.** Cette maison que mon frère a construite n'est pas grande, mais très belle. **Dīl ì kāgī kɨ́ bò ngáy.** Le caïlcédrat est un grand arbre.

VT engraisser, grossir, grandir. **Gír nàjī bò dɔ̀ sɨbà.** Le fait de penser a grossi la tête du célibataire.

V devenir grand, gros. **ī-rā ì bà̧ý nɨ̀ bò-ň bèē?** C'est quoi que tu fais pour devenir si gros.

bōó (Syn: bɔ̄ɔ́)

VI avoir l'intérieur creux, et sans ni chair ni l'eau. **Ngàlì yā-ḿ tò bōó ɓáy àdī m-ā m̄-ndēr àlé.** Mon manioc est encore creux ainsi que je ne vais pas récolter.

bóbī

VT effrayer (par des gestes). **ī-lō bóbī ngán gī ɓèē.** Il ne faut effrayer les enfants comme ça.

bògìrò

N bois plat. **īndā bògìrò tà bɪ̄yā̰ gē tɪ́.** Pose le bois à l'entré de l'étable à chèvres. N partie large de (pirogue, camion). **Gògì-làá dèē gī àī-n̄ bògìrò kàmyō̰ tō̰ō̰ àlé, à sā-n̄ ì kàmyō̰ kɪ kɪ séjɪ́-é.** À nos jours les gens ne montent plus dans la partie large du camion, il cherchent un vehicules avec des chaises.

bògò

NIN menton. **Màdī-ḿ ìndà bògò-ḿ àdī m-īsō.** Mon ami m'a frappé au menton et m'a terrassé.

bòlìngò

N danse avec la musique (*toujours avec* ndām). **M-á ngò-kó̰-í à ndām bòlìngò bár tɪ́.** J'ai vu ton frère en train de danser avec la musique dans le bar.

bòlò [bɪ̀lò,bòlò]

N trou. **Súū ndì dò kāgī tɪ́, a̰ gō dɔ̀gɪ̄m kɪ́ ùdɪ̀ bòlò bòr̄-bɪ̀yà̰ tɪ́.** Sou resta sur l'arbre, il suivit du regard le lièvre qui s'enfuyait et qui rentra dans le trou d'un phacochère. **m̄-ndēr bòlò kàdī m-ílá-n̄ kāgī ndògī.** J'ai fait un trou pour y mettre le poteau pour le secko. **Dèē gī ndēr bòlò kɪ dɪ́gá-á.** Les gens creusent les trous avec des pioches.

bòlò-yèdī

N WC. **ī-lō-ī kèdɪ yèdī ndágá ī-ndēr ì bòlò-yèdī.** Il ne faut pas (vous) déféquer dehors, creusez un WC.

bòng

NIN place de, traces de. **ùn bòng-sí mbóng làā.** Ils ont suivi vos traces jusqu'ici.

bōngō

N case en paille (*on dit aussi* kújɪ-bōngō). **Bōngō gòtóō Páyāá tām mṵ̀ gòtóō nṵ.** Les cases n'existent pas à Faya-Largeau parce qu'il n'y a pas de paille.

bòr̄

N phacochère. **Bòr̄-bɪ̀yà̰ ì dā̰ kɪ́ rɔ̄ ngáy.** Le phacochère est très agressif. **Expr: bòr̄ bɪ̀yà̰** - espèce de phacochère.

bōr̰

N esp. de poisson [Alestes macrolepidotus] (*ou bien* bór̰). **Bōr̰ ì kānjī kɪ́ tītī yòō bà nɪ̀ tá bò mān-n̄ sḛ́y ō rɔ̄-n̄ ndèr̰̄ ngáy ō.** Le "bor" est un poisson pareil au poisson "yoo" mais il est plus grand et son corps est plus épais.

bòr̄-bɪ̀yà̰

N phacochère. **Bòr̄-bɪ̀yà̰ ì dā̰ kɪ́ tītī bòr̄ bà nɪ̀-tá ì kɪ́** rɔ̄ ngáy. Le phacochère est un animal pareil au cochon, mais il est très agressif.

Bórnò
NP Bornou. **Gàrdōlē-é Bórnò gī ì ngáy.** Les Bornous sont nombreux dans le quartier Gardolé (à N'Djaména). **Ngé-kùn-kàmyō̰ gī ngáy ì Bórnò gī.** Beaucoup de chauffeurs sont des Bornous.

bótīyō
VT démolir, casser, détruire. **m̄-bótīyō dɔ̀-kújí yā-m̄ kɔ̄ɔ́ kàdī m̄-rā-ň kɨ́-ràng.** Je démolie le toit de ma maison pour que je fabrique un nouveau.
VI être démoli, cassé. **Bɨríkɨ̀ yā-m̄ bótīyō àdī m-ā m-ɔ̄r kɨ́-ràng.** Mes briques sont détruites et je vais fabriquer des nouvelles.

bóỳ
N serviteur. **Ngōn-m̄ à rā bóỳ màng yē Sùwā gē àlé.** Mon enfant ne sera pas un serviteur qui garde les boeufs pour les Arabes.
Expr: **bóỳ màng** - enfant berger.

bɔ̀ [bɔ̀ɔ̀]
VI chavirer, s'immerger dans l'eau à cause d'une surcharge (*v. aussi* ndùy). **á ɔ́y yá̰ ngáy kèm tò á à bɔ̀ sè-sí.** Si tu prends trop de choses dans la pirogue elle va chavirer avec vous.

bɔ̄ɔ̰́ (Syn: bōó)
VI avoir l'intérieur creux, et sans ni chair ni l'eau. **ɓāl-á kádɨ̀ à bɔ̄ɔ̰́.** Dans la saison sèche la canne n'aura pas de jus.

bɔ̀ [bɔ̀ɔ̀]
VI s'écrouler. **Màn̄ èdɨ̀ ngáy àdī kújɨ́ yā-m̄ bɔ̀ kɔ̄ɔ́.** Il a beaucoup plu et m'a maison s'est écroulée.
VI chavirer. **Tò bɔ̀ kɨ̀ dèē gēé bā-á.** La pirogue a chaviré avec les gens dans le fleuve.

bɔ̀bī (Syn: bɨ̰̀rà)
NIN père. **Ndɔ̄ kógīm̄ tɨ́ tà bɔ̀bī-dɨ́ tḭ̄.** Un jour leur père se perdit. **Ngāɽ ùwà bàlsáà bà bɔ̀bī-n̄ nējī nàjī dɔ̀-n̄ tɨ́.** Le chef a arrêté un jeune homme, mais son père a nié les accusations portées contre lui. **bɔ̀bī-m̄, bɔ̀bī-ǹ** - mon père, son père.

bɔ̄gī
NIN épaule. **Dòktóɽ gī ngáy à ɔ̀sɨ̀-n̄ ì bɔ̄gī dèē gī.** Beaucoup de médecins donnent l'injection à l'épaule des gens.

bɔ̀gɨ̀jɔ̄
N gros margouillat à tête rouge (*normalement avec* kɨ̄l). **Kɨ́l kɨ́ bɔ̀gɨ̀jɔ̄ kɨ́ Njàménà tɨ́ bò ngáy.** Les margouillats à tête rouge à N'djaména sont très grands.

bɔ̀lɔ̀

N esp. d'herbe aquatique [Ottelia ulvifolia].

bɔ̀n

VI être déteorié, déchiré (*Constant doesn't know it.*). **Kūbī yā-ḿ bɔ̀n kɔ̄kɨ́.** Mon habit est usé.
VT trahir, montrer le tort de. **Hál-í bɔ̀n-ī.** Ton comportement t'a fait du tort.

bɔ̀ndī

V faire gonfler. **Màñ à bɔ̀ndī kèm-í.** L'eau te fait gonfler le ventre. **Wīy ìndà bɔ̀ndī njà-ǹ tɨ́.** Le pus fait que sa jambe soit enflée.
VI être enflé. **Kèm ngè-mɔ̀y bɔ̀ndī àdī àw̄-ñ sè-né làbɨdān-á.** Le ventre du malade est enflé et on l'a emmené à l'hôpital.

bɔ̀r

N boue. **Lò r̥ìtè-m̄ ādī m-īsō bɔ̀r-ɔ́.** J'ai glissé et je suis tombé dans la boue.

bɔ̄tī

VI être abîmé, détérioré (mais encore utilisable). **Sákī kɨ́ bɔ̄tī kɔ́ɔ́ ń-tòō ī-lō ɓōkɨ́ mɨ̀njò kèm-é.** Ce sac abimé ci, il ne faut pas verser les haricots dedans.
VI être affaibli, épuisé. **Kɔ́ màng ń rā-ñ kɨ̀là sè-nèé ngáy ní bɔ̄tī kɔ́ɔ́.** Une vache qu'on a beaucoup travaillé avec devient affaiblie.

Expr: ìsō bɔ̄tī - se détériorer, s'abîmer.

bū

N cendre. **Mbā lò-sɔ̀r̥tò ì dɔ̀ bū tɨ́.** L'hôte du soir dormira sur la cendre. **à rā-ñ sàbɔ̀ ì kɨ̀ bū-ú.** On

fabrique le savon avec des cendres.
Expr: bū-ú - dans la cendre. **ìlà tà sɨɓà gī bū-ú.** (La pluie) met la bouche du célibataire dans la cendre (Proverbe: la société condamne le célibataire).

bùdɨ̀

N esp. d'herbe [Amaranthus cruentus] (*feuilles utilisées dans la sauce*). **Bùdɨ̀ ì tá̰ kɨ́ à ndīr-ñ nà̰a̰ tɨ̀ kɨ̀ yír̥-í.** L'herbe "bude" est (pour faire) une sauce qu'on prépare avec l'oseille.

búgīdɨ́

N boisson préparée à base du mil. **ì kàsɨ̀ búgīdɨ́.** C'est de la bière du mil.

bùgɨ́jū

V retourner la terre (en terrain humide) (*v. aussi* búsīrū). **M-ā m̄-bùgɨ́jū lò kàdī m̄-dùbī-n̆ gɔ̀y-dɔ̀.** Je vais retourner la terre pour que je puisse planter le maïs.

bùgīrū

N sorte de "calebasse" en bois pour la boule. **Kété dèē gī à ɔ̌r-n̄ mùr̄ kèm bùgīrū-ú bà ngɔ̀-làā à ɔ̌r-n̄ kèm kār-á.** Avant les gens mettaient la boule
dans une calebasse en bois mais maintenant ils la mettent
dans une lebasse.

bùjɨ́

V marmonner, grommeler. **Ī ì ɓɨ́gá á ī-bùjɨ́ nàjī ngáy bèē à?** Toi, es-tu un vieux pour marmonner beaucoup comme ça?

bùjɨ̀rùuu

ID plein, remplis, complètement couvert. **Rō-ǹ tò bùjɨ̀rùuu kɨ̀ bɔ̀r gēé.** Son corps est couvert de la boue. **Tà ngōn tò bùjɨ̀rùuu kɨ̀ mbà gēé.** La bouche de l'enfant est pleine de lait.

būm

N esp. d'herbe [Loudetia annua]. **Būm ì mù̧ kɨ́ ndò̧ō̧ ngáy tītī hāyā.** "Bum" est une herbe que démange beaucoup comme le "haya".

búm

N pollen et étamines de graminées. **Dèē kɨ́ ngán ɓē gī tɨ́ gī ìdà-n̄ nà búm ūwá àdī ngán-gī mò̧y.** Les gens du villages disent que l'étamines du sorgho provoque les maladies des enfants.

Expr: ngàmō búm gò̧jɨ̀ - rhume saisonier dû à l'allergie au pollen de sorgho.

bùmmm

ID très (blanc) mais naturel (descr. de ndà). **Dɔ̀ kà-m̄ ndà bùmmm tītī hútī kàjā.** Les cheveux de mon grand-père sont blancs comme la fleur de l'arbre Cordia africana.

bùmmm

Id avec un bruit choquant, fracas.

bùmbɨ̀rù

ID tiède (descr. dc ɔ̄ɔ̄). **īndā-m̄ màn̄ hòr-ó ādī ɔ̄ɔ̄ bùmbɨ̀rù ngóy̧ ādī-m̄ ndògī.** Mets de l'eau sur le feu à fin qu'elle soit tiède seulement pour que je me baigne.

bùmbúr̀ [bùmbúr, bùmbúrù]

N poussière. **Nél ɔ̀y bùmbúr̀ kùm dèē gī tɨ́.** Le vent pousse la poussière aux yeux des gens.

búndɨ (Arabe)

N fusil. **Ngè-ndɔ̀ ɨndà nàsī kɨ̀ búnd-ú.** Le chasseur a tiré l'antilope avec un fusil.

búndīlū

VI être émoussé, devenir émoussé. **ī-tɨ́gā ngɔ̀ ngáy à tà kīngā à búndīlū.** Si tu coupes l'arbre "ro" beaucoup alors la lame de la hache va s'émousser.

VI être ébréché.

VT ébrécher. **Ngōn búndīlū tà pásɨ̀ yā-m̄ àdī m-ásɨ́ tɨ́gā-ň kāgī àlé.** L'enfant a ébréché le tranchant de la hache et je ne peux pas couper le bois avec.

búndɨ́lú

ID complètement (ébréché, émoussé: descr. de búndīlū). **Tà kɨ̀yā búndīlū búndɨ́lú.** La lame du couteau est complètement émoussée.

bùnjɨ̀

N esp. d'herbe aquatique [Utricularia sp.].

bùnjɨ̀

AV long et touffu. **Kīlá ndàm ì kɨ́ bùnjɨ̀.** La queue de l'écureuil est longue et touffue.

bùṛ

N végétation arbustive (*normalement avec* tɔ̀gɨ̀). **Gòtɨ̀ ndɔ̀r̄ yā-m̄ tɔ̀gɨ̀ bùṛ kɔ̄ɔ́.** Mon ancien champ est devenu une formation arbustive. **Bùṛ tɔ̀gɨ̀ kāgī**

kɔ̄ɔ́. La végétation arbustive est devenu un forêt claire.

bùṛ

VI être boueux, trouble (l'eau). **Mán̄ bùṛ ngáy īlō kàȳ.** L'eau est très boueuse, il ne faut pas la boire.

bùṛ (Syn: gùṛ)

VT mélanger (qqc en poudre). **ī-bùṛ ndùjī kàdī ī-rā-ň rí?** Tu mélanges la farine pour faire quoi (avec)?

būṛ

N varan. **Dā̰ kɨ́ kànjī bḭ̄-n̄, ì rí? ì būṛ.** Un animal sans poils, qu'est-ce que c'est? C'est le varan. **Būṛ ì dā̰ kɨ́ tītī kɨ́r̄ bà nɨ̀ tá ì kɨ́ bò ngáy.** Le varan est un animal pareil au margouillat, mais il est plus grand.

bùr-bùr

AV indique peine, difficulté de faire qqc, accablé. **ī-rā bùr-bùr bátɨ́, ɔ̄tī ɓē-é à?** Tu es epuisé sous la charge, es-tu arrivé chez toi?

bùr-bùr

AV fiable, qui se brise aisément. **Nàng kɨ́ tò bùr-bùr ń-tòō màjɨ̀ ndɔ̀r̄-ň gɔ̀jɨ̀-dò ngáy.** Ce sol friable est très bon pour planter le maïs.

bùrsù

ID très (boueux: descr. de bùṛ). **Mán̄ ń-tòō ɔ́dɨ̀ ì rá, á bùrsù bēē?** Cette eau, où l'as-tu puisée qu'elle soit très boueuse comme ça?

bùúr̥ū

N sorte de lézard, scinque (*ou bien* kíl̄ kɨ́ bùúr̥ū). **Kíl̄ kɨ́ bùúr̥ū dọ̀-ī á ā óỳ.** Si le scinque te pique alors tu vas mourir.

bùr̥ùm

N autruche. **Bùr̥ùm ì yèl̄ kɨ́ bò ngáỵ. à ị̀ bɔ̄gī àlé.** L'autruche est un très grand oiseau; il ne vole pas.

bùrúnjɨ̀ (Arabe)

N clairon. **ásgàr kɨ́rēý gī kɨ̀là rā-dɨ́ ì tó bùrúnjɨ̀.** Certains soldats, leur travail est d'appeler au clairon.

bùsɨ̀rù

AV subitement, brusquement (sortir). **Yégī tēē bùsɨ̀rù bà mɨ̀là ìwà-ǹ.** Le rat est sorti brusquement et le chat l'a saisi.

būsīrū

VT défaire (une matière sèche et dure). **m̄-būsīrū ɓàȳ bāngàw kàdī m-ɔ̄r-ň kạ̀ȳ-ǹ.** Je défais les buttes de patates pour enlever leur tubercule.

búsīrū

V retourner la terre (en terrain sec). **Bɔ̀bī-m̄ búsīrū lò kàdī màñ èdɨ̀ à à ìwà njòr̥ kūtɨ́.** Mon père a retourné la terre sèche à fin que, quand il pleut, il plante des aubergines.

bùtī

NIN morceau qui reste de [qqc]. **ɔ́ỳ bùtī mụ̀ àdɨ̄ jɨ-tíngā-ň wúl̄.** Ramasse des morceaux d'herbes pour que

nous grillions des pois de terre.

bútɨ̀

N esp. d'herbe [Andropogon gayanus]. **Ndògī kɨ́ kòjō kɨ́ bútɨ́-ú màjɨ ngáỵ ō ngàng ngáỵ ō.** Le secko tressé de l'herbe Andropogon gayanus est très résistant.

bútɨ́-dɔ̀-ndà

N esp. d'herbe. **Bútɨ́-dɔ̀-ndà ì mụ̀ kɨ́ tītī bútɨ́ bà nị̀ tá à òjɨ̀ dɔ̀-ǹ jùr-jùr.** Le "butidonda" est une herbe pareille au "buti" mais elle pousse des épis pendants.

bùtò

N la sève blanche de certaines plantes (*on dit aussi* bòtò). **Kòw ì kāgī kɨ́ àȳ bùtò.** Le Ficus platyphylla est un arbre avec la sève blanche.

bùtùtù

AV en masse. **màñ rēē bùtùtù; yòbɨ́ ùr̥ bùtùtù; dēē gɨ bọ̀-n nạạ bùtùtù kèm súkī-ú** - la pluie est venue en masse; les fruits de karité sont tombés en grandes quantités; les gens se déversés au marché.

AV complètement. **Tò bọ̀ bùtùtù.** La pirogue a chaviré avec tous son chargement.

búy

N touffe de poils ou de fibres. **Kīlá májāl̄ ì kɨ́ búy.** La queue de la gerbille est touffue.

Expr: búy kūbī - fibre de coton.

bùyúm̀

N esp. d'arbre, figuier avec racines aériennes.

Bùyúm̀ ì kāgī kɪ́ yèr̄ gī gèy-ñ kàñ-ǹ ngáy̱ ō, ndíl-ǹ sɔ̀r̄ màjɪ̀ ngáy̱ ō.

Le figuier "buyum" est un arbre dont les oiseaux aiment le fruit, et aussi son ombre est frais et agréable.

bṵ̀ý

N bruit de pet. **m-ō bṵ̀ý ɓāɽ làā ní, ì ná̱a̱ ǹ èdɪ̀.** J'ai entendu un pet par ici, qui l'a lâché?

būyū̱

VT ébrécher. **M-ɔ́sɪ́ mbàr̄ nàńg àdī tà kɔ̀sɪ̀ yā-m̄ būyū̱ kɔ́ɔ́.** J'ai heurté une pierre dans le sol de sorte que ma houe s'est ébréchée.
VI s'ébrécher, être ébréché.

bṵ́yū̱

VT ébrécher (plus. choses, plus. fois) (*fréq. de* bṵyū̱).
Kìyā kɪ́ tà-dɪ́ bṵ̀yū̱ gī ń-tòō j-àsɪ̀ tóō-ñ màñg àlé. Ces couteaux avec les lames ßbréchées ci, nous ne pouvons pas enlever la peau du boeuf avec.

ɓá [ɓáá] (Syn: kɔ́ɔ́)

AV déjà. **Ndīr yá̱ ɓá.** Elle a déjà fait la cuisine. **J-ìsà yá̱ ɓá.** Nous avons déjà mangé.

ɓàā

VT trouver par terre. **m̄-ɓàā gúsɪ̀ ɓú nàng tɪ́ kàdɪ̀ bā tɪ.** J'ai trouvé 500 francs par terre à côté du fleuve.

ɓàá

VI être rugueux, épais (surface du corps ou objet). **Gír pàl màdɪ̀ ɓàá ɓòoo.** Le cynocéphale a de callosité fessière très épaisse.
VI avoir des callosités. **Jī ngè-tɪ́gā-kāgī ɓàá.** Les mains du boucheron ont des callosités.

ɓáā

V trouver des choses en profitant des occasions. **M-ā m-ɓáā kɪ̀ nàsár̄ gē kéè só-m̄-tɪ́ wà.** Je vais me débrouiller avec les blancs pour voir si je peux faire mieux.
Expr: (dèē) ɓáā ì tà-ǹ - (qqn) se débrouiller pour trouver de quoi manger.
Expr: ɽɔ̄ [dèē] ɓáā-ǹ - [qqn] avoir des ennuis de santé.

ɓáā

INJ et alors (une question doit suivre). **ɓáā, ì rí ǹ rā yá̱ tā?** Hélas, qu'est-ce qui arrive?

ɓá-à (Syn: ɓá-ànī)

CNJ alors. **āw ɓá-à ídà-ǹ nà m̄-tò kàɽī.** Quand tu vas alors dis-lui que je suis bien.

ɓá-à-ā

AV bon, alors. **ɓá-à-ā ādī-m̄ gúrsì kùtì-só.** Bon, donne-moi 200 francs.

ɓá-ànī (Syn: ɓá-à)

CNJ alors. **Ré ī-rā kìlà òy ɓá-ànī ísá yá̰ tá āw ɓē-é.** Si finis ton travail alors mange avant de rentrer chez toi.

ɓádì

N ancêtre défunt. **ɓádì kà-m̄ nà̰y dò-m̄ tì.** Mon grand-père défunt me fait obstacle.

N poteau funéraire. **m̄-tìgā ɓádì kà-m̄ m-údì kàdì kújì tì.** J'ai taillé le poteau funéraire et je l'ai planté à côté de la maison.

ɓàgì (Syn: njḛ̄)

VI se vanter. **ì bà̰ý á ī-ɓàgì bēē?** C'est comment que tu te vantes comme ça?

ɓájī

VT douter. **m̄-ɓájī kàdī rēē bíɽí.** Je doute qu'il viendra demain.

VT hésiter. **ìdà-m̄ nà kàdī m-úr dáwá mìtá mìtá bà m̄-ɓájī séy.** Il m'a dit de prendre trois comprimés par fois mais j'hésite (de les prendre).

ɓāl

N année. **ɓāl-í ì kónóng?** Quel âge as-tu? [litt: tes années sont combien?] **ī-rēē Njàménà ì ɓāl rí tì.** Tu es arrivé à N'Djaména en quelle année?

N saison sèche. **ɓāl-á à màñ ìĩ.** Pendant la saison sèche l'eau (du fleuve) se tarit.

ɓáĺ

NIN couleur; dessin; lignes. **Kūbī yā-í kí kìjì gī ní, ɓáĺ-ǹ ì bà̰ý?** Ton nouveau vêtement là, comment est sa couleur?

ɓàlà

N nénuphar. **Yèĺ kí màñ-á kírēý gī à njīrā-ñ dò̰ mbī ɓàlà tì.** Certains oiseaux aquatiques marchent sur la feuille du nénuphar.

ɓàm

AV patient. **ī-rà ɓàm nà kàmyō̰ gī à mān-ñ ɓáy.** Sois patient jusque les camions passent d'abord.

ɓám̀

INJ exclamation de menace. **ɓám̀, ā ō̰ ɓáy!** Malédiction, tu vas voir!

ɓáñg

VT rendre lisse, polir. **ī-ɓáñg gìdì jóò tá dēē gī à màng-ñ ɓáy.** Rends lisse l'extérieur de la jarre d'abord et après les gens vont l'acheter.

VI être lisse, poli. **Kòdī rā gìdì nīngá kàdī ɓáñg.** Le forgeron travaille l'extérieur du bracelet pour qu'il soit lisse.

ɓàɽ

N saison pluvieuse. **ɓàɽ rēē kɔ́ɔ́, dēē kógī nà̰ā̰ lé, j-à jì-ndò̀ɽ ì mbéē.** La saison pluvieuse est arrivée, on ne joue plus, on cultive les champs.

ɓàɼ̄

VI être mécontent, insatisfait. **Ré āw ɓē-é àlé à ɓàɼ̄-ǹ sè-í ngáy.** Si tu ne rentres pas au village ils seront mécontents avec toi.
Expr: ndɔ̀ɔ̄ ɓàɼ̄ ngáy - être sévère avec les gens.

ɓāɼ̄

VT appeler. **Dìyá̰-gī àw̄ ɓāɼ̄-ǹ dìngàm gī.** Les femmes allèrent appeler les hommes. **Dèē kɨ́rēý à ɓāɼ̄-ī.** Quelqu'un t'appelle.
Expr: ɓāɼ̄ gōsī - donner un rythme ou mélodie. **Ngá-tɔ́gɨ gī à dìjè-ǹ ngán gī kàdī tɨ́dā-ǹ ɼ̄ī kāgī gī kùtɨ̀ kàdī ɓāɼ̄ gōsī: kòw, dōī̀, kīyā̰, mātī, dā, kàjā, yīdā, dēɼ̄, ɓɨtà, mbɨ́-mbɨ̰́.** Les anciens demandent aux jeunes de réciter les noms de dix arbres pour que ça donne une mélodie: ko, dol, kinya, mate, da, kaja, yida, der, bita, mbinmbin.
V nommer. **Yá̰ ǹ-tòō jì-ɓāɼ̄-nè "tèmḛ̄".** Cette chose on l'appelle 'tamis'.
V sonner (tamtam, cithare, balafon, etc.). **Kō bìɼ̄ ɓāɼ̄ dḛ̄y dḛ̄y.** Le bruit du mortier sonne clair et aigu.
VT inviter. **m̄-ɓāɼ̄-ǹ bà rèē àlé.** Je l'ai invité, mais il n'est pas venu.

ɓáɼ̄

V réparer (une pirogue trouée). **Kàɼ̄ tò kɨ́ ɓáɼ̄ tò ɓōī̀ ngáy.** Monter dans une pirogue réparée fait peur.

ɓàtɨ̀

AV tôt. **Dàn-ń ɔ́tɨ̀ ní, ì tèē ɓàtɨ̀ àláà?** Quand tu es parti tu n'as pas quitté tôt, n'est-ce pas?

ɓàtī

VI être damé. **Náñg ɓàtī dágɨ́-dágɨ́.** La terre est bien damée.
VT damer. **m̄-ɓàtī tà bòlò dágɨ́-dágɨ́.** Je dame bien le pourtour du puits.
VT taper, marteler (jusque l'objet entre complètement). **m̄-ɓàtī dɔ̀ máyá̰.** Je tape à coups de marteau sur le clou (jusqu'il est entré complètement dans le bois).

ɓátɨ́

N très (mauvais). **Kɨ̀là rā-í màjàí ɓátɨ́.** Ton travail est très mauvais.

ɓátɨ́

AV jamais. **à rèē àÍ ɓátɨ́.** Il ne viendra jamais.
AV nulle part (*avec négatif!*). **àw̄ lò àÍ ɓátɨ́.** Il n'est pas parti quelque part.

ɓáwà

VT faire qqc. avec excès. **Ngōn-ḿ ɓáwà ndām ngáy.** Mon enfant a trop dancé.
VT consommer avec excès. **m̄-ɓáwà mùɼ̄ yā-í ɓóó-làā.** J'ai consommé largement de ta boule aujourd'hui.

ɓàȳ

N monticule, butte de terre. **ī-lō kɔ̀ɼ̄ ɓàȳ ngàñg ngáy nà bāngàw à àw̄ màjɨ̀ àlé.** Il ne faut faire la butte trop compacte ou la patate ne va pas produire bien.

ɓáy

AV pas encore. **M-āw àí ɓáy.** Je ne suis pas encore rentré.

AV encore. **ī-rà ɓàm, nà m-ā m-ɔ́jì-ī ngáy ɓáy.** Patience, car j'ai encore à t'expliquer beaucoup de choses. **ɓōkɨ́ séy ādī-m̄ ɓáy.** Verse-moi encore un peu.

AV toujours. **àáā̰, tò nṵ̀ṵ́ kàṛī ɓáy.** Oui, il est toujours là et il va bien.

AV jamais (avec négatif). **M-á̰ Njàménà àí ɓáy.** Je n'ai jamais vu N'Djaména.

ɓáy-tṳ̀   (Syn: ɓáy)

AV encore. **Gō-tɨ́ (ànī) m̄-tél m̄-nàjɨ̀ mbàng-á ndɔ̄ jōó ɓáy-tṳ̀.** Ensuite, je retends encore au soleil pendant deux jours.

ɓē   [ɓēē]

N village. **kèm ɓē kɨ́ Mūjīɓēé tɨ́ -** au village de Moujibé. **Róbɨ́ mān ì súmū kèm ɓē yā-jí tɨ́.** Le chemin passe directement par notre village.

Expr: **ɓē-é -** au village, dans le village. **ɓètī rèē sè-nèé ɓē-é.** Le singe le ramena au village.

N maison.

Expr: **ɓē-é -** à la maison, chez [qqn]. **āw ɓē-é àí ɓáy à?** Tu n'es pas encore rentré chez toi?

ɓē-kòsī

N épidémie. **ɓē-kòsī ìsō kɨ́-bīdē-tɨ́ kèm ɓē-é.** Une epidémie s'est propagée dans le village.

ɓē-kò̰

N gouvernance. **ɓē-kò̰ yā ɓē-àlūm dèē gɨ̄ ndì-ñ kɨ lápíyà.** Pendant la gouvernance de Bealoum les gens étaient libres.

ɓē-tɨngā

N petits boutons sur la peau dus à la chaleur. **ɓē-tɨngā ndɔ́bī gìdɨ̀ ngōn-m̄.** Mon enfant a des petits boutons sur le dos dus à la chaleur.

ɓēdày

NP les gens de Bédaya. **ɓēdày gī ndò̰ō̰-ñ ngáy.** Les gens de Bédaya font la pêche beaucoup.

ɓēdàyāá

NP Bédaya (ville Sar entre Koumra et Sarh). **Mbàng kɨ́ ɓēdàyāá òy kàí -ɓē.** Le roi à Bédaya est mort l'année passée.

ɓèndèng

N sorte de filet manié sous l'eau (*unknown*). **Náw gī ìnā ɓèndèng kàdī ùwà-ñ-nèé kānjī kɨ bò gī.** Les pêcheurs lancent le filet (dans l'eau) pour attrapers des grands poissons.

ɓēnglē

VT incliner pour verser. **ī-ɓēnglē sèmbē àdī màn tɨ̰.** Incline la cuvettes pour que l'eau coule.

VI s'incliner, être incliné. **ìndā jóò dɔ̀ sīl tɨ́ kɨ́ gō-ó àlé àdī ɓēnglē.** Il n'a pas bien

posé la marmite sur le foyer
et elle s'incline.

ɓénglē

VI être inclinés, s'incliner
(plus. choses, plus. fois,
etc.) (*fréq. de* ɓēnglē). **Màñ
ndàng àdī kāgī-gī ɓénglē-
ñ.** La foudre a frappé et se
sont inclinés.

VT faire incliner. **Nél-
bàlwày ɓénglē kāgī-gī.**
L'orage a fait incliner les
arbres.

ɓèr̄

N serviteur du chef. **Ngār̀
kírēý gī àdī-ñ ɓèr̄ yē-dí yá-
kìsà àlé.** Certains chefs ne
donnent pas la nourriture à
leur serviteur.

ɓēr̩

N clouer, ficher, fixer (un
objet dans une matière
dure). **Kété dèē gī à ɓēr̩-ñ
ngé-ɓògì gī kāgī-á.** Avant
les gens attachaient les
voleurs à un bois.

ɓēr̩

V semer sans labourer. **M-
āw ɓēr̩ wúdùm-é.** Je vais
semer mes arachides (sans
labourer).

ɓēr̩   (Syn: mēr̩)

VT demander (de faire
qqc). **Ndɔ̄ kógīḿ tí ànī,
ɓɔ□ng ɓēr̩ kàr̩ā̰ ndɔ̀r.** Un
jour, l'hyène demanda le
crapaud à venir faire son
champ.

VT inviter. **m̄-ɓēr̩ mùm-ḿ
kàdī rèē ìsà yá̰ sè-ḿ bà ɔ̀dì
àlé.** J'ai invité mon beau-

père de venire a manger
avec moi mais il a refusé.

ɓèrɓèsī

N esp. de petit insecte
vivant dans la bouse des
boeufs. **ɓèrɓèsī ì kùr̩ kí à tò
ì ɓēl màñg gī tí.** Le
"berbesi" est un insecte qui
reste là où on attache les
boeufs.

ɓēsàdā

NP Béssada, ville entre
Koumra et Bédaya. **ɓēsàdā ì
ɓē kí mbìnā Kūmrāá kì
ɓēdàyāá tí.** Béssada est un
ville entre Koumra et
Bédaya.

ɓèsī

N sorte de fétiche. **āw óy
rɔ́ý kí ɓèsī ì kūtí à ā óỳ.** Si
tu ramasses des noix de
karité protégées par le
fétiche "bes" alors tu vas
mourir.

Expr: gūgī ɓèsī - faire
sacrifice, fétiche.

ɓètì

N fontanelle. **īndā jī-í dɔ̀
ɓètì ngōn tí àlé.** Ne pose
pas la main sur les
fontanelles de l'enfant.

ɓètī

N singe. **ɓètī ḭ̀ rā kújì àdī-
ñ, ndì kèm-é tā.** Le singe se
leva et se mit à lui faire une
maison, et elle y resta. **ɓètī ì
dā̰ kí tītī màdì, bà nḭ̀ tá ì kí
dūú.** Le singe est pareil au
cynocéphale, mais il est plus
petit.

ɓètī-ìnā-ngōn-kɔ̄ɔ́

N nuages énormes qui indiquent une grande pluie. **M-ā̰ ɓètḭ̄-ìnā-ngōn-kɔ̄ɔ́ dɔ̄ɔ́ àdī̄ lò kàdī m-ā̰ ndɔ̀r̄-ɔ́ gòtóō.** J'ai vu des nuages énormes au ciel et alors je n'irai pas au champ [litt: ...la façon pour que j'aille au champ n'existe pas].

ɓètī̄-kàsì̀

N esp. de seige, patas. **ɓètī̄-kàsì̀ gī̄ nùjī̄-ñ ndɔ̀r̄ mān-ñ gòtì̀ ɓètī̄ gī̄.** Les singes patas détruisent plus de champs que les autres singes.

ɓēw

VT frotter entre les mains. **m̄-ɓēw kɔ̀kìr̀ɔ̀ kàdī̄ m-āw m̄-rɔ̄-ň yèr̄ gī̄.** Je frotte une pierre dans les mains pour aller chasser les oiseaux.
VT froisser, masser, oindre. **m-ɓēw yìbī̄ jī̄-m̄ tì́.** Je me frotte les mains avec de huile.
VT se frotter (les mains). **Kūl ò̰-m̄ ngáy àdī̄ m̄-ɓēw jī̄-m̄.** J'ai très froid et je me frotte les mains.
VI faire des tourbillons. **Lò ń mà̰ñ à ɓēw kūtì̀ nò̰ó̰ ílō kàw̄ kūtì́.** La où l'eau fait des tourbillons, n'entre pas.

ɓèyè

N champignon. **ɓèyè kì́ ngáy gī̄ dá, ā ī̄-sūwē tá ā ísá ɓáy.** La plupart des champignons, il faut les traiter avant de les manger.

ɓī̄ [ɓīī̄]

VI dormir. **ī̄-ɓī̄ màjì̀ à?** As-tu bien dormi? **m̄-ndóō yá̰**

ngáy ndɔ̄ɔ́, m̄-ɓī̄ àlé. J'étudie beaucoup la nuit, je ne dors pas.

ɓíndī̄ (Syn: ɓír̄)

VT enrouler. **ī̄-ɓíndī̄ kì̀lā kūtì̄ kāgī̄ tì́ ādī̄-m̄.** Enroule la corde sur un bois pour moi.

ɓìr̄

VI s'enrouler, être enroulé, serrer. **Kì̀lā ɓìr̄ kāgī̄-á.** La corde est enroulée autour de l'arbre.

ɓīr̄

V remuer, préparer (la boule). **Dì̀yá̰ ɓīr̄ mùr̄ hòr-ó.** La femme remue la boule sur le feu.

ɓír̄

VT envelopper, enrouler (*fréq. de* ɓìr̄). **Mā̰ tá à m-ā̰ m̄-ɓír̄ r̄ɔ̄-m̄ kì̀ bájò-ó.** Quant à moi, je vais m'envelopper dans une couverture. **Mà̰ñ à èdì̀ àdī̄ m̄-ɓír̄ r̀àgì̀ kàdī̄ m-údì́ kújì̀-ú.** Il va pleuvoir, alors je vais enrouler la natte et la mettre dans la maison. **Dòktór̀ ɓír̄ jī̄-m̄.** Le médecin m'a bandé la main [litt: ... m'a enveloppe la main avec une bande].

ɓír̄

N esp. de rat, aulacode. **Yégī̄ ɓír̄ gī̄ à tò-ñ ì gír ngàr̄ tì́.** Les aulacodes restent dessous les arbustes épineux.

ɓìgà

N vieillard. **Hòr ì bájò yā ɓìgà gī̄.** Le feu est la

couverture du vieillard.

Expr: tɔ̀gɨ̀ 6ɨ́gá - devenir
mûr (certaines plantes).

VI être vieux. **Kà-ḿ 6ɨ́gá
kɔ̃ɔ́, àdɨ̄-á kɨ̀ tɔ́gɨ́ kàdɨ̄ njɨ̄rā
àlé.** Mon grand-père est déjà
vieux, il n'a pas la force
pour marcher.

VT vieillir. **Dɔ̀-kɔ̀r̄ yā-ǹ
6ɨ́gà-ǹ.** Sa calvitie le vieillit.

6ɨ́lē

VI s'enfuir après un choc
(un animal chassé). **M-úr
dùl kɨ̀ sɔ̀ngɔ̀y-ɔ́ bà 6ɨ́lē àw̄
kɔ̃ɔ́.** J'ai lancé la sagaie sur
la biche-cochon mais elle
s'est enfuit (après le choc).

6ɨ̄ngā

V arracher avec les racines.
**ī-6ɨ̄ngā ngàlì nò̯ò̯ kɨ́ gír-ǹ
gē.** Arrache le manioc avec
ses racines. **Nél-màñ 6ɨ̄ngā
kāgɨ̄.** L'orage a arraché
l'arbre avec ses racines.

VI être arraché. **J-àw̄ jɨ̀-
tɨ́gā kāgɨ̄ kɨ́ 6ɨ̄ngā gɨ̄.** Nous
allons pour couper les arbres
arrachés.

VI avoir une luxation (suj.
est membre du corps).
**Ngōn-ḿ òsō dɔ̀ kɨ̲yā̲-á̲ àdɨ̄
jɨ̄-ǹ 6ɨ̄ngā.** Mon enfant est
tombé de l'arbre de karité et
il souffre d'une luxation du
poignet.

6ɨ́ngā

V arracher (plus. choses ou
plus. fois), détacher. **Ngè-
6ò̀gɨ̀ kɨ́ rēē 6ɨ́ngā ngàlì yā-
ḿ.** Le voleur qui est venu a
arraché mes maniocs.

6ɨ̀tà

N esp. d'arbre [Daniellia
oliveri]. **6ɨ̀tà ì kāgɨ̄ kɨ́ bò
tɨ̄tɨ̄ dɨ̄l.** Le Daniellia oliveri
est un grand arbre comme le
caïlcédrat.

6ò [6ɔ̀ɔ̀]

VT mettre ensemble. **ī-6ò
kɨ̀lā nà̯à̯ tɨ́ tá ī-dò̯ò̯-ň kɨ̄r.**
Mets la corde ensemble et
attache le fagot.

Expr: 6ò nà̯à̯ - être pareille.

6ō [6ōō]

N faim. **6ō rā-ḿ ngáy, ā kɨ̀
yá̯-kɨ̀sà àɨ́ à?** J'ai
beaucoup faim -- n'as-tu
quelque chose à manger?

Expr: 6ō rā [dèē] - [qqn] a
faim. **6ō rā-dɨ́ ngáy.** Ils ont
faim.

6ó [6óó]

INJ marqueur d'insistance.
M-ɔ́dɨ́ àɨ́ 6ó. Je ne veux
pas de tout (ou bien) je ne
l'ai pas touché!

6ōó

N journée, jour (utilisé dans
certaines expressions). **6ōó ì
6ōó tā.** Aujourd'hui est un
grand jour.

N aujourd'hui. **Yá̯ kɨ́ 6ōó ń-
tòō rā tò só-tɨ́.** Ce qu'il il
fait aujourd'hui est mieux.

6ò-6ò

N à haute voix. **ɔ̄r nàjɨ̄ 6ò-
6ò bèē ɨ́ mbíkɨ̄ à?** Tu parles
à haute voix comme ça, es-
tu sourd?

6ōó-làā

AV aujourd'hui. **àsɨ̀-sí 6ōó-
làā, nà kɔ̀r̯ rā-sí ngáy.** Cela
vous suffit pour aujourd'hui,

vous êtres très fatigués. **J-**
ìsà yá̰ màjɪ̀ ɓōó-làā dèē-gɪ̄
màlàng r̥ɔ̄-dɪ́ nèl̄-dɪ̀. On a
bien mangé aujourd'hui, et
tout le monde est content.

ɓòdɪ̀

N idiot. **ɓòdɪ̀ òjɪ̀ dèē kɪ́**
ngáā. L'idiot donne
naissance à une personne
normale.

ɓōdɪ̄

NIN le tronc (d'une
personne). **Lò ń ngànjɪ̀-í ō**
kèm-í ō dūn-í ì kùtɪ̀ ní à
ɓār̥-n̄-nè ì ɓōdɪ̄-í. Là où se
trouvent la poitrine, le
ventre et le dos, on l'appelle
le tronc.
NIN le tronc (d'arbre). **ɓōdɪ̄**
dɪ̄l bò tɔ̀ȳ ɓōdɪ̄ màr̥. Le
tronc du caïlcédrat est plus
grand que ceux du rônier.

ɓòdɪ̀-gèr̥-àl̄

N variété de canne de sucre.
Kɔ̄ń-làā m-ndɔ̀r̄ ɓòdɪ̀-gèr̥-
àl̄ nà kàl̄ -ɓē bóỳ màng
gɪ̄ ìsà-n̄ ngēwrē yā-ḿ ngáy.
Cette année je plante la
canne à sucre "l'idiot ne
connaît pas" parce que
l'année passée les jeunes
bergers ont mangé beaucoup
de ma canne à sucre
"ngewre".

ɓòdɪ́-ngòŕ̥

N esp. d'arbre [Bombax
castatum]. **ɓòdɪ̀-ngòŕ̥ ì kāgɪ̄**
kɪ́ bò tītī kɪ̄rā bà nɪ̀-tá yèl̄
gɪ̄ gèy-n̄ hútɪ̄-n̄ ngáy. Le
Bombax castatum est un
arbre pareil au kapokier
mais les oiseaux aiment
beaucoup ses fleurs.

ɓògɪ̀

VT voler. **ɪ̄-mbɪ̀r̥ā yá̰à̰ yā**
màdɪ̄-í àl̄ ō, ɪ̄-ɓògɪ àl̄ ō.
N'intimide pas les autres
(pour leurs choses), et ne
vole pas. **Bàtàkúmbá ɓògɪ**
gúsɪ̀ yē kà-ḿ róbɪ̀-ó ɓōó-
làā. L'assistant au chauffeur
a volé l'argent de mon
grand-père sur la route.

ɓōgɪ́dòȳ

N fruit de karité qui ne
mûrira pas. **ɓōgɪ́dòȳ ì kɪ̄yā**
kɪ́ à ndùm àlé. Le
"bodidoy" est un fruit de
karité qui ne va pas pourrir
(il reste sur l'arbre).

ɓògɪ̠rò

N fruit encore vert (*avec*
certains fruits (karité,
goyave, mangue, néré) ou la
capsule de coton). **ɓètī gɪ̄**
nùjɪ̄-n̄ ɓògɪ̠rò kɪ̄yā ngáy.
Les singes détruisent
beaucoup de fruits de karité
non-mûrs.

ɓōkɪ́

VT mettre dans. **M-ā m̄-**
ɓōkɪ́-n̄ ì kūbɪ̄. J'y mets le
coton.
VT verser. **m̄-ɓōkɪ́ kèm**
kū-ú. Je la verse dans une
gourde. **ɓōkɪ́ màn̄ jó-ó.**
Verse l'eau dans la jarre.

ɓōl̄

VT craindre, avoir peur.
Mā̰ m-āw à, métɪ̀r àw̄ ì yā
kɔ̄l sè-ḿ ngáy à m̄-ɓōl̄ . Si
j'y vais, le maître va me
disputer, c'est pourquoi j'ai
peur. **ɓōl̄ lī ngáy.** Elle a
beaucoup peur des serpents.
V respecter. **ɪ̄-ɓōl̄ màdɪ̄-í**

tá, ī-rā-ī ɓē. Respecte ton ami et vous pourrez vivre ensemble.

ɓòndī
N esp. d'arbre du bord des eaux [Irvingia smithii].

ɓɔ̀ŋ̄g
N hyène. **Dàn-ń ɓòŋg rèē ùgī ɓá ní, à̰-dɨ́ àlé.** Lorsque l'hyène revint, elle ne les vit pas. **ɓòŋg ngɔ̄dīgō bɨ̄ɥ̄ā̰, bà bɨ̄ɥ̄ā̰ ngɔ̄dī gō ɓɔ̀ŋg àlé.** L'hyène fait sa proie de la chèvre, et la chèvre ne fait pas sa proie de l'hyène.

ɓòŋg-bɨ̀ngà̰r̄
N esp. d'herbe dressée [Sporobolus molleri].

ɓòŋg-dɔ̀gɨ̀
N esp. d'herbe [Loudetia hordeiformis].

ɓòŋg-kèdī
N esp. d'herbe [Vernonia perrottetii].

ɓòoo
Id très (rugueux: descr. de ɓàá)

ɓōsɨ̰r̄ō
N esp. de petit poisson noir [Ctenopoma petherici].

ɓò̰o̰o̰
ID non naturelle (blanc). **Tà-ǹ ndà ɓò̰o̰o̰ kɨ̀ mbà gēé.** Il a la bouche blanchie par le lait.

ɓɔ̀   [ɓɔ̀ɔ̀]
N cloche avec battant *(attachée au cou des chevaux, aux ceintures des jeunes filles initiées, ou aux enfants qui apprennent à marcher)*. **ɓɔ̀ ì gìndī kɨ́ à ìnā-ñ kɔ́ sɨ́ndà gɨ̄ tɨ́.** La cloche est une pièce de métal qu'on attache au cou des chevaux.

ɓɔ̄   [ɓɔ̄ɔ̄]
VT cacher. **m̄-ɓɔ̄ gúsɨ̀ yā-ḿ nà ngè-ɓògɨ rèē ùn.** Je cache mon argent de peur qu'un voleur vienne le prendre.
Expr: ɓɔ̄ r̄ɔ̄-ǹ - se cacher. **Dɔ̀gm̄ ɓɔ̄ r̰ɔ̄-ǹ àdī nɨ̰̀ òō nàjī ní màlàng.** Le lièvre s'était caché et il avait tout entendu.
V confier, donner à qqn pour qu'il le garde. **Mɨ̀ndō ɓɔ̄ gúsɨ̀ mbíkī àlé.** L'aveugle ne confie pas l'argent à un sourd.

ɓɔ́   [ɓɔ́ɔ́]
N demande, requête. **Rèē rā ɓɔ́ tà ngā̰r̄ tɨ́.** Il est venu portant une requête devant le chef.

ɓɔ́bɨ̀lɔ̄

V rouler, tourner (*dans la boue, la terre, etc.*). **ún ngōn ń ā ɓɔ́bɨ̀lɔ̄ r̥ɔ̄-n̄ bɔ̀r-ɔ́ nò.** Prends cet enfant qui s'enroule dans la boue.

ɓɔ́kɨ̄lɔ̄

´**N** esp. de tubercule comestible, taro [Xanthosoma máfafa]. **Kīm gī ndɔ̀r̄-n̄ ɓɔ́kɨ̄lɔ́ ngáy.** Les Kim plantent beaucoup de taro.

ɓɔ̀l

N lion.
Tɔ́gɨ̀-n̄ ì tɔ́gɨ̀ ɓɔ̀l. Sa force est

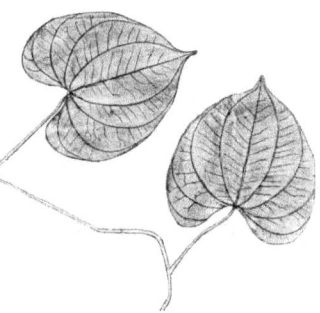

laforce d'un lion.

ɓɔ̀r

NIN mollet. **Métɨ̀r ìndà ngán gī ɓɔ̀r njà-dɨ́ tɨ́.** Les maîtres frappent les enfants sur le mollet.

ɓɔ̀í

VT faire enfler. **Kūŕ̥-ngāng n̄ ɓɔ̀í tà-n̄.** C'est la carie dentaire qui lui fait enfler la bouche.
VI être gonflé. **M-ɨ́ndá tà-n̄ àdɨ̄ ɓɔ̀í mbùuu.** Je l'ai tapé à la bouche de sorte

que sa bouche est très gonflée.

ɓɔ̄í

N esp. de grand arbre [Ficus ingens].
N fruit de ct arbre. Ré ā ɨ́sá ɓɔ̄í ngáy à ɔ̄r̄ ndò̰-í. Si tu manges beaucoup du fruit de l'arbre "bol", ça va te blesser la langue.

ɓɔ́l

N épi (de maïs). **Gɔ̀y-dɔ̀ kɨ́ ndɔ̀r̄ kɨ̀ kàtī-á ɔ̄r̄ ɓɔ́l kɨ́ bò ngáy.** Le maïs planté avec l'engrais produit des très gros épis.

ɓɔ̀lɔ̄

N type de bière de mil. **Dèē gī rā-n̄ ɓɔ̀lɔ̄ tò̰ àlé.** Les gens ne préparent plus la "bolo".

ɓɔ̀lyɔ̀

N esp. d'igname [Dioscorea bulbifera]. **ɓɔ̀lyɔ̀ ì kāgɨ̄ kɨ́ tītī ngúl̥, à àl dɔ̀ kāgɨ̄ màdɨ̄-n̄ gī tɨ́ bā nɨ̰-tá kàn̄-n̄ ì ndágá.** L'igname Dioscorea est une plante comme l'igname, il grimpe sur les autres arbres mais lui, son fruit est dehors (de la terre).

ɓɔ̄n

N écureuil. **Jī ɓɔ̄n ɓò-n̄ nàa̰ kì jī mìlà-á.** La patte de l'écureuil et celle du chat sauvage se confondent. **ɓɔ̄n gī àl̄-n̄ mángò ngá̰y; dìyá̰ kèm ɓē tí gī ìsà-n̄-dɨ àlé.** Les écureuils montent beaucoup dans les arbres. Les femmes dans les villages ne les mangent pas. **Expr: rɔ̄ ɓɔ̄n kāgī** - chose très difficile à faire. **Lò kìngà nàr̰ gògɨ́-làá ì rɔ̄ ɓɔ̄n kāgī.** Trouver l'argent à nos jours est une chose très difficile à faire

ɓɔ̀r̰ɓɔ̄r̰

N punaise. **ɓɔ̀r̰ɓɔ̄r̰ gī ì ngáy kūtī tīr̰á yā-ḿ tí.** Mon lit en bois est plein de punaises.

ɓɔ̀w

N cloche pour les chevaux. **ɓɔ̀w ì gìndī kɨ́ à ìlà-n̄ kɔ́ sɨ́ndá gī tí kɨ́ à ɓār̰.** La cloche est un fer qu'on attache aux cous des chevaux qui sonne.

ɓɔ̀w

VI être épais (liquide). **M-ɔ́y rɔ̄ý m-ā kɨ́ m-ɔ́sɨ̀ bìr̄-í kàdī ɓɔ̀w tùkɨrù.** Je ramasse les amandes, je vais pour les écraser dans le mortier et j'en fais de la mélasse. [litt: pour qu'ils deviennent très épaisses.]

ɓɔ̀w

NP une ethnie de la région du Lac Iro. **Tà ɓɔ̀w tītī tà Túmàkɨ̀ bà tītī tà Sàr̰ àlé.** La langue "Bow" est pareille à la langue Tumak, mais pas pareille à la langue Sar.

ɓɔ́w̄lɔ̄

VT rouler, tourner. **ɓɔ́w̄lɔ̄ kānjī kùm kàtī tɨ́.** Elle roule le poisson dans le sel. **Expr: ɓɔ́w̄lɔ̄ yá̰a̰** - manger trop.

ɓú [ɓúú]

NUM cent. **M-ɨ́ngé gúrsɨ̀ ì ɓú-sɔ́.** J'ai gagné 400 "gourse" (2000 CFA). **m̃-ndōgō kānjī gúsɨ̀ ɓú tām-yē kɔ̰́-ḿ tɨ́.** J'ai acheté du poisson pour 500 CFA pour ma mère.

ɓùgɨ̀rù

ID bien gros et rond. **Bāngàw kɨ́ ndɔ̀r̄ kɨ̀ kàtī-á tò ɓùgɨ̀rù ɓùgɨ̀rù.** La patates cultivée avec l'engrais est bien gros et rond.

ɓùkɨ̀

ID en masse (indique qu'il n'y a aucun obstacle). **Dà̰-gī ɓīngā-n̄ nàa̰ ɓùkɨ̀ ɓùkɨ̀.** Les animaux ont détalé en masse.

ɓùkɨ̀-ɓùkɨ̀

ID indique le bruit de frapper les main. **Ndò bà̰yà̰ gī ndàdī-n̄ ɓùkɨ̀-ɓùkɨ̀ tɔ̀dɔ̄ rɔ̄-dɨ́ nèl̄-dɨ́ ngá̰y.** Les filles initiées frappaient dans leurs mains parce qu'elles étaient contentes.

Ɓùkìsù

ID massif, trapu (personne). **Ɓìngā mùr̄ ɓùkìsù ɓùkìsù.** Il arrache la boule par paquets. **Gír dị̀yạ́ ń-tòō tò ɓùkìsù àdī njīrā sétị́.** La fesse de cette femme est massive et elle ne peux pas marcher.

ID complètement. **Kār ìhɔ̀ mīr̥ō ɓùkìsù.** La calebasse s'est couverte de plaques de moisissures.

Ɓùí

N maladie des chèvres. **Kèm ngōn bị̄yạ̄ nò bò tītī kị́ ɓùí rā-ǹ.** Le ventre de cette petite chèvre est gros comme si elle avait la maladie "bul".

Ɓùí

N période des grandes pluies. **úr ndùjī īndā kújị́-ú tá àdī ɓùí rèē.** Cherche de farine et mets-la dans la maison avant l'arrivée de la période des grandes pluies.

Ɓūl

VI être profond (l'eau) (*"l'eau profonde"*). **Màñ-ndùl ɓūl ngáy gē ùdị̀ dàn-á à ìwà-ī.** Le fleuve Man-ndul est très profond, si tu te mets dedans tu vas te noyer (litt: il va t'attraper).

N profondeur (d'eau). **āw ɓūl màñ-á tá á úwà kānjī kị́ bò.** Entre dans l'eau profonde d'abord et après tu vas attraper des gros poissons.

Ɓùl-ɓɔ̀

N angine. **Kāgī-kàsì ì kāgī kị́ dèè gī à ìndā-ñ hòr-ó ạ̀ỹ-ñ tām ɓùl-ɓɔ̀ tị́.** Le "kagi-kasi" est un arbre que les gens bouillent au feu et boivent pour (soigner) l'angine.

Ɓùlò

N esclave. **Ndùl gī ń ndì-ñ dɔ̀-nàng kị́ àmèríkì tị́ kété nị́ ì ɓùlò gī.** Les noirs qui habitaient l'Amérique avant étaient des esclaves.

Ɓùndị̀r̥ù

N esp. d'arbre de savane [Pterocarpus lucens]. **Wōng rɔ̄ý nạ̀y dɔ̀ ɓùndị̀r̥ù tị́.** La colère de la noix de karité reste sur l'arbre Pterocarpus

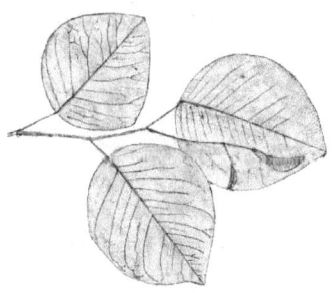

lucens (Prov. si une femme ne trouve pas des noix de karité, elle se contente avec les feuilles de l'arbre de savane).

Ɓùr̥

V recueillir après une première récolte; glaner. **Bóý màng gī à ɓùr̥-ñ gòtị̀ wúí-dùm ɓāl-á.** Les enfants

qui gardent les boeufs
recueillent les pois de terres
en saison sèche.

ɓùɼ̄

N mécontentement,
tristesse intérieure. **Ré ɓùɼ̄ ì
kèm-í tɨ́ bè-ré ɔ̄r gír àî̓ à
à tɔ̄l-ī.** Si le
mécontentement est dans
ton coeur et si tu ne dis rien
alors ça va te tuer.
Expr: ɓùɼ̄ ì kèm [dèē] tɨ́ -
[qqn] être mécontent.
Expr: (dèē) ùwà ɓùɼ̄ -
(qqn) être mécontent.

ɓùɼ̄

N avancée d'une surface à
l'intérieur d'une autre, zig-
zag. **Ndɔ̄r̄ kɨ́ ɓùɼ̄-ǹ ì ngáy à
màjɨ̀ àlé.** Un champ en
dents de scie (en zig-zag)
n'est pas joli.

ɓúɼ̀

NIN cuisse. **Lī dɔ̀ ɓúr-ḿ.**
Un serpent m'a mordu dans
la cuisse.

ɓúɼ̄

V recueillir plus. fois après
une première récolte; glaner.
àw̄ ɓúɼ̄ kūbī-ú. Il est allé
faire la deuxième récolte de
coton.

ɓùrɓùtī

N petits morceaux (de qqc
qu'on peut écraser). **M-ɔ́y
ɓùrɓùtī mɨ̀ kàdī m̄-tɨ́ngā-ň
wúɼ̄.** J'ai ramassé des petits
morceaux de paille pour
griller les pois de terre.

ɓùtì

AV trapu, trop gros. **Dèē kɨ́
tò ɓùtì à à̀ȳ ngɔ̄dī ngáy àlé.**

Une personne grosse ne va
pas courir vite.

ɓùtì

ID petit et fort, trapu. **Dɨ̀yá
kɨ́ tò ɓùtì à gātī à rā-ň̀.** Une
femme forte et trapue ne
trouvera pas des clients
(c'est à dire, un mari).

ɓūtī   (Syn: dūbī)

N tas. **M-īndā màktūbī gír
ɓūtī kùtì.** J'ai mis les
papiers dans groupes (du
même type) en dix tas.
NIN essaim. **ɓūtī tèjɨ̀ kɨ́
séy bèē gī ngóỳ ndì-ñ kèm
hórō yā-ḿ tɨ.** Un petit
essaim des abeilles
seulement est resté dans ma
ruche.

ɓùtɨyù

AV éparpillé partout.
**Màktūbī gī tò-ñ ɓùtɨyù
dàn kújɨ-ú.** Les papiers sont
éparpillés partout dans la
maison.

dā   [dāā]

N esp. d'arbre [Sterculia
setigera]. **Kīr̄ dā dɨ̀yá gī à
rā-ñ-nèé hòr àlé.** Le fagot
de l'arbre Sterculia setigera,

les femmes ne l'utilisent pas
pour faire le feu.

dá   [dá] (Arabe)

SPC là, ce. **ī̄ dá, ī-njɨ̄rā
ngáy àá!** Toi vraiment, tu
marches vite, hein!

dàā

N esp. d'herbe vivace, dressée, à base laiteuse [Loudetia simplex]. **Dàā ì mṵ̀ kɨ́ dèē gɨ̄ à rā-ñ ndɨ̀sā tɨ́.** Le "daa" est une herbe que les gens utilisent pour fabriquer des balais.

Dàbà

NP Daba, peuple Sara d'origine Centrafricain. **Dàbà gɨ̄ ì ngáy kàrtìyē Jàrdḛ̄ tɨ́ Sár-á.** Les Daba sont nombreux dans le quartier Jardin à Sarh.

dàbɨ̀

N abri à toit plat, hangar.

Dɨ̀yá̰ 6ōkɨ́ kō dɔ̀ dàbɨ̀-á. La femme a versé le mil sur le hangar.

dàbɨ́là̰ȳ

N esp. d'arbre [Lannea schimperi]. **Dàbɨ́là̰ȳ ì kāgɨ̄ kɨ́ à rà ngáy ì dɔ̀-6ádɨ̀ gɨ̄ tɨ́.** Le "dabilay" est un arbre qui est nombreux dans les cimetières.

dágɨ́-dágɨ́

ID bien (damé: descr. de 6àtɨ̄). **Ré à ī-dùbī kō bè ré ī-6àtī dágɨ́-dágɨ́ à ì6à àlé.** Si tu semes le mil et si tu le

dames très forte alors ça ne pousse pas.

dágɨ́dā̰ý

N reste d'un objet usé. **Dágɨ́dā̰ý wàá ì yá̰-ndì mbā à?** Le reste d'une vielle natte est-il une chaise pour un étranger? **Expr: ìndā dágɨ́dā̰ý nàng tɨ́** - marcher pieds nus. **Sā yā-í gòtóō á īndā dágɨ́dā̰ý nàng tɨ́ à?** Tu n'as às de chaussures (c'est pour cette raison) que tu marches pieds nus?

N (main) privée des doigts. **Ngè-bānjī à rā kɨ̀là kɨ̀ dágɨ́dā̰ý jī-ǹ.** Un lèpre travail avec ses mains privées des doigts.

dágīdɨ́

N haricots cuits. **Dágīdɨ́ tōr kèm-ḿ ndɔ́ɔ́-làā ngáy.** Les haricots cuits m'a fait mal au ventre cette nuit.

dágīlá

N esp. de petit insecte qui pique, plus petit qu'un moustique, fourou. **m̄-ndì ì dágīlá ń dɔ̀ kèdī ní.** Je suis un fourou qui pique un éléphant (mon action n'a aucun effet).

dàl

VT répondre. **Nàjī ń m̄-dɨ̀jè-ī ní ā ī-dàl àlé à?** La question que je t'ai posée, tu ne vas pas répondre?

dàlà

AV proche. **Ngōn rà gō-ḿ tɨ́ dàlà.** L'enfant est juste derrière moi. **ɨ̄ gṵ̀mɨ́yà̰ á ī-ndà dàlà gō-ḿ tɨ́ à?** Es-tu

garde de corps du chef pour
rester proche derrière moi?

dālā

N ténacité (*normalement
avec* ìgà). **M-ɨ́gá dālā tà
ndɔ̄r̃ mbóng àdī m̄-tīgā-n̄
tā.** Je me suis montré tenace
en cultivant jusque je l'ai
fini.

dálá

N entrave à corde (aux
pieds d'un animal). **ìnā dálá
njà sɨ́ndà tɨ́ nè njīrā ngáy.**
Mets l'entrave sur les pieds
du cheval de peur qu'il ne se
promène beaucoup.
Expr: ìnī dálá njà [dèē] tɨ́ -
obliger [qqn] d'attendre.
Màñ ìnī dálá njà-ḿ tɨ́. La
pluie m'a obligé d'attendre.

dàálà   (Syn: dàlálà)

N parapluie, ombrelle. **Nél
ìlà ngáy ɔ́sɨ̀ dàálà àlé.** Le
vent souffle beaucoup,
n'ouvre pas le parapluie.

dàlálà   (Arabe)

N parapluie, ombrelle (*on
dit aussi* dàálà). **ɓàr̰-á ré āw
kɨ̄ ndágá à ún dàlálà jī-í tɨ́.**
Pendant la saison des pluies,
si tu sors dehors prends le
parapluie à main.

dàlè

N sorte de tambour (*on dit
aussi* dàlì). **Dàlè ì kɔ̀dɨ̀ kɨ́
à ìlà-n̄ nò̰ mbā-dɨ́ tɨ́ tá à
ìndà-n̄.** Le "dale" est un
tambour qu'on met entre les
jambes pour jouer.

dálwàȳ

N sorte de balaie (*plus
grande que* ndɨsā). **āw ī-sā**

dálwàȳ ādī-m̄ m-ɔ́y̰-n̄ lò.
Va chercher une balaie pour
que je nettoie avec.

dàlyà

N sorte de tambour à deux
faces. **Dèē gɨ̄ à ndām-n̄ sāy
ì kɨ̀ dàlyà-á.** C'est le
tambour à deux faces que
les gens danse le "say".

dām

N direction. **àw̄ dām kɨ́-rá
tɨ́?** Il est parti en quelle
direction?
PRP vers. **ī-njīrā dām kɨ́
kò̰-ó̰ tɨ́.** Marche vers la
droite.

dám̄

V réparer difficilement,
avec les moyens
disponibles. **Bìlō yā-ḿ nùjɨ̀
dɔ̀-ḿ tɨ́ àdī m-ā m̄-dám̄ ì
mbéē.** Mon vélo est tombé
en panne sur moi et je l'ai
réparé avec les moyens
disponibles seulement.
Expr: nàjī kɨ́ dám̄ - parole
inventée pour s'en sortir d'un
problème.

dàm-dɔ̀

NIN haut de la tête. **ī-dò̰ò̰
màndîl dàm-dɔ̀-í tɨ́.**
Attache-toi le foulard en
haut de la tête.

dàn

NIN centre, milieu de. **Súkɨ̄
ì ngɔ̀r dàn ɓē-é.** Le marché
est à côté du centre ville.
Expr: dàn lò tɨ́ - en pleine
nuit. **Dàn ndɔ́ɔ́ ɓá-à, bísɨ́-gɨ̄
rɔ̄-n̄ nà̰à̰ dɔ̀ kānjī tɨ́.** En

pleine nuit, les chiens se disputèrent entre eux le poisson.

Expr: dàn-á - au centre. **Dèē gī ìndā-n̄ mùr̄ dàn-á tām-yē kṵ.** Les gens mettent la boule au centre pour la manger.

Expr: dàn ɓē - dans le village. **M-āw dáȳ-á dàn ɓē sɛ́y sɛ́y.** Je vais flâner un peu en ville.

Expr: dàn kāgī-á - dans la forêt. **Ré ā ī-njīrā dàn kāgī-ó kì kér-í à gòygōy gī à ùwà-n̄-ī.** Si tu te promènes dans la forêt toute seul les esprits des arbres vont te saisir.

PRP parmi. **Dàn ngán̄-gī n̄ nǫ̀ǫ́ tí ní, ì ná̰a̰ àjì ɓɔ̀bī-n̄ ní?** Parmi tous ces enfants, lequel est celui qui a sauvé son père?

dān

VT accompagner. **Màjì, ī-dān-m̄ njīrā sɛ́y.** Bon, tu m'accompagnes pour une petite promenade? **m̄-dān-ī róbí-ó.** Je t'accompagne en route.

dàn-gàtì

NIN partie supérieure du dos. **Dò kí dàn-gàtì tí tōr ngáy tɔ̀dɔ̄ á̰ tà-n̄ àlé.** Une plaie sur la partie supérieure du dos fait beaucoup parce que tu ne vois pas la plaie.

dàn-gīlā

Av à une distance. **Róbí kí kàw̄ ɓē yā-í tí dàn gīlā ngáy/sɛ́y.** Le chemin qui va chez toi, la distance est

grand/petit.

Av depuis longtemps. **m̄-ndì Njàménà dàn gīlā-kɔ̄ɔ́.** Je suis ici à N'djaména depuis longtemps.

dàn-ń [dà̰ń]

CNJ quand. **Dàn-ń rɔ̄ý tùtì kɔ̄ɔ́ (ɓá) ní, ā ī-rā-ň ì rí ɓáy?** Quand les noyaux sont secs, qu'est-ce que tu fais avec?

dàng

N marécage. **Dàng ì lò tò kà̰r̰a̰ gī ō lò tò ngól gī ō.** Un marécage est là où habitent les crapauds et les tortues.

dáng

AV différent. **Kṵ-dí ì kógīm̄, bà ɓɔ̀bī-dí ì dáng.** Ils ont le même père, mais leurs mères sont différentes.

dāngā

N esp. d'oiseau, grue couronnée. **Dāngā ì yèl̄ kí nìngà dɔ̀-n̄ màjì ngáy.** La grue

couronnée est un oiseau avec la crête très jolie.

dáàngá

N esp. d'oiseau, ibis Hagadash.

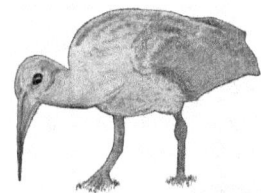

daɽīḿ

N esp. de singe, Colobe de Guéréza. **ɓètī daɽīḿ ì ɓètī kɩ́ bò ngá̰y tītī màdɩ̀ àlé.** Le Colobe de Guéréza est un singe (qui n'est) pas si grand que le babouin.

dàw

N négligence (toujours en remettant à demain). **Ngè tò̰ō̰ rā tɔ̀ȳ ngè dàw.** Le paresseux fait plus que celui que remet toujours au lendemain (Prov.).

dàw

N furoncle, abcès. **Dàw ìɓà gír-ḿ.** J'ai un furoncle aux fesses.

dáwá (Arabe)

N médicament. **Dáwá ì yá̰ kɩ́ tām-yē kàjɩ̀ ngé-mò̰y gɩ̄ tɩ́.** Les médicaments sont ce qu'on utilise pour guérir les maladies.

Dày

NP Day, population non-Sara (à Bangoul, Bouna, Bara, Paris et Ngalo). **Kété jóò ɓēdàyāá ì ɓē Dày gɩ̄.**
Auparavant Bédaya était une ville Day.

dāy

N état de ne pas être au courant, insu. **Tétī nàjī dɔ̀-ḿ tɩ́ dāy-á.** Il dit du mal de moi insu (à mon absence). **Dèē rèē ɓògɩ̀-m̄ dày-ḿ tɩ́.** Quelqu'un est venu me voler sans me rendre compte.

dáȳ

VI flâner, se promener sans but (mais en une occasion) (*v. aussi* dúȳ). **M-āw dáȳ-á dàn ɓē sḛ́y.** Je vais flâner un peu en ville.

dày-mùnjò

N purée d'haricots avec farine d'arachides ou de sésame. **ā ī-sā ngè kɩ̀sà dày-mùnjò à ī-ngóō-n̄ tà jó tɩ́.** Si tu cherches celui qui mange la purée d'haricots, attends-lui devant la jarre (parce qu'il aura soif et viendra chercher de l'eau).

dā̰ [dā̰ā̰]

N animal; gibier. **Kàdī ī-tɔ̄l dā̰ ngá̰y ō, kàdī ī-tɔ̄l kānjī ngá̰y ō.** Que tu tues beaucoup de gibier et que tu pêches beaucoup de poissons.
Expr: dā̰ kùɽ - animal domestique.
Expr: dā̰ kɔ̄ɽ - animal sauvage.
Expr: dā̰ ngāng - fauve, animal feroce (ex. lion, chacal, etc.).
Expr: dā̰ tɔ́gɩ̀ - animal sauvage feroce ave la force (buffle, éléphant,

hippopotame, etc.).

N viande. **m̄-gè̱y tá̱ kɨ́ kànjɨ̄ dā̱ ngá̱y.** J'aime beaucoup la sauce sans viande.

dā̱-gìdɨ-gò̱gɨ̀

NIn gencives. **Kūr̄-ngāng rā-ǹ àdī dā̱-gìdɨ-gò̱gɨ-ǹ tágɨ̄.** Il a une carie dentaire et ses gencives sont enflées.

dā̱-kùr̄

N animal domestique. **Mbōrō gɨ̄ gè̱-ñ dā̱-kùr̄-dɨ́ gɨ̄ tītī ngán-dɨ gɨ̄ bèē.** Les Foulbés nomadiques aiment leurs animaux domestiques comme leurs enfants.

dà̱y

N tambour royal (*on dit aussi* kɔ̀dɨ dà̱y). **Kɔ̀dɨ dà̱y ì kɔ̀dɨ kɨ́ dèē kɨ́-nò̱ò̱ à ìndà àlé, ì kɔ̀dɨ yē mbàng gɨ̄.** Le tambour royal est un tambour que n'importe qui ne va pas jouer, c'est le tambour des rois.

dèē

N personne, quelqu'un. **Bà dèē gɨ̄ ò̱y-ñ ngá̱y wà?** Mais est-ce que les gens en ont pris beaucoup? **Dèē ń rèē kɨ̀ bɨ̄yā̱ kɨ́ dɨ̀yá̱-á àɨ́ ō, kɨ́ dɨngàm àɨ́ ō ɓá à, à tàā ngōn-m̄.** Si quelqu'un apporte une chèvre qui n'est ni femelle ni mâle, il aura ma fille.

dèē-dɔ̀

N état d'être seul. **Ndì dèē-dɔ̀ tōr ngá̱y.** Vivre seule est très difficile.

Expr: [rā yá̱ā̱] **dèē-dɔ̀-ǹ** - [qqn] agir pour soi-même, faire [qqc] toute seul.. **Bɨ̀rà bísɨ̀ ìwà dā̱ dèē-dɔ̀-ǹ àɨ́ .** Le vieux chien ne prend pas le gibier tout seul.
N indépendance.

Expr: ndì dèē-dɔ̀ - être indépendant. **čàdɨ̀yé̱ gɨ̄ ndì-ñ dèē-dɨ́ tòò àsɨ̀ ɓāl kùtɨ-mɨ́.** Les Tchadiens sont indépendant depuis cinquant ans.

dèē-kɨ́-dɨ̀yá̱

N femme (*v.* dɨ̀yá̱). **Kété jóò dèē-kɨ́-dɨ̀yá̱ Sàr̄ ò̱ō njālā àlé.** Auparavant une femme Sara ne portait pas le pantalon.

dèē-ndùl

N être humain. **Dèē-ndùl ì dèē kɨ́ à ò̱y.** Un être humain est une personne qui va mourir.

dédɨ̄ (Syn: gúdɨ̄)

VT casser en petits morceaux, briser. **ɨ̄-dédɨ̄ mù̱ ɨ̄ ɓōkɨ́ hòr-ó.** Casse les brindilles de paille et jette-les au feu.

dèjɨ̀

AV souvent, toujours. **à rèē gù̱ū̱-m̄ kùm mbàng kɨ́ sà yá̱ tɨ́ dèjɨ̀.** Il vient toujours me visiter à l'heure de manger.

dēl

N petits grains, granules. **ɔ́y dēl jíngà ɨ̄-tá̱ bɨ́yā̱ tɨ́.** Ramasse les petits grain de semoule et prépare la bouillie avec.

Expr: dēl jíngà - la fine brisure (semoule) obtenue après la séparation d'avec la farine.
N chose granuleux. **Kàtī ń-tòō tò dēl ngáy.** Ce sel est très granuleux.

dèpì

ID bien ajusté, nette, convenable. **Kíɓō àsì tà mǫy dèpì.** Le couvercle du grenier est bien ajusté. **Ngāl-dí àsì nàā̰ dèpì.** Ils sont exactement de la même taille.

dépì-dépí

ID très (court): descr. de gīndī. **Gòygōy ì dèē kì gìndī dépì-dépí nàŋg.** Un pygmée est une personne qui est très courte.

dèṛ

N bouclier fabriqué en paille et peau. **Búndì mbùtì dèṛ àdī tɔ̄l dèē.** La balle du fusil a percé le bouclier et tué la guerrier.
N défense contre (qqc). **dèṛ rɔ̄ ɓō ì ndɔ̀ṛ.** Un defense contre la famine est le champ (c'est à dire, le travail au champ). **Dèṛ rɔ̄ sìdáà ì màktūbī.** Le defense contre le SIDA est le livre (c'est à dire, l'éducation).

déṛ

N pigeon. **m̄-tɔ́ṛ-ń tà-m̄ dɔ̀-í tí kàdī déṛ tètì ngō ìnī-ň dɔ̀-í.** Je fais cette invocation sur toi pour que seulement la petite brindille que le pigeon casse tombe sur toi. **ī-tīɓā déṛ gī dɔ̀ kō tí nè ìsà-ň.** Chasse les pigeons du sorgho de peur qu'ils le mangent.

déṛ

V aligner, arranger régulièrement. **ī-déṛ rɔ̄-sí tà-dóbì tí.** Arrangez-vous en travers de la porte.

dér-kūí

N esp. de pigeon (*on dit aussi* kūí). **Dér-kūí ì déṛ kí ngànjì-ň tò ndùjī-mātī.** Le pigeon "kul" est un pigeon qui a la poitrine jaune.

dèrdépì

N boisson offerte au client avant sa commande. **ādī-m̄ dèrdépì m-nā̰ m-á̰à̰ ké kàsì yē-í nèṛ wà.** Donne-moi un "avant-goût" pour que je voie si ta bière est bonne.

dēsí

VT barrer le passage avec (*obj. est la chose utilisée pour barrer le passage*). **ī-dēsí kāgī tà-kújì tí nè bḭ̄ȳā̰ gī à ùdì-ň kèmé.** Barre avec un bois l'entrée de la maison de peur que les chèvres n'y entre. **Dēsí rɔ̄-ň tà ndògī tí ɔ̀gī-jí mān.** Il a barré (avec son corps) l'entrée à la concession pour nous empêcher de passer.

dēsí

N penché, chose penché. **M-ā̰ kāgī kí dēsí kàdì kújì tí.** J'ai vu un arbre penché à côté de la maison.

Expr: tò kī dēsɨ-é - être penché. **Lò-ń nél à ìlà kūtɨ ngáy nọ̀ọ́ kāgī gī à tò-ñ ì kī dēsɨ-é.** Là où le vent souffle fort, les arbres sont penchés.

dēsɨ́-bāá (Syn: kɨ́-mùndɨ́-bāá)

N arc-en-ciel (*v.* kɨ́-dēsɨ́-bāá).

dẹ̄y

ID avec un bruit clair et aigu. **Kō bìr̄ ɓār̰ dẹ̄y dẹ̄y.** Le bruit du mortier sonne clair et aigu.

dīí

N monticule; termitière. **ūwá kɨ́ kùwà dɔ̀ dīí tɨ́ ìdī kùm ngáy.** Le mil labouré sur les termitières produit très bien.

dìdī

V arbre épineux [Acacia albida]. **Dìdī ìdà nè n-à ǹ-bò kɨ̀ màñ yē màdī-nèé àlé.** L'acacia albida dit qu'il ne grandit pas avec l'eau de son ami (L'Acacia albida perd ses feuilles pendant la saison de pluie).

dīgɨ́

N gros bélier (*toujours avec* bàtɨ̄). **Ndɔ̄ pétɨ Dùm gī tɨ́ à ndōgō-ñ ì dīgɨ́ bàtɨ́ yē tɔ̄l.** Le jour de la fête Arabe ils achètent un gros bélier pour tuer.

dīl

N arbre: caïlcédrat [Khaya senegalensis]. **Dīl ì kāgī kɨ́ bò ngáy kɨ́ ndíl-ǹ ì ngáy, bà**

dèē gī ìdà-ñ nà ndíl kɨ́ màjàl gī ndì-ñ gír-í. Le ïlcédrat est un grand arbre avec beaucoup d'ombre, mais les gens disent que beaucoup d'esprits habitent dedans.

dím̀ (Français)

N don pour l'église. **Ré íngá gúsɨ à ā ɔ̄r dɔ̀-ǹ séy kàdɨ̄ ādī dím̀ tɨ́.** Si tu trouves de l'argent alors tu enlèves un peu pour donner un don à l'église.

dímsɨl

N brouillard. **Dímsɨl ndɔ̄-ǹ tɨ́ ní ɔ̀gī-jí kà̰ lò.** Le brouillard ce jour là nous empêchait de voir.
Expr: dímsɨl tèē - le brouillard se forme. **Dímsɨl tèē ngáy.** Il s'est formé beaucoup de brouillard.
Expr: dímsɨl gáñg - Le brouillard s'est dissipé.

díndīí

N libellule. **Díndīí, īnī gɔ̀l ì bà̰y, īnī kàdī ī-tɔ̄-ň̀ kùm dɨ̀yá à?** Libellule, comment as-tu lancé le gourdin pour qu'il aille crevé l'oeil de la femme? (chanson)

dìndɨrìii

ID insensible (membre du corps). **ī-tɨ́gā kāgī ngáy à jɨ-í à ndèr̰ dìndɨrìii.** Si tu coupes beaucoup de bois ta main sera insensible.

dìpsɔ́ɔ̀ [dìpsɔ́ɔ̀,dìpsɔ̄]

N cabaret, petite case ou on vend la bière de mil. **ɓōó-làā m̄-rā kɨ̀là ngáy àdī lò-**

sɔ̀l̄-í ń-tòō m-āw dìpsɔ̄ séy.
Aujourd'hui j'ai beaucoup
travaillé et ce soir je vais au
cabaret un peu de temps.

dìrngēl

N brique cuite. **J-ɔ̀r̄ bìríkɪ̀
kàdī jɪ̀-tɪ́ngā dìrngēl tɪ́.**
Nous moulons des briques
pour en faire des briques
cuites.

dɪ̀ [dɪ̀ɪ̀] (Syn: ndégī)
V arracher avec la main. **m̄-
dɪ̀ wúl̄-dùm kɪ̀ jɪ̄-m̄.** J'ai
arraché des arachides avec
la main.

dɪ̀ī

VT aider, assister. **m̄-dɪ̀ɪ̄-ī
ní, īgā njà-m̄ tā.** Je t'ai aidé,
récompense-moi.

Expr: **dɪ̀ī** [dèē] **ndɔ̀r-ɔ́/rɔ̄-ɔ́/**
- aider [qqn] dans le
champ/le combat.

dɪ̀yá̰

N femme. **ì dɪ̀yá̰ à kéè ì
dìngàm?** Est-ce une femme
ou un homme? **Dɪ̀yá̰ nā̰ tá̰à̰
nèl̄ tà-m̄ ngá̰y àdī ìsà
màlàng kɔ̄ɔ́.** La femme a
goûté la sauce, et elle l'a
aimé tellement qu'elle a
toute mangée.

dɪ̄yā̰

VI couler. **Bíkɪ̀ yā-m̄ dɪ̄yā̰
kɔ̄ɔ́ pósɪ́-m̄ tɪ́.** Mon bic a
coulé dans ma poche.
VT couler sur. **Màn̄ dɪ̄yā̰
dɔ̀-m̄ tɪ́.** L'eau me coule
dessus.

dɪ̀yá̰-tṵníyà̰

N esp. d'oiseau, petit héron
noir. **Dɪ̀yá̰-tṵníyà̰ ì yèl̄ kɪ̀**

tītī kōó bā nɪ̰̀-tá ì kɪ́-ndùl.
La "femme du Tuniya" est
un oiseau pareil au héron
pique-boeuf mais il est noir.

-dɪ́

PRA les, leur, eux (obj. de
verbe). **m̄-gèr̄-dɪ́ àlé.** Je ne
les connais pas. **ìndà-dɪ́
ngá̰y.** Il les a frappés
beaucoup.

dɪ̀bà

VT arrêter, s'arrêter.
Kàmyɔ̄ dɪ̀bà tà bā tɪ́. Le
camion est arrêté au bord de
la rivière.

dɪ́bā

VI tituber. **Ngè mòy dɪ́bā
kɔ̀n-kɔ̀n.** Le malade titube
de faiblesse.
VT faire tituber. **ā̰y kàsɪ̀
àl̄ bà ì rí nà dɪ́bā-ī?** Tu
n'as pas bu du boisson mais
qu'est-ce que te fait tituber.

dɪ́gà

N pioche. **Ré ī-gèr̄ tɪ́gā
náng kɪ̀ dɪ́gà àlé ànī ā̰ tɪ́gā
gō-í.** Si tu ne sais pas
creuser la terre avec une
pioche alors tu vas te
frapper à la nuque.

dɪ̀jè

V demander. **Ngār̄ dɪ̀jè-m̄
nà ké wàá ì rá wà.** Le chef
lui demanda où était la
natte. **m̄-gèy dɪ̀jè-ī ké lò rā
yìbī rɔ̄ý ì bà̰ý wà?** Je
voudrais te demander
comment on fait l'huile de
karité? **m̄-dɪ̀jè gúsɪ̀ bɔ̀bī-m̄
bà ɔ̀gī-m̄.** J'ai demandé de
l'argent à mon père mais il
m'a refusé. **ī-dɪ̀jè-m̄ kō àl̄**

nè à lúr̄-ī. Ne lui quémandes pas du mil de peur qu'il ne se moque de toi.

dìlè

N paille pour construire les cases. m̄-ndōgō dìlè kàdī m̄-dìlè-ň kújì yā-m̄. J'ai acheté de la paille pour faire ma maison.

VT tresser (le toit) avec la paille. m̄-dìlè dɔ̀ kújì yā-m̄. Je tresse le toit de ma maison avec la paille.

dìmà

N sorte de bière fabriquée avec le miel. Dìmà ì kàsì kí à rā-n̄ kì tèjì-é. Le "dima" est une boisson fabriquée avec le miel.

dìmásì   (Français)

N dimanche. Ngé-tà-kèm gī àw̄-n̄ gír-kújì-Álà ì kì ndɔ̄ dìmásì. C'est le dimanche quand les chrétiens vont à l'église.

N la semaine. m̄-rèē làā àsì dìmásì jōó. Je suis arrivé ici il y a deux semaines.

Expr: dìmásì kí gògì - la semaine prochaine. Dìmásì kí gògì m-āw yā rā kìlà kì bɔ̀bī-m̄. La semaine prochaine je vais pour travailler avec mon père.

Expr: dìmásì kí kété - la semaine passée. Dìmásì kí kété tì ní àw̄ ì rá n̄ ī-rā kìlà àlé ní. La semaine passée là où es-tu parti pour que tu n'aies pas fait le travail.

Expr: dìmásì ń-tòō - cette semaine.

dìngàm

N homme. ì dìyá̰ à kéè ì dìngàm? Est-ce une femme ou un homme? Kìlà rā dìngàm ì ndɔ̄r̄, kìlà rā dìyá̰ ì ndīr yá̰à̰. Le travail d'un homme est le champ, celui d'une femme est la cuisine. Ngán-n̄ gī ì sīr̄í, kí dìngàm gī mìtá, kí dìyá̰ gī sɔ́. Il a sept enfants, trois garçons et quatre filles.

dìngáỳ   [dìngáỳ, dàngáỳ] (Arabe)

N prison (on dit aussi dàngáỳ). ùwà-n̄ ngè-ɓògì ìnā-n̄-á dìngáy-á. Ils ont pris le voleur et l'ont mis en prison.

V prisonnier. Sádì tí làā dìngáỳ gī à rā-n̄ kìlà ngáy. Au Tchad les presonniers travaillent beaucoup.

N souffrance. m̄-tèē dìngáy-á kɔ̄ɔ́. Je suis libéré de la souffrance.

dìrā

VT passer (qqn) sur le chemin. Ré m-āw kì mbā tí bà m̄-dìrā dìyá̰ róbì-ó à m-āw kì njà-m̄ àlé. Si je pars en voyage et je trouve une femme sur la route alors j'aurai un mauvais voyage (parce que rencontrer une femme au debout du voyage est mauvaise signe).

dìrò

N esp. d'arbre [Combretum glutinosum]. Ré njà-í sír-ī à

ī-sā mbī dɨ̀rò īndā hòr-ó ī-mbǭ-ň. Si ton pied est enflé alors cherche des feuilles de l'arbre "diro" et bous-les et masse le (pied) avec.

dɨ̀rò-nàm̄ (Syn: dɨ̀rò)
N esp. d'arbre [Combretum glutinosum]).

dɨ̀yè
VT défaire (toit d'une maison). **m̄-dɨ̀yè kújɨ̀ yā-m̄ tɔ̀dɔ̄ yǫ̀ ǫ̀ kɔ̄ɔ́.** Je défais le toit de la maison parce que les termites l'ont rongé.
VI se défaire. **Màdī-nàā yā-jɨ́ dɨ̀yè kɔ̄ɔ́.** Notre amitié s'est défaite.

dò [dòò]
N blessure, plaie. **Dò ì ngáy à?** La blessure est-elle grave? **Dò kɨ́ njà-m̄ tɨ́ ɔ̀gī m̄-njīrā.** La plaie sur mon pied m'empêche de marcher.
Expr: kɨ̀ dò-ó - provoquant une blessure. **Dụ̀-ň kɨ̀ dò-ó à?** As-tu reçu une blessure de la piqûre? (cela t'a-t-il mordu avec une blessure?)
N piqûre. **M-āw m̄-sā ndɨ́jà kàdī m̄-īndā tà dò kókɨ̀ràng tɨ́.** Je vais chercher l'oignon sauvage pour mettre sur la piqûre de scorpion.

dōbī (Syn: jáng)
N sorte de grand panier. **M-ún dōbī kàdī m-ɔ̄r-ň kūbī ndɔ̀ī-ɔ́.**

J'ai pris un panier pour ramasser le coton dans mon champ.

dóbī
V cacher. **ɓāl rɔ̄ tɨ́ m-ą̄y m̄-dóbī rǭ-m̄ kèm bèmbèé.** Pendant les années de guerre, j'ai fui pour me cacher en brousse.

dògīm-dòȳ
N esp. d'herbe annuelle branchue [Vernonia perrottetii].

dójɨ̀
N récipient en métal. **ɨ̄ ì ngōn kɨ́ dūú ngáy ásɨ̀ kòtō màn̄ dójɨ́-ó àlé.** Toi tu es un petit enfant, tu ne peux pas porter l'eau dans un récipient en métal.

dòktór̀
N dispensaire. **Màjɨ̀ kàw dòktór-ó.** Il faut qu'il aille au dispensaire.
N infirmier, docteur. **Tā à dòktór̀ ìdà-ī nà ì rí?** Et qu'est-ce que t'a dit l'infirmier?

dōɨ́
N esp. d'arbre [Ficus polita). **Dōɨ́ ì kāgī kɨ́ tītī kótī.** L'arbre "dol" est un arbre qui ressemble le figuier "koti".

dōɨ́
N esp. de poisson [Alestes baremoze]. **Dōɨ́ ì kānjī kɨ́ tītī wą̄ỳ, bà yìbī-**

ǹ tá ì ngáy àlé. Le poisson Alestes est un poisson comme le poisson "way" mais il n'a pas beaucoup d'huile.

dóɽ̀

N esp. de poisson [Citharinus citharus]. **M-ísá kānjī dóɽ.** Je mange un poisson "dor" séché. **M-íwà kānjī dóɽ̀ ō kānjī yōó ō kānjī ngóɽ̀ ō.** J'ai pris des carpes, des "dor" et des "ngor".

dōɽīyō

N temps d'après la pluie. **Làléè ngōn-ḿ, ḿ-rèē dōɽīyō ɓē yā-í tɨ́.** Bonjour, mon enfant, je viens chez toi en ce temps d'après pluie.

dōw

N chauve-souris. **Dōw-gī**

nùjì-ñ mángò yā-ḿ. Les chauves-souris détruisent mes mangues.

dò̰ [dò̰ò̰] (Syn: dṵ̀)

VT mordre. **Yá̰à̰ kɨ́rēý dò̰-ḿ.** Quelque chose m'a mordu. **Bísɨ́ kɔ̄ɽ à dò̰-ɨ̄ ɓá-à ā óỳ.** Si un chien enragé te mord tu vas mourir.

dò̰ō̰ (Syn: dṵ̀ṵ̄)

V attacher. **ā ī-dò̰ō̰ kɨlā kó ɓīyā tɨ́ ī-rèē-ň ādī-ḿ-ī.** Va attacher une corde au cou de la chèvre et amène-la-moi.

dódó̰ò̰

N esp. d'oiseau, Héron Bihoreau.

dò

PRP sur. **Bà tītī-ǹ Súū gèỳ rèē dò nàng tɨ́ ní ...** Mais, comme Sou désirait s'établir sur la terre ... **M-āl dò kāgī tɨ́ kàdī m-á̰ yá̰à̰.** Je monte dans l'arbre pour veiller. **M-āw bèmbèé yē sā dò kámbɨ́ ndògī.** Je vais en brousse pour chercher des plantes médicinales (pour me laver avec).

Expr: **[dèē] kɨndà ndé dò-ǹ tɨ́** - [qqn] se défendre.

Expr: **[dèē] kɨndà [dèē màdɨ̄] dò-ǹ tɨ́** - [qqn] se défendre contre [qqn d'autre].

dò [dɔ̀ɔ̀]

NIN tête. **Dò-ḿ tōr-ḿ.** J'ai mal à la tête.

Expr: **dò [dèē] ngàng** - être têtu. **Ngōn kɨ́ à̰ỳ sáỳ dò-ǹ à ngàng ngáy.** Un enfant qui boit du thé sera très têtu.

Expr: **dò [dèē] ngàng** - être en bonne santé.

Expr: **ɨngà dò-ǹ** - réussir. **ḿ-rā làkɔ́l ̀ ngáy bà ń-tò m-ɨngá dò-ḿ tā.** J'ai fait des études mais maintenant j'ai réussi.

Expr: **dò [dèē] tèl-ǹ** - [qqn] avoir mal à la tête. **ḿ-rā kɨlà kùm mbàng tɨ́ ngáy** àdī ń-tò dɔ̀-ḿ tèɭ̄-m̄. J'ai beaucoup travaillé au soleil et maintenant j'ai mal à la tête.

Expr: ndà dɔ̀ [dèē] tí - mettre pression sur [qqn]. **Ngōn ní gèɭ̄ ndīr yá̰ àlé àdī kó̰-ǹ ndà dɔ̀-ǹ tí ngá̰y.** L'enfant ne sait pas faire la cuisine et sa mère a mis beaucoup de pression sur elle.

Expr: dɔ̀ [dèē] sɔ̀ɭ - [qqn] être humble, doux. **Dìyá̰ kí jóò gī ì dìyá̰ kí dɔ̀-dí sɔ̀ɭ à, rā-ń kìlà àdī-ń ngà-dí gī.** Les femmes d'entre temps étaient des femmes douces, elles travaillaient pour leurs maris.

Expr: dɔ̀ [dèē] ɔ̀ȳ-ǹ - [qqn] avoir le vertige. **Dàn-ń m-āl dɔ̀ kāgī-á ní dɔ̀-ḿ ɔ̀ȳ-m̄ àdī m̄-sā kòsō.** Quand je suis monté sur l'arbre j'avais de vertige et j'étais sur le point de tomber.

NIN épi (d'une céréale). **dɔ̀ kō, dɔ̀ másàr, dɔ̀ tḛ̄y, dɔ̀ gɔ̀jì̀ -** l'épi du mil, du maïs, du petit mil, du sorgho.

dɔ̀ɔ́

AV haut, en haut. **Yèɭ̄ gī mān-ń dɔ̀ɔ́.** Des oiseaux ont passé au dessus.

dɔ̀-bádì̀

NIN sommet de la tête. **M-índà dɔ̀-bádì-ǹ.** Je l'ai frappé sur le sommet de la tête.

dɔ̀-bḭ̄yā̰

N préparation de cuisine, farine de manioc mélangée avec des arachides. **Dɔ̀-bḭ̄yā̰ ì yá̰ kí à rā-ń kì ndùjī ngàlì-á ō, wúɭ-dùm-é ō, ísá à ā ā̰y mā̰ñ ngá̰y.** Le plat "tête de chèvre" est une chose qu'on prépare avec la farine de manioc et l'arachide, si tu le manges alors tu vas boire beaucoup d'eau.

dɔ̀-bìlò-màñ

N puits (v. bìlò-màñ). **dɔ̀-bìlò-màñ ì lò kógī nà̰ā̰ àlé.** Le puits n'est pas en endroit pour s'amuser.

dɔ̀-bò

N sorte de grand tambour. **Dɔ̀-bò ì kɔ̀dì kí bò ngá̰y kí à rà tà ɓē yē mbàng gī tí.** Le "dobo" est un très grand tambour qui reste devant la cour des rois.

dɔ̀-bò-jī   (Syn: dɔ̀-kó̰-bò-jī)

N pouce. **Dɔ̀-bò-jī-ḿ gīndī gō màdī gī tí.** Mon pouce est plus court que les autres (doigts).

dɔ̀-bò-màñ

N esp. de plante grimpante [Kedrostis hirtella].

dɔ̀-bò-njà   (Syn: dɔ̀-kó̰-bò-njà)

NIN gros orteil. **Kāgī òsō dɔ̀-bò-njà-ḿ tí àdī tōr-m̄**

ngáy. Un arbre est tombé sur mon gros orteil et il me fait beaucoup mal.

dɔ̀-bū-bī̠yā̠-gī

N le tabac (surnom). **Dɔ̀-bū-bī̠yā̠-gī ì máng dèē kɨ́ kɨ́rēý gī à ì sā-ñ kɨ̀ ngélē-é.** Le "dobubiyagi" est un tabac que certains gens mangent avec le natron.

dɔ̀-bū-lò

N tas d'ordures, décharge. **Wàsī kɨ́ dùbī dɔ̀-bū-lò tɨ́ nèl̀ àlé.** Le melon planté sur les tas d'ordures n'a pas un bon goût.

dɔ̀-ɓádɨ̀

N tombe. **Dùm gī rā-ñ dɔ̀-ɓádɨ̀ kɨ̀ sìmā̠ àlé.** Les Arabes ne font pas les tombes avec le ciment.

dɔ̀-ɓē

N nord. **Fáyā ì ɓē kɨ́ rà dɔ̀-ɓē tɨ́.** Faya-Largeau est une ville du nord.
N pays étranger, à l'étranger. **Ngōn-m̀ àw̄ dɔ̀-ɓē tɨ́ ndóō yá̠ tɨ́.** Mon fils est parti à l'étranger pour étudier.

dɔ̀-dáǹ

NIN relation. **Dɔ̀-dáǹ-jí ì lápíyà àlé.** Nos relations ne sont pas bonnes. **Dɔ̀-dáǹ-jí ì ùnjī.** Nos relations sont bonnes.
NIN milieu entre. **Dōw ì yèl̀ àlé ō ì dā̠ àlé ō bà à dáȳ dɔ̀-dán-á.** La chauve-souris

n'est pas un oiseau ni un animal mais il entre les deux.

dɔ̀-dāngā

N esp. d'herbe dressée portant une sphère de longues fleurs rouges [Haemanthus multiflorus]. N milieu, entre (plus. choses).

dɔ̀-dā̠

N maladie des oreilles (*on dit qu'elle est causée par les grosses bêtes qu'un chasseur a tuées*). **Dɔ̀-dā̠ ì mò̠y kɨ́ à rā mbī dèē gī.** La "tête d'animal" est une maladie qui attaque les oreilles des gens.

dɔ̀-dīl

N maladie de la tête. **Ré ā ī-tɔ̄l dīl ngáy à dɔ̀-dīl à rā ngōn-í.** Si tu tues beaucoup de caïlcédrats alors la maladie "do-dil" va attaquer ton enfant.

dɔ̀-dṳ̠ṵ̄

N botte, assemblage d'objets attachés. **m̄-ndōgō dɔ̀-dṳ̠ṵ̄ ndɨ̀sā kùtɨ̀ kàdī m̄-lá-ň Njàménà.** J'ai acheté dix bottes de balaie pour envoyer à N'djaména.

dɔ̀-gò̀gɨ̀   (Syn: dɔ̀-ngāng)

N troubles liés à l'apparition des premières dents d'un bébé. **Ré dɔ̀-gò̀gɨ̀ à rā ngōn ɓá-à à tɔ̄m ō à ndèng ō.** Si la maladie associées avec l'apparitions des dents

attaque un bébé alors il va
vomir et il aura la diarrhée.

dò-jī

NIN direction (*sert à
traduire 'vers, envers'*). **Ré
āw kī súkī-ú à ī-tɔ̄ dò-jī kɨ́
gèl tɨ́ ɓá-à ā íngá ɓē yā-ḿ.**
Si tu vas vers le marché et tu
vires vers la gauche alors tu
vas trouver ma maison. **ì dò-
jī kɨ́-rá tɨ́?** Il est en quelle
direction?

dò-jī

NIN pousse (de la main). **ì
rí ń rā dò-jī á síɽ̄ bèē?**
Qu'est-ce qui t'a enflé la
pousse comme ça?

dò-jìngà

N troublante, chose
troublante. **Yá̰ ń m-á̰ ní tò
dò-jìngà ngá̰y.** La chose
que j'ai vu est très
troublante.

dò-kō

N partie légère du crâne
(des enfants). **īlō kɨ̀ndà
ngōn kɨ́ dūú nè dò-kō-ǹ sɔ̀ɽ
ngá̰y.** Il ne faut pas taper un
petit enfant parce que la
partie légère de la tête est
très faible.

dò-kɔ́-bò-jī   (Syn: dò-bò-
jī)

NIN pouce. **Ré dò-kɔ́-bò-
jī-í gòtóō à ā ásɨ́ kùwà yá̰
àlé.** Si tu n'as pas un pouce
tu ne peux pas saisir quelque
chose.

dò-kɔ́-bò-njà   (Syn: dò-
bò-njà)

NIN gros orteil. **Ré dò ì dò-
kɔ́-bò-njà-í tɨ́ à njīrā à tōr-
ī ngá̰y.** Si tu as une plaie sur
ton gros orteil alors marcher
sera très penible pour toi.

dò-kɔ̀ɽ̄

N calvitie. **Dò-kɔ̀ɽ̄ yā-ǹ
ɓɨ̀gà-ǹ.** Sa calvitie le vieillit.

dò-màm

N maladie de ventre des
enfants, traité par un rite
spécial. **Dò-màm ì mò̰y kɨ́
dèē à àw̄-ň dòktór-ó àlé.**
La maladie du ventre est une
maladie qu'on ne soigne pas
à l'hôpital.

dò-mɨ̀là

N esp. d'herbe dressé et
ligneuse [Indigofera
capitata].

dò-múng

N mal de ventre. **Ré dò-
múng rā-ī ànī ī-lō kɨ̀sà
mɨ̀njò.** Si tu as mal au
ventre alors il ne faut
manger des haricots.

dò-nàng

N pays, territoire. **Bà lò kɨ́
dò nàng tɨ́ ì sà̰y ngá̰y, àdī
Súū òsō ì dò-nàng ɓēdàyáá
tɨ́.** La terre était encore très
loin, si bien que Sou ne
tomba pas au pays de
Bédaya. **ɓɔ̀l gɨ̄ à̰ȳ-ǹ nà̰ā̰
màlàng dò-nàng Bāyā tɨ́.**

Tous les lions ont fui au pays des Gbaya. **N** la terre. **Dèē gī ìdà-ñ nà nápàr dèē gī ì sɔ́ dɔ̀-nàng tí.** Les gens disent que il y quatre races de personnes sur la terre.

dɔ̀-nàsī

N type de maladie. **Dɔ̀-nàsī ì mò̧y yē ngán ngé-ndò̧ gī.** La "do-nasi" est une maladie des enfants des chasseurs.

dɔ̀-nìñ

NIn limite, délimitation entre deux terrains. **Ré ā ī-ndɔ̀r̄ ɓá-à īndā mà̧y dɔ̀-nìñ-sí kì màdī-í.** Si tu laboures (un champ) alors fais attention sur la délimitation avec ton voisin.

dɔ̀-ndɔ̄-gī   (Syn: kì-ndɔ̄-gī)

AV toujours, souvent. **J-ìsà yá̧ nà̧à̧-tí dɔ̀-ndɔ̄-gī.** Nous mangeons ensemble toujours.

dɔ̀-ngàñg

N entêtement, caractère récalcitrant. **Dɔ̀-ngàñg ì hál kí màjàlé.** L'entêtement est une mauvaise habitude.

dɔ̀-ngāng   (Syn: dɔ̀-gɔ̀gì)

N troubles liés à l'apparition des premières dents (bébé). **Dɔ̀-ngāng rā ngōn-m̄ àdī ndèñg ngá̧y.** Mon enfant fait ses dents de sorte qu'il a beaucoup de diarrhée.

dɔ̀-njà

N récompense (*normalement* **ìndā dɔ̀-njà** [dèē] *"donner [qqn] un récompense"*). **Ngōn rā kìlà ngá̧y àdī-m̄ àdī m̄-īndā dɔ̀ njà-ñ kì gúrsì mí̧.** L'enfant a beaucoup travaillé pour moi et alors je l'ai récompensé avec 25 francs.

dɔ̀-rā

N mal de tête provoqué par des animaux ou personnes

qu'on a tué. **Mò̧y yā-ñ ń-nò̧ó̧ ì dɔ̀-rā wàlá ì dɔ̀-kìgà àlé.** Sa maladie est une mal de tête du à l'influence d'animaux tués, et pas un simple mal de tête.

dɔ̀-ràw

NIN endroit fréquenté par (qqn). **Dɔ̀-bìlò-màñ ì dɔ̀-ràw dìyá̧-gī.** Un puits est un lieu fréquenté par les femmes.

dɔ̀-rā̧   [dɔrā̧, dɔrō̧]

N ciel. **Kìr̀ màñ tàā dɔ̀-rā̧.** Les nuages couvrent complètement le ciel.

dɔ̀-rìyà̰-màñ

N tourbillon; très fort courant d'un cours d'eau. **ī-gèȓ kàl màñ àĺ à ī-lō kàw̄ dɔ̀-rìyà̰-màñ tí.** Si tu ne sais pas nager, il ne faut aller dans les tourbillons d'eau.

dɔ̀-sīngā

N gêne, chose désagréable, affliction. **M-ō kɔ̀ŕ kí tò dɔ̀-sīngā ngá̰y.** J'ai écouté des cris désagréables.

dɔ̀-sɔ̀ȓ

N politesse, amabilité. **Dɔ̀-sɔ̀ȓ kī r̰ɔ̄ dèē gī tí ì yá̰ kí màjḭ̀ ngá̰y.** La politesse à l'égard d'autrui est une bonne chose.

dɔ̀gì

N buffle. **Dɔ̀gḭ̀ dā̰ kí tītī màng bà nḭ̀-tá kí r̰ɔ̄ ngá̰y.** Le buffle est un animal de la taille du boeuf, mais il est beaucoup plus agressif.

dɔ̀gī

N étoile de matin. **Dɔ̀gī ń ndà nòó̰ lò tī kɔ̄ɔ́.** L'étoile de matin qui reste là, (indique qu'il) fait jour.

dɔ̀gm̀

N lièvre. **Súū nḭ̀-ñ kì dɔ̀gm̀ àw̄-ñ mbā tí.** Sou et le lièvre partirent en voyage.

Dɔ̀gm̀ ì dā̰ kí mbī-n̄ ngā l ngá̰y; kùm-ǹ ì kí èdī. Le lièvre est un animal aux oreilles longues, et il est très malin.

dɔ́m

N esp. de palmier. **Dɔ́m dèē gī à ìjō-ñ wàá tí ō ndò gī à òjō-ñ ìlā-ñ dɔ̀-dí tí ō.** Le palmier "dom", les gens tressent des nattes avec et aussi les initiés le tressent pour porter sur leurs têtes. N masque d'initiés (normalement fabriqué avec cet arbre). **Dɔ́m dɔ̀ ndò dìngàm, dèē-kí-dìyá̰ à ɔ̀dḭ̀ jī-n̄ tí àlé.** Le masque d'initiés, une femme ne le touche pas avec la main.

dɔ̀m-dɔ̀

NIN tête (*ou bien* dɔ̀mɔ̀-dɔ̀). **Dɔ̀m-dɔ̀ Sàȓ gī bò ngá̰y.** Les têtes des Sar sont très grandes.

dɔ́m̀-kìr̰ò

N esp. d'herbe [Leucas martinicensis] (*ou bien* kí-dɔ̀m̀-kìr̰ò). **Dɔ̀m̀-kìr̰ò ì mṵ̀ kí kìr̰ò-ǹ ì ngá̰y.** L'herbe "dom-kiro" est une herbe ayant beaucoup de noeuds dans sa tige.

dɔ̀m̀-sìló

N esp. d'insecte (*ou bien* kí-dɔ̀m̀-sìló). **dɔ̀m̀-sìló ì kùȓ kí dò̰ tōr ngá̰y.** Le "dom-silo" est un insecte avec un piqure qui fait très mal.

dɔ́nɔ̀

N force, violence. **Ngāṛ̀ tàā kānjī kɨ̀ dɔ́nɔ́-ɔ́.** Le chef a pris le poisson par force. **Expr: rā dɔ́nɔ̀ dɔ̀ [dèē] tɨ́ -** opprimer [qqn]. **ā ī-rā dɔ́nɔ̀ dɔ̀ bɔ̀b-í tɨ́ tām rí tɨ́?** Tu opprimes ton père pour quoi?

dɔ́ndɨ̀

N pubis. **M-ā́ dɔ́ndɨ̀-ǹ àlé.** Je n'ai pas vu son pubis (euphémisme au tribunal pour indiquer l'absence de relations sexuelles)

dɔ̀ndɔ̄

N toile d'araignée. **Kóñg yéē ṝ-ǹ kùtɨ̀ dɔ̀ndɔ̄ súū tɨ́.** La mouche remuait dans la toile d'araignée.

dɔ̀ngṛɔ̀

N esp. de termite (Bellicositermes) (*construit la termitière cathédrale* kǭy-wā̰). **Dɔ̀ngṛɔ̀ gī à rā-ń túlò kɨ́ ngāl ngáy.** Les termites Bellicositermes font des grandes termitières.

dɔ̀rnɔ̄

N métal brun ou jaune spécial pour les bracelets. **Kɔ̀dɨ̀ nṵ̄ dɔ̀rnɔ̄ rā nīngá tɨ́.** Le forgeron fond le métal brun pour en faire des anneaux.

dùú

N petite poterie utilisée par les enfants et pour les initiés. **Dèē gī à ìndā-ń màñ kà̰ȳ ngán-kɨ-kásɨ́ gī hòr-ó ì kèm dùú.** On fait bouillir l'eau à boire pour les nouveau-nés dans le petit pot "du".

dūú

VI être petit. **Kīnjá kɨ́ dūú bèē ń-tòō àsɨ̀ gúrsɨ̀ kùtɨ̀-mɨ́ àlé.** Une petite poule comme ça ne vaut pas 250 francs. **Ngōn dūú ngáy, àsɨ̀ rā kɨ̀là àlé.** L'enfant est tout petit, il ne peut pas travailler. **Expr: dūú kùm [dèē] -** [qqn] ne pas être satisfait. **M-ādī-ǹ kānjī ngáy bà dūú kùm-ǹ.** Je lui ai donné beaucoup de poisson mais il n'était pas satisfait.

dù-lòý   (Syn: kɨ̀-sɨ́)

N matin. **M-āw dù-lòý làā.** J'y suis allé ce matin. **Ré ó̰ò̰ mùṛ dù-lòý ā ī-ɓī ngáy.** Si tu manges la boule le matin, tu dormiras beaucoup (pendant la journée.) **Expr: dù-lòý làā -** ce matin.

dùbī

V semer, planter. **Màñ èdɨ̀ ngáy àdī j-à dùbī yá̰ ɓōō-làā àlé.** Il pleut beaucoup et nous n'allons pas planter aujourd'hui. V enterrer. **Ngán gī dùbī-ń gúsɨ̀ nàng tɨ́ = Ngán gī dùbī-ń gúsɨ̀ nàńg.** Les enfants ont enterré l'argent dans le sol.

dūbī (Syn: ɓūtī)

N tas (intentionnellement fait). **Ngè-gātī kūbī ùdì dūbī kūbī kèm súkī-ú kàdī gātī-ń.** Le marchand de vêtement a mis les vêtements en tas au marché pour les vendre.

dūbī-jōó

NUM deux mille (*avec l'argent, 10.000 CFA*).

dùbī-yóò [dùbīyò]

N esp. de tubercule. **Ré ā ī-dùbī dùbī-yóò njà kógīí ànī ā ī-sā kì dɔ̀ ɓāl gī màlàng.** Si tu plantes ce tubercule une année alors tu peux le trouver chaque année.

dūbú

NUM mille. **m̄-ndōgō bḭ̄yā̰ ń-tòō ì gúsì dūbú.** J'ai acheté cette chèvre là pour 5000 CFA.

dùdī

VT écraser. **m̄-dùdī ngō kàdī m̄-rā-ň hòr.** J'ai écrasé de brindilles pour en faire du feu.

dùdī

N esp. d'antilope, Éland de Derby. **Dùdī ì dā̰ kí tītī nàsī bā nàsī tá dūú màñ-ǹ.** L'éland de Derby est un animal pareil à l'antilope cheval mais l'antilope cheval est plus petite que lui.

dúdī

N harpon de pêche à deux barbes. **Dúdī ì yá̰ ndò̰ kānjī, dèē ndò̰ō̰-ň kāgī-á àlé.** Le harpon "dudi" est une chose pour la pêche, on chasse pas dans la forêt avec.

dúdī

VT écraser (plus. choses, plus. fois, etc.) (*fréq. de* dùdī). **m̄-dúdī ngō kàdī m̄-rā-ň hòr.** J'écrase des brindilles pour faire le feu.

dūdì-màñ

N esp. d'oiseau, Grèbe castagneux.

dùjùjì [dùjùj, dùjùjì]

ID rester saillant (*avec* rà, tò). **Ngé kìndà bál gī rà-ñ dùjùjì kàdì-dí kàr̄ī.** Les joueurs de football restaient saillants avec leurs poitrines nues.

dùl

N biche-cochon (Céphalophe de Grimm). **Dùl ì dā̰ kí tītī bḭ̄yā̰ bà nḭ̀-tá ì kí ngɔ̄dī ngáy ō ì bàl ngáy ō.** La biche-cochon est un animal de la taille d'une chèvre, mais elle court vite et elle saut beaucoup.

dùĺ -bàtī

N agneau. **Dùĺ -bàtī ré āw-ň súkī-ú à tèē nàr àlé.** Un agneau, si tu l'apportes au marché tu ne gagneras pas beaucoup d'argent.

dùĺ -kòrō

N ânon. **dùĺ -kòrō àsì kìtō yá̰ àlé.** Le ânon ne peut pas porter des choses.

dùĺ -màng

N veau. m̄-ndōgō dùĺ -màng yē kùȑ. J'ai acheté un veau pour élever.

dùm

NP Arabe. á̰ láyā̰ kí mbùȓ dùm tí. Tu vas voir l'amulette sur le derrière de l'arabe.

dùm̃

VT dépasser. Bà dùm̃ dɔ̀ bɔ̀bī dị̀yá̰ kōkí, àdī àdī dìngàm kì dị̀yá̰. Et cela dépassa complètement le père de la fille, si bien qu'il donna sa fille à cet homme.

dùm̃-yò

N esp. d'oiseau. Ré ā ī-gèy tɔ̄l dùm̃-yò ɓá-à ā índá ì dɔ̀-ǹ tá. Si tu veux tuer l'oiseau "dum-yo" il faut lui tirer à la tête.

dūn

NIN bassin; rein. M-īsō dɔ̀ kāgī tí àdī dūn-m̄ tétī. Je suis tombé de l'arbre et je me suis cassé le bassin.

dùn-ɓē (Syn: mbɔ̄r-ɓē-kí-gèlé)

N l'est (direction). Mbàng à ìɓà dùn-ɓē tí. Le soleil se lève à l'est.

dúníyà [dúníyà, dúnyà]
(Arabe)

N monde, vie. Kàdī dɔ̀-í ndà tītī yā-m̄ dúnyà tí. Pour que ta tête blanchisse comme la mienne au long des jours [Litt: dans ce monde].

Expr: kūm dúníyà - partie du monde, continent.

Mɔ̀rkéḛ̀ gī ì dèē gī kí ḭ̀ñ ì kūm dúníyà kí-ràng tí. Les americains sont des gens qui viennent d'autre partiie du monde.

Expr: kūm dúníyà kí sɔ́ gī - les quatres coins du monde. Bɔ̀bī-m̄ àw̃ mbā kūm dúníyà kí sɔ́ gī tí màlàng àdī gèȓ yá ngáy. Mon père a voyage aux quatre coins du monde et il connaît beaucoup de choses.

dúnyà-kīlā

N minuit. ì kìmā á njīrā dúnyà-kīlā-á à? Tu es sorcier pour marcher à minuit?

dūngīrū

N morceau de bois cylindrique. ún dūngīrū kāgī ń-nụ̀ụ̰ àdī m̄-tàā-ǹ gír dɔ̀-m̄. Prends-moi ce bois ronde pour y appuyer ma tête.

dúȓ (Syn: ndàng)

N réticence, têtu. m̄-ndìgɪ kì dúȓ-ú tí. J'accepte avec réticence. ì bà̰ý á ī-rā dúȓ bèē? C'est comment que tu es réticent?

dúrdùr (Arabe)

N maison rectangulaire à toit plat, en terre. Dúrdùr ì kújɪ rā Sùwā gī. La maison rectangulaire est la maison des arabes.

dùȓù

Av gris, pas clair (le temps) (on dit aussi dùȓùȓù). Lò tò dùȓù. Il fait un temps gris

(nuages, brume, poussière, etc.)
Av demi-fermés (les yeux). **Kùm-ǹ tò dùṟù tītī kị́ ị̀dɔ̀ ɓī tị́-** Il a les yeux qui se ferment comme comme s'il vient de se reveiller.

dúṟú
N esp. d'oiseau, Grand Calao d'Abyssinie (*Grand Calao d'Abyssinie*). **Dúṟú tẹ̄ẹ̄ tà-ǹ ngáy.** Le calao ouvre grandement sa bouche.

dúùṟú
N poussin. **Kòị́ yó nāṟ dúùṟú yā-ḿ dù-lòý làā.** L'aigle a pris mon poussin ce matin.

dùṟùṟù
Id exactement (la même). **Dɔ̀-dị́ àsị̀ nàā̰ dùṟùṟù.** Ils sont d'exactement la même taille (on considère la taille au niveau de la tête).

dūsīwár̀   (Français)
N complications, problèmes. **Ị̄ ngōn kị́ dūú ā ị̄-sā dūsīwár̀ à?** Es-tu un enfant pour chercher des problèmes?

dùwà
N trou pour la semence. **Dùwà dùbī wúdùm ì ngɔ̀ṟ ngɔ̀ṟ rɔ̄ nàā̰ tị́.** Les trous de semance pour planter les arachides côte à côte.

dùy
N liane ou arbuste en latex [Landolphia owariensis]. **Kàñ dùy kídī ngáy ō dèē à ị̀sà àlé ō.** Le fruit de la liane "duy" est tout petit et les gens ne le mangent pas.

dùȳ
N esp. de petite herbe à gousse mince et allongée [Gynandropsis gynandra] (*on l'utilise dans les sauces*). **Dùȳ kị́ ndīr kànjī yíṟ̀ àtī ngáy.** La plante Gynandropsis gynandra cuite sans oseille est très amère.

dūyN esp. d'arbre [Strychnos sp.].

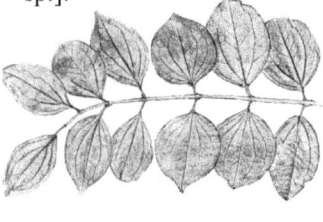

dúȳ
VI se promener sans but, flâner (indique une habitude) (*v. aussi* dáȳ). **Ị̄ dèē-kị́-dịngàm kị́ bàý á ā-dúȳ bèē?** Tu es quel homme pour te promener comme ça (sans rien faire)?

dùy-ɓètī
N esp. de liane, donne un lien qui n'est pas résistant.

dūy-dùndị̀
N esp. d'arbre [Strychnos spinosa] (*grand fruit comestible*). **Dūy-dùndị̀ ì kāgī kị́ kàñ-ǹ ngóńg ngáy.** Le "duydundi" est un arbre dont le fruit est très gros. **Kàñ dūy-dùndị̀ nèᷞ tītī kàñ dūy-rènjī àlé bà bò mān kàñ dūy-rènjī.** Le fruit du "duy-dundi" ne sont pas si

délicieux que le fruit du "duy-renji" mais il est plus grand que celui de "duy-renji"

dùy-màm

N esp. de liane utilisée pour soigner les maux de ventre.

dūy-ndéỳ

N esp. d'arbuste [Strychnos innocua] avec des longues branches droites. **āw ī-sā dūy-ndéỳ ādī jì-tīndā-ň màňg gī.** Va chercher (branches de) l'arbre "duyndey" pour que nous frappions les boeufs avec.

dūy-rènjī

N esp. d'arbre [Strychnos innocua] (*petit fruit comestible; rond comme le citron*). **Dūy-rènjī nèɽ màñ dūy-dùndɪ.** Le (fruit du) Strychnos "renji" est plus agréable que celui du Strychnos spinosa. **Kàñ dūy-rènjī ì kɪ́ gūrū ō dūú dūú ō.** Les fruits du "duy-renji" sont ronds et petits.

dùy-yàbɪ

N esp. de plante grimpante qui pousse près de l'eau [Paullinia pinnata].

dụ̀ [dụ̀ ụ̀]

V mordre (*v.* dò).

dụ̀ū (Syn: dòọ̄)

V attacher. **Dɪ̀ngàm kógīí àw sā bɪ̄yā̱ dụ̀ ụ̄ ɓē-é lò nèé.** Un homme partit chercher une chèvre et l'attache chez lui.

dụ̀ ū

VT attacher (plus. fois, plus. choses, etc.) (*fréq. de* dụ̀ ụ̄). **ī-sā kɪlā ī-dụ̀ ụ̄-ň mụ̀ gī.** Cherche de la corde et attache les pailles.

dụ́ ū

VT mordre, piquer (plus. fois) (*fréq. de* dò). **Yíɽ gī dụ́ ū-m̄-ñ ngáy ndɔ̄ɔ́-làā.** Les moustiques m'ont beaucoup piqué cette nuit.

dụ̀ ūy-dɔ̀-tɪtōý-tɪ́

N esp. d'insecte volant. **Dụ̀ ūy-dɔ̀-tɪtōý-tɪ́ ì kùɽ kɪ́ tītī kó-tèỳ bā n-ɪ̱̀ɪ̱̄ tá yùbī-ñ gòtóō?** Le "duydotitoyti" est un insecte pareil à la petite abeille mais lui il n'a pas de miel.

è [è] (Syn: yò)

INJ exclamation de désapprobation. **è, ì rí ñ ā ī-rā nụ̀ụ̣́?** Ho, que fais-tu là?

-é

PRA en, dans (*avec les noms dont la dernière voyelle est 'e', or après un suffixe nasal*). **kèm kēē-é** dans le van

PRA marqueur d'instrumentalité (avec la prép. kɪ̀). **m̄-ndégī wúɽ-dùm kɪ̀ jī-m̄-é.** J'ai arraché les arachides avec la main. **ùgɪ-m̄ kɪ̀ hḛ̄lḛ̄ jī-nè-é.** Il m'a pincé avec ses ongles.

èdē (Français)

V aider. **Tām-rí tɪ́ nɪ̱̄ ī-gèy èdē-m̄ àlé?** Pourquoi ne veux-tu pas m'aider?

èdɨ

VI tomber (pluie). **Màñ èdɨ ngáy, j-àsɨ kàdī jɨ-ndɔ̄ ɓōó-làā àlé.** Il pleut beaucoup, on ne peut pas semer aujourd'hui.
VT chier (*obj. toujours* yèdī). **Bísɨ́ èdɨ kèm-ndògī-ó.** Le chien a déféqué dans la concession.

èdī

VI être intelligent (sujet toujours kùm). **Kùm ngōn ń-tòō èdī ngáy.** Cet enfant est très intelligent.

èṛ

VI être développé, grossir (*normalement avec un sens négatif*). **Ḭ nɨkóō ń-tòō ā éṛ ì rɨngáy-tɨ.** Toi qui es ici, quand vas-tu grossir?
Kɔ̀sɔ̀ng yā-ḿ ń m̄-tɔ̄ gùm̄ àlé ní èṛ àlé. Mon couchon que je n'ai pas castré ne développe pas.

éèsé

INT voilà le moment pour, c'est le bon moment pour (*langage des femmes*). **éèsé, m-ḭ̀ tà mbāý mbó tɨ́ kɔ̄ɔ́.** C'est le bon moment pour moi de laisser cette conversation idiote.

-ḛ́

LOC dans, en, etc. (affixe locatif) (*avec nom dont la dernière est voyelle ę̀*).
LOC marqueur d'instrumentalité (avec la prép. kɨ̀). **Dɨ̀yá̰ ìgà kùm ndùjī kɨ tḛ̀mḛ̄-ḛ́.** La femme tamise la farine avec un tamis.

gàbɨ

VI former un gonflement, être gonflé (*en parlant d'une partie du corps*). **Dɔ̀ kùm-ǹ gàbɨ sùlùlù.** Il a l'arcade sourcilière gonflée (après un coup).
VI être gros et crochu (nez). **Kɔ́n-ǹ gàbɨ gòròng.** Il a un gros nez crochu.

gàbɨ-kɔ̀sɨ̀

N houe usée et pas tranchante. **Bɨ̀ṛà-kɔ̀sɨ̀ kɨ́ ngáā ì rí ā ī-ndɔ̄ kɨ̀ gàbɨ-kɔ̀sɨ̀-ɔ́.** Un grand expert cultivateur, et pourquoi tu laboures avec une houe usée.

gàbɨ-kɔ̀sɨ̀

N esp. d'oiseau, martinet des palmiers. **Gàbɨ-kɔ̀sɨ̀ ì yèṛ kɨ́ à rā ɓē dɔ̀ màṛ tɨ́ ō dɔ̀ gèṛ tɨ́ ō.** Le martinet des palmiers est un oiseau qui fait son nid dans les rôniers et palmiers doum.

gádīrā

VT accabler, submerger. **kɨ̀là/mɔ̀y/ɓī gádīrā-m̄** - je suis accablé par le travail/la maladie/le sommeil.

gàgā

VI être mûr (avec produits qu'on doit manger avant leur maturité). **Nɨ́má kɨ́ gàgā dèē à ndīr-ń tá̰ àlé.** Le gombo mûr, on ne l'utilise pas dans la sauce.

gágágí

AV belle et bien. **M-ɔ̄tī̄ kèm ɓē-é gágágí.** Je suis bel et bien arrivé au village.

gàgì

N esp. de sagaie. **Gàgì ì̩ yá ndɔ̩ kí tī̄tī̄ sòngòy bà nì̩-tá àw̄ kì mbètī̄-ǹ.** La sagaie "gage" est un outil de chasse pareil à la sagaie "songoy" mais elle a des barbes.

gàgì

N esp. de poisson: poisson-chat, silure. **ìngè ì gàgì jō̄ó ngóy.** Il n'a trouvé que deux poisson-chats.

gàgì-būĺ

N esp. de poisson [Synodontis batensoda].

gàgì-gómbì-ròsì-tò

N esp. de poisson [Clarotes laticeps]. **Gàgì-gómbì-ròsì-tò ì gàgì kí mbāý-ǹ ì ngáy.** Le Clarotes laticeps est un silure avec beaucoup de barbes.

gàgì-ngɔ̩̀y

N esp. de poisson, silure [Auchenoglanis biscutatus].

gàgì-yéɼ̄

N esp. de poisson, silure [Schilbe uranoscopus]. **Gàgì-yéɼ̄ ì gàgì kí ā íngá-dì kùm màn̄ gī̄ tì màlàng.** Le Schilbe uranoscopus est un silure que tu vas trouver à toutes les eaux.

gàgìrà

N poitrine. **ísà ì rí á gàgìrà-í ndèɼ̄ bèē?** Qu'est-ce que tu manges pour que

ta poitrine soit si épaisse comme ça?

gàgìrà

N esp. de natte rigide qu'on ne peut pas enrouler. **M-ā m̄-tò ɓōó-làā ì kì gàgìrà-á.** Je me couche aujourd'hui sur la natte.

Expr: tò gàgìrà ndà - dormir sur le dos.

gágìrá

AV fragment de poterie. **ún gágìrá ādī̄-m̄ m-ɓōkí mà̀n̄ kū̄tì m-ādī̄ kī̄njá gī̄.** Prends un morceau de poterie pour que je verse de l'eau dedans pour les poulets.

gàjì

NIN corne. **Ngáń bàlsáà-gī̄ kí gèy-n̄ nà̩ā̩ ngáy, nì̩-n̄ ì̩yà̩-n̄ nà̩ā̩ àĺ , bà ɔ̀dì-n̄ ɼɔ̄ nà̩ā̩ àlé, ì rí? ì gàjì dā̩.** Des jeunes hommes qui s'aiment beaucoup, ne se quittent jamais, mais ne se touchent jamais, qu'est-ce que ce sont? Ce sont les cornes (des animaux). **Gàjì màng Mbōrō ngāl mān gàjì màng kírēý gī̄.** Les cornes des boeufs Mbororo sont plus longues que celles des autres boeufs.

gàjì

VI être fourchu. **Kāgī̄ ń-tòō gàjì, màjì rā dàbì ngáy.** Ce bois est fourchu; c'est bon pour faire un hangar.

gā̄jī̄

N morceaux (*avec au pluriel*). **ún gā̄jī̄ jóò àdī̄ m̄-īndā hòr-ó.** Prends un morceau de poterie pour que je le mette au feu.

gājī

VT fendre. **Dìyá̰ gājī wàsī na̰a̰ tɨ́.** La femme a divisé le melon.

gājī

VT casser en deux. **ī-gājī kìníɲ ādī-m̄.** Casse le comprimé en deux pour moi.

gájɨ̀

NIN morceaux (*v. aussi* gājī). **Ngōn tɔ̄ jóò àdɨ gájɨ̀-ǹ gī ròsɨ-ɲ lò kújɨ́-ú.** L'enfant a cassé le canari et les morceaux sont partout dans la maison.

gájī

VT couper (en plus. morceaux) (*fréq. de* gājī). **ī-gájī kìníɲ na̰a̰-tɨ lò só bà ún kógɨ́m̄ ādī ngōn.** Coupe le comprimé en quatre morceaux et prends un et donne-le à l'enfant.

gájɨ̀-bòng

N morceau de poterie. **M̄-īndā gájɨ̀-bòng hòr-ó, m̄-ɓōkɨ́ náng kūtɨ àdī kɨrē.** Je mets un morceau de poterie sur le feu en ayant versé dedans un peu de sable et je le fais chauffer.

gājī-gà̰

AV fragment de poterie utilisable. **ī-ɓōkɨ́ màn kèm gājī-gà̰ tɨ́ īndā hòr-ó ādī-m̄.** Verse de l'eau dans le fragment de poterie et fais-la bouillir pour moi.

gájɨ́-gá̰à̰

N reste (de qqc qu'on mange ou qu'on boit). **Gájɨ́-gá̰à̰ màn ndì kèm bɨtél-é.** Il reste de l'eau dans la bouteille.

gàjɨ́m̄-gàɍ̀

N sorte de sauce comportant des haricots pilés. **Gàjɨ́m̄-gàɍ̀ ì tá̰ kò̰ ngé-ndɔ̄ɍ màng gī.** La sauce d'haricots pilés est la sauce préférée des laboureurs qui travaillent avec la charrue.

gàkɨ̀

AV par hasard. **m̄-ndɔ̄dī-ǹ gàkɨ̀.** Je l'ai rencontré par hasard.

gàkī

N court moignon laissé sur une branche après coup. **Gàkī kāgī ń-tòō ì ngáy àdɨ màjɨ̀ rā-ň kāgī-púsɨ àlé.** Ce bois a beaucoup de moignons, ce n'est pas bon pour faire un timon.

gákī

V élever la voix, gronder. **m̄-gákī ngōn ngáy tɔ̀dɔ̄ gḛ̀y rā kɨ̀là àɨ́ .** Je gronde beaucoup l'enfant parce qu'il ne veut pas travailler.
N dispute, interdiction. **Gákī na̰a̰ yē-dɨ́ ùn kùm-mbàng ngáy.** Leur dispute a duré longtemps.

gàl

N idiotie, comportement excentrique. **Dèē kɨ́ gàl à rā ndɔ̄ɍ àlé.** Une personne excentrique ne laboure pas le champ.

Expr: gàl ɓògɨ̀ - voleur incompétent (il ne vol que des petites choses, on l'attrappent facilement, etc.). **Gàl ɓògɨ à ɓògɨ ì sèmbē yā dɨ̠yá̠ gɨ̄, à ɓògɨ yá̠ kɨ́ ngáā àlé.** Un voleur incompétent vole vole les tasses des femmes mais pas les grands choses.

Expr: gàl kàsɨ̀ - ivrogne qui fait toujours les bêtises quand il est saoul. **Gàl kàsɨ ì dèē kɨ́ à à̠y kàsɨ à à ò̠ ngédɨ́-màñ gē èdɨ yèdɨ̄ gē rɔ̄-ń tɨ́.** Un alcolique excentrique est une personne qui boit la boisson et il pisse ou défèque sur son corps.

Expr: gàl sā dɨ̀yá̠ gɨ̄ - un coureur de jupons sans compter les risques. **Màdɨ̄-ɓē-ḿ ì gàl sā dɨ̀yá̠ gɨ̄ àdɨ̄ sā nɨ̄yá̠ ngā̠r̠.** Mon voisin est un coureur de jupons qui prend beaucoup de risques, il cherche la femme du chef.

VI se comporter excentriquement, pas comme il faut. **Ngōn hágɨ́-ḿ gàl ngáy tɨ̄tɨ̄ dèē kɨ́ ɓòdɨ̀ bēē.** Mon fils ainé se comporte très excentriquement comme un fou.

Expr: gàl dùm - personne islamisée.

gàl̄

N gourde. **Ngè-ndɔ̄r̄ ìlà gàl̄ yē-ǹ kɨ̀ màñ-á gír-sɔ́l-ǹ tɨ́.** Le cultivateur met sa gourde pleine de l'eau sous les aisselles.

N bouteille (*on dit aussi* bɨ̀tél). **ādɨ̄-m̄ gàl̄ m̄-tūr yìbī kèm-é.** Donne-moi une boteille pour que je verse l'huile dedans.

gàl̄

VI être bancal (les jambes). **Ngōn kɨ́ dūú ngáy ré ā ī-dò̠o̠̠-ǹ gìdɨ tɨ́ à njà-ǹ à gàl̄.** Un très petit enfant, si tu l'attaches au dos il sera bancal [... ses pieds seront bancals].

gàl̄ -gīndī

N surnom de l'alcool, "arge". **gàl̄ -gīndī ré ā̠y ngáy à à rā-ī mò̠y tɨ́.** Le "arge", si tu le bois beaucoup ça va te provoquer une maladie.

gàm

N esp. d'insecte, taon. **Gàm ì kùr̠ kɨ́ tɨ̄tɨ̄ kóng bà nɨ̠-tá dò̠ màng gɨ̄ à àdɨ̄-ǹ dò.** Le taon est un insecte pareil à la mouche, mais lui il mord les boeufs et les donne de plaies.

gàm

N esp. d'herbe [Hyparrhenia bagirmica]. **Gàm ì mṳ̀ kɨ́ tɨ̄tɨ̄ bútɨ̀ bà nɨ̠-tá dèē òjō-ń ndògī àlé.** Le "gam" est une herbe pareille à l'herbe "bute" mais on ne l'utilise pas pour tresser le secko.

gàm

N sorte de piège à double corde à laquelle sont fixés des nombreux lacets. **M-āw yā gò̠o̠̠ gàm, ré gàm ìwà dà̠ ɓá-à bír̠í à m-ó̠ tá̠ dà̠.** Je vais pour voir nom piège, si mon piège a attrapé un animal alors demains je vais manger une sauce de viande (chanson).

gàm-ndɔ̀l-dɔ̀gì

N esp. d'herbe dressée [Heteropogon contortus]. **Gàm-ndɔ̀l-dɔ̀gì ì mṵ̀ kɨ́ tɨ̄tɨ̄ bútɨ̀ bā n-ɨ̰̄-tá dèē rā ndògī àlé.** Le Heteropogon contortus est une herbe pareille à l'herbe "buti" mais les gens ne font pas le secko avec.

gàm-wàsī

N tige de courge/melon (*on dit aussi* kàl-wàsī, dùy-wàsī). **Ré ɨ̄-ndɔ̀r̄-ɨ̄ à ą́-ɨ̄ gàm-wàsī gī màjɨ̀.** Si vous labourez regardez bien les tiges de melon (pour ne les pas couper).

gàn̄

N cheval noir à pattes blanches (*ou bien* sɨ́ndà gàn̄).

gànáǹ (Arabe)

N brasero pour le thé. **ɔ́y kūl kèm gànáǹ-á ādɨ̄ m̄-rā-n̄ hòr.** Mets le charbon dans le brasero pour que j'allume le feu avec.

gàndɨ̀

N détente. **Yégī Bāngɨ́í gɨ̄ kɨ̄rā-n̄ gàndɨ̀ mànjíkɨ̀ ìsà-n̄-nèé dą̄ kɨ́ kùm tɨ́.** Les rats de Bangui font sauter le détente du piège et mangent la viande qui est dedans. **ɨ̄-lō kɔ̀dɨ̀ gàndɨ̀ búndɨ̀ jɨ̄-í tɨ́ nà kùm-ǹ à tèē.** Ne touche pas le détente du fusil de peur que la balle y sorte.
N anse. **Gàndɨ̀ sóò yā-ḿ tētɨ̄ àdɨ̄ kɨ̀tō-ǹ tōr ngą́y.** L'anse de mon seau est cassé et il est très difficile le porter.

gàndɨ̀

NIn queue pédoncule de certains fruits. **gàndɨ̀ mɨ̀njò, gàndɨ̀ mángò, gàndɨ̀ kār, gàndɨ̀ nɨ́mà, gàndɨ̀ kūbī** - queue de haricot, de coton, de mangue, de gourde, de gombo.

gándɨ̀

NIN talon. **Ré ā ɔ̰̄ sā kɨ́ ìbā njà-í à gándɨ̀-í à tōr-ɨ̄.** Si tu portes des chaussures qui te serrent les pieds tu auras mal aux talons.

gándɨ̄

VI marcher en reculant. **ì rí n̄ rā-ɨ̄ á ɨ̄-gándɨ̄ tɨ̄tɨ̄ ngè-kàsɨ̀-rā bèē?** Qu'est-ce que tu as que tu marches en reculant comme un soulard comme ça?
VI se retirer. **Ngá-kɔ̰́-í gɨ̄ à sā rɔ̄-n̄ nạ̀ą̄ bà ɨ̄-gándɨ̄ nàjī rí?** Tes frères cherchent se battre mais pour quoi tu te retires?

gāng

VT trancher, séparer en coupant. **Ngé kɨ́ dò-r̥ā̰ tɨ́ gāng-n̄ kɨ̀lā gìndī.** Les gens du ciel tranchèrent le câble de fer.

Expr: gír gāng - être fini. **Gír gāng tā à?** Est-ce que c'est fini?

Expr: gāng nàjī tà [dèē] - interrompre [qqn]. **ɨ́yá̰ ngōn àdī ɔ̄r̄ nàjī, ī-gāng nàjī tà-n̄ tɨ́ àlé.** Laisse l'enfant parler, ne l'interrompes pas.

V séparer. **Ngā̰r̥ gāng nīyá̰-n̄ gī nà̰ā̰ tɨ́.** Le chef a séparé ses femmes (qui se battaient).

V traverser [fleuve, etc.]. **Gāng bā kɨ̀ tò-ó.** Il a traversé le fleuve avec la pirogue.

V divorcer. **Bɔ̀bī-n̄ gī kɔ̄l-n̄ nà̰ā̰ ngáy àdī gāng-n̄ nà̰ā̰ kɔ̄ɔ́.** Ses parents ont beaucoup quereller et ils se sont divorcés.

VI se déchirer, être déchiré. **údɨ́ gúsɨ̀ nà̰ā̰ tɨ́ ngáy àĺ nè à gāng.** Ne plie pas beaucoup l'argent de peur qu'il se déchire.

VT trier (farine). **Jɨ̀-gāng ndùjī kɨ̀ kèē.** On trie la farine avec le van.

gáng

VT couper (plus. fois ou en plus. morceaux) (*fréq. de* gāng). **ī-gáng kɨ̀lā nò nà̰ā̰ tɨ́ bà ādī-m̄ kógɨ́m ādī-m̄ dò̰-ń dɨ̀lè.** Coupe les cordes ensemble dans une pièce pour que je puisse attacher le toit.

Expr: gáng rɔ̄-ǹ - se vanter.

gàngā **N.** sorte de tambour
gángá **N.** orte de grand tambour.

Gángá ɓā̰r̥ mān gàngā. Le grand tambour résonne plus fort que le petit tambour.

gàr

N cuisine. **Kújɨ̀ gàr kɨ́ rā kɨ̀ tèmbɨ̀ yō̰ ò̰ àlé.** Une cuisine fabriquée avec l'herbe Pennisetum pedicellatum, les termites ne le rongent pas.

gā̰r̥

NIN toit. **m̄-sā kāgī kàdī m̄-tɔ́sī-n̄ gā̰r̥ kújɨ́ yā-m̄.** Je cherche des bois pour en faire le toit de ma maison.

gár

AV sûrement. **ā ī-rèē gár à?** Es tu sûr de venir?

gá̰r̥

N surface plate, délimité et circulaire. **ɔ̄r̄ gá̰r̥ ɓē ìlà tà nà̰ā̰-tɨ́.** Il a parcouru tout la surface du village.

gà̰r̥-gà̰jɨ̀

N fourche, bifurcation. **Kāgī kɨ́ gà̰r̥-gà̰jɨ̀ màjɨ̀ kùdɨ̀ mō̰y.** Un bois fourchu est bon pour soutenir un grenier.

Nin point de jointure (de main, pied). **Dò kɪ́ gàr̥-gàjɪ̀ jɪ̄ tɪ́ à ɪ̀dɪ̄ àlé.** Une plaie sur le point de jointure de la main ne se guérit pas vite.

gār̥-gājɪ̄
V croquer. **Ngōn ndì à gār̥-gājɪ̄ wúɾ nò̤ó̤.** L'enfant est en train de croquer des pois de terres.

gàr̥-gàr̄
N lieu ≥u on prépare le repas des initiés. **Dɪ̀yá̤ kɪ́ kɔ̀ȳ àw̄ gàr̥-gàr̄-á àlé.** Une femme non-initiée ne va pas au lieu où on prépare le prepas pour les initiés.

gár̥-gár̥
Id indique certitude, confiance (*combiner*). **m̄-gèr̥̄ gár̥-gár̥ kàdɪ̄ à èdɪ̀ àlé.** Je suis certain qu'il ne va pas pleuvoir.

gár-gár
AV absolument. **M-ā m̄-tàā dɪ̀yá̤ gár-gár.** Je vais marier absolument.

gár-gō
NIN nuque (dans le sens anatomique: v. aussi gō). **Bēsè̤ȳ rā gár-gō ngōn.** L'enfant a la teigne sur la nuque.

gàrà (Arabe) (Syn: wòr̥)
N pierre de divination. **ìndā-ñ gàrà kàdɪ̄ òō-ñ ké mò̤y rí ǹ rā dɪ̀yá̤ ní.** Ils ont mis la pierre de divination pour trouver la cause de la maladie de la femme.

gárá (Arabe)
N espace nettoyé pour étaler les arachides ou pois de terre. **Gárá ì lò nàjɪ̀ wúdùm ō wúɾ ō.** "Gara" est un endroit pour étaler les arachides et les pois de terre.

gàr̥ì
N variété de sorgho de petite taille. **ā ɪ̄-ndɔ̄r̄ gàr̥ì ɓē à ɓɪ̄yā̤ gɪ̄ à ìsà màlàng.** Si tu plantes la variété de sorgho de petite taille, les chèvres vont tous manger.

gàsàng
AV sans bouger (*on dit aussi gàsì*). **ɪ̄-ndì gàsàng dɔ̀ r̥ɔ̄-í tɪ̀.** Reste sans bouger.

gàsásɪ̀ (Arabe)
N bouteille. **ún gàsásɪ̀ ādɪ̄ m̄-tūr yìbɪ̄ kèmé m-ādɪ̄-ɪ̄.** Prends une bouteille pour que je verse de l'huile dedans pour toi.

gásɪ̀
VT diviser, partager. **ɪ̄-gásɪ̀ nà̤ā̤ tɪ́ jōó.** Divise-le en deux.
NIN un morceau. **ādɪ̄-m̄ gásɪ́ wàsɪ̄ kógɪ̄m̄.** Donne-moi un morceau de melon.

gásɪ́-mūng
N maladie due au contact de l'arbuste Piliostigma thonningii (mūng).

gàtɪ̀
N boule mangée par les jeunes filles initiées le dernier jour de l'initiation. **Bà̤y̤à̤ gɪ̄ ò̤-ñ gàtɪ̀ kɔ̄ɔ́ àdɪ̄ à tèē-ñ ɓōó-làā.** Les jeunes

initiées mangent la boule du dernier jour ainsi qu'ils sortent aujourd'hui.

gàtì

N sorte de piège avec noeuds coulants fixés à une armature flexible au dessus du nid. **M-ɔ́r gātī̀ tà ɓē kɨ́lē tɨ́.** J'ai tendu un piège devant le nid du mange-mil.

gàtì

N situation difficile, dure. **Lò ɔ̀r gàtɨ̀ àdī dèē gɨ̄ gèɟ̄-ñ yá̰ kɨ́ yē rā àlé.** Les temps deviennent durs et les gens ne savent quoi faire.

gātī̀

N prix. **ɨ̰̄ kóō īndā gātī̀-ǹ.** C'est à toi d'abord de fixer le prix. **Gātī̀ kòsɨ́ ì kónóng?** Le prix de tes concombres est à combien?

Expr: gāng gātī̀ [yá̰à̰] - fixer le prix de [qqc].

Expr: ɔ̀r tà gātī̀ [yá̰à̰] - baisser le prix [de qqc]. **m̄-gḛ̀y màng ɓá ta à̰ ɔr tà gātī̀-ǹ sḛ́y ɓáy.** Je veux bien l'acheter à condition que tu baisses encore un peu le prix.

Expr: gātī̀ à rā [dèē] - [qqn] ne trouver pas des clients. **Dìyá̰ kɨ́ tò ɓùtì à gātī̀ à rā-ǹ.** Une femme forte et trapue ne trouvera pas des clients (c'est à dire, un mari).

gātī̀

V vendre. **m̄-gḛ̀y gātī̀ bìlō yā-m̄, bà dèē kɨ gḛ̀y màng-**

m̄ gòtóō. Je veux vendre mon vélo mais personne ne veut l'acheter.

gàẃ

N sauterelle (**Gàẃ ì kùɟ̰ kɨ́ à ìsà mbī mṵ̀; dèē gɨ̄ à ìsà-ñ kɨ́rēý gɨ̄.** La sauterelle est un insecte qui mange les feuilles des herbes. Les gens mangent certaines d'entre eux.

gáw

N chasseur (de grands animaux). **Gáw gɨ̄ tɔ̄l-ñ kèdī ndɔ́ɔ́-làā.** Les chasseurs ont tué un éléphant cette nuit.

gàẃɾ̄ā

V agir activement pour se tirer des difficultés. **m̄-gàẃɾ̄ā kɨ̀ tà-ǹ tɨ́ má̰ɾ̀ày àdī àdī-m̄ gúsɨ̀ tá m-ɔ́tɨ̀.** J'ai fait tous possible pour qu'il me donne l'argent avant que je quitte.

gà̰   [gà̰à̰]

N cerceau, cercle (*avec* ōtīrō, kàmyō̰). **Ré ī-rā gà̰ kújɨ̀ ngàng àɨ́ ɓá-à kújɨ́ à tètɨ̀ dɔ̀-í tɨ́.** Si tu construis un toit de maison faible alors la maison va s'écrouler sur toi.

N volant. **Gà̰ kàmyō̰ kūbī bò mān gà̰ kàmyō̰ kɨ́ dūú**

gī. Le volant d'un camion de coton est plus grand que le volant des petits camions. **N** anse circulaire (*v.* gàndì). **Gà̰ sóò yā-ḿ tètì àdī sóò ìsō bìlò-màn-á.** L'anse de mon seau est cassée et le seau est tombé dans le puits.

gá̰à̰
N reste. **āw úǹ gá̰ mùr̄ ī-rèē-ň ādī j-ò̰.** Va prendre le reste de la boule et apporte-le pour que nous mangions. **àdī màdī-ǹ mḭ́ bā gá̰ gī àw̄-ň 6ē-é.** Il a donné cinq à son ami et le reste il a apporté chez lui.

N autre. **Ngè-ndò̰ tōl máẁ-6ètī àdī gá̰ gī à̰-ñ lò kàw̄-dí àlé.** Le chasseur a tué le chef des singes et les autres ne savent pas où aller.

gá̰à̰
N grande corne (de boeuf ou antilope cheval) utilisée pour la danse (*v. aussi* tōbī). **Ngé-ndò̄r̄-pétì gī à 6ār̄ nà̰ā̰ ì kì gá̰-á̰.** Les cultivateurs qui labourent pour gagner l'argent pour une fête appellent les uns aux autres à l'aide de la corne.

gà̰-kèē
N esp. d'arbuste des lieux humides [Antidesma venosum].

gà̰-sóò
N anse (du seau). **Gà̰-sóò tētī àdī màñ tḭ̄ kɔ̄ɔ́.** L'anse du seau s'est cassée et l'eau s'est versée.

gá̰ỳ
N esp. d'arbre: palmier doum [Hyphaene thebaica] (*v.* gèr̄). **Dèē gī à tíngā-ñ bìríkì kì kàñ gá̰ỳ-á̰ tɔ̀dɔ̄ gɔ̀gì ɔ̀gī rā kúl kɔ̄ɔ́.** Les gens cuissent les briquent avec le fruit du palmier doum parce que le gouvernement a interdit la fabrication du charbon.

gē [gē]
Av marqueur d'accentuation d'un numérau, même. **Yá̰ kógḭ̄ḿ gē rā-ḿ róbì-ó àlé.** Rien de tout ne m'est arrivé sur la route. **Dèē jóó gē à àsì-ñ kàdī rā-ñ kìlà ń-tòō kàr̄ī.** Même deux personnes peuvent faire cet travail (c'est à dire, le travail n'est pas grand).

gēé
AV marqueur d'intensité (après ngá̰y) (*seulement dans la 3ème personne*). **ìndà-ñ-ǹ ngá̰y gēé.** Ils l'ont frappé beaucoup même. **Rɔ̄-ǹ tūr-ǹ ngá̰y gēé.** Il est vraiment très malade.

gēé
NPL marqueur pluriel avec l'objet de la préposition kì. **àw̄ kì mbā-á ndágá, àw̄ kì mbā gēé ndágá.** Il va dehors avec son étranger, il va dehors avec ses étrangers.

gèl
N gauche. **Ré āw kī súkī-ú à ī-tɔ̄ dɔ̀-jī kí gèl tí 6á-à ā íngá 6ē yā-ḿ.** Si tu vas vers

76

le marché et tu vires vers la gauche alors tu vas trouver ma maison.

N gaucher. **Bɔ̀bī-m̄ ì gèl.** Mon père est gaucher.

gēpī

N enclume. **Gēpī ì gìndī kɑ́ bò kɑ́ ndèɼ̄ kɑ́ kɔ̀dì gī à ìnā-ñ̄ mādī dɔ̀-tɑ́ à ìndà-n̄-nèé.** L'enclume est un morceau de fer grand et épais sur lequel les forgerons mettent autre (fer) pour le marteler.

gēpī

N esp. de poisson (petit dóɼ̀) [Citharinus citharus]. **Gēpī ì kānjī kɪ̀ngà-n̄ tōr ngáy màñ-á.** Le "gepi" est un poisson qui est difficile trouver dans l'eau (parce qu'il est rare).

gèɼ̄ (Syn: gáỳ)

N esp. d'arbre: palmier doum [Hyphaene thebaica]. **Gèɼ̄ ì kāgī kɑ́ tītī màɼ̀ bà ngāl àsɪ̀ nà̰ā̰ kɪ̀ màɼ̀-á àlé.** Le palmier doum est pareil au rônier, mais il n'est pas si grand.

gèr̄

N spatule en bois. **ún gèr̄ ādī-m̄ m̄-ɓīɼ̄-ň mùɼ̄.** Prends-moi ce spatule en bois pour que je puisse remuer la boule avec.

gèɼ̄

V savoir. **m̄-gèɼ̄ àlé.** Je ne sais pas.

Expr: gèɼ̄ kùm - comprendre le sens. **à-á, m̄-gèɼ̄ kùm àɪ́ ɓáy.** Non, je ne comprends pas encore

son sens.

V connaître. **ī-gèɼ̀-n̄ à?** Est-ce que tu le connais?

géɼ̀

N tapioca blanc. **Jɪ̀-ndēr géɼ̀ kàdī jɪ̀-rā-ň ɓíy̰ā̰ tɑ́.** On creuse la racine de tapioca pour en faire de la bouillie.

gètɪ̀

N sorte de natte rigide aux extrémités repliées et non liées. **Ndògī gètɪ̀ ngàng tɔ̀ȳ ndògī bútɪ̀.** Le secko fait des nattes rigides est plus fort que celui fait avec l'herbe "buti".

gētī

VT appuyer. **m̄-gētī ndògī kɪ̀ kāgī-á.** Je soutiens le secko avec des poteaux.

gèy

VT vouloir. **m̄-gèy kàdī ī-tīnā-m̄ kūbī kɪ́l mɪ́.** Je veux que tu me prêtes 5 coudes (yards) de tissu. **J-à j-àw̄ ré ī-gèy nɪ́.** Nous irons quand tu veux. **m̄-gèy ndōgō kūbī kɑ́ kɪ̀jɪ̀.** Je veux acheter des nouveaux vêtements.

gìdè

N esp. d'arbre, tronc lisse et clair [Lannea kerstingii]. **Gìdè ì kāgī kɑ́ à rà dɔ̀-ɓádɪ́-á ngáy.** Le "gide" est un arbre qui pousse beaucoup dans les cimetières.

-gìdì-

NUM connecteur de numéraux (mois de cent). **Kùt-ndōhó-gìdì-ndōhó** quatre-vingt-dix-neuf

gìdì

NIN dos. **Dúr̥ú òsō kì gìdì-nè ɓá-à dɔ̀gìm̄ tèē ɔ̀y wúl̀ à̠a̠ àw̄-ň kɔ̄kı̀.** Quand le calao tomba à la renverse [litt: sur son dos], le lièvre sortit en emportant les pois de terre. **Gìdì-m̄ tōr-m̄ ngáy̠.** Mon dos me fait beaucoup mal.

NIN extérieur. **Wàsī-kēý ì wàsī kı́ gìdì-ǹ tı́nā ɓál̀.** Le melon "kee" est un melon dont l'extérieur est tacheté de couleur.

gìdì

PRP derrière. **Ngán gī kógī nà̠a̠ gìdì kújı́-ú.** Les enfants jouaient ensemble derrière la maison.

gídīm̄-gàl̄

N esp. de plante grimpante [Cissampelos mucronata].

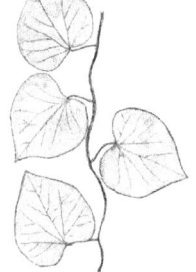

m̄-sā gídīm̄-gàl̄ m̄-dò̠o̠-ň kám bı̠̄yā̠. Je cherche la plante grimpante "gidim-gal" pour attacher les feuilles pour les chèvres. **Gídım̄-gàl̀ ì mù̠ kı́ à àl nàng tı́, mbī-ň tò tı̄tı̄ mbī**

rísá. La plante "gidim-gal est une plante rampante, ses feuilles son pareilles à celles de la plante "risa".

gīgī

N souche (*v.* bīdē).

gìm

Av bombé. **Nò̠-í tò gìm nò kúùmú dīl.** Tu as le front bombé comme une excroissance sur le caïlcédrat.

gìn-gìn

ID indique le grondement de tonnerre. **Màñ ndìgì gìn-gìn.** Il y a un roulement de tonnerre.

gín-gín

ID complètement (rempli: descr. de ròsì). **ɔ̀r̄-m̄ mùr̄ ròsì kār gín-gín àdī j-ò̠.** Enlève la 'boule' de sorte qu'elle remplisse complètement la calebasse pour nous mangions.

gìndī

N maladie des bébés, inflammation de la région anale provoquée par les vers. **Gìndī ì mò̠y kı́ à rā gír ngán kı́ kásı gī.** "Gindi" est une maladie qui attaque les fesses de bébés.

gìndī

N fer. métal. **Kété ní, kìlā gìndī kógīm̄ ì dɔ̀-r̠a̠ tı́ ùgì dɔ̀-nàng tı́.** Auparavant, un câble de fer sortait du ciel et descendait jusqu'à terre. **Dàn-ń Súū à rèē dɔ̀ nàng tı́ ní, rìsì ì kì kìlā gìndī ń nù̠ ú̠ rèē-ň ní.** Quand Su est venu à terre, il est descendu avec le câble de fer qui était là et il est arrivé.

gīndī

VI être court. **Bɔ̀bī-m̄ ì dìngàm kɨ́ gīndī.** Mon père est un homme de petite taille.

gìɽ́

N secko fort tressé avec une herbe (tīɓā) très résistante. **m̄-ndōgō gìɽ́ kàdī m̄-gīɽ-ň lò yā-m̄.** J'ai acheté le secko de tiges pour entourer ma concession.

gīɽ

VT entourer, mettre en cercle autour de. **ī-gīɽ-ī gìdɨ-m̄.** Mettez-vous en cercle autour de moi.
VI faire le tour complet. **Ndògī yā-m̄ gīɽ tā.** Mon secko fait bien le tour complet.

gír

PRP sous, dessous. **Kār òsō gèr bòlò-ó.** Le seau est tombé au fond du puits.
Expr: rā gír - remuer.

gír

V encercler. **m̄-ā m-ījō ndògī kàdī m̄-gír-ň lò.** Je tresse le secko pour encercler la concession.

gír̀

NIN fesse. **Ngōn-m̄ nō̰ tām dòktór ɔ̀sɨ gír-ǹ.** Mon enfant pleure parce que le médecin lui a donné une piqûre à la fesse.
Expr: tèē gír [dèē] tɨ́ - contredire, nier ce que [qqn]

a dit. **Dìngàm ndìgɨ̀ tà dɨ̀yá̰ ɓē yā ngāɽ-á bà rèē ɓē ɓá-à tèē gír-ǹ tɨ́ kɔ́ɔ́.** L'homme a accepté la parole de la femme chez le chef mais arrivé à la maison il a nié ce qu'il avait dit.
Expr: tò/ndì/rà gír [rā yá̰] tɨ́ - ne faire que [faire qqc] (couché, assis, debout). **Tò gír ɓī tɨ kàɽī bà mbātɨ rā kɨlà kɔ́ɔ́.** Il ne fait que dormir et il refuse de travailler.

gíɽ̄

VI réfléchir. **íyà̰-m̄ ādī m̄-gíɽ̄ sḛ́y ɓáy.** Laisse-moi réfléchir un peu d'abord.

gír-ɓē

N le sud. **Màñ bā kɨ́ Sáɽ̀ ɨ̀ gír-ɓē tɨ́.** Le fleuve à Sarh vient du sud.
Expr: dèē kɨ́ gír-ɓē tɨ́ gī - les sudistes.

gír-gìsɨ̀

NIN origine, racines. **Ré ā ī-gḛ̀y gèɽ tà Sàɽ̄ ɓá-à āw gír-gìsɨ̀ ɓē Sàɽ̄ gī tɨ́.** Si tu veux connaître la langue Sar vas à l'origine du pays Sar. **Gírgìsɨ-m̄ ì ɓēdàyāá.** Mes racines sont à Bédaya.
NIN base du tronc (d'un arbre). **Ré ī-tɨ́gā gír-gìsɨ̀ kāgī à kāgī à òy.** Si tu coupes la base du tronc d'un arbre l'arbre va mourir.

gír-gɨ́nà

N esp. d'herbe à tige triangulaire [Kyllinga squamulata].

gír-kà

N ethnie, clan. **Gír-kà Mbáȳ gī tò nòọ̀ ì síkɨ-síkɨ.** Les clans Mbay sont diverses.

N famille. **Bɨ̀là ì yáạ gír-kà.** La forge est une affaire de famille.

gír-kèm

N bas-ventre. **ɨ́-sà bāngàw kɨ́ gójɨ̄ṛó à gír-kèm-í à tōr-ī.** Si tu manges la patate douce crue alors tu auras mal au bas-ventre.

gír-kɨ̀ɓà-màñ

N source. **Gír-kɨ̀ɓà-màñ kānjī gòtóō tū-tɨ́.** Il n'y a pas des poissons dans les sources.

gír-kòjɨ̀

NIN parents, famille. **ì gír-kòjɨ̀-í à?** Est-il un parent de toi?

gír-kújú-Álà

N l'église. **Gír-kújú-Álà kɨ́ Kūmrāá bò mān kɨ́ ɓēdàyāá.** L'église de Koumra est plus grande que celle de Bédaya.

gír-kùtɨ̀

N sorte de tambour à deux faces. **Gír-kùtɨ̀ ì kɔ̀dɨ̀ yē Sùwā gī.** Le "girkuti" est un tambour des Arabes.

gír-lò

N premières lueurs du jour, aube. **Gír-lò ạ̀ wòṛòṛò ɓá-à ī-rèē j-àw̄.** Quand les premières lueurs du jour apparaîtront, viens, nous partirons.

gír-sɔ́ɨ̀

NIN aisselle. **ī-tógó gír-sɔ́ɨ̀-í màjɨ̀ ótɨ̀ màjàɨ́ ngáy.** Lave-toi bien les aisselles, tu sens très mauvais.

gɨ̀ṛgìndī

N tournoiement (*normalement obj. de* ìnī). **M-īnī gɨ̀ṛgìndī gìdɨ-n̄ tɨ́ máṛày tá àdī-m̄ gúrsɨ̀ yā-m̄.** Je faisais le tour sur lui jusqu'à il m'a donné mon argent.

gírí

N arrête (seulement dans l'expression lō gíri "s'arrêter, cesser"). **àdī-m̄ gúrsɨ̀ kɨ́ kàdī m̄-ndɔ̀r-ň àlé àdī m̄-lō gírí kɔ́ɔ́.** Il ne m'a pas donné de l'argent pour labourer et je me suis arrêté.

gírɨ́m-gìná

N esp. de fourmi noire au derrière recourbé. **gírɨ́m-gìná ì kùṛ kɨ́ tītī tɨ̀tè bà nì tá ndùl.** La fourmi "girim-gina" est un insecte pareille à la fourmi "tite" mais elle est noire.

gìsɨ́

VI rester derrière. **M-ɨ́dà-n̄ kàdī j-àw̄ ɓē-é ɓá-à ngōn gìsɨ́ kɔ́ɔ́.** Je lui ai dit qu'on rentre à la maison mais l'enfant est resté derrière.

gítɨr (Arabe)

N sorte de grosse marmite. **Dìyáạ gī ɓīr-n̄ mùṛ ròsɨ̀ gítɨr.** Les femmes préparent la boule à remplir la grosse marmite.

gī

NPl marqueur du pluriel de nom. **ì mbā kɨ́-rá gī?** Quels étrangers sont-ils? **Dèē ń kártɨ yā-ǹ gī àsɨ̀-ñ kùtɨ-só àɨ́ ɓá-à ì kàbútɨ.** Celui qui n'a pas fait quarante points est "kabout". **M-ā kɨ bīyā̰ gī ngá̰y bà màng kógīm̄ bèē.** J'ai beaucoup de chèvres mais un seul boeuf.

gɨ̀dè

VT quémander, solliciter un don. **ī-gɨ̀dè-ǹ kō àɨ́ nè ā lúr̄-ī.** Ne lui quémande pas du mil de peur qu'il ne se moque de toi.
Expr: gɨ̀dè-ǹ sà - gagner la vie avec.

gɨ̀dè

N esp. d'arbre [Lannea kerstingii]. **Gɨ̀dè ì kāgī kɨ́ ndīl-ǹ sòr̄ màjɨ ngá̰y.** Le "gide" est un arbre avec une ombre fraîche.

gīgē

CNJ ou, ou bien (*suit chaque mot d'une liste*). **J-à jī-rā mùr̄ ì kɨ gɔ̀jɨ gīgē kɨ ūwá gīgē kɨ tḛ̄y gīgē kɨ gɔ̀y-dɔ̀ gīgē.** On prépare la boule avec le sorgho, le mil, le petit mil ou bien le maïs CNJ et. **Kàdī ī-rā kɨlà sḛ́y bèē gīgē à íngè yá̰ ngá̰y ō.** Que tu travailles un peu seulement et que tu trouves beaucoup de richesse. **M-úwà ì kānjī yōó gīgē, kānjī ndèr̄ gīgē, kānjī ngɔ́r̰ gīgē.** J'ai pris des carpes, des poissons "dor" et des poissons "ngor".

Av n'importe. **ī-rā ì rí gīgē à m-ā m-āw ɓē-é.** Quoi que tu fasses j'irai à la maison. **ì ná̰ā̰ gīgē à m-ā m̄-ɗɔ́-ǹ kàr̰ī.** Qui ça soit je vais le battre sans problème.

gɨ̀jà (Syn: gɨ̀jè)

VI roter, eructer. **Wúr̄-dùm rā-m̄ ādī m̄-gɨ̀jà ngá̰y.** Les arachides me font roter beaucoup.
VT faire roter. **Kàsɨ̀ bíl-bìl gɨ̀jà-m̄ ngá̰y.** La bière de mil me fait roter beaucoup.

gījā

N civette. **Sēy gījā ì yá̰ kɨ́ òtɨ màjàɨ́ ɓátɨ.** L'odeur laissée par la civette Africaine est très désagréable.

gɨ̀jè VI roter. **ā̰y mǎñ kàtī ngélē à ā ī-gɨ̀jè ngá̰y.** Si tu bois l'eau de natron alors tu vas roter beaucoup.
VT faire roter. **Wúr̄ gɨ̀jè-m̄ ngá̰y.** Les pois de terre me font beaucoup roter.

gɨ̀jè

N maladie des chiens qui provoque perte d'appétit. **Ré gɨ̀jè rā bísɨ ɓá-à ì ìsà mbī mṵ kàdī tōmbī.** Si la maladie "gije" attaque un chien alors il va manger des herbes pour pouvoir vomir.

gìjè-bɔ̀

N esp. d'oiseau, Barbu de Vieillot. **Gìjè-bɔ̀ ì yèr̄ kí mbāý-ǹ ì ngáy.** Le Barbu de Vieillot est un oiseau avec beaucoup de barbe.

gìlà

NIN entrejambe. **Bísí mān gìlà-ḿ tí rā-m̄ àdī m-īsō.** Le chien courait entre mes jambes et il m'a fait tomber. **Expr: ìgà [dèē] gìlà** - faire [qqn] un croc-en-jambe. NIN pattes. **Kɔ̀l̄ gàẃ ì gìlà-ǹ tí.** On calme le criquet en le prenant par les pattes.

gìlá

N tubercule. **Kṵ́-í àw̄ gìlá rí?** Quel tubercule va chercher ta mère?

gīlā

VT traverser, sursauter pour traverser (*toujours avec* dàn; *plur. pas possible*). **ī-gīlā dɔ̀-jī róbì.** Traverse la route. **m̄-gīlā dɔ̀ jī kāgī kí tò nàńg.** Je sursaute le tronc d'arbre qui est au sol.

gìlà

N kyste. **Gìlà tèē nò̰-ḿ tí.** J'ai un kyste sur le front.

gīlā-dí-njòý   (Syn: ngɔ́r̰)

N esp. de poisson [Heterotis niloticus]. **Gīlā-dí-njòý ḭ̀ bàl dɔ̀-r̰éng tí.** Le poisson Heterotis niloticus a sauté sur le filet.

gìlà-kàr̰ā

N esp. d'herbe qui pousse dans les mares [Schoenoplectus roylei]. **Gìlà-kàr̰ā ì mṵ̀ kí à ìɓà ì mbō-ó.** C'est dans les marigots que l'herbe "gilakara" pousse.

gìlà-kīnjá-màñ

N esp. d'herbe dressé qui pousse au bord de l'eau [Acroceras amplectens]. **Gìlà-kīnjá-màñ ì mṵ̀ mbō.** Le Acroceras amplectens est une herbe du marigot.

Gìlày

NP population Sara à l'ouest des Sar. **Dɔ̀-ɓōtí ì ɓē yē Gìlày gī bà Sàr̄ nḭ̀ ì ngàr̰ kí dɔ̀ tí.** Doboti est une région Gulay mais le chef est un Sar.

gìlày

N esp. d'arbre, figuier à racines aériennes [Ficus thonningii]. **Gìlày ì kāgī kí àw̄ kì mbáý-ǹ.** Le Ficus thonningii est un arbre qui a une barbe.

gìlày-yèr̄-gī

N esp. herbe ligneuse à petites fleures roses [Dychoriste perrottetii].

gìlē

VI être rebondi. **ísà ì rí á kèm-í gìlē mbèm-mbèm bèē?** Qu'as-tu donc mangé pour avoir les côtés du ventre rebondis comme ça?

gìlè

N le fond (d'une case, un puits, un trou, etc.). **Ngōn**

ɓɔ̀ rɔ̄-ǹ gílé kúj-ú. L'enfant s'est caché au fond de la case.

N la partie finale, la banlieue. Hòr ò̰ lò gílé ɓē tí. Le feu a brûlé la banlieue du village.

gɩlótɩ

N baguettes circulaires de la charpente du toit (*on dit aussi* bàgétɩ). Dèē rā kújɩ bōngō kànjī gɩlótɩ àlé. On ne fabrique pas une case en paille sans baguettes circulaires pour appuyer le toit.

gɩmà

N entêtement, refus d'accepter (*toujours* tètɩ gɩmà *"dominer, adoucir, controler"*). Ngélē ì yá̰ tètɩ gɩmà yír̰. Le natron sert à adoucir le caractère acide de l'oseille. m̄-tètɩ gɩmà kòrō kɩ ndéy-é. J'ai adouci l'âne avec une chicotte.

gɩmár̰ (Arabe)

N jeu de pari. Gɩmár̰ ì rɔ̄ kɩ́ dèē gī à ìsà-n̄-nèé nà̰ā̰ nàr. Les "gumar" est un jeu avec lequel on gagne l'argent l'un des autres.

gímè

NIN creux de la paume de la main. Yòẃ kɩ gímè jī tɩ à nàɽ kɩdè àlé. Le fruit de karité dans le creux de la main ne manquera pas d'être âpre.

gɩmbà

N esp. de grenouille [Rane occipitalis]. Gɩmbà ì kà̰r̰ā̰ kɩ dèē gī à ì sà-n̄. Le "gimba" est une grenouille que les gens mangent.

gɩmbā

N guêpe maçonne. Gɩmbā rā kújɩ yē-ǹ kɩ bɔ̀r-ɔ́ kàdɩ kújɩ́ tí. La guêpe maçonne fait son nid de boue dans les murs des maisons.

gɩmbā-gír-ɓál

N esp. de guêpe noire et grosse. gɩmbā-gír-ɓál ré ùr-ī à dɔ̀-í tèɽ-ī. Si la guêpe noire te pique tu auras mal à la tête.

gɩmbé

N puisoir; calebasse pour puiser. M-ún gɩmbé kàdɩ m-ɔ́dɩ-n̄ mà̰n̄ bòlò-ó. J'ai pris le puisoir pour puiser de l'eau au puits.

gɩnà

NIN état d'être bossu, voûte du dos. Dèē-kɩ́-dɩ̀yá̰ ɩnā gɩnà à à màndɩ àlé. Si une femme est bossue elle ne sera pas belle.
Expr: ɩnā gɩnà = ɩɓà gɩnà - être bossu.

gɩnà (Syn: kókɩ́ràng)

N scorpion [Buthus et Pandinus]. ílá jī-í kèm màmbā kāgī tɩ à gɩnà à tɩgā-ī. Si tu mets ton doigt dans l'écorce d'un arbre alors le scorpion de piquera.

gɩná-màn̄

N crabe. Dèē gī ìdà-n̄ nà Sènègàl tɩ́ dèē gī à ìsà gɩná-màn̄. Les gens disent qu'au Sénégal les gens mangent les crabes.

gìná-máǹg

N esp. de scorpion [Pandinus]. **Gìná-máǹg ì gìná kì ndùl, à tìgā-ī à tōr-ī ngáy.** Le "ginamang" est un scorpion noir, s'il te pique ça va te faire très mal.

gìndà

NIN pédoncule, queue pédoncule de certains fruits et legumes (*v.* gàndì).

gìɽā

N arc et flèche. **Dèē ìdà-n Mbōrō gī à rā-n kùm gìɽā yē-dì ì kì dáwá.** Les gens disent que les Mbororo préparent la pointe de leurs flèches avec du poison. **Expr: kùm gìɽā** - flèche.

gìɽā

N esp. d'aigle, aigle ravisseur. **Gìɽā ì yèl̄ kì tītī nìngà bà tógì-n ì ngáy.** L'aigle "gira" est un oiseau pareille à l'aigle "ninga" mais il est très fort.

gīrā

VT choisir. **ā ī-gīrā bàtī kì bò ī-rèē-n̄ ādī-m̄.** Va choisir un gros mouton et amène-le moi.

gìrā

VT choisir (beaucoup de choses) (*fréq. de* gīrā). **Ī-gírā gòy-dò kì bò bò gī ādī jì-rā-ī kō tì.** Trie les gros épis de maïs pour que nous les utilisions de semence. **āw ī-gírā kīnjá kì bò gī mìtá ādī-m̄ m-āw-n̄ súkī-ú.** Va choisir trois grands

poulets pour que je les emmène au marché.

gìrā

VT griller (qqc) sur le feu. **Kòsòng ì dā̧ kì dèē ɔ̄r̄ ngīrā-n̄ àlé, à gìrā-n̄ ì mbéē.** Le cochon est un animal qu'on n'enlève pas sa peau, on le grille seulement sur le feu.

gìrè

N outil pour graver. **Gìrè ì gìndī kì à ìlà-n̄ hòr-ó yā ndàng-n̄ gìdì kār.** Le "gire" est un morceau de métal qu'on met au feu pour décorer l'extérieur des calebasses.

gìɽè

N sorte de nasse à pêche.

gìrē

NIN odeur. **ì dèē kì gìrē-n̄ ì ngáy, à gèy ndògī màn̄ àlé.** Il est un homme qui sent mauvais, il n'aime pas se laver. **Gìrē nīn̄ ɓōkì dò-m̄ tì.** J'ai senti l'odeur du cadavre.

gìɽē   [gíɽē,gì ɽā̧]

VT passer sur le feu. **Gíɽē dò bīyā̧ kàdī ndīr.** Il carbonise la tête du cabri pour le cuire.

gō   [gōō]

PRP après. **Màjì, ídá gō-m̄ tì.** Bon, répétez après moi. **Tḛy ɔ̄ɔ ì gō gòy-dò tì.** Le petit mil devient mûr après le maïs mais avant le mil normal.

gō [gōō]

NIN nuque. **Ndà gō ngōn-ǹ.** Il a tapé son enfant sur la nuque. **Gō-ḿ, gō-í, gō-ǹ, gō-jí, gō-sí, gō-dí** - ma nuque, ta nuque, sa nuque, nos nuques, vos nuques, leurs nuques.

gōó

AV correcte, juste, correctement. **Kìlà ń ī-rā ní ì kì gōó kóō.** Le travail que tu as fait est vraiment correcte.

gō-tí (Syn: gōó)

AV exact, correct. **ì gō-tí àlé.** Ce n'est pas exact. **ídà ì gō-tí àí ɓáy.** Tu ne le dis pas encore correctement. AV normal. **Njī ń kīngā njī màñ-á ní ì gō-tí tɔ̀dɔ̄ ɔ̀ȳ ngáy.** Le fait que la hache coule au fond est normal parce qu'elle est très lourde.

gō-tí

AV ensuite, après. **Gō-tí ànī, Súū nì̧ kóō dì̧jè rèē dɔ̀-nàng tí.** Ensuite, Sou lui-même demanda à venir sur la terre.

gòdì

N boule de savon traditionnel. **ī-tógò kūbī kì gòdì ngáy à ìsà kūbī yē-í.** Si tu laves l'habit avec beaucoup de savon traditionnel il va détruire ton habit.

gòdìgódì

N boule de petit mil sucré, vendue sans sauce. **Gòdìgódì ì yá̧ kà̧y Sùwā gī,** à à̧ȳ kì mbà-á. "Godigodi" est une chose que les Arabes boivent, on le boit avec du lait.

gògí

AV en arrière. **ī-tél kī gògí.** Recule. [litt: tu-tournes ver en.arrière] **Ngé kí kété gī gèȓ-ñ yá̧ ń rā-ñ ngé kí gògí àlé.** Ceux qui étaient avant ne savaient pas ce qui s'était passé sur ceux qui étaient derrière.

gógì

VI être sur le point de se tarir (l'eau du puits). **Màñ à gógì kɔ̄ɔ́ ngòr.** L'eau va se tarir bientôt.

gógī

VT tapoter, secouer. **M-gógī kūbī yā-ḿ kàdī bùmbúrù ì̧ kɔ̄ɔ́.** Je tape et secoue mon habit pour que la poussière s'enlève.

gògí-làá (Français)

AV de nos jours. **Gògí-làá dì̧yá̧ gī lȷà-ñ bà̧yà̧ tò̧ọ̧ àlé.** De nos jours les femmes ne font plus l'excision.

gōgījō

VT affaiblir, faire un peu mal. **Mò̧y ǹ gōgījō-ḿ nà̧á̧ ḿ-rā kìlà àlé ní.** C'est à cause de la maladie qui m'affaibli que je ne travail pas.

gōgīrō

VI se durcir, devenir dur. **Mùȓ wúl ré nél tóō bàng ɓá-à à gōgīrō.** La boule de pois de terre, si le vent souffle sur elle alors elle deviendra dure. **VI** se rétrécir, se plisser. **Sā ngīr̄ā ré màñ ɔ̀dɨ̀ à gōgīrō.** Les chaussures en cuir, si l'eau les touche alors elles deviennent dures.

gójīr̄ó

VI être cru. **Ngàlì kɨ́ gójīr̄ó nèɾ tɔ̀ȳ kɨ́ ndīr.** Le manioc cru a meilleur goût que le manioc cuit.

VI être nu. **Kūbɨ̄ r̄ɔ̄ ngōn ì rá íyá̰ gír-ǹ gójīr̄ó bēē.** Où sont les vêtements de l'enfant que tu le laisses nu comme ça.

góɨ̀

VT rester pour remplir. **Kūbɨ̄ góɨ̀ jáng ì sḛ́y bēē.** Le coton presque remplit le panier. **ɔ̀dɨ̀ màñ gól-ó.** Il a puisé l'eau sans remplir le récipient.

góɾ

V tromper. **Dɔ̀gɨ̄m àw̄ góɾ dɨ̀yá̰-gɨ̄.** Le lièvre est allé tromper les femmes.

V bercer. **Dɨ̀yá̰ góɾ ngōn-ǹ.** La femme berçait son bébé.

gòm

N esp. de plante (*v.* gòmbɨ̀).

góm

N longue (sauce). **ā ī-rā ì tá̰ góm à?** Vas-tu faire la sauce longue?

gòmbɨ̀

N esp. de plante (**Dèē ndīr kīnjá kɨ̀ gòmbɨ̀-ó àlé.** On ne cuit pas le poulet avec la plante "gombi".

gòng

N clôture en bois. **Gòng ì lò ngōm màŋg gɨ̄.** Un enclos en bois est là où on garde les boeufs.

gōng

V éviter. **Yá̰ yē-í gòtóō à ngé-í gɨ̄ à gōng-ī-ñ/gōng-ñ-ɨ̄.** Si tu n'as rien, tes parents t'éviteront.

VI contourner. **ī-gōng gìdɨ̀ ndɔ̀r̄ nà wúdùm ìɓà kɔ̄ɔ́.** Contourne le champ parce que les arachides ont déjà germé.

Gōr̄

NP peuple Sara de la région de Bodo. **à ī-tàā dɨ̀yá̰ Gōr̄ à rà dɔ̀-í tɨ́ tītī gōr̄.** Si te maries avec une femme Gor, elle va rester sur toi comme la coiffe "gor".

gōr

V attendre pour recevoir; mendier. **ī-ndì làā ā ī-gōr ì rí?** Tu restes là, qu'attends-tu qu'on te donne? **Māl à gōr̄ ì Álà.** Le charognard quémande Dieu (il attend que Dieu tue quelque chose).

gōr

N sorte de coiffe d'homme (*on rase la tête en laissant un peu de cheveux dessus le front*). **ngɔ̀-làā bàsá gɨ̄ ɔ̀r̄-ñ gōr dɔ̀-dɨ́ tɨ́ àlé.** À nos jours les jeunes galans ne rasent plus leurs têtes en laissant un peux de cheveux dessous.

gōṛ

VI être rond, arrondi. **Dūy ì kāgī kɨ́ kàñ-ǹ gōṛ.** Le "duy" est un arbre avec le fruit rond. **Dɔ̀-ǹ à gōṛ tītī dɔ̀ bɔ̀bī-ǹ bèē.** Sa tête sera ronde comme la tête de son père.

gōríyō

VT couper (branches des arbres). **m̄-gōríyō tà-jī mángò yā-m̄ kàdī ɓāl kɨ́ ràng tɨ́ àñ kɨ́ bò.** Je coupe les branches de mon manguier pour que l'année prochaine il donne de gros fruits.
V amputer. **òsō kɨ̀ kàmyɔ̄ àdī gōríyō-ñ jī-ǹ.** Il a eu un accident de voiture et on l'a amputé le bras.

górò

N noix kola. **Górò àtī ngáy.** La noix de kola est très amère. **Bórnò gī à gātī-ñ górò kī lò gī-tɨ́ màlàng.** Les Bornous vendent des noix de kola partout.

gòórò

N esp. de herbe rampante [Cetrullus lanatus], "melon d'eau" (*on dit aussi* gòwrō). **Kàndà gòórò màjɨ̀ mān kàndà kór.** Les boulettes faites avec le "melon d'eau" est mieux que les boulettes de sésame.

gòròng

ID courbé (gros: descr. de gàbɨ̀). **Kɔ́n-n̄ gàbɨ̀ gòròng.** Il a un gros nez crochu.

gōsī

N artiste. **Màdī-m̄ ì gōsī kèndè.** Il est un vrai de vrai artiste de la cithare.

gòtɨ̀

NIN le reste de. **Gòtɨ̀ kártɨ̀ gī ní ì mṵ̀ gī màlàng.** Le reste des cartes est du "foin".
N absence de. **Gòtɨ̀ Súū tɨ́ ní, dɔ̀gɨ̀m̄ ùn wúɾ̄ kógɨ̄m̄ ìnī ndágá àdī dúṛú ùn.** En l'absence de Sou, le lièvre prit un pois de terre, le lança dehors et le calao l'attrapa. **Ngō-kɔ́-m̄ rèē gō-m̄ gòtɨ̀-m̄ tɨ́.** Mon frère est venu me voir à mon absence.
N ancien champ où on trouve des repousses de cultures antérieures. **gòtɨ̀ tḛ̄y, gòtɨ̀ ūwá, gòtɨ̀ kūbī, gòtɨ̀ ndɔ̄r̄** - ancien champ de petit mil, ancien champ de mil, ancien champ de coton, ancien champ (sans préciser le grain).

gótɨ́-ndɔ̀r̄   (Syn: kádɨ́-ndɔ̄r̄)

N ancien champ où on trouve des repousses de cultures antérieures. **M-āw m̄-rā kújɨ̀ gótɨ́-ndɔ̄r̄ yā-m̄ tɨ́.** Je vais pour construire une maison dans mon ancien champ.

gòtóō

[gə̀tóō,gə̀tóò,gòtó]

V il n'existe pas, il n'y a
pas. **Sāngē yā-í gòtóō à?**
Tu n'as pas de
moustiquaire? **Yá̧-kìsà
gòtóō.** Il n'y a rien à
manger.

gōtó

NIN trace de. **Gōtó kèē kí
séw̄ nàng tí tò nṳ̀ ṳ́ ɓáy-tṳ̀.**
Les traces du van qu'elle
avait renversé par terre, on
les voit toujours.

gòtòng (Français)

N cotonnade, tissu de coton
(*on dit aussi* gòdòng). **Njālā
gòtòng màjì tɔ̀ȳ njālā
nìlóò̧.** Le pantalon en coton
est mieux que ce de nilon.

gòw

N en vogue, prédominance
(*toujours* ùn gòw *"être en
vogue"*). **ì Ndòmbòlò ǹ ùn
gòw ngɔ̀-làā.** C'est la danse
"Ndombolo" (de Congo) qui
est à la mode maintenant.

gōwyō

VI s'ouvrir, se défaire
(*indique que l'objet a perdu
sa forme*). **Jó yā-m̄ gōwyō
nà̧ā̧ tí kɔ̄ɔ́.** Ma jarre d'eau
s'est défaite.

VI s'élargir (une plaie). **Dò
ngōn-m̄ gōwyō nà̧ā̧-tí tɔ̀dɔ̄
rā dáwá kūtí àlé.** La plaie
de mon enfant s'est élargie
parce que il n'a pas appliqué
un médicament dessus.

gòy

NIN pilon. **Gòy ì
yá̧ kí kàdī ùr-n̄-
nèé yá̧ kèm bìr̄-í.**
Le pilon est une
chose qu'on
utilise pour piler
quelque chose
dans le
mortier. **ún
bìr̄ à ún gòy
gō tí.** Tu
prends le
mortier alors tu
prends aussi le pilon.
(Proverbe: si tu épouses une
femmes avec enfants il te
faut élever ses enfants).

gòygōy

N esprit de petite taille qui
habit dans les arbres. **Ré ā ī-
njīrā dàn kāgī-á kì kér-í à
gòygōy gī à ùwà-n̄-ī.** Si tu
te promènes dans la forêt
tout seul les esprits des
arbres vont te saisir.

N personne de très petite
taille, nain, pygmée.

gò̧ [gò̧ò̧]

N héron. **Gò̧ ì yèr̄ kí kɔ́-ǹ
ngāl ngáy.** L'héron est un
oiseau avec le cou très long.

gò̧ō̧

VT regarder.

VT visiter. **ā ī-gò̧ō̧ ì rí
ndágá?** Qu'est-ce que tu
regardes dehors? **Màdī-m̄
àw̄ gò̧ō̧ kó̧-ǹ tí ngōn ɓē-é.**
Mon copain est allé visiter
sa mère au village.

gò̰-bò

N esp. d'héron, héron goliath. **Gò̰-bò ì yèŕ kɪ́ à ìsà ì ngán kṵ̀ŕ gɪ̄.** L'héron goliath est un oiseau qui mange les insectes.

gò̰-kàsɪ̀

N alcoolique. **Ngō-kó̰-ḿ ì gò̰-kàsɪ̀, kùm mbàng gɪ̄ màlàng ā íngá-ǹ ì dìpsò̰-ó̰.** Mon frère est alcoolique, tous le temps tu vas le trouver dans le cabaret.

gò̰-kɪ̰́ŕà-kīnjá

N crête du coq. **Ré íjá gò̰-kɪ̰́ŕà-kīnjá kɔ́ɔ́ à tɔ́gɪ̀-ǹ à gòtóō.** Si tu coupes la crête du coq il n'aura pas de force.

gò̰-míndɪ̀

NIN pomme d'Adam. **Gò̰-míndɪ̀ dɪ̀ngàm bò mān yē dɪ̀ẏá̰.** La pomme d'Adam de l'homme est plus grosse que celle de la femme.

gò̰-nàjɪ̄

N grande capacité de parler longuement (*normalement avec* rā). **īlō kɪ̀ nējī nàjī sè nèé nè ì dèē kɪ́ rā gò̰-nàjī ngá̰y.** Il ne faut pas discuter avec lui parce qu'il est un grand parleur.

gò̰-ndà

N esp. d'héron, Grande Aigrette. **Gò̰-ndà ì yèŕ kɪ́ tītī kōó bà nɪ̀ tá rɔ̄ tītī nìngà.** Le Grande Aigrette est un oiseau pareille à l'oiseau pic-boeuf mais il fait la guerre comme l'aigle.

gò̰-ngīr (Syn: mèl)

NIN le clitoris.

gò̰-pā

N grand intérêt pour le chant (*normalement avec* rā). **Ngōn kɪ́ à rā gò̰-pā ngá̰y à gèŕ yá̰ làkɔ́ì-ɔ́ àlé.** Un enfant qui est grand chanteur ne saura pas les choses de l'école.

gò̰-rɔ̄

N champion de la lutte ou de la guerre. **ì gò̰-rɔ̄, īlō sā tà-ǹ.** Il est un champion de la lutte, il ne faut le provoquer.

gó̰y

N cache-sexe féminin (bande d'étoffe passant entre les jambes). **Dɪ̀ẏá̰ gɪ̄ à ɔ̀ŕ-ñ gó̰y tá ùdī-ñ màñ-á.** Les femmes portent les cache-sexe avant d'entrer dans l'eau.

gò̰y-ngà

NIN bonne chance avec [qqc] (*expression négative, et toujours avec* ìhɔ̀). **Gò̰y-ngà ìhɔ̀-ḿ àɪ́ .** Je n'ai pas eu la chance de (trouver) un mari.

gódɪ̀

N coccyx, bas de la colonne vertébrale (*on dit aussi* gódɪ̀-gíŕ). **ìndà ngōn dɔ̀ gódɪ̀-ǹ tɪ́.** Il a frappé l'enfant sur son coccyx.

gò̰gɪ̀

N dents. **Ngōn-ḿ àw̄ kɪ̀ ɓāl sīŕí kɔ́ɔ́ àdī gò̰gɪ̀-ǹ à ṟó̰ẏ.** Mon enfant a sept ans déjà et alors ses dents s'enlèvent.

gɔ̀gɨ̀

AV gouvernement. **Gɔ̀gɨ ùn ndū-ǹ kàdī ngán gī àw̄-ñ làkɔ́ì-ɔ́ màlàng.** Le gouvernement a pris la décision que tous les enfants aillent à l'école.

gɔ̀gɨ̠rɔ̀

NIN haut de la poitrine (des personnes). **índá gɔ̀gɨ̠rɔ̀-í dɔ̀-ḿ mā̠ tɨ́ à?** Est-ce tu tapes ta poitrine sur moi quoi?

Expr: **gɔ̀gɨ̠rɔ̀ tò** - avant de la pirogue. **Náw gī à ndì-ñ tà gɔ̀gɨ̠rɔ̀ tò tɨ́ à à nēl-ñ-nèé.** Les pêcheurs s'assoient sur l'avant de la pirogue et ils pagaient.

NIN poitrail, poitrine (des animaux). **Dā̠ ì ngáy gɔ̀gɨ̠rɔ̀ kīnjá tɨ́.** Il y a beaucoup de viande sur la poitrine du poulet.

gɔ̀gɨ̠rɔ̀-bàl

N esp. d'oiseau, Tisserin Gendarme (mâle). **Ré ngōn dā̠ kɨ́ rèē mān lò ń ɓē gɔ̀gɨ̠rɔ̀-bàl ì kūtɨ́ ànī à gèɟ̄ gō-ǹ.** Si un petit animal passe là où le nid du tisserin est dedans alors il va savoir.

gɔ̀gɨ̠rɔ̀nɨ̀mà (Français)

N gouvernement (v. **gɔ̀gɨ**).

gɔ̀jɨ̀

N sorgho. **Dɨ̠yá ùr gɔ̀jɨ̀ tām yē rā mùr̄ tɨ́.** La femme pilait le mil pour en faire de la boule.

gɔ̀jɨ̀-dɔ̀ (Syn: gɔ̀y-dɔ̀)

N maïs. **Gɔ̀jɨ̀-dɔ̀ ɔ̄ɔ̄ nɔ̠̀ ūwá tɨ́.** Le maïs devient mûr avant le mil.

gɔ̀kɨ́

VI s'affaisser. **Ndògī yā-ḿ gɔ̀kɨ́ kɔ̄ɔ́.** Ma clôture de paille s'est affaissée.

gɔ̀l

N gourdin, massue. **ādī-ḿ gɔ̀l ādī m-īnā bɔ̄gɨ́-ḿ tɨ́.** Donne-moi le gourdin afin que je le mette sur l'épaule.

gɔ̀l̄

N esp. d'arbre de savane à longs fruits [Swartzia madagascariensis]. **Kāgī gɔ̀l̄ màjì rā gɔ̀lìgɨ̀ tɨ́ ngáy.** L'arbre Swartzia madagascariensis est très bon pour fabriquer le manche d'une houe.

gɔ̀l̄

N esp. d'oiseau, Bulbul Commun. **Gɔ̀l̄ ì yèr̄kɨ́ ndùl kɨ́ dūú gō dér̄ tɨ́.** Le bulbul commun est un oiseau noir qui est plus petit que le pigeon.

Expr: **àw̄ gɔ̀l̄ gāng tīw** - aller définitivement (comme l'oiseau qui se débarrasse de la glu).

gɔ́l̄

V nettoyer (farine, riz, etc.) pour enlever le sable. **m̄-gɔ́l̄** jíngà kàdī m-ndīr. Je nettoie la semoule pour le cuire.

gɔ̀l-káā̰

N esp. de plante dont les racines contient un poison [Gloriosa superba]. **Ré mbī gɔ̀l-káā̰ ɔ̀dɨ̀ tà-í ànī ndɔ̰̀-í à síɼ kàdī ā óỳ.** Si la feuille du "gol-kan" touche ta bouche alors ta langue va s'enfler et tu vas mourir.

gɔ̀ɪ́ -kósɨ̀

N esp. d'oiseau, Bulbul Commun, mais plus grands que gɔ̀ɪ́ . **Gɔ̀ɪ́ -kósɨ̀ ì yèɼ kɨ́ tītī gɔ̀ɪ́ bà nɨ̰̀-ñ à njīrā- ñ ì ngáy.** Le bulbul commun est un oiseau pareil au "gol" mais lui ils se promènent en groupes.

gɔ̀l-máǹg

N pipe. **Dɨ̀yá̰ kɨ́ tɔ̀gɨ̀ gī à̰y-ñ máǹg kɨ̀ gɔ̀l-máǹg-á.** Les vieilles femmes fument le tabac avec des pipes.

gɔ̀l-ndàng

N puissance invisible maléfique. **òy ì yò kɨ́ gɔ̀l- ndàng.** C'est une puissance maléfique qui l'ß tué. **Gūgī ɓèsī gɔ̀l-ndàng tōr ngáy.** Faire le rite pour guérir le fétiche d'une puissance maléfique est très difficile.

gɔ̀lìgɨ̀

N manche de houe. **Gɔ̀lìgɨ̀ ì kūl kɔ̀sɨ̀ kɨ́ dèē gī à ndɨ̀-ñ nàǹg à ndɔ̀ɼ-ñ-nèé.** La

"goligi" est un manche de houe que les gens s'assoient sur terre et cultivent avec.

gɔ̀ɪ́ yɔ̀

V interrompre un voyage, promenade, etc. **m̄-gɔ̀ɪ́ yɔ̀ làā tá, m-āw gō-í tɨ́.** J'interromps (notre promenade) ici, je te rejoins après. **Expr: gɔ̀ɪ́ yɔ̀ kɔ̄ɔ́** - faire demi-tour. **M-āw kɨ̄ ɓēdàyāá bà m̄-gɔ̀ɪ́ yɔ̀ kɔ̄ɔ́.** J'allais vers Bédaya mais j'ai fait demi-tour.

gɔ̀m   (Syn: gɔ̀mbɔ̀)

N esp. de plante qu'on utilise dans une sauce gluante (*Pedialaceae esp.*). **Gɔ̀m kɨ́ ndīr kɨ̀ bùtī kānjī- á nèɼ ngáy.** La plante "gom", cuite avec les restes de poisson, est très agréable.

gɔ̀mbɔ̀

N esp. de plante qu'on utilise dans la sauce gluante (*Pedaliaceae esp., v.:*).

gɔ̄ngīrɔ̄

VT se recroqueviller (*obj. est* rɔ̄). **Kūl ɔ̰̀ ngōn àdī gɔ̄ngīrɔ̄ rɔ̄-n̄.** L'enfant avait froid et il s'est recroquevillé. V rétrécir. **Dàn-ń m-ílá kūbī màñ-á ɓá-à kūbī gɔ̄ngīrɔ̄ kɔ̄ɔ́.** Quand j'ai mis les habits dans l'eau ils sont rétrécis. VI être froissé. **Kūbī kɨ́ rō- í tɨ́ gɔ̄ngīrɔ̄ ngáy àdī ī-ndájī séy.** Tes habits sont froissés alors il faut les dresser.

gòngōn

N Loir africain (esp. de souris) (*sa présence empêcherait la venue des serpents*). **gòngōn ì ngōn dā̰ kɨ́ tītī yégī, à ìsà ngán kīnjá gī.** Le Loir africain est un petit animal pareille au souris, il mange les poussins.

gòngrɔ̀

N fanes, feuilles ou tiges sèches). **ɔ́y gòngrɔ̀ ādī jɨ̀-tíngā-ň bāngàw.** Ramasse des feuilles sèches pour que nous grillions la patate avec.

Expr: ndɔ́r̄ [dèē] dɔ̀ gòngrɔ̀ tɨ́ - tromper [qqn], mentir à [qqn] (plus. personnes, plus. fois, etc.).

Expr: ɔ̀r [dèē] dɔ̀ gòngrɔ̀ tɨ́ - tromper [qqn], mentir à [qqn]. **Ré āw nùng-ú à ī-lō kɔ̀r dɨ̰yá̰ dɔ̀ gòngrɔ̀ tɨ́.** Si tu fais la cour alors il ne faut tromper la femme.

gō̄rɨ́yɔ̄

VT conseiller. **ī-gō̄rɨ́yɔ̄ ngōn-í kàdī ɨ̰yà̰ hál-ň kɔ̄ɔ́.** Conseille ton fils de changer sa conduite.

gósɨ́

NIN le cou (d'un boeuf, etc.). **Màng ɔ̀sɨ gósɨ́ màdī-ǹ.** Le boeuf a piqué (avec la corne) le cou de l'autre boeuf. **ásɨ́ kɨ̀dà: "gósɨ́ nàsī gàjɨ̀ nàsī" láw láw àlé.** Tu ne peut pas répéter vite: "Le cou de l'antilope cheval, la

corne de l'antilope cheval." **NIN** bord (du fleuve), rive (*toujours avec* bā). **Náw gī à rā-ñ ɓē ì gósɨ́ bā tɨ́.** Les pêcheurs font leurs maisons sur la rive.

gòẃ

VI être affaissé, s'affaisser. **Bìlà-kīnjá gòẃ kɨ̄ nàng tɨ́.** Le poulailler s'est affaissé jusqu'au sol.

gòy-dɔ̀   (Syn: másàr)

N maïs. **Ngáǹ kɨ́ dūú kɨ́ kásɨ́ gī, dòō̰-ñ-dɨ́ gìdɨ̀ tɨ́ kɨ̀ jɔ̄kɔ̄ dɔ̀-dɨ́ tɨ́, ì rí? ì gòy-dɔ̀.** Des nouveau-nés qui ont un chapeau sur la tête, et que leurs mères ont attachés sur leurs dos: qu'est-ce que c'est? C'est le maïs (devinette). **Gòy-dɔ̀ kɨ́ dùbī dɔ̀ bū-lò tɨ́ ìdī kùm ngáy.** Le maïs planté sur les tas des ordures brûlées produit très bien.

gúù

NIN poitrine. **Ngè-ndòō ìndà gúù-ǹ àlé.** Un pauvre ne frappe pas sa poitrine (il ne peut pas être orgueilleux.

gùdī

VT froisser. **m̄-gùdī ngḭ̄r̄ā kàdī m̄-dòō̰ gír-m̄ tɨ́ kàdī m-āw-ň ndām sāy-á.** Je froisse la peau (pour l'assouplir) et je l'attache à ma fesse pour que je vais à la danse "say" avec.

gúdī   (Syn: dédī)

VT casser en petits morceaux, briser. **ī-gúdī mṵ̀**

ĭ-ɓōkɪ́ hòr-ó. Casse les brindilles de paille et jette-les au feu.

gùdùm

AV temps couvert. **Lò tò gùdùm àdī kūbī àÿ láw àlé.** Il fait un temps couvert, le linge ne va pas sécher vite.

gūgī

VT faire rites. **Ré ɪ̰ ngè-Álà ā ĭ-gūgī ɓèsī àlé.** Si tu es chrétien tu ne peux pas faire les rites traditionnels.
N sacrifice. **Tɔ̄l-n̄ bàtī àdī-ǹ gūgī tɪ́.** Ils ont tué un mouton pour faire le sacrifice.

gùɪ̄

V porter dans les bras. **m̄-gùɪ̄ ngōn gú-m̄ tɪ́.** Je porte l'enfant dans mes bras et contre ma poitrine.

gùɪ̄ -kúndī

N esp. de calebasse de forme très allongée. **Lò kɔ̀r̄ kàm̄ mbī gùɪ̄ -kúndī kɪ̀ mbī r̰ībā-á gòtóō.** Il n'y pas de forme de distinguer les feuilles de la calebasse "gulkunde" de celles du "riba".

gùm̄

N esp. de plante [Urena lobata]. **Gùm̄ ì mṵ̀ kɪ́ à rā-n̄**

kɪ̀lā tɪ́. La plante "gum" est utilisée pour faire la corde.

gùm̄

NIN testicules (pour les animaux). **Bàl bɪ̰̄ÿā̰ kɪ́ kɔ̀r̄ gūm-n̄ bò ngáy.** Le bouc castré (litt: avec les testicules enlevés) devient très gros.

gūm

N piège. **Gūm yā-m̄ kīrā ùwà yèⅠ̄.** Mon piège a sauté en attrapant un oiseau.

gùm̄-gār̰

N esp. de grosse araignée, mygale. **Gùm̄-gār̰ rā dɔ̀ndɔ̄ yē-n̄ kàdī ìwà-ň kóŋ gī.** La grosse araignée fait sa toile pour attraper les mouches.

gūmbīr̰ū

NIN noyau. **Gūmbīr̰ū mángò ùwà kɔ́ màng.** Le noyau de mangue s'est coincé dans la gorge du boeuf.

gùr̰ (Syn: bùr̰)

VT délayer dans l'eau, mélanger. **Gùr̰ ndùjī màn̄-á kàdī rā-n̄ sòl.** Délaye la farine dans l'eau pour en faire le mélange de farine et l'eau (pour préparer la boule).

gúr̰

N dépression de terrain, creux. **Màn̄ ì ngáy gúr̰-ú.** Il y a beaucoup de l'eau dans une dépression de terrain.
Expr: **lò kɪ́ gúr̰ú** - dépression, vallon.
Expr: **mbùtì gúr̰** - creuser

un trou (au milie du plat de haricots pour trouver le huile).
Expr: gúr̰ ndò - place où les femmes font l'initiation.
N fond circulaire.
Expr: gúr̰ jó - fond circulaire de la poterie.
Expr: gúr̰ m̰ōy - fond circulaire du grenier.

gúr̰

N sorte de jeu (*perche tirée en sense inverse par deux camps opposés ayant chacun leur espace délimité*). **Ngán-gī ɔ̄r̄-n̄ gúr̰ n̰ā-n̄-nèé tɔ́gí-dí.** Les enfants jouent "gor" pour mesurer leurs forces.

gúrm̰ý

N culbute, galipette, roulade (*normalement* ùr gúrm̰ý "*faire une culbute*"). **Ngōn ùr gúrm̰ý àdī kɔ́-n̄ tètī.** L'enfant fait une culbute et son cou est cassé.

gúrsì

N argent. **Gúrsì yā-í tò n̰ṵṵ à?** As-tu de l'argent? **M-ɔ́dì àlé, m̄-gèy ì kì gúrsì kùtī-mìtá.** Je ne veux pas, je n'accepterai que pour 150 francs.

gūrū

N morceau, bout. **Ré ą́ gūrū kāgī kí rà nàng-á àī à ìgà njà-í.** Si tu ne vois pas le morceau de bois sur la terre alors il te trébuchera.

gúrú

N place où on faisait l'excision des filles. **Gúrú ì lò kí dèē-kí-dìngàm àw̄ kūtī àlé.** La place d'exicision est un endroit où un homme ne va jamais.

gúrú

N substance que les abeilles utilisent pour proteger leur ruche. **ɓàr̰-á ɓá-à tèjì gī à ɔ̀r̄-n̄ gúrú tà hórō tí kàdī màn̄ ɔ̀dì yìɓī-dí àlé.** Dans la saison des pluies les abeilles mettent la sève devant leur ruche pour que l'eau ne touche pas leur miel.

gùúrù-kùm

NIN creux d'oeil. **ìngà dò gùúrù-kùm-n̄ tí àdī kùm-n̄ tágī ngáy.** Il a une plaie au creux d'oeil et son oeil est gonflé.

gùúrù-màn̄

N trou d'eau dans le lit du fleuve par ailleurs asséché. **ɓāl-á à kàr̰ā̰ gī à tò-n̄ ì gùúrù-màn̄-á.** C'est dans les trous d'eau que les crapauds restent pendant la saison sèche.

gùr̰yū

VI zigzaguer, changer de direction de ci de là. **Sà hòr gùr̰yū kì lò gī tí.** La fumée fait de tourbillons de ci de là.
Expr: gùr̰yū kì [dā̰] - changer de direction pour échapper à [un animal]. **Kāl gùr̰yū kì ɓɔ̀l-ɔ́.** Le Cob de

Buffon change de direction pour échapper au lion.

gùsì

N cou, nuque (d'animal) (*dialecte de Koumogo*). **Njúkì rā gùsì màng yā-ḿ àdī ɔ̄r dò.** Le joug a blessé mon boeurf à la nuque.

gúsì (Arabe) (Syn: nàr̥)

N l'argent. **Ngō-kɔ́-ḿ ì ngè-yá̰ ngáy bà àdī-ḿ gúsì àlé.** Mon frèst est un richard mais il ne me donne pas de l'argent.

gùsì-gùsì

ID coloré; bleu, vert, noir claire (descr. de ndùl). **Ī-ndōgō kūbī kí ndùl gùsì-gùsì tá ādī ngōn, nà gèr̄ kò̰ō̰ kūbī kí ndà àlé.** Achète des habits colorés pour l'enfant, il ne connaît pas porter les habits blancs.

gùsì-gùsì

Id atténué (avec couleurs). **Lò kí dɔ̀-r̥ā̰ tí ndùl gùsì-gùsì.** Le ciel est gris (litt: noir atténu). **Ngán gī àw̄-ñ làkɔ́l-ɔ́ kì kūbī kí kìrē gùsì-gùsì.** Les enfants vont à l'école avec des habits roses.

gūsīrū

VT provoquer (*obj. est* kùm [dèē] *"l'oeil de [qqn]"*). **ā ī-gūsīrū kùm-ḿ à m-ḭ́ yā kìndà-ī.** Si tu me provoques je vais me lever pour to taper.

gùtì

N esp. d'oiseau, tourterelle à collier. **Gùtì ì yèr̄ kí tītī dér̥ bà nḭ̀ tá bò màñ-ǹ.** La tourterelle est un oiseau pareil au pigeon mais lui il est plus grande.

gútìr̥ú

N jeune fruit d'oseille. **Dìyá̰ ndīr gútìr̥ú yír̥ bà ngélē gòtóō kùm tì àdī màsī ngáy.** La femme prépare les jeunes fruits d'oseille mais il n'y a pas de natron de dans et alors ils sont très acides.

gùý

N sorte de bière très épaisse préparée avec le mil. **Gùý ì kàsì kí à rā-ñ kì tēy-ḛ́ bā nḭ̀-tá ɓɔ̀w tītī bíy̰ā̰.** Le "guy" est une boisson qu'on prépare avec le petit mil, mais elle est épaisse comme la bouillie.

gùý

VI être courbé, incurvé; être arqué. **Gìdì màng ń-tòō gùý ngáy.** Ce boeuf a le dos très incurvé.

gúȳ

V aller ça et là (sans rien faire). **Tàgì-ɓèē m̄-rà m̄-gúȳ lòpìtāl tí ì kàr̥ī.** Hier j'ai fait des démarches à l'hôpital sans rien obtenir.

gṵ̀ṵ̄

VT visiter, rendre visite. **M-ā yā kàā gṵ̀ṵ̄ kṵ́-ḿ.** Je vais pour rendre visite à ma mère. **Mōníkì, m̄-rèē gṵ̀ṵ̄-ī tí, mò̰y ì bà̰ý?** Monique, je viens te rendre visite, où en est ta maladie? **Màdī-ḿ àw̄ gṵ̀ṵ̄ kṵ́ṵ̀-ǹ tí.** Mon ami est allé visiter sa mère.

VT regarder, observer.

gṵ́ṵ̄

VT regarder, observer (plus. choses) (*on dit aussi* góǭ). **Dèē gī gṵ́ṵ̄-ň ì rí ň róbɨ-ó.** Qu'est-ce que les gens regardent sur la route.

gṵmíyà̰ (Arabe)

N garde de corps du chef. **Ngò-làā gṵmíyà̰ gī à ùn-ň gúsɨ jī gò̰gɨ tɨ́.** Maintenant les gardes de corps du chef gagnent un salaire du gouvernement.

hágɨ̀

NIN aîné de famille. **Ngōn hágɨ́-ḿ ì dɨngàm.** Mon enfant aîné est un garçon.

hàl (Arabe)

N orphelin. **Ngōn hàl ì ngōn kɨ́ bò̰bɨ̄-ň gī ò̰y-ň kɔ̄ɔ́.** Un orphelin est un enfant dont les parents sont morts.

hál

NIN caractère. **Hál-í màjàlé à ā ɨ́ngá dèē kɨ́ kàdɨ̄ ndɨ̀ sè-í àlé.** Ton caractère est mauvais, tu ne vas pas trouver quelqu'un pour rester avec toi.

NIN habitude, comportement. **ī-ndáñg-ī-dɨ́ dɔ̀ hál-dɨ́ ń nò̰ó̰.** Avertissez-les à propos de leur comportement.

hàláñg

Av en désordre. **Ná̰ā̰ ň kán kūbī hàláñg tɨ́ bèē à?** C'est qui qui a mis les habits en désordre comme ça?

N chose abandonné ou qui n'a pas de propriétaire.

Mángò yā gò̰gɨ rà ì hàláñg tɨ́. Les manguiers publics (du gouvernement) n'appartiennent à personne.

hálɨ̄m

N esp. d'arbre (*on dit aussi*

yalala, kage-ndoge). **Hálɨ̄m ì kā̰gī kɨ́ mbī-ň dèē gī à ò̰-ň tá̰ tɨ́ ō kùm-ň à túr̰-ň kɨ́ dáwà tɨ́ ō.** Le "halim" est un arbre dont les feuilles les gens mangent dans la sauce et les grains on avale comme médicament.

hām

Av sans effort, facilement d'une manière injuste. **ásgàr gī ìngà-ň gúrsɨ dɔ̀ hām tɨ́ ngá̰y.** Les militaire trouvent de l'argent sans effort (en le prenant des gens).

háñ

VT exciter (*avec* dɔ̀ [dèē] *'contre qqn' (dialect Koumogo*)). **Kàsɨ̀ háñ-ň dɔ̀-ḿ tɨ́.** La boisson l'a excité contre moi.

VT déranger l'esprit de. **ì kɔ̄r̰ àlé bà ì yá̰ ň háñ-ň.** Il n'est pas fou, mais il a l'esprit dérangé [litt: ...quelque chose lui dérange l'esprit].

hàṛā

VI être couvert, avoir des nuages (temps). **Lò hàṛā mbùuu.** Il va faire un temps couvert (avec des nuages).

Háwsā

NP Haousa, peuple de Nigéria (). **Háwsā ì dèē gī ǹ ɔ̀jì-ñ dèē gī lò rā bàkúrī Sár̀-á ní.** Les Hausas sont les gens qui ont montré les Saras comment preparer le tourteau d'arachide à Sar.

hàý

INJ exclamation d'étonnement. **Hàý! Yá̰ ní ngàñg àlé, bèē wàá!** Eh! Cette chose n'est pas difficile, hein!

háỳ (Sango)

N pagaie. **Háỳ ì yá̰ nēl tò.** Une pagaie est une chose pour pagayer une pirogue.

hāy-mèdè (Syn: tɔ̄y-mèdè)

N maladie de la peau. **Hāy-mèdè ì mò̰y kí à nùjì ndāṛ-í.** "Haymede" est une maladie qui détruit ta peau.

hāyā

N esp. d'herbe [Rottboellia exaltata]. **Hāyā ì mṵ̀ kí kāsī-ǹ ndò̰ō̰ ngáy.** Le "haya" est une herbe dont la tige démange beaucoup.

hày

N esp. d'arbuste à épines courbes, au bord des eaux, submergé [Mimosa pigra] (*le jus de racine mâché arrête l'hémmoragie d'une blessure; on dit aussi* hà̰yà̰).

Hày ì kāgī kí à rà ì mbō-ó, ngán dã̰ gī à bɔ̄-ñ rɔ̄-dí gír-í. Le "hay" est un arbre qui reste dans le marigot, les petits animaux se cachent dessous.

hà̰yà̰ng

Id d'un coup (déchiré). **Kūbī kí ṛīyā hà̰yà̰ng bèē ń-tò āw-ň ì kī rá?** Cet habit avec une déchirure comme ça, tu vas où avec?

hèl

N la rate (organe).

hèléñg

N état dispersé, un à un. **Ī-nàjì gɔ̀mbɔ̀ hèléñg tí tá à tùtì ɓáy.** Tu étales le "gombo" un à un d'abord et ils vont se sécher.

hèpì

Id subitement, immediatement (mouvement). **Màñg ìɓà ngɔ̄dī hèpì àw̄ kɔ́ɔ́ àdī lò kàdī jì-ndɔ̀r̄ gòtóō.** Le boeuf a commencé à courir subitement et il est parti et alors nous ne pouvons pas labourer. **m̄-ndēr bìlò ɓá-à yégī tèē hèpì à̰ȳ.** Je creusais un trou et alors un rat est sorti subitement et parti.

hèpì (Syn: sèpì)

VT vanner. **ā ī-hèpì yá̰à̰ à ī-sā gō nél tá.** Si tu vas vanner cherche la direction du vent d'abord.

hēṛ́ (Syn: hōṛ́)

N esp. de grande herbe vivace à longues barbes [Beckeropsis uniseta]. **Ngé-**

ndò̰ gī à tów-n̄ hḛ̄ŕ̰ kàdī ndò̰-n̄-nèé dùl gī. Les chasseurs soufflent l'herbe "her" pour chasser les biches-cochons.

hḛ̄lḛ̄
NIN ongle (*normalement avec* jī,njà). m̄-tɨ́jā hḛ̄lḛ̄ jī-m̄. Je me suis coupé les ongles (de la main).

hìndī
VI disaparaître (*ou bien* sìndī). Ngè-ɓò̰gì hìndī kèm bèmbèé kɔ́ɔ́. Le voleur a disparu en brousse.

híndī
V échapper le memoire (de qqn: utilisé pour "oublier") (*ou bien* síndī). Nàjī ní ídā-m̄ ní híndī-m̄ kɔ́ɔ́. La parole que tu m'as dit, je l'ai oubliée.

hìr̰
N cobra. Ré lī hìr̰ ɓōkɨ́ màn̄-n̄ kùm-í tɨ́ à gō-í à ndùsī, ɓā ré ɓōkɨ́ gō-í tɨ́ à kùm-í à tɔ. Si le cobra jette son venin dans tes yeux alors ta nuque deviendra rugueuse et chauve, et s'il le verse sur ta nuque tes yeux vont crever.

hítī
VT louer; féliciter. Dɨ̀yá hítī ngé rā kɨ̀là gī. La femme félicite les travailleurs.

hɨ́yē
VT supposer sans savoir, hésiter à affirmer. m̄-gèr̰̄ àlé, m̄-hɨ́yē ì mbéè. Je ne

sais pas, je suppose seulement.

hólō
V causer une ampoule. Hòr hólō jī-m̄. Le feu m'a donné une ampoule sur la main. V avoir une ampoule. M-ɔ́dɨ́ njɨ́bā jī-m̄ tɨ́ àdī jī-m̄ hólō. J'ai touché une chenille et maintenant j'ai des ampoules sur la main.

hòoo
Id grand (ouverte). Tà-kújɨ́ rà wōy hòoo. La porte est grande ouverte.

hòr
N feu. ī-rèē kùn hòr-ó, āw-n̄ ādī ɓɔ̀bī-í tā. Viens prendre du feu et va le donner à ton père. Hòr ò̰ kújɨ́ yā-m̄ gòtɨ̀-ó-m̄ tɨ́. Un incendie a détruit ma maison à mon absence.

hōr̰
N entrave en bois. hōr̰ ì kāgī kɨ́ à ìnī-n̄ míndɨ́ ɓùlò gī tɨ́. L'entrave est un bois qu'on attachait au coup des esclaves.

hōr̰
N salive (*normalement* hōr̰ tà). Hōr̰ tà-m̄ gòtóō kɔ́ɔ́. Je n'ai plus de salive dans la bouche. Hōr̰ tà dèè gī tītī nà̰ā̰ màlàng àlé. La salive de tout le monde n'est pas la même.

hōr̰ (Syn: hḛ̄ŕ̰)
N esp. de grande herbe vivace à longues barbes [Beckeropsis uniseta].

hòr-màm

N lumière du boa qui lui permit de chasser la nuit. **Dèē kɨ́rēý gɨ̄ ɨdà-ñ nà ré ún hòr-màm ɨ̄-rèē-ň kúji-ú à ā íngá yá̰ ngá̰y.** Certaines personnes disent que si tu prends la lumière du boa et tu l'emmènes chez toi alors tu vas devenir riche.

hór-màñ

N habitant riverain du Chari et Bahr-Sara vivant de la pêche (Tounia). **Dɔ̀-í kɨ̀rē dɔ̀ hór-màñ.** Tu as les cheveux rougeâtres comme ceux du riverain.

hōṛ-míndɨ̀

NIN la gorge. **Ngàmō rā-m̄ àdī hōṛ-míndɨ́-m̄ ì kɨ̀ hólō.** Je suis enrhumé et ma gorge est enflée.

hórō

N ruche. **Hórō ì ɓōdī kāgɨ̄ kɨ́ tò bòlò kàdī tèjɨ̀ gɨ̄ ndì-ñ kèm-é.** La ruche est un tronc creux pour que les abeilles puissent habiter dedans.

hōṛyō

VI se détacher. **Ndāṛ-m̄ hōṛyō àdī m̄-ɔr kɔ̄kɨ̀.** Ma peau se détache et je l'enlève complètement.

hóṛyō

VT se détacher (plus. choses) (*fréq. de* hōṛyō). **Ndāṛ-ǹ hóṛyō kɨ̀ lò gɨ̄ tɨ́.** Sa peau s'est enlevée partout.

hòȳ

NIN nouvelles. **M-ō hòȳ kó̰-m̄ ń àw̄ mbā tɨ́ tòō àlé.** Je n'ai pas encore de nouvelles de ma mère qui a voyagé.

hòȳ

NIN jeune plume (d'un oiseau). **Ré ɨ̄-gèṛ ṛó̰ý ndābɨ́ àlé à hòȳ-ǹ à nà̰y ngá̰y kūtɨ́.** Si tu ne connais pas enlever les plumes du canard alors beaucoup de jeunes plumes vont y rester.

hóȳ [hóȳ,hóy]

N esp. de tubercule. **Dèē gɨ̄ ɨ̀sà-ñ hóȳ lò kɨ̀ndā tɨ́.** Les gens mangent le tubercule "hoy" pour la soif.

hóȳ

N jeune grain ou tubercule qui n'est pas encore mûr. **Ngàlì kɨ́ ɓāl-á tò hóȳ, dèē à ndēr àɨ́ ɓáy.** Le manioc de la saison sec est pas encore mûr, on ne le creuse pas encore.

hóȳ

V fouiller. **Ngè-ɓògɨ̀ rèē hóȳ kèm ngòng yā-m̄ bā ùn yá̰ kógɨ́m̄ gē àlé.** Le voleur a fouillé mon sac mais il n'a pas pris quelque chose. VT mettre en désordre.

hòȳ-tànjɨ̀

N jeune pintade. **Hòȳ-tànjɨ̀ ɨ̀ ɓɔ̄gɨ̄ ngá̰y mān tànjɨ̀ kɨ́ bò.** La jeune pintade peut s'envoler mieux que la grande.

hóyō

N gousse (d'arachide, pois de terre) sans grains formés. **Wúdùm ń-nò̰ó̰ rā kùm àɨ́ ɓáy, tò hóyō.** Ces arachides n'ont pas encore fait de grains, elles restent sans grains formés.

hǫ́ [hǫ́]
INJ exclamation d'innocence. **Hǫ́, ì mā̧ àlé.** Ah non, ce n'est pas moi.

hǫ̀myǫ̀
ID très (rugueux): descr. de ngɔ̀. **ɓē-tì̄ngā rā ngōn-ḿ àdī gìdì-ǹ ngɔ̀ hǫ̀myǫ̀.** La chaleur a affecté mon enfant de façon que son dos soit très rugueux.

hǫ̀rǭ
VT manger (qqc cru). **ā ī-hǫ̀rǭ bāngàw ngáy à à tōr kèm-í.** Si tu manges beaucoup de patate douce crue alors ton ventre va te faire mal.

hɔ̄ [hɔ̄ɔ̄]
N enveloppe vide. **ɔ̀y hɔ̄ wúī-dùm kàɍī rēē-ǹ àdī-m̄.** Il a pris les enveloppes vides de l'arachide seulement et me les a apporté et donné.

hɔ̄ɔ́lɔ̄
VI être léger. **Sákī bìnā hɔ̄ɔ́lɔ̄ mān sákī mì̀njò.** Un sac de son de mil est plus léger qu'un sac de haricot.

hɔ̀lyɔ̀
AV doucement. **Hɔ̀lyɔ̀ hɔ̀lyɔ̀ kíī ìnā-ǹ dì̀lè.** Petit à petit le margouillat tresse la paille de son toit.

hɔ̄mbī̄lɔ̄
VT détruire.
VT écraser (avec la main).

M-ādī ngè-kɔ̄ɍ yá̧ kí sèmbē ìsà màjì ɓá-à tél hɔ̄mbī̄lɔ̄ sèmbē kɔ̄ɔ́. J'ai donné quelque chose à manger à un fou dans un tasse et il a bien mangé mais après il a écrasé la tasse.

hɔ̄pī̄
NIN fourreau. **Dùm ɔ̀ɍ kìyā yē-ǹ kèm hɔ̄pī̄-ǹ tí.** L'Arabe a enlevé son couteau du fourreau.

hɔ̀ɍ
V racler. **m̄-hɔ̀ɍ kèm kār.** Je racle l'intérieur de la calebasse.
V sarcler. **M-hɔ̀ɍ kèm kūbī yā-ḿ.** Je sarcle mon champ de coton.

hɔ́ɍ
NIN belle-soeur. **Hɔ́r-í-gī ndì- n̄ nù̧ú̧ àláà!** Tes belles-soeurs ne sont-elles pas là? **Hɔ́r dì̀yá̧ ì ngō-kó̧ ngà-ǹ.** La belle-soeur d'une femme est la soeur de son mari.

hɔ́ɍ
N esp. de plante avec laquelle on prépare la sauce longue [Grewia venusta]. **Ré tɔ̄ hɔ́r kɔ̄ɔ́ ɓá-à à ī-ɓāɍ-n̄-nè ì "góm".** Des qu'on épluche le Grewia venusta on l'appelle "gom".

hɔ̄rgī̄
N chef coutumier (*on dit aussi* hō̧rgī̄). **Hɔ̄rgī̄ à rā kì̀là kì mbàng-á bà nì̧ ì mbàng àlé.** Le chef coutumier

travaille avec le roi mais il n'est pas le roi.

hɔrīyɔ̄

V gratter doucement avec la main. **m̄-hɔrīyɔ̄ gìdì ngōn kɩ́-ɓē-tɩ̀ngā rā-n̄.** Je gratte doucement le dos de l'enfant qui a une miliaire cutanée.

hɔrmɔ̄ [hɔrmǭ]

N respect. **Dìyá̰ kɩ́ àw̄ kɩ̀ hɔrmɔ̄ à à ìsà tà-kùm mùm-n̄ tɩ́ àlé.** Une femme qui se respects ne mange pas en présence de son beau-père.

hɔ̀ɽyɔ̀

N puissance protectrice. **Expr: ndɩ́jà hɔ̀ɽyɔ̀** - bulbe protectrice du tubercule "ndija".

Expr: ngè hɔ̀ɽyɔ̀ - quelqu'un avec cette puissance. **Ngè hɔ̀ɽyɔ̀ tīnā-ī yá̰ à àdī-ī àlé** Si quelqu'un avec la puissance protectrice t'emprunte quelque chose alors il ne va te le rendre.

hɔ̀y

AV subitement, de façon inattendue. **Kàgɩ̀ tèē hɔ̀y kɩ̀ ɽɔ̄-m̄ tɩ̀.** La panthère est apparue subitement devant moi.

hɔ̀y

ID tiède (descr. de tɩ̀ngā). **m̄-gḛ̀y màn̄ kɩ́ tɩ̀ngā hɔ̀y kàdī m̄-ndògī nà kūl ǫ̀-m̄ ngá̰y.** Je veux de l'eau tiède pour me baigner parce que j'ai beaucoup froid.

hɔ̀ȳ

NIn trace de.

NIn nouvelles de. **Bɔ̀bī-jɩ́ n̄ àw̄ mbā n̄-tòō m-ō hɔ̀ȳ-n̄ àɩ́ ɓátɩ̀.** Depuis que mon père est parti en voyage je reste sans ses nouvelles.

hùhū (Syn: hùtɩ̄)

N poumon. **Hùhū dā̰ ì yá̰-kɩsà jìjárì gɩ̄ àlé.** Le poumon n'est pas une nourriture de boucher.

húɽ

V faire de l'écume. **Màn̄ húɽ pùkɩ̀-pùkɩ̀.** L'eau forme de l'écume.

húùlú [húlú,húl]

N mousse, écume. **Húùlú tèē tà màng tɩ́ ngá̰y.** Beaucoup de mousse sorte de la bouche du boeuf. **kàsɩ̀ yérgè ì kàsɩ̀ kɩ́ ìhúùlú àlé.** La boisson alcoolisée "argi" est une boisson qui n'a pas de mousse.

hùlùlù (Syn: hùyùyù)

ID très (poilu: descr. de wòl).

húñ

V faire des boulettes (de farine de néré). **Dèē tūr mātī kɩ́ húñ kèm kū-ú àlé.** On ne verse pas le néré préparé en boulettes dans une gourde (parce qu'il deviendra dur).

hùɽ̄

VI s'enfler, grossir (du à une maladie ou à l'excès d'alcool). **à à̰ȳ yérgè ngá̰y à àdī n̄-tòō hùɽ̄ kɔ̄ɔ́.** Il boit beaucoup d'argi ainsi que maintenant son corps s'est enflé.

hùŕ̩

VT entourer. **Ndò gī hùr̩-ñ-jí húr̩-húr̩.** Les initiés nous ont entourés.
VI être couvert (le ciel). **Dɔ̀-r̩ā̱ hùŕ̩ mbùuu.** Le ciel est couvert.

hūr̩

V déborder. **ɔ́jɩ́ wúdùm kèm jáng-á ādī hūr̩.** Tu as mesuré les arachides dans le panier de sorte qu'ils débordent.

hūr̩

V faire la première phase de (la préparation de la sauce longue) (*toujours avec* **tá̱à̱**). **Dɩ̀yá̱ à hūr̩ tá̱à̱ ì kɩ̀ njòr̩-ó ō mɩnjò-ó ō.** Une femme fait la première partie de la préparation de la sauce longue avec l'aubergine et les haricots.

hūr̩

VT piquer, emporter. **Ká̱r̩a̱ hūr̩ tà-m̄.** Le piment me pique la bouche.

hùtī

NIN poumons. **Dèē ìsà hùtī bòr̩ àlé.** On ne mange pas le poumon du cochon.

hútī

NIN fleur; fleurir. **Wúl̄-dùm yā-m̄ rā hútī ngá̱y.** Mes plantes d'arachide ont beaucoup fleuri.

hùyùyù   (Syn: hùlùlù)
ID très (poilu: descr. de wòl).

ì   [ì]

VT être (*invariable: le ton ne change pas dans 1ère et 2ème personne*). **ì kàr̩ī.** Ça va [litt: c'est normal] **ì bà̱ý?** Comment vas-tu? [litt: tu es comment?] **ì mā̱, Jīm̄tɩ́b́áy.** C'est moi, Jimtebay.
V c'est (marqueur d'accentuation). **J-à jɩ̀-rā sàbɔ̱̀ ì kɩ̀ bū-ú.** C'est avec les cendres que nous faisons le savon. **ā ī-rā ì rí?** C'est quoi que tu vas faire. **à rā-n̄ jó ì kɩ̀ lánjɩ́-á.** C'est avec l'argile qu'on fabrique une marmite.

-ī

PRA te (objet du verbe). **m̄-ngóō-ī ngá̱y àlé.** Je ne t'ai pas attendu longtemps. **M-á̱-ī kété àĺ bátɩ́.** Je ne t'ai jamais vu auparavant.

-ī

PRA marqueur de pluriel des verbes (*1 et 2 pers.*). **ī-mān-ī** Vous passez (pl.)

ī-

PRA tu. **Nānā, ī-tò kàr̩ī à?** Cher neveu, est-ce tu vas bien? **ī̱ dá, ī-rā yá̱ àĺ bátɩ́.** Toi là, tu ne fais rien.

-í

PRA ton, ta, tes. **Kùm-í** Tes yeux (ou) ton oeil **íyà̱-m̄ ādī m-ā sè-í.** Laissez-moi partir avec toi.

-í

LOC en, dans (*après un nom dont la dernière voyelle est 'i'*).

INS marqueur d'instrumentalité (avec la prép. kɨ̀).

PRA indique qu'on cherche l'objet. **Ngō-kǫ́-m̄ àw̄ kīr̲-í = Ngō-kǫ́-m̄ àw̄ sā kīr̲-í.** Ma soeur est partie chercher du fagot.

ìi [ìì]

VI durer longtemps. **ūwá ìi ngáy̲ mān tēy̲.** Le mil dure plus que le pénicillaire. **Kō yā-jí ìi ngáy̲ kɔ̄ń-làā. Kō yā-jí ì ngáy̲ kɔ̄ń-làā.** Notre mil a duré beaucoup cette année. Nous avons beaucoup de mil cette année (litt: notre mil est beaucoup...)

ìī

VI tarir. **ɓāl rèē kɔ̄ɔ́ àdī màñ ìī mbō-ó.** La saison sèche est arrivée, et l'eau du fleuve s'est tarie.

ìbā

VT être serré pour. **ɨ̄ dèē-kɨ́-tɔ̀gɨ̀, ré ā ǭ kūbī kɨ́ ìbā-ī à màjɨ̀ àlé.** Tu es un grand, si tu portes des habits que sont trop serrés pour toi c'est mauvais.

ìbɨ̀

VT activer (feu). **Ngōn ìbɨ̀ hòr gír bàrát tɨ́ àdī bɔ̀bī-n̄.** L'enfant active le feu sous la théière pour son père.

VT gronder, reprocher.

VT projeter (l'eau).

ìɓà

VT damer, bourrer. **M-íɓá kūbī kèm kàmyɔ̄-ǫ́.** J'ai damé le coton dans le camion.

Expr: **ìɓà màsī** - devenir aigre, acide. **Ngōn ɨ̀y̲à̲ mbà kùm mbàng tɨ́ àdī ń-tò ìɓà màsī kɔ̄ɔ́.** L'enfant a laissé le lait au soleil et il est devenu aigre.

Expr: **ìɓà màndɨ̀** - devenir grande (une fille). **Ngōn-kɨ́-dìy̲á̲ ìɓà mbà ànī ìɓà màndɨ̀ kɔ̄ɔ́.** Quand une jeune fille pousse les seins alors elle est déjà grande.

VT ressembler. **Màjɨ̀, ìɓà ì dɔ̀ ná̲ā̲?** Bon, mais il a le physique de qui? [lit: il pousse la tête de qui?]

Expr: **ìɓà dɔ̀ [dèē]** - ressembler à, avoir le physique de. **ìɓà ì dɔ̀-sí sɨ̲ɨ̲.** Il est né avec le physique de vous.

VI pousser (*inf. est* kɨ̀ɓà).

Expr: **bɨ́dɨ́ ìɓà [dèē]** - [qqn] avoir une éruption de variole.

Expr: **kùm [dèē] ìɓà** - [qqn] avoir une taie (une tâche blanche) sur l'oeil.

VI germer. **Wúr̲ì kō kɨ́ à ìɓà láw àlé.** Le pois de terre est un grain que germe pas vite.

VI devenir. **Tā̲ kúl kɨ́ lò tī dɔ̀ tɨ́ à ìɓà màsī kɔ̄ɔ́.** La sauce longue du hier (litt: que le temps est devenu demain sur...) deviendra pourrie. **Kūbī kí kìrē ré tɔ̀gì à ìɓà ndà.** Un vêtement rouge, s'il devient vieux il deviendra blanc.

VT pousser (qqc sur le corps). **Ngōn kì dḭ̀yá̰ ré à àw̄ kì ɓāl kùtì-gìdì-jōó ànī à ìɓà mbà.** Une fille quand elle atteint douze ans elle va pousser des seins.

VT donner un coup (de pied). **Kòrō ìɓà-m̄ kì njà-nèé.** L'âne m'a donné un coup de sabot.

VT malaxer ou mélanger en piétinant. **M-ā m-íɓā bɔ̀r kàdī m̄-īndā-ň kújì.** Je vais malaxer la boue pour en faire une case.

VI se lever; sortir. **ɓà̰ṛ-á mbàng ìɓà ɓàtì ngá̰y.** Pendant la saison pluvieuse le soleil se lève très tôt.

Expr: màn̄ ìɓà - l'eau sorte de la terre.

VT démarrer (une moto).

V pédaler (vélo).

VT avoir (une maladie dont le syntome principal est un croissance sur le corps). **ìɓà ngónjḭ̀, ìɓà ndàm, ìɓà gḭ́là** - avoir une hernie inguinale, avoir une hernie scrotale, avoir une tumeur lipome.

VT écraser en piétinant. **ìɓà dɔ̀ lī nàng tí.** Il a écrasé (avec son pied) la tête du serpent sur la terre.

ìɓā

VT modeler. **Dḭ̀yá̰ ìɓā jōó kì bɔ̀r-ɔ́.** La femme modèle une jarre avec l'argile.

ìdà [ìdà,ɨdà]

V dire. **Dòktór ìdà nà ì rí?** Et qu'est-ce qu'a dit l'infirmier? **ìdà-m̄ nà bɔ̀bī-ǹ ì mò̰y.** Il m'a dit que son père était malade. **M-ídá-ǹ nà bɔ̀bī-ḿ ì mò̰y. ídá-m̄ nà bɔ̀bī-í ì mò̰y.** Je lui ai dit que mon père est malade. Tu m'as dit que ton père est malade. **J-ìdà-ī nà bɔ̀bī-jí ì mò̰y. ìdà-ñ nà bɔ̀bī-dí ì mò̰y.** Nous t'avons dit que notre père est malade. Ils ont dit que leur père est malade. **ìdà-m̄ nà bɔ̀bī-nè ì mò̰y.** Il m'a dit que son père est malade. **m-ídà, ídà, ìdà, j-ìdà-ī, ídā-ī, ìdà-ñ** - j'ai dit, tu as dit, il a dit, nous avons dit, vous avez dit, ils ont dit. **ìdà-m̄, ìdà-ī, ìdà-ǹ, ìdà-jí, ìdà-sí, ìdà-dí** - il m'a dit, il t'a dit, il lui a dit, il nous a dit, il vous a dit, il leur a dit. **ìdà-m̄-ñ, ìdà-ñ-ī, ìdà-ñ-ǹ, ìdà-ñ-jí, ìdà-ñ-sí, ìdà-ñ-dí** - ils m'ont dit, ils t'ont dit, ils lui ont dit, ils nous ont dit, ils vous ont dit, ils leur ont dit.

VT parler (*obj. et* nàjì̄).

ìdā

VT attacher (*dialecte de Komogo*

VI être aigre, âpre. **Kàn̄ kḭ̄yā̰ kí ndùm àĺ ɓáy ìdì ngá̰y.** Le fruit de karité qui n'est pas mûr est très aigre.

ìdī

VI être cuit. **ísá dā̰ ń-tòō àlé, ì dā̰ kí ìdī àlé.** Ne mange pas cette viande, elle n'est pas bien cuite.

Expr: ìdī kùm - produire bien (céréales).

VI se guérir (une plaie). **Sìyà ì dò kí à ìdī àlé.** Le cancer de la peau est une plaie qui ne se guérit pas.

ìgà

V couper (ex. avec l'hache). **ìgà kāgī kàdī rā-ň tò.** Il a coupé un arbre pour en faire une pirogue.

Expr: ìgà ndògī - mettre le secko en place.

Expr: ìgà kèm [dèē] dɔ̀ [yá] tí - [qqn] se souvenir de [qqc]. **ígá kèm-í dɔ̀ nàjī ń m-ídà-ī tàgī-ɓèē ní à?** Tu te souviens de ce que je t'ai dit hier.

VT piquer. **Kókíràng ìgà Pól.** Un scorpion pique Paul.

Expr: ìgà bìlò - faire un trou (pour le semence).

Expr: ìgà dɔ̀ [mùr̄, nàjī, kàsì, bìlò] - être le premier de faire une action [couper la boule, parler, boire, faire un trou). **Mbā à ìgà dɔ̀ mùr̄ wàlá dɔ̀ nàjī àlé.** L'étranger peut ôtre le premier à couper la boule mais pas le premier à parler (Proverbe).

Expr: ìgà nàā [rā yá] - continuer à faire quelque chose. **Kɔ́ ngōn à gɔ́r ngōn bà ngōn à ìgà nàā nō̰ kì nò̰-ǹ tí.** La mère a consolé son enfant mais il a continué à pleurer.

VT tamiser. **Dìyá ɓōkí kō kèm kèē-é bà ìgà kàdī ɔ̀r̄ bìnā kɔ̄ɔ́.** La femme a versé le mil dans le van et l'a secoué pour enlever le son.

VT mettre (secko), entourer avec. **Kɔ́-dìyá ìgà kìngā gìdì lò yē-ǹ tí.** La vieille femme met le secko en bois autour de sa concession.

VI battre (coeur). **Wùr-ǹ ìgà-ň dɛ̀w-dɛ̀w.** Son coeur battait très fort.

VT heurter. **Tò ìgà nàng.** La pirogue heurte le sol. **Gīgī ìgà njà-ḿ àdī m-īsō.** Le suche a heurté mon pied et je suis tombé.

ìgā

VT payer. **Ré ī-tàā kīrā yā màd-í à īgā tá màjì.** Si tu prends une dette avec ton ami, tu vas la payer sans problème.

ìgì

VT vendre. **M-ígì-ň ì gúrsì kùtì-mí ngóỳ.** Je la vends à 250 francs seulement (50 "gourse").

VI se vendre. **ạ̀áạ̄, kānjī yā-ḿ ìgì màjì ngáy.** Oui, mon poisson s'est bien vendu.

ìgō   (Syn: ògō)

VI rire (*inf. est* kògō).

ìhɔ̀   (Syn: ùwà)

VT saisir, attraper. **Mā̰, m-āw màn̄-á àlé, nà mìlà ìhɔ̀-ḿ.** Moi, je ne vais pas à l'eau, car le chat sauvage m'attrape.

ìjà

VT couper. **Ngé kɨ́ dɔ̀-r̰ā̰ tɨ́ ìjà-ɲ kɨ̀lā gìndī.** Les gens du ciel coupaient le câble de fer. **M-ɨ́já mṵ̀ kàdī m̄-rā-ň ndògī.** J'ai coupé des herbes pour en faire de secko.

ìjō (Syn: òjō)

VT tresser (*inf. est* kòjō).

ìl

VT sucer (cf. enfant). **Ngōn ìl mbà kṵ́ ṵ̀-ǹ.** L'enfant tète sa maman.

ìl̄

VI être nuageux, sombre (le ciel). **Lò rìsɨ̀ tìl ngáy, màň ìl̄.** Il fait sombre et nuageux.

ìlà (Syn: ọ̀ọ̄)

VT envoyer. **ílà ì ná̰ā̰?** Tu as envoyé qui? **Kūbī ń bɔ̀bī-ḿ ìlà àdī-m̄ ní nèl̄-m̄ ngáy.** Les vêtements que mon père m'a envoyés me plaisent beaucoup.
Expr: **ìlà gír̀** - commencer. **ì ná̰ā̰ ǹ ìlà gír̀?** Qui commence?
VT porter, mettre (vêtement, chaussure, etc.). **Mèséè yē-jí à ọ̀ọ̄ àbàkós kɨ-ndɔ̄-gī ō ìlà sā-kɨ́-ùtī-gìdì-njà-ǹ ō.** Notre enseignant porte toujours une veste de pagne et aussi un couvre-pieds.
VI couler. **Màň ìlà kɨ̄ dɔ̀ ɓē tɨ́.** L'eau coule vers le nord.
VT mettre. **ùgɨ̀ mùr̄ ìlà kùm tá̰ tɨ́ pá-tā ìsà.** Il a pincé de la boule, l'a mis dans la sauce et puis l'a mangé.

VI souffler (vent). **Nél ìlà ngáy àdī bùmbúr̀ tàā kèm-ɓē.** Le vent a soufflé beaucoup et la poussière a envahi le village.

ìm̄

VT détester. **ìm̄-m̄-ń lò kɨ̀là tɨ́ ngáy tɔ̀dɔ̄ m̄-rā kɨ̀là màjɨ̀ m̄-màɲ-dɨ́.** Ils me détestent au travail parce que je travaille mieux qu'eux.

ìnā

VT jeter, lancer. **Kɨ́ ngè kṵ̀ sɔ́ jī-ń àtɨ̀ ngáy, ìnā yèl̄ gī kɨ́ à ḭ̀-ɲ bɔɔgī gē à tɔ̄l-dɨ́.** Le quatrième était très adroit, s'il lançait (quelque chose) sur les oiseaux en plein vol, il les tuait. **Ngán gī ìnā-ń gúsɨ̀ nàng tɨ́.** Les enfants ont jeté l'argent par terre. **Ngōn láā mángò ń m-īnā m-ādɨ̄-ǹ ní.** Le garçon a attrapé la mangue que je lui ai jetée.
Expr: **jī [dèē] ìnā mɨ̀tà = jī [dèē] ìnā mātī-kā̰r̀** - les mains de [qqn] avoir de callosité. **m̄-rā kɨ̀là kɨ̀ kīngā ngáy àdī jī-ḿ ìnā mɨ̀tà.** J'ai beaucoup travaillé avec la hache et mes mains ont de callosité.
Expr: **ìnā gɨ̀nà** - être bossu. **Dèē-kɨ́-dìyá̰ ìnā gɨ̀nà à à màndɨ̀ àlé.** Si une femme est bossue elle ne sera pas belle.
Expr: **ìnā mbḛ̄r̀** - annoncer, faire une annonce publique. **Tàgɨ́-ɓèē ìnā-ɲ mbḛ̄r̀ kɨ́-sɔ̀ɔ̄**

dɔ̀ ndɔ̄ɾ kūbɨ̄. Hier ils ont fait une annonce publique à propos de la culture du coton.
VT mettre. **Dèē kɨ́ɾēý gɨ̄ à ìnā-ñ pɨ̀nɨ̀ı̄ tà bòlò-màñ tɨ́.** Certaines personnes mettent des pneus devant les puits.
VT attacher. **ɓɔ̀ ı̀ gìndī kɨ́ à ìnā-ñ kɔ́ sɨ́ndà gɨ̄ tɨ́.** La cloche est une pièce de métal qu'on attache au cou des chevaux.

ìnī
VT jeter, lancer (*plus souvent:* ìnā).
V mettre par terre. **īnī ngōn nàng tɨ́.** Mets l'enfant par terre.

ìndà
VT frapper, taper, battre. **Mā̰ m-ā m-ɨ́ndà-ɨ̄ ō, nān-í à ìndà-ɨ̄ ngáý ō.** Moi je vais te battre, ton oncle maternel te battra aussi. **ìndà-ñ-á ngáý, bà ı̀yà̰-ñ-á.** Ils le frappaient pendant longtemps, puis ils l'ont laissé. **Màdɨ̄-ɨ̀ ìndà-ɨ̀ àdɨ̄ kùm-ɨ̀ tágɨ̄.** Son copain l'a tapé et son oeil est enflé.
V jouer (tambour, cithare, etc.). **ìndà kɛ̀ndè màjɨ̀ ngáý.** Il joue la cithare très bien.

ìndā
VT mettre, poser. **īndā mùɾ dɔ̀ tábɨ̀l tɨ́ ādɨ̄ j-ɔ̀.** Mets la boule sur la table pour que nous mangions. **Expr: ìndā ɾ̄ı̄ [dèē] -** donner un nom à [qqn]. **Bíɾí à ī-rèē īndā ɾ̄ı̄-ɨ̀.** Demain,

viens lui donner un nom.
Expr: ìndā [dèē] róbɨ́-ó - mettre [qqn] en route. **M-īndā-ɨ̄ róbɨ́-ó** Je t'accompagne sur la route.
Expr: ìndā gúsɨ̀ nɔ̀ [dèē] tɨ́ - donner de l'argent à [qqn] pour la musique, danse, etc..
Expr: ìndā hòr - allumer (la lampe, lumière dans la maison).

ìngà
(Syn: ìngè)
VT trouver. **íngá gúrsɨ̀ ì kónóng?** Combien d'argent as-tu trouvé? **M-íngá bɔ̀bɨ̄-í róbɨ́-ó.** J'ai rencontré ton père sur le chemin.
Expr: ìngà mɔ̀y - devenir malade. **Ré ī-tógó jī-í àɨ́ à̰nɨ̄ ā íngá mɔ̀y.** Si tu ne laves pas les mains tu vas devenir malade.
VT rencontrer.
VT avoir. **à̰á̰, gɨ́ɾ gāng tā, m-íngà yìbɨ̄ kɨ́ màjɨ̀ kàdɨ̄ m̄-ndīr-ɨ̌ ýá̰à̰.** Oui, c'est fini, j'ai de la bonne huile pour faire la cuisine. **ìngà dò wà?** A-t-il une plaie?

ìngè
V trouver (*v.* ìngà).

ìɾè [ı̀ɾ̀ə̀]
VT bourrer; pousser: piétiner. **ìɾè kūbɨ̄ kɛ̀m dōbɨ̄-ó.** Il a damé le coton dans le panier.

ìɾō
(Syn: òɾō)
VT mettre ensemble, réunir de. **J-ìɾō gúrsɨ̀ nà̰ā̰ tɨ́ yā màng-ɨ̌ màng.** Nous réunissons de l'argent pour acheter un boeuf.

ìsà

VT presser avec doigts.
**Dìyá kí mósì rā-ǹ ìsà góm
àlé.** Une femme en règle ne
presse pas la plante pour la
sauce longue.

ìsà

VT manger. **ā ísà ì rí?**
Qu'est-ce tu manges? **Ré ísá
ngáy àlé ànī ā ōng.** Si tu ne
manges pas assez tu
deviendras maigre.
VT dévorer, piquer
beaucoup. **Yíl ìsà-m̄ ngáy
ādī m̄-rā kìlà àlé.** Les
moustiques m'ont dévoré et
ainsi je ne travaille pas.
VT utiliser (l'argent).
VT bouffer, gaspiller. **Dèē
kírēý gī ìsà-ǹ gúrsì ń gògì
àdī tām yā rā róbì tí
màlàng kɔ́ɔ́.** Certaines
personnes ont bouffé
l'argent qui le gouvernement
a donné pour construire les
routes.

ìsà

VI être efficace
(médicament). **Dáwá kùm-
tōr kí ìsà màjì ì màn kàtī.**
Le médicament pour la
conjonctivite qui est efficace
est l'eau salée.

ìsō (Syn: òsō)
VI tomber (*inf. est* kòsō).

ìtà

VT balayer. **M-ādī ngōn
gúsì kùtì-jōó kàdī ìtà lò
àdī-m̄.** Je lui ai donné 100
CFA pour qu'elle balaie ma
concession.

ítìr (Arabe)

N parfum. **ī-rā ítìr rɔ̄-í tí
nè rɔ̄-í òtì ngáy.** Mets du
parfum sur toi parce que tu
sens mal.

ìtō [ìtō] (Syn: òtō)
VT porter (*mais inf. est*
kòtō).

ìwà [ìwà,ìwà]
VT prendre, saisir (*v.* ùwà).

ìyā [ìyā] (Syn: ìyō)
VT se cacher (*obj. toujours*
rɔ̄). **Ngōn à bɔ̀bī-ǹ àdī àȳ
ìyā rɔ̄-ǹ gìdì kāgī tí.**
L'enfant a vu son père et il a
fui et il s'est caché derrière
un arbre.
VT tendre (un piège) (*obj.*
rɔ̄). **Ré ìyā gūm ɓóó-làā àlé
ànī ā ī-sá dā̀ àlé.** Si tu ne
tends pas un piège
aujourd'hui alors tu ne vas
pas manger de la viande.
V esquiver.

ìyō (Syn: òyō)
VT tendre (piège) (*inf. est*
kòyō).

ìyō

VT chercher les noix de
karité. **M-īyō rɔ̄ý ɓóó-làā
bà m-íngà àlé.** J'ai cherché
des noix de karité
aujourd'hui mais je ne les ai
pas trouvées.

ì [ìì]

V venir de, revenir de. **rɔ̄-í ì
màn ngáy, í ì rá?** Tu es
toute trempée, d'où reviens-
tu? **í ì rá? M-í ì Kūmrāá.**
D'où venez-vous? Je viens
de Koumra.
VI se lever, se mettre

debout (*normalement avec* dɔ́ɔ́). **Ngōn-ḿ àgɨ̀ kɔ́ɔ́ séy tò̰ à ɨ̀ dɔ́ɔ́.** Mon enfant rampe déjà, bientôt il sera sur pied. **M-ɨ̰́ɨ̀, ɨ̰́ɨ̀, ɨ̀, j-ɨ̀-ɨ̀-ī, ɨ̰́-ī, ɨ̀-n̄** - Je me lève, tu te lèves, il se lève, nous nous levons, vous vous levez, ils se lèvent. **m-ɨ́ dɔ́ɔ́, ɨ́ dɔ́ɔ́, ɨ̀ dɔ́ɔ́, j-ɨ̀-ī dɔ́ɔ́, ɨ́-ī dɔ́ɔ́, ɨ̀-n̄ dɔ́ɔ́** - je me lève en haut, tu te lèves en haut, il se lève en haut, nous nous levons en haut, vous vous levez en haut, ils se lèvent en haut.

Ī [ɨ̄ɨ́]

PR toi (forme indépendante). **ɨ̀ kàr̰ī, bà Ī.** Ça va, et toi?

-ɨ́

LOC dans, en, de (*avec noms dont la dernière voyelle est ɨ̀*). **Bɔ̀bī-ḿ ɨ̀ dɨ̀ngàm kɨ́ àā kɨ̀ bɨ̰̀ɨ̀-ɨ́ ngáy.** Mon père est un homme avec beaucoup de poils. **INS** marqueur d'instrumentalité (avec la prép. kɨ̀).

ɨ̰̄ɨ̄

VT provoquer le vertige (*toujours avec nò̰*).
Expr: ɨ̰̄ɨ̄ nò̰ - déranger. **M-ɨ́ndá-n̄ tòdō ɨ̰̄ɨ̄ nò̰-ḿ ngáy.** Je l'ai tapé parce qu'il me dérange trop.
Expr: nò̰ [dèē] ɨ̰̄ɨ̄-n̄ - [qqn] avoir des vertiges. **Dɔ̀-ḿ tōr-ḿ àdī nò̰-ḿ ɨ̰̄ɨ̄-ḿ.** J'ai mal à la tête et j'ai des vertiges.
V déranger.

ɨ̀yà

VT laisser. **Màjɨ̀, m-ɨ́yà-ī, bɨ́r̰í tā.** Bon, je te laisse, à demain. **Dɨ̀yá ɨ̀ sɨ̀ndá kɨ́ dèē màng, ɨ̀yà̰ gír dèē gɨ̄ tɨ́ à.** La femme est-elle un cheval pour qu'on puisse l'acheter et la laisser à la charge des gens? **M-ɨ́yá kūbɨ̄ yā-ḿ kúj̰ɨ́ yā bɨ̀r̰à-mbā-ḿ tɨ́.** J'ai laissé mes vêtements dans la maison de mon hôte.

j-

PRA nous (sujet de verbe) (*avant les verbes qui commencent avec une voyelle*). **J-àw̄ njɨ̄rā ɨ̀ kī rá?** Où allons-nous nous promener? **J-à jɨ̀-rèē kɨ̀ mbàng kɨ́-rá tɨ́?** Nous allons revenir à quelle heure?

jàjárɨ̀ (Arabe)

V boucher (*v.* jìjárɨ̀).

jākā (Syn: jɔ̄kɔ́)

N chapeau; béret. **Ngán kɨ́ kásɨ̀-gɨ̄ kɨ́ ɨ̀là-n̄ jākā dɔ̀-dɨ́ tɨ́, kú-dɨ́ gɨ̄ ɨ̀dā-n̄-dɨ́ gɨ̀dɨ̀-dɨ́ tɨ́, ɨ̀ rí? ɨ̀ gɔ̀jɨ̀-dɔ̀.** Des nouveau-nés qui ont un chapeau sur la tête, et que leurs mères ont attaché sur leurs dos, qu'est-ce que c'est? C'est le maïs. (devinette)

jáká

AV étrange, bizarre. **Nàjɨ̄ ń ɔ̄r tòō ɨ̀ nàjɨ̄ kɨ́ jáká ngáy.** La parole que tu as dite là est une parole très bizarre.

jákɨ́

Inj non, pas de tout,. **ún kélé yā-ḿ à? jákɨ́, m-ún àlé.** As-tu pris mon clé? Non, pas de tout, je ne l'ai pas pris.

jákɨ́

Id étonnant, surprenant. **Yá̰ kɨ́ jákɨ́ à rā-m̄ làā.** Il m'arrive quelque chose d'étrange.

jàkɨ̀rà

indique quelque chose dur et pas agréable dans une nourriture. **Náñg tò kùm tá̰ tɨ́ jàkɨ̀rà.** Il y a des grains de sable dans la sauce. **Tá̰a̰ tò jíngà jàkɨ̀rà.** Il y a des petits grumeaux de semoule dans la sauce.

jàɾ

N esp. d'antilope, cobe des roseaux. **Jàɾì dā̰ kɨ́ bò tɔ̀ȳ wāl.** Le cobe des roseaux est plus grand que l'ourébi.

jāl-dɔ̀

NIN sommet de la tête. **Mbàng ɔ̀sɨ̀ jāl-dɔ̀-ḿ ngáy.** Le soleil me frappe beaucoup sur le sommet de ma tête.

jálá

N sorte de bière très forte. **Jálá ì kàsɨ̀ kɨ́ ngàng ngáy, ā̰y sɛ́y bèē ā rā-ī ngáy.** "Jala" est une bière très forte, tu bois un peu seulement et elle va te soûler.

jálá

N esp. d'arbre [Combretum molle]. **Kāgī jálá ré ī-rèē-ň**

Ɓē-é à dèē-gī à rɔ̄-ñ nà̰ā̰ ngáy. L'arbre "jala" là, si tu l'apportes à la maison les gens vont se battre.

jálá-dɔ̀

N sommet de la tête. **Dìngàm kɨ́rēý gī nɨ̀ngà gòtóō jálá-dɔ̀-dɨ́ tɨ́.** Certaines personnes n'ont pas des cheveux au sommet de la tête.

jàlàbéè

N grand boubou musulman. **Jàlàbéè ì kūbī kɔ̀ō̰ dùm gī.** Le boubou est l'habit que les arabes portent.

jàlàng

AV vite. **ī-njīrā jàlàng jàlàng bèē āw ì kɨ̄ rá?** Tu marches vite comme ça, où vas tu?

jàm

N sommet. **Ngōn àɾ ndì jàm kāgī-á dɔ̀ɔ́.** L'enfant est monté à la cime de l'arbre.

jāmā

N envie de, intéresse à (quelque chose). **Ngō-í rā jāmā báɾ ngáy.** Ton enfant s'intéresse beaucoup au football.

jámá

N mors (de cheval). **Dèē à ìnā jámá tà kòrō tɨ́ àlé.** On ne met pas le mors dans la bouche de l'âne.

jámīyā̰ (Arabe)

N mosquée. **Dḭ̀y á̰ dùm gī ùdɨ̀-ñ jámīyā̰ kɨ-nɔ̀ɔ̰́ àlé.** Les femmes arabes normalement n'entrent pas dans la moqué.

jámbàl (Syn: lɔ̀kɨ̀m)

N chameau. **Jámbàl à ɔ̀y yángáy mān màng.** Un chameau peut transporter plus qu'un boeuf.

jàng

NIN rival. **ī-lō tél jàng-m̀.** Ne deviens pas mon rival.

jáng (Syn: dōbī̀)

N panier. **ì jáng kūbī.** Le "jang" est un panier à coton.

jàng-dɔ̀ (Syn: béĺ)

N l'action de faire le pique-assiette. **Kàsɨ̀ à rā ngè jàng-dɔ̀ tɔ̀ȳ ngè màng.** Le pique-assiette se soûle plus vite que l'acheteur (de la bière)

Expr: **rā jàng-dɔ̀** - faire le pique-assiette.

jār

N jarre. **āw ɔ́dɨ̀ màn̄ ī-ɓōkɨ́ jār-á ādī-m̀.** Va puiser de l'eau et verse-la dans la jarre pour moi.

jár̄

N petite table en poteaux où on garde le fagot. **ɔ́y kīṟ ī-ɓōkɨ́ dɔ̀ jár̄ tɨ́ ādī-m̀.** Ramasse du fagot et mets-le sur la table en poteaux pour moi.

jàárà (Arabe)

N bouton. **Jàárà tà jàlàbéè ì ngáy àlé.** Les boutons dans les boubous ne sont pas nombreux.

Expr: **tɨ́lā tà jàárà** - boutonner.

Expr: **ṟóȳ tà jàárà** - déboutonner.

járīyā̲

VT découper. **Dèē kɨ́rēý-gī à járīyā̲-n̄ mbī kɔ̀sɔ̀ng yē-dɨ́ gī.** Certaines personnes découpent les oreilles de leurs cochons.

jāŕyā̲

VI être découpé, denté.
VT fissurer. **Kūl jāŕyā̲ njà-ǹ.** Le froid a fissuré ses pieds.
VI être effiloché, effrangé. **Njà njālā yā-m̀ ì kɨ́ jāŕyā̲.** Les jambes de mon pantalon sont effilochées.
VT gratter. **Kɔ̄n jāŕyā̲ jī-m̀.** L'épine a gratté ma main.

jáw̄

VT frotter. **Kāgī jáw̄-m̀ àdī m-ɨ́ngá dò séy.** Le bois m'a frotté et m'a donné une petite plaie (litt: j'ai trouvé une petite plaie).

jáàỳ

AV debout en équilibre instable. **ngōn rà jáàỳ bà tél òsō** L'enfant se tient en équilibre sur ses jambes et il se tombe.

jà̲ [jà̲à̲]

N filet de pêche rectangulaire relevé à la main (v. jùn-jà̲).

jā̲ [jā̲ā̲]

VT écarter. **Ngè-láā-báĺ jā̲-n̄ njà-ǹ ngáy àdī báĺ tèē nɔ̀** mbā-n̄ tí kɔ́ɔ́. Le gardien (football) a beaucoup écarté ses jambes de sorte que le ballon est entré dans l'espace entre eux.

jāá

VT gratter. **Mìlà jāá-m̄ kì hēlē jī-nèé.** Le chat m'a gratté avec ces griffes.

jáā

V écarter (plus. fois, plus. choses, etc.) (*fréq. de* jā). **Ngé kìndà ɓáĺ gī jáā njà-dì.** Les joueurs de football écartent leurs jambes.

jéjé

AV exactement, avec précision. **M-úr m-ɔ́dì-n̄ jéjé.** Je le lancé et je l'ai atteint avec précision.

AV pur. **ɔ̄r̄ ì tà Sàr̄ kō-ɓē kóō jéjé.** Il parle le vrai Sar pur.

jèjèjè

AV partout. **Ndèm̄-n̄ dùl jèjèjè tēē-n̄ sè-nèé.** Ils ont encerclé l'animal de tous les côtés et l'ont fait sortir.

jèkè

AV lentement. **ɔ̄r nàjī jèkè jèkè tá m̄-gèr̄ kùm ɓáy.** Parle plus lentement pour que je comprenne.

AV tranquillement. **m̄-gèy nàjī àlé, íyà-m̄ jèkè.** Je ne veux pas d'histoires, laisse-moi tranquille.

jèl

N esp. de tubercule [Disocorea dumetorum] (*on l'utilise contre les maladies et dans certains rites*). **M-ā**

m̄-sā jèl bídí kàdī m-ādī ngōn-m̄. Je cherche un tubercule contre la rougeole pour mon enfant.

jèl-bídí

N esp. de plante dont le fruit est utilisé pour soigner la variole.

jènī (Syn: kùm̄-kɔ́ý)

N calebasse - cuillère. **Jènī ì ngōn kār kí dūú kí àā kì kùm-n̄ tām kàȳ bíyā tì.** La calebasse-cuillère est une petite calebasse avec un manche pour manger la bouillie (avec).

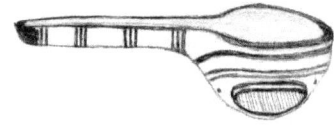

jéñg

VT couper en morceaux (les os). **Ngè-gātī-dā jéñg ɓúr̄ màñg.** Le vendeur de la viande découpe la cuisse du boeuf.

jēngr̄ē

VT écraser (grains). **m̄-jēngr̄ē gɔ̀y-dɔ̀ kàdī m-ādī dér̄ gī.** J'ai écrasé du maïs pour donner aux pigeons.

jéngr̄ē

V écraser (plus. fois) (*fréq. de* jēngr̄ē). **Dìyá gī jéngr̄ē-n̄ tēy kàdī rā-n̄ mùr̄ tì.** Les femmes écrasent le petit mil pour faire la boule.

jénjīr̄ē

N petite. **Tà jénjīr̄ē kìlà tò làà kàdī j-à jì-rā-ī.** Il y a un petit travail que nous avons à faire.

N mince. **Jénjīɽē dèē kí bēē ń-tòō àsì rɔ̄-m̄ àlé.** Cette personne mince comme ça ne peut pas me battre.
Expr: tà jénjīɽē - sans raison.

jēɽ
N côté. **ī-tò-ī kì jēɽ-é ɓá-à lò à àsì-sí.** Couchez-vous de côté et la place vous suffira.

jēɽ
N moisissure. **ūwá ìɓà jēɽ.** Le mil a moisi

jèɽīm
N bave de boisson (*v. aussi* húùlú). **Dìyá kí ɓēdàyāá gī ɔ̀r̄-n̄ jèɽīm dɔ̀ kàsì àlé.** Les femmes de Bédaya n'enlèvent pas la bave de la boisson.

jētī
VT voler, rafler. **Ngōn jētī gúrsì yā bɔ̀bī-ǹ.** L'enfant a volé l'argent de son père. **Bísì jētī dā̰ yā-m̄.** Le chien a raflé ma viande.

jétī
VT attraper après avoir guetté. **ásgàr gī jétī-n̄ ngè-ɓògì ní ɓōó-làā.** Aujourd'hui les soldats ont en fin attrapé le voleur.
VT renverser. **Jétī-ǹ tètì ndì sè-nèé.** Il l'a renversé et l'a maintenu contre le sol.

jètì-nɔ̀
N partie bombée du front. **ìndā jākā jètì-nɔ̀ tí.** Il a mis le chapeau sur le devant de la tête.

jéẁ
V mettre (qqc) avec l'ouverture vers le bas. **Jéw kār dɔ̀ yégī tí.** Il a mis la calebasse sur le rat.

jéy-jéy
AV exactement, précisément. **ì ngōn-í jéy-jéy kóō nà rēē nò̰ó̰.** C'est exactement ton enfant même qui vient.

jḛ̀ējḛ̀ē
N esp. d'oiseau, fauvette. **Jḛ̀ējḛ̀ē ì ngōn yèr̀ kí ùtī mbī ngáy.** La fauvette est un petit oiseau qui fait beaucoup de bruit.

jḛ̀y (Syn: jḭ̀)
PR nous (forme d'emphase, excl.). **Jḛ̀y Sàr̄ gī màlàng gír-kà-jí ì ɓēdàyāá.** Nous les Sar notre origine est Bédaya (dit à une personne qui n'est pas Sar).

jḛ̀ȳ (Syn: jḭ̀ḭ̄)
PR nous (incl, de forme forte). **Jḛ̀ȳ dèē-ndùl gī hál-jí màjì àlé.** Nous les humains, notre caractère n'est pas bon.

jī [jī̄]
NIN main, mains. **ī-tógó jī-í, j-ọ̀-ī mùr̄.** Lave-toi les mains, mangeons la boule. **Hòr ọ̀ jī-m̄.** Le feu a brûlé ma main. **jī-m̄, jī-í, jī-ǹ, jī-jí, jī-sí, jī-dí** - ma main, ta main, sa main, nos mains, vos mains, leurs mains.
Expr: jī [dèē] ndèr̄ - [qqn] avoir de l'argent. **Jī-ǹ ndèr̄ ngáy ō jī-ǹ ngàng ngáy ō.**

Il a beaucoup d'argent mais il est très avare.

Expr: jī [dèē] ngàñg - être avare.

Expr: [dèē] ìlà jī-ǹ ngáy - [qqn] voler beaucoup. **Ngōn màdī-ɓē-ḿ ì ngōn kɨ́ à ìlà jī-ǹ kī-lò-gī-tɨ́.** L'enfant de mon vois est un garçon qui vole partout.

Expr: jī [dèē] ngāl - [qqn] voler beaucoup.

Expr: ngóō jī [dèē] - dépendre de [qqn]. **ɨ̄ dɨ̀yá̰ á í-ngóō jī dèē gár à?** Es-tu une femme pour dépendre absolument de quelqu'un?

Expr: jī [dèē] àtɨ̀ - [qqn] être adroit. **Ré jī-í àtɨ̀ àɨ́ à āw ndò̰ tɨ́ àlé.** Si tu n'es pas adroit ne partes pas à la chasse.

Expr: jī [dèē] kàrī - avec les mains vides. **M-āw mbā tɨ́ jī-ḿ kàṛī.** J'ai voyagé avec les mains vides.

Expr: jī [dèē] ròsɨ̀ - [qqn] être riche. **Bɔ̀bī-ḿ ì dìngàm kɨ́ jī-ǹ ròsɨ̀, àsɨ̀ màng kàmyò̰ kàṛī.** Mon père est un homme riche, il peut acheter une voiture.

-jí [jíˌjɨ́]
PRA nous (après préposition); notre, nos. **ɓē yē-jí ì sà̰y ngáy kɨ̀ lò kɨ́ làā.** Notre village est loin d'ici.

-jí [jíˌjɨ́]
PRA nous (acc.). **Tò bò àsɨ̀-jí màlàng.** La pirogue est assez grande pour nous tous. **Gèy kàdɨ̄-jí yá̰-kɨ̀sà**

àlé. Il n'a pas voulu nous donner à manger.

jī-ɓēl
N manière, façon. **ì jī-ɓēl rā-ǹ kɨ̀là tɨ́?** C'est sa façon de travailler.
N nature. **ì jī-ɓēl-ǹ.** C'est son nature.

jī-ɓɔ̀ñg
N grappin pour récuperer les seaux au fond du puits. **Jī-ɓɔ̀ñg ì gìndī kɨ́ à ùn-ñ- nèé mbù gír bɨ̀lò-màñ tɨ́.** Le grappin est un morceau de fer pour retirer le puisor au fond du puits.

jī-kāgī
N branche. **ílà tà jī-kāgī tɨ́.** Suspends-le à une branche.

jī-kàtɨ̀
N adresse manuelle. **Jī-kàtɨ̀ yē-ǹ ì yá̰ kɨ́ tò ɓőí ngáy.** Son adresse manuelle est incroyable.

jī-kɔ̀l
N rapidité physique. **Jī-kɔ̀l ì yá̰ kɨ́ gòtóō lò-í.** La rapidité est une chose que tu n'en as pas.

jī-lò
N manière, habitude. **ì jī-lò rā-ǹ kɨ̀là tɨ́.** C'est sa manière de travailler.

jī-mbúr̄
N nuages qui indiquent une petite pluie. **Jī-mbúr̄ ń ndì nṵ́ à rēē.** Ces nuages là pourraient provoquer une petite pluie.

jī-ndò̰ò̰

N habitude de taper les gens. **ì ngè jī-ndò̰ò̰.** Il est quelqu'un qui a l'habitude de taper les gens.

jī-ndò̰ò̰

N habitude de taper les gens sans raison. **Jī-ndò̰ò̰ yē-n̄ ɔ̀gī ngán gī ndà sè-nèé.** Son habitude de taper les gens sans raison empêche les enfants d'être avec lui.

jī-ngāl

N habitude de voler. **ì jī-ngāl-n̄ n̄ tɔ̄l-n̄.** C'est son habitude de voler qui l'a tué.

jī-ngàn̄g

N avarice. **Jī-ngàn̄g yē-n̄ ɔ̀gī-n̄ ndōgō kūbī kɨ́ rō-n̄ tɨ́.** Son avarice lui empêche d'acheter des vêtements (de peur que les gens voient qu'il a de l'argent).

jìdī (Arabe)

VT ajouter. **ī-jìdī màn̄ tà tɨ́ àlé.** N'ajoute pas d'eau par dessus (laisse tes commentaires). **m̄-jìdī kàtī tū tá̰ tɨ́.** J'ajoute du sel à la sauce.

jìgàṛì

N sorgho hâtif (*rouge, se produit en 70 jours*). **Bànànà gī gḛ̀y-n̄ ndɔ̄r jìgàṛì ngá̰y.** Les Massas aiment beaucoup cultiver le sorgho hâtif.

jìjárì (Arabe)

N boucher (*on dit aussi* jàjárì). **Jìjárì gī tɔ̄l-n̄ dà̰ ɓōó-làā àlé.** Les bouchers

n'ont pas tué un animal aujourd'hui.

jìlìng

Id en bonne quantité (verser). **úr yérgè jìlìng ādī-m̄.** Verse-moi une bonne quantité de "yerge".

jīmkītī

N esp. d'arbre [Ximenia americana]. **Jīmkītī kɨrē róbɨ-ó mbáȳ-á, ì rí? ì hòr kɨmā.** Le fruit mûr de l'arbre Ximenia americana sur la route chez les Mbay, qu'est-ce que c'est? C'est le feu du sorcier (devinette).

jìnárì

N carreau (cartes). **Gɨ́r kártɨ̀ gī ì só: jìnárì ō kúbì ō sùbátà ō sɨnékɨ ō.** Il y a quatre couleurs de cartes: carreau, coeur, pique, et trèfle.

jìnglì

Av bizarre. **Hál-n̄ tò jìnglì àdī ìngà dɨ̀yá̰ tàā àlé.** Il a un comportement bizarre et il ne trouve pas une femme. **Av** en désordre. **ɓōkɨ màktūbī gī jìnglì.** Il a mis ses papiers en désordre.

jìp

ID forte (long) (*descr. de* ìndà; ìp-jìp *indique plus. coups*). **ī-sā ndéy índà-n̄ ngōn n̄-nò̰ò̰ jìp jìp ādī-m̄.** Cherche une chicotte et frappe cet enfant bien pour moi.

jípɨ

N jupe.

jìr

N sorte de poterie grande (*normalement avec* jóò). **Jóò jìr ì jó kɨ́ kété dèē gɨ̄ à ìndā-ñ hòr-ó rā-ñ-nèé kàsɨ̀.** La grande poterie est une jarre que avant les gens mettaient sur le feu pour préparer la bière.

jìw

Id partout. **Yɨ́ɾ gɨ̄ tóǭ-m̄-ñ àdɨ̄ rɔ̄-m̄ hūr̄-m̄ jìw.** Les moustiques m'ont piqué et je sens des démangaisons partout.

jḭ̀ [jḭ̀] (Syn: jèy)

PR nous (forme indépendante). **Jḭ̀ ǹ j-ḭ̀ Kūmrāá tàgɨ-ɓèē.** C'est nous qui sommes quittés Koumra hier.

jḭ̀ī (Syn: jèȳ)

PR nous (forme indépendante, incl.). **Jḭ̀ī jɨ-rɔ̄-ī tā.** Nous jouons maintenant.

jì-

NUM nous (sujet de verbe). **Jḭ̀ī jɨ-rɔ̄ tā.** Nous jouons maintenant.

jìgàr̄ì (Syn: gɔ̀jɨ)

N sorgho hâtif. **Ngán gɨ̄ àā-ñ ngōm jìgàr̄ì-í.** Les enfants sont allés garder le champ de sorgho hâtif.

jìkè (Syn: jèkè)

AV tranquille. **ɨ̄-ndì jìkè àdɨ̄ j-òō-ī nàjī ń à ìdà-ñ ní.** Reste tranquille pour que nous poussions écouter ce qu'ils disent.

jìlōò

N élégance (*seulement dans expr*: àɾ jìlōò *"se faire l'élégant"*). **Bɨ̄dē, ì bà̰y á ī-tɨ́gā ngōn màndɨ? m̄-tɨ́gā ngōn màndɨ nà ngōn-màndɨ àɾ jìlōò.** ô suche, c'est pourquoi que fais-tu un croche-pied à la jeune fille? Je la fais un croche-pied de peur qu'elle se fasse l'élégante.

jìngà

V réagir vivement.

Expr: dɔ̀ [dèē] jìngà-ǹ - [qqc] être troublé, avoir de malaise psychologique. **Nìñ ń m-á̰ tòō, dɔ̀-m̄ jìngà-m̄ ngá̰y.** Le cadavre que j'ai vu, j'ai de malaise psychologique.

V sursauter. **M-ɔ̄r nàjī sè-nèé ɓá-à jìngà r̄ɨkɨ-r̄ɨkɨ.** Je lui ai parlé et il a sursauté.

jìngā

N esp. d'arbre [Sesbania sesban]. **m̄-sā jìngā kàdɨ̄ m̄-rā-ň àngɨrépɨ.** Je cherche l'arbre "janga" pour faire un lit en bois.

jīngā

N branche utilisée comme la chicotte. **m̄-sā jīngā màsɨ̄ kàdɨ̄ m-ɨ́ndá-ň mà̰ng gɨ̄.** Je cherche des branches du tamarinier pour chicoter les boeufs.

jīngā

V descendre. **Ngōn jīngā nàng tɨ́.** L'enfant est descendu en bas.

jíngà

N semoule. **ādī-m̄ jíngà m̄-táā̀.** Donne-moi de la semoule de mil et je vais la préparer. **Dìyá ìgà kùm ndùjī kì tèmē bà ɓōkí jíngá-ǹ kèm bìř-í.** La femme tamisait la farine avec un tamis et après elle a mis la semoule dans le mortier.

jìngā-màñ

N esp. d'arbre aquatique [Sesbania sesban]. **M-ā m̄-sā jìngā-màñ kàdī m̄-rā-ň àngìrépì.** Je cherche le bois de "jinga-man" pour faire un lit traditionnel avec.

jìngā-súū

N esp. de sous-arbrisseau [Cassia obtusifolia].

jò [jòò]

NIN estomac, panse. **Dèē ìsà jò kɔ̀sɔ̀ng àlé.** On ne mange pas l'estomac du cochon.

jóò

N marmite, poterie. **ìndā màñ hòr-ó kì jó kí bò.** Elle a mis de l'eau sur le feu dans une grande poterie. **Jóò bò gī kí ndì-ñ tà nàā̀ tí, ì rí? ì dɔ̀-řā̀ kì dɔ̀-nàng.** Deux grosses

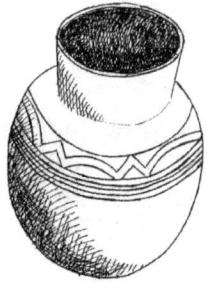

jarres dont l'une est renversée sur l'autre, qu'est-ce que c'est? C'est le ciel et la terre (devinette). **Jóò sɔ̀ř màñ.** La jarre d'argile maintient l'eau fraîche.

jóò

AV depuis longtemps. **Màdí! lápíyà, ī-rèē ì jóò à?** Mon vieux! Bonjour, es-tu arrivé depuis longtemps? **Expr: kété jóò** - il y a long temps. **Kété jóò dìyá gī ìsà-ñ kīnjá àlé.** Entre-temps les femmes ne mangeaient pas de la poule. **Expr: kí jóò** - ancien. **Gògì-làá dèē gī à ìsà-ñ gúsí kí jóò àlé.** Maintenant les gens n'utilisent pas l'ancien argent.

jōō

NUM deux. **M-ɔ̄r kòō ndɔ̄-m̄ jōó séy tá m-rèē m̄-rā kìlà ɓáy.** Je vais prendre deux jours de repos, puis je me remettrai au travail. **m̄-rèē làā̀ kùm-mbàng jōó kɔ̀ɔ́.** Je suis arrivé ici il y a deux heures. **Dɔ̀ dā̀ jōó à tɔ̄ jóò.** La tête de deux animaux casse la marmite (Prov: on ne doit préparer deux animaux differents dans la même marmite).

jó-ɓìř

N sorte de grande jarre pour l'eau ou la bière. **Kété dèē gī àw̄-ñ kì kàsì gō ngé-ndɔ̀ř gī tí ì kì jó-ɓìř-í.** Avant les gens apportaient la bière pour les cultivateurs avec des grandes jarres.

jó-jó

Int sain et sauf. **ásgàr gī ìhɔ̀-n̄ ngè-ɓògì bà tèē jó-jó jī-dɨ́ tɨ́.** Les soldats ont saisi le voleur mais il s'est échappé de leurs mains sain et sauf.

jōjīrō

VI se rétrécir. **íjá dā̰ bò ìnā hòr-ó bè-ré jōjīrō à tél dūú.** Si tu coupes une grosse viande et la mets sur le feu alors si elle se rétrécit alors elle deviendra petite.
VT rétrécir.
VT plisser. **Kūl jōjīrō jī-m̄.** Le froid m'a plissé la main.

jòlòlò

Id long. **jàlàbéè ì kūbī kɨ́ tò jòlòlò.** La "jalabiya" est un habit très long.
Id mince (et long: descr. de ngāl). **Rɔ̄-n̄ ngāl jòlòlò.** Il est mince et de grande taille.

jòlòng

AV en échappant. **Tèē jòlòng tà jī ngé-gāng-róbɨ́ gī tɨ́.** Il a échappé aux mains des coupeurs de route.

jòr

N petit mil sauvage (*v. aussi* **bà̰ṟ**). **Ré jòr gī òjɨ̀-n̄ nà̰a̰ kèm ndɔ̀ṟ yē-í tɨ́ ngáy ɓàṟ-á àn̄ī ɓō à rā-í ɓāl-á.** Si beaucoup de mil sauvage pousse dans ton champ pendant la saison des pluies, tu auras faim pendant l'année.

jɔ̄kī

V avoir des doutes; hésiter (*"[qqn] hésiter"*). **m̄-rā kɨ̀là màjɨ̀ ndɔ̄ bákɨ tɨ́ bā kèm-m̄ jɔ̄kī-m̄ séy.** J'ai bien travaillé le jour du bac mais j'ai un peu de doutes.

jɔ̀kɨ̀lɔ̀

AV sans appétit. **Rɔ̄ ngōn tōr-n̄ àdī ìsà yá̰ jɔ̀kɨ̀lɔ̀ jɔ̀kɨ̀lɔ̀.** L'enfant est malade et il mange sans appétit.

jɔ̀kīrɔ̄

V faire mal un travail. **ī-jɔ̀kīrɔ̄ lò bèē àlé.** Ne fais pas le labour mal comme ça.

jɔ̀kɔ̀

VT verser, mettre. **Jɔ̀kɔ̀ mà̰n̄ kùm kàsɨ̀ tɨ́.** Il verse l'eau dans la bière.

jɔ̄kɔ̄ (Syn: jākā)

N chapeau. **ī-lō kùn jɔ̄kɔ̄ yā màd-í kɨ̀là dò̰-í tɨ́.** Il ne faut pas prendre le chapeau de ton ami pour le mettre sur ta tête.

jɔ̀ṟ

V faire soigneusement ou avec précaution. **Dɨ̀yá̰ jɔ̀ṟ mùṟ kànjī kɨ̀dà kɨ̀là kɨ́ dò̰ tɨ́.** La femme a posé la boule soigneusement sans dire qui l'envoyait.

jɔ̄l

NIN jabot. **Yá̰ yē déṟ ì jɔ̄l-n̄ tɨ́.** Les choses pour le pigeon sont dans son jabot (prov.)

jɔ̄m

N caracal. **Jɔ̄m ì dą̄ kɩ́ rɔ̄ ngáý tītī kàgì.** Le caracal est un animal qui est très féroce comme la panthère.

jɔ̄ndī

N esp. d'arbre, savonnier [Balanites aegyptiaca]. **Dùm gī à tógó-ñ kūbī kɩ̀ kàdɩ̀ jɔ̄ndī-ɔ́.** Les arabes lavent les vêtements avec l'écorce du savonnier. **Ngɩ̀r̄à jɔ̄ndī ì dáwá kókɩ́ràng.** La racine du savonnier est un médicament pour (les piqures du) scorpion.

jɔ̀ndɔ̄

N toile d'araignée (*v.* **dɔ̀ndɔ̄**).

jɔ̀ndɔ̄-dɔ̀r̄ą̄

N esp. de liane. **Jɔ̀ndɔ̄-dɔ̀r̄ą̄ ì mų̀ kɩ́ ré tɔ̀gɩ̀ ɓá-à ngɩ̀rà-ǹ gòtóñ.** La liane "jondo-dora" est une plante que si elle est grande elle n'a pas de racines.

jɔ̀ndɔ́ǹg   (Syn: ngà-ndɔ́ỳ)

N esp. de plante grimpante [Balanites aegyptiaca] *illus kindinday, add synonym*). **Kàñ jɔ̀ndɔ́ǹg ì yą́ kùm tą́ kúr̄.** La plante "jondong" est un condiment pour la sauce longue.

jùjùjù   (Français)

Id très étoffu (barbe, poils, etc.). **Mbāý-ǹ tò jùjùjù àdī**

ngán-gī ɓōɩ́ -ñ-á ngáy. Sa barbe est très étoffue et les enfants ont beaucoup de peur de lui.

jūḿbū

N esp. d'oiseau, drongo. **Jūḿbū ì yèr̄ kɩ́ ndùl kɩ́ kīlá-ǹ ngāl.** Le drongo est un oiseau noir avec la queue longue.

jùmmm

ID très (noir: descr. de ndùl). **Jūḿbū ì yèr̄ kɩ́ ndùl jùmmm.** Le drongo est un oiseau très noir.

jùn-jà̀

N filet de pêche rectangulaire relevé à la main. **Jùn-jà̀ ì r̄éng kɩ́ dèē à ndɔ̀-ñ ɓūl màñ-á àlé.** Le filet rectangulaire est un filet qu'on ne fait pas la pêche dans l'eau profonde avec.

jùr-jùr

AV pendant. **Nàsár̄ kɩ́r̄éý gī nɩ̀ngà dɔ̀-dɩ́ tò jùr-jùr.** Certains blancs ont les cheveux pendants.

jùr-kùȳ

N sorte de grand récipient en métal. **ún jùr-kùȳ ɔ́y wúr̄-dùm kèm-é ādī-m̄.** Prends la grande tasse et ramasse les arachides pour moi.

jùr̄kùý

N cuvette, récipient en émail à fond plat. **Bɔ̀bī-m̄ àdī-m̄ tęy jùr̄kùý ì jōó.** Mon père m'a donné deux cuvettes de petit mil.

jụ̀-jà̰

N sorte de filet rectangulaire. **J-àw̄ ndọ̀ kānjī-á kị̀ jụ̀-jà̰ yē-jí.** Nous allons à faire la pêche avec un filet rectangulaire.

kà [kàà]

N oeufs. **Mị̀là ùwà kīnjá yā-ḿ dɔ̀ kà tị́.** Le chat sauvage a saisi ma poule sur ses oeufs.

kà [kà]

AUX marqueur d'une activité habituelle (infinitif de à). **Yạ́ kị́ kà rā dèē ndòō tị́ ì tà-ǹ.** Ce qui rend une personne malheureuse est sa bouche.

kà [kàà]

N goitre. **Màndị̀ kị́ ìɓà kà à ìngà dị̀ngàm láw àlé.** Une fille qui a un goitre ne trouve pas un mari vite.

kà [kàà]

N chose grosse, grande (*dans certaines expressions*). **kà mùr̄, kà yèdī, kà hōṛ, kà kɔ̀r̄, kà ngélē** - une grosse boule, un gros excrément, un gros crachat, un grand cri, un grand morceau de natron.

kà [kàà]

NIN grand-parent. **ìɓà ì dɔ̀-sí sị̄ī kà gī.** Il est né avec le physique de vous, les grands-parents. **Kà-ḿ gèr̄ sùngó-gī ngạ́y.** Mon grand-père connaît beaucoup de devinettes.

kà [kàà]

N levure (de la bière). **Kà ɔ̀dị̀ àí ɓáy.** La levure n'a pas encore touché (la bière) [c'est à dire, il n'y a pas encore de levure dans la bière]. **Rā kà jálá tōr ngạ́y.** Recueillir la levure de la bière est très difficile.

kà [kàà]

N notes graves (*utilisation très limitée*). **kà kúndī** notes graves du balafon **Kúndī yā-ḿ ɓāṛ màjàlé, ɓāṛ kà ngạ́y.** Mon balafon sonne très mal, il sonne avec les notes trop basses.

ká [ká]

CNJ si. **Ká m-āw à m̄-gèr̄ àí ɓáy.** Si je vais, je ne sais pas encore.

CNJ ou si. **Màn̄ èdị̀ à ká à èdị̀ àí à, m̄-gèr̄ àí .** S'il pleut ou s'il ne pleut pas, je ne sais pas.

CNJ puis. **ísà yạ́ nà ká ā īnī pā ɓáy.** Tu manges et puis tu vas chanter.

kàā (Syn: kàw̄)

VN aller (*inf. de* àā).

kàā (Syn: kạ̀ȳ)

N tubercule. **kàā gér̄, kàā ngàlìyà, kàā hóȳ** - tubercule de tapioca, manioc, "hoy"

N tige (d'une plante rampante). **kàā mị̀njò, kàā wàsī, kàā ngúl̄** - tige d'haricot, tige de melon, tige d'igname.

kà-gūgū

N arrière parent. **Kà-gūgū-ḿ òy kɔ̄ɔ́ àdī mạ̄ m-ạ̀-ǹ àlé.**

Mon arrière-grand-père est déjà mort et donc je ne l'ai pas vu.

kà-kūṛ́

N esp. de tourterelle. **Kà-kūṛ́ ì yèḽ kí tītī déṛ̀ bà ṇ̀ tá bò màñ-ǹ.** La tourterelle "kakur" est pareil au pigeon mais elle est plus grande.

Kābā

NP Sara Kaba, peuple situé à l'est des Sar. **ī ń-tòō ì Kābā à?** Toi, tu es Kaba (pour être si impatient)?

kābā

NIN copain, copine; ami d'autre sexe. **Kābā-ḿ ì ngōn ngāṛ.** Ma copine est la fille du chef.

Expr: ìhɔ̀ [dèē] kābā - se prendre d'amitié amoureuse pour [qqn].

kàbì̀

N esp. d'arbre [Isoberlinia doka]. **Kàbì̀ ì kāgī kí mbī-ǹ là tɔ̀ȳ mūṛ-kūtī.** Le "kabi" est un arbre avec les feuilles plus grandes que celles de l'arbre "mur-kuti".

Kābī

NP Sara Kaba, peuble qui habitent à l'est de Sarh.

kàbútì̀

AV mort (dans les cartes).

kàɓàkì̀

AV pour définitif. **àw̄ kàɓàkì̀ kànjī tél tɔ̀dɔ̄ bɔ̀bī-ǹ tībā-ǹ ɓē-ǹ tí kɔ́ɔ́.** Il est parti pour définitif sans rentrer parce que son père l'a renvoyé de chez lui.

kàɓàng

N heure (dans certaines expressions).
AV de bon, définitivement. **Rèē tàā gúrsì̀ bà àw̄ kàɓàng kɔ́ɔ́.** Il est venu prendre l'argent et il est parti de bon.

kàɓàng

N en disparaissant. **Yégī àȳ kàɓàng ùdì̀ bòlò-ó.** Le rat a disparu dans le trou

kàdàá

AV à midi, l'après-midi (jusque à peu près 15h). **Ngā-nm̄gā-á dèē njīrā dàn kàdì̀-á àlé.** Dans la période de chaleur une personne ne se promène pas pendant l'après-midi.
Expr: dàn kàdàá - à midi. **ɔ̀tì̀ dàn-kàdàá àw̄ mbā.** Il a quitté a midi pour voyager.
Av midi).

kàdì̀   (Syn: mbàng)

N l'heure. **Kàdì̀ àsì̀ tā.** Il est l'heure (pour faire qqc).

kàdì̀

NIN côté, poitrine. **Kīngō kàdì̀-ǹ tétī dàn-ń òsō dɔ̀ kāgī tí ní.** Ses côtes se sont cassées quand il est tombé de l'arbre.

N autorité. **ìndā kàdì̀-ǹ dɔ̀ dèē gī tí màlàng.** Il fait sentir son autorité sur tous les gens.

kàdì̀

NIN écorce (d'arbre). **Dìȳá ìndā kàdì̀ kīȳā hòr-ó kàdī ndògī ngōn-ǹ.** La femme bout l'écorce du karité pour laver son enfant.

kàdɨ̀

N petite dieu. **Ré ą̄ kāgī kɨ́ dèē ùdɨ̀ kàdɨ̀ kújɨ́ tɨ́ bà rā nɨ̀bà rɔ̄ tɨ́ ɓá à ì kàdɨ̀ gɨ̄ yē- ǹ.** Su tu vois un bois que quelqu'un a planté à côté de sa maison et a mis l'argile rouge dessus alors c'est leur petit dieu.

kàdɨ̀

PRP à côté de. **J-àw̄ njīrā ì kàdɨ̀ bā tɨ́.** Nous allons nous promener au bord du fleuve. **M-īnā r̥àgɨ kàdɨ̀ kújɨ́ tɨ́.** J'ai mis la natte à côté de la maison.

kàdī

VN donner (*inf. de* àdī). **kàdī yá̄ ngè-ndòō ì yá̄ kɨ́ màjɨ ngá́y.** Donner à un pauvre est une bonne chose. **N** don, ce qu'on a donné. **Kàdī ń m-ādī-í tòō àsɨ̀-ī àɨ́ ɓáy à?** Le don que je t'ai donné ne te suffit pas encore?

kàdī

CMP pour que. **Kàdī m-ādī-ī ì rí à?** Pour que je te donne quoi? **CMP** que, pour que. **Kàdī ī-rèē sè-ḿ ādī m̄-rā kɨ̀là yā-ḿ làā.** Que tu m'aides à faire quelque chose (litt. mon "travail"). **à̱ gè̱y kàdī bɔ̀bī-ǹ ɨ̀yà̱-ǹ àdī àā sè-nè.** Il veut que son père lui laisse partir avec lui.

kádɨ̀

NIN tige (déjà sèche). **Kèm ɓē-é dèē gɨ̄ rā-ń gā̱r̥ kújɨ́ kɨ̀**

kádɨ́ ūwá-á. Dans les villages les gens font les toits des cases avec la tige de mil.

kádɨ̀

N canne de sucre. **Ngán gɨ̄ nùjɨ-ń ūwá ɔ̀jɨ-ń nè n-ì kádɨ̀.** Les enfants ont détruit du mil en pensant qu'il s'agissait de canne à sucre.

kádɨ́

N ancien champ où on trouve des repousses de cultures antérieures (*v. aussi* gòtɨ̀). **kádɨ́ tē̱y, kádɨ́ ūwá, kádɨ́ kūbī, kádɨ́ ndɔ̀r̄** - ancien champ de petit mil, ancien champ de mil, ancien champ de coton, ancien champ (sans préciser le grain).

kádɨ́-bà̱y-rā-dɨ́

N variété de canne à sucre.

kádɨ́-bèl̄-kùm-màdɨ̀

N variété de canne à sucre. **Kádɨ́-bèl̄-kùm-màdɨ̀ ì kádɨ́ kɨ́ kùm-ń ngóñg tītī ūwá.** La canne à sucre "bel-kum-madi" est un canne à sucre dont les grains sont gros comme ceux de mil.

kàdɨ̀-bɔ̀r

N film avec projeteur au cinéma. **Kà̱ kàdɨ̀-bɔ̀r nèl̄-m̄ ngá́y.** Voir le cinéma me plaît beaucoup.

kádɨ́-ɓāl

N variété de canne à sucre. **Kádɨ́-ɓāl ré ɓāl-á gē à màn-ń à tò ɓáy.** La canne à sucre "bal", même en saison sèche elle a toujours de jus dedans.

kàdī-kàr̄ī

N offrande, chose donnée gratuit. **M-ún gúsɨ̀ kùtɨ̀ kàdī m-ādī kàdī-kàr̄ī tɨ́ gír kújɨ́-Álá-á.** J'ai pris 50 CFA pour donner comme offrande à l'église.

kàdɨ̀-kɨ̀rē

N maladie, brûlure d'estomac (caractérisée par des renvois et d'une envie de vomir). **Ngɛ́lɛ̄ ì dáwá kàdɨ̀-kɨ̀rē.** Le natron est un traitement pour les brûlures d'estomac.

kàdɨ̀-kɔ̀r̄

N sorte de grande poterie. **Kété dèē gɨ̄ à ngōm-n̄ kō ì kèm kàdɨ̀-kɔ̀r̄-ɔ́.** Avant les gens gardaient les céréales dans la grande poterie.

kádɨ́-kɔ́n̄

N os du nez. **Ré ōsō dɔ̀ kāgɨ̄-á màjàlé à kádɨ́-kɔ́n-í à tɛ̄tī.** Si tu tombes de l'arbre d'une façon mauvaise alors l'os de ton nez va se casser.

kàgɨ̀

VN ramper (*inf. de* àgɨ̀). **ɨ́ dɔ́ɔ́, kàgɨ̀ nàŋg ì yá̰ yē ngán gɨ̄.** Lève-toi, ramper par terre est une chose pours les enfants.

kàgɨ̀

N panthère. **Kàgɨ̀ ì dā̰ kɨ́ tītī mɨ̀là, bà ngāl ngáy ō rɔ̄ ngáy ō.** La panthère est un animal pareil au chat, mais elle est plus longue et plus agressive.

kàgī

VN enfler, augmenter en volume (*inf. de* àgī).
N enflure, gonflement. **Kàgī ń gɨ̀dɨ̀-n̄ àgī ɓōó-làā tòō, m-ā̰ kété àl ɓáy.** La façon que son dos est enflé aujourd'hui, je n'a pas vu avant.

kāgī

N arbre. **Kāgī gɨ̄ ń lò ń ɨ̀ à̰ā̰ ɓɔ̄ r̄ɔ̄-n̄ kūtɨ̀ ní tò-n̄ nɨ̀ kɨ mbò̰y-ó̰ màlàng.** Les arbres à l'endroit où il s'est enfui sont tous penchés en direction l'eau. **Dèē gɨ̄ ìgà-n̄ kāgī màlàng kɔ̄ɔ́, àdɨ ń-tòō kɨ̀ngà kīr̄ tōr ngáy.** Les gens ont coupé tous les arbres et maintenant il est devenu difficile trouver du fagot.
Expr: ɓōdī kāgī - le tronc de l'arbre.

kāgī-á

Av dans la forêt. **J-àw̄ ndò̰ò̰ kāgī-á bà j-ɨ̀ngà dā̰ àlé.** Nous sommes allés faire la chasse à la forêt mais on a rien trouvé.

kāgī-bà̰

N sorte de houe tri-fourchue en bois. **Dèē kété gɨ̄ à ndɔ̀r̄-n̄ ì kɨ kāgī-bà̰-á̰.** Les gens de jadis labouraient avec la houe tri-fourchue.

kāgī-ɓē

N coutume, tradition. **Kāgī-ɓē yā-dɪ́ gī ì síkɪ́-síkɪ́.** Leurs coutumes sont différentes.

kāgī-dēsɪ́

N la croix (Chrét.). **Ngé-rā-làmsǭ kàtòlíkɪ̀ gī à ìlà-n̄ kāgī-dēsɪ́ dɔ̀-ɓádɪ̀ tɪ́.** Les catholiques mettent des croix sur les tombes.

kāgī-jī

N canne (*signe de pouvoir; v. aussi* kāgī-tósī). **Ngāɍ̀ kɪ́ bò gī à òtō-n̄ kāgī jī.** Les grands chef portent des cannes.

kāgī-kàsɪ̀

N esp. de herbe longue [Leonotis nepetifolia]. **Ré kɔ́-í ìɓà à ī-sā kàn̄ kāgī-kàsɪ̀ īndā hòr-ó ā̰y à ì só-í-tɪ́.** Si tu as l'enzyme alors tu cherches le fruit de la plante "kagi-kasi" et tu le bous et le bois et alors ça va te soulager.

kāgī-kùȳ

N canne à pêche. **Kāgī-kùȳ yā-ḿ tètɪ̀ àdī kānjī à̰ȳ àw̄ kɔ́ɔ́.** Ma canne à pêche s'est cassée et le poisson s'est échappé.

kāgī-lò

N période. **Dɔ̀ kāgī-lò ń-tòō tɪ́ gúrsɪ̀ tōr ngáy.** À cette période là trouver l'argent est très difficile.

kāgī-màɍ̄

N petit cadeau donné par le vendeur de bière de mil après un achat (*v. aussi* kàrnà). **Gúsɪ̀ gòtóō jī-ḿ tɪ́ ādī-m̄ kāgī-màɍ̄ ādī m-āw ɓē-é.** Je n'ai pas de l'argent dans la pôche, dans moi mon cadeau et je vais à la maison.

kāgī-mèdɪ̀

N esp. d'arbuste [Psorospermum febrifugum].

kāgī-mīnà̰ā̰

N un petit dieu en forme de bois où on fait les rites traditionnels. **Dèē gī à ùbī-n̄ ì kɪ̀ kāgī-mīnà̰ā̰ tɪ́.** Les gens jurs devant le petit dieu "kagi-minan".

kāgī-nàjī (Syn: kùjī-nàjī)

N proverbe. **Kāgī-nàjī kógīí ìdà nà dɔ̀ jōó dùl àw̄ kɔ̀ȳ.** Un proverbe disait que (grâce à) aller de deux côtés la biche-cochon reste non-initiée.

kāgī-ndíī (Syn: mɔ́ɽò)

N esp. d'arbre.

kāgī-ndū-nàjī

N proverbe. **Kāgī-ndū-nàjī ìdà nà: á̰ màndɪ̀ kɔ́-í àɪ́ à kɔ́-í mbáy-ī.** Le proverbe dit: si tu n'as pas vu la jeunnese ta mère alors elle va te mentir.

kāgī-púsɪ̀

N timon (dans la charrette). **Kāgī ɓùndɪ̰ɽù, dèē rā-ň kāgī-púsɪ̀ àlé.** Le bois de l'arbre "bunduru", on ne fabrique pas un timon avec (parce qu'il il n'est pas assez résistant).

kāgī-ṟɔ̄

N corpulence, constitution physique. **Kāgī-ṟɔ̄-n̄ àw̄ ì gō yā bɔ̀bī-n̄ tí.** Il a la constitution physique de son père.

kāgī-sítī

N longue manche de la houe (pour semailles). **Kāgī-sítī kí bò ɔ̀ȳ ngáy.** Le grand manche d'une houe pour semer est très lourd.

kāgī-tē

N diagnostic du devin "tee". **Kɔ̀dī-sā ìwà kāgī-tē jī-n̄ tí kàdī sā-ň dɔ̀ ngōn kí mòy tí.** Le voyant prend le bois diagnostique dans les mains pour trouver un remède de l'enfant qui est malade.

kāgī-tìl

N esp. d'arbre [Trichilia emetica].

kāgī-tɔ́sī (Syn: kāgī-jī)

N canne à marcher. **Kāgī-tɔ́sī yē kà-m̄ tètì àdī àsì njīrā àí kɔ́ɔ́.** La canne à marcher de mon grand-père est cassée et il ne peut pas marcher maintenant.

kàjā

N esp. d'arbre [Cordia africana]. **Dɔ̀ kà-m̄ ndà tītī hùtī kàjā bèē.** Les cheveux de mon grand-père sont blancs comme les fleurs de l'arbre Cordia africana.

kàjàjà

N esp. d'herbe [Kyllinga erecta]. **m̄-sā ngìṟà kàjàjà kàdī m̄-sū-ň kèm-kújì.** Je cherche les racines de l'herbe "kajaja" pour parfumer l'intérieur de la maison.

kàjì

VN guérir; sauver (*inf. de* àjì). **dòktór àsì kàjì ngè-mòy àlé.** Le médecin n'a pas pu guérir le malade.

kàká

N mon grand père. **Kàká Ndòm̄ ā ī-sá ì rí?** Grand-mère Ndom, qu'est-ce que tu manges?

kàkì

AV disproportionné, déformé (surtout avec les mains ou les doigts) (*normalement avec* kìṟò). **Hòr ò̰ jī-n̄ àdī jī-n̄ kìṟò kàkì.** Le feu a brûlé sa main et elle reste déformée.

kàkìlà

AV seulement, seule (toujours avec kógīm̄). **Nīyá-m̄ òjì ngōn ì kógīm̄ kàkìlà.** Ma femme a enfanté un seule enfant.

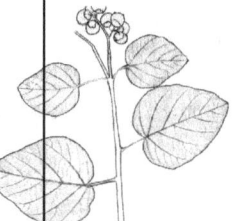

kàkí m̄

N esp. de vipère [Bitis arientans]. **Lī kàkí m̄ì lī kí à dò̰ō̰-ī à ā óỳ.** La vipère "kakim" est un serpent que, si elle te mord, tu vas mourir.

kàl

N seule (chose ou personne). **Kó̰-ḿ òjì-m̀ ì kàl kógīḿ bèē, ngō-kó̰-ḿ gòtóō.** Ma mère m'a accouché à moi seule, je n'ai pas de frères (ou soeurs).

kàl

N tige. **Dùm gī sèĺ -ñ kūbī, ì rí? ì kàl ngà-ndóṅg.** Des arabes qui se drapent d'étoffes, qu'est-ce que c'est? Ce sont les tiges rampantes de "nga-ndong" (devinette).

kàl

VN nager (*inf. de* àl). **Kógīí gèɼ kàl màñ tɔ̄ȳ dèē gī kèm ɓē-é màlàng.** Un (autre) était le meilleur nageur de tout le village. **Ré ī-gèɼ kàl màñ àĺ ànī ī-lō kàw̄ bā-á.** Si tu ne sais pas nager, il ne faut pas aller au fleuve.

kàɼ

VN monter (*inf. de* àɼ). **ī-lō kàɼ kāgī ń-tòō nà tíȳ gī ì ngá̰y kūtì.** Il ne faut pas monter cet arbre, il y a beaucoup de fourmis dedans.

kāl

N espèce d'antilope, Cobe de Buffon (*Cobe de buffon*). **Kāl ì dā̰ kí tītī dùl bà nḭ̀-tá kɔ́-ǹ ngāl ngá̰y.** Le Cobe de Buffon est un animal pareil à la biche-cochon mais son cou est très long.

káĺ

N boisson fermentée avec du piment et du sucre. **Káĺ ì kàsì kí à rā-ñ ì kì ká̰ɼā̰ gē**

síkìr gē nà̰ā̰-tí màlàng. "Kal" est une boisson qu'on prépare avec le piment et le sucre mélangés ensemble.

káĺ

N sorte de petite calebasse. **Kál ì yá̰ kà̰ȳ màñ wàlá ì yá̰ kà̰ȳ bíȳā àlé.** La calebasse "kal" est pour boire de l'eau et pas pour manger la bouillie. **ún káĺ ɔ́dì bíȳā kèm-é ādī ngōn à̰ȳ.** Prends la calebasse et mets de la bouillie dedans pour que l'enfant mange.

kál-bátì (Arabe)

N impolitesse, manque de respect (*pronom peut se trouver infixé dans le mot*). **Kál-bátì-í ì ngá̰y.** Tu es vraiment impolis. **ī-kál-ī-bátì dò̰-m̀ tí àĺ .** Ne me manquez pas de respect. **Kál-bátì yā-ǹ à rèē kì nàjī dò̰-ǹ tí.** Ses manières impolis vont le conduire dans des difficultés.

kàĺ -ɓē

AV année, passée : le. **Kàĺ -ɓē dèē gī gātī-ñ kō màlàng, à ń-tòō à òy-ñ ɓō.** L'année passée les gens ont vendu tout leur mil et maintenant ils meurent de faim.

-kàl-ǹ-

NUM connecteur de numéraux (supérieur à cent). **ɓú-kàl-ǹ-kí-mí** cent-cinq

kàlàng (Syn: tàlàng)

AV rapidement. **ī-rèē kàlàng ādī m-ílā-ī.** Viens

vite pour que je t'envoie (avec un message).

kàláǹg

VT écoper. **ī-kàláǹg màñ kèm tò-ó.** écope l'eau du pirogue.

kālīyā

N sorte de danse des femmes. **Ndām kālīyā ì ndām yē dị̀yá̰ gī̀ bà ndām tóò tá ì ndām yē dìngàm gī̄.** La "kaliya" est une danse des femmes quoique la danse "too" est pour les hommes.

kālīyā

N sorte de danse traditionnelle Sar. **Dèē kí̄ ɓēdàyáá gī̄ gèr̄-ñ ndām kālīyā ngá̰y.** Les gens de Bédaya connaissent bien danser le "kaliya".

kālīyā

VT être déséquilibré (qqc qui prend une charge). **Ré ún sákī tḛ̄y gìdì bìlō tí à bìlō à kālīyā sè-í.** Si tu prends un sac de mil sur le vélo alors le vélo va être déséquilibré.

kàltéè (Français)

N qualité. **Kàltéè kūbī ń ngán kí̄ dị̀yá̰ gē à ò̰ō̰-ñ gògì-làá tò màjì àlé.** La qualité des habits que les jeunes filles portent de nos jours n'est pas bonne.

kālyā

N sorte de danse. **Ndām kālyā ì ndām kí̄ dèē gī̄ màlàng à ndà-ñ ì kì njà-dí kí̄ dɔ̀ɔ́.** La danse "kalya" est

une danse où tous les gens restent debout pour danser.

kālyā

VI sauter (piège, etc.). **Ngán gī̄ ndì-ñ gògí ngáy àdī púsì-màng kālyā sè-dì.** Les enfants étaient nombreux derrière de sorte que la charrette a sauté avec eux. **Gūm kālyā kì dér̰-é.** Le piège a sauté sur le pigeon (et l'a attrapé).

kályā

VT chercher les traces de (*fréq. de* kālyā). **m̄-kályā njà màng yā-m̄ kí̄ gāng kɪlā.** Je cherches les traces de mon boeuf qui a coupé la corde (qui l'attachait).
VT pourchasser. **Kályā njà ngè-ɓògì.** Il a pourchassé le voleur.
VT dénoncer. **Ngè-ɓògì gī̄ kályā nà̰ā̰ lò sàrìyà tì.** Les voleurs se sont dénoncés l'un à l'autre au tribunal.

kàm̄

N distinction, différence.
Expr: kɔ̀r̄ kàm̄ - distinguer.
Lò kɔ̀r̄ kàm̄ jòr kì tḛ̄y tōr ngáy. Distinguer le faux mil du petit mil est très difficile.

kám (Syn: kámbì)

N arbuste; feuille. **Ngè-ndɔ̀r̄ tɪ́gā kám pá-tā kàdī dùbī yá̰ ɓáy.** Les cultivateurs enlèvent les buissons du champ avant de semer.

kám-bà̰yà̰ (Syn: sùm)

N esp. d'arbuste [Gridia brusiana] (*on dit aussi*

kámbì-bàyà̰). **Bà̰yà̰ gī̄ à tò-n̄
ì kám-bà̰yà̰ tí.** Les jeunes
filles de l'initiation
s'assoient sur l'arbuste
"kambaya".

kám-dɔ̀-r̰ā̰

N mante religieuse. **Kám-
dɔ̀-r̰ā̰ ì kùr̰ kí bò ngáy kí à
ìsà kùr̰ màdī-n̄ gī̄.** La
mante religieuse est un
insecte très grand qui mange
beaucoup d'insectes plus
petits.

kám-kòtì

N esp. d'arbuste [Lamiaceae
esp.]. **Ngàmō rā-ī à ī-sā
kám-kòtì īndā hòr-ó ī-
ndògī ànī ā ī-só-í-tí.** Si tu es
enrhumé, tu cherches
l'arbuste "kamkotti" et le
mets au feu et tu te laves
avec alors tu seras mieux.

kám-ndà

N esp. d'arbuste à fruits
plumeux [Guiera
senegalensis]. **m̄-sā kám-
ndà m-īndā hòr-ó kàdī m-
ādī ngōn à̰ȳ.** Je cherche
l'arbuste "kamnda" pour
bouillir et donner à l'enfant à
boire.

kám-ndòm̄

N esp. d'arbuste. **Ré kám-
ndòm̄ ɔ̀dì-ī à ā ī-ndòm̄ kèm
bèmbèé.** Si l'arbuste

"kamndom" te touche alors
tu vas t'égarer en brousse.

kám-ngōn

N fait d'avoir des enfants
(*toujours* kám-ngōn ìndà
[dèē] àlé *"[qqn] n'avoir pas
des enfants"*). **Kám-ngōn
ìndà dḭyá̰ màdī-bē-m̄ àlé.**
La femme de mon voisin n'a
pas eu d'enfant.

kám-tìl

N esp. d'arbuste [Ozoroa
pulcherrina].

kám-túr̰

N esp. d'arbuste
[Temnocalyx obovata]. **Ré
ngōn-í njīrā àlé à ī-sā kám-
túr̰ īndā hòr-ó ī-ndògī-n̄
ɓá-à à njīrā láw.** Si ton
enfant ne marche pas, tu
cherches l'arbuste "kamtur",
tu la bous et le lave avec
alors il va marcher vite.

kāmā   (Français)

N campement militaire. **Lò
tò ásgàr gī̄ ì kāmā.**
L'endroit où les soldats
restent est un campement
militaire.
N case de passage.
N place d'un village où on
se négocie le coton.

kámà   (Français)

N insulte. **ī-rā-m̄ kámà ì
nàjī rí yā-í tí.** Tu m'insultes,
quelle raison as-tu?

kàmám̀   (Arabe)   (Syn: yá̰-
mbā)

N bagage. **M-ɔ́y kàmám̀
yā-m̄ m-āw-ň̀ tà kàmyɔ̄ tí.**
Je prends mon bagage et je

l'emmène au parc de camions.

kàmyō̱ (Français)

N camion. **Kàmyō̱ gī jōó ɔ̀sì-ñ nà̱ā̱ àdī dèē gī ngá̱y òy-ñ.** Deux camions ont eu une collision et beaucoup de gens sont morts.

kámbì (Syn: kám)

N feuille. **Dìyá̱ ì kámbì kì̱ kì tèjì-é: īnī-ñ kɔ́ɔ̀ à, ā ī-téĺ yā kùn-ǹ ɓáy.** La femme est une feuille recouverte de miel: tu la jettes, mais tu iras la chercher pour la lécher.

N arbuste. **M-ā m̄-ŗóō kámbì kɔ́ɔ́ kàdī m̄-ndɔ̀r̄-ǹ.** Je vais brûler les arbustes pour que je puisse labourer.

kámbīlā

VT réunir, rassembler. **Ngāṟ̀ kámbīlā dèē gī kàdī ɔ̀r̄ sè-dí nàjī kí-sɔ̀ɔ̀ dɔ̀ bà̱yà̱.** Le chef réunit les gens pour les parler au sujet de l'excision.ç

VT entasser, mettre en tas. **ī-kámbīlā mu̱ dɔ̀ nà̱ā̱-tì̱ yē rā-ǹ rí.** Tu mets les herbes en tas pour faire quoi avec?

VT manger en quantité. **Bísì kámbīlā mùr̄ ní màlàng.** Le chien a happé toute la boule.

kàn (Arabe)

CNJ si (*souvent avec* ré). **Kàn ré ā ī-sā tà-m̄ à m-ā m-índá-ī.** Si tu cherches des problèmes avec moi je vais te taper.

kàñ

NIN fruit. **Kàñ kāgī ń-tòō à ndùl tá dèē gī à sà-ñ ɓáy.** Le fruit de cet arbre devient noir d'abord et après les gens le mangent.

kàñ

VN fructifier, donner de fruit (*inf. de* àñ). **Kàñ ń mángò àñ kɔ̄ñ-làā dá.** Les mangiers ont beaucoup fructifiés cette année.

kàñ

VT faire (des boulettes pour la bouille). **ī-lō kàñ kɔ̄rɔ̄ bí̱yā̱ bò nà ngō àsì kà̱y̱ àlé.** Ne fait pas les boulettes de la bouillie trop grandes ou l'enfant ne les pourra pas manger.

káñ

VT rassembler. **Ngāṟ̀ káñ dèē gī kī̱ tà ɓē yē-ñ tì̱ kàdī ìdà-ǹ nàjī.** Le chef a rassemblé les gens devant sa concession pour leur annoncer la nouvelle.

VT verser. **ɔ́dí̱ màñ ī-káñ jōó ādī-m̄.** Puise de l'eau et verse-la dans la jarre pour moi.

VT mettre (plus. choses) dedans.

Kànàmbú

NP Kanembou, population du Kanem. **Kànàmbú gī ì ngé-gātī górò gī.** Les Kanembou sont les vendeurs de noix de kola.

kàndà (Sango)

N sauce préparée avec le sésame. **Kàndà kānjī nèĺ**

tòȳ kàndà dạ̈. La sauce de sésame avec du poisson est plus délicieuse que celle faite avec de la viande.

kàndī

VN avoir des rapports sexuels (*inf. de* àndī). ī-lō kàndī nīyạ̈ màdī-ɓē-í. Il ne faut pas avoir des rapports sexuels avec la femme de ton voisin.

kángá

N sorte de piège métallique pour les rats. M-īndā kángá kújí-ú kàdī m-úwà-ň yégī gī. J'ai mis un piège dans la maison pour attraper les rats.

kāngā-bā

N variété de manioc doux. Kāngā-bā ì ngàlì ndɔ̀ȓ Mbáȳ gī. Le "kangaba" est le manioc planté par les Mbay.

kāngīlā

N entrave (pour les esclaves ou prisonniers. Kāngīlā ì gìndī kí à ìnā-ň njà ɓùlò gī tī. L'entrave est une pièce de fer qu'on attache aux pieds des esclaves.

kàngrà

AV maigre et sec. à̤ȳ yérgè ngáy àdī tò kàngrà = à̤ȳ yérgè ngáy àdī tò kīngā kàngrà. Il boit beaucoup et il est très maigre.

kángráng

AV avec un métallique. Gúrsì yā-ḿ òsō kángráng. Mon argent tombé avec un son métallique.

kànjī

PRP sans. Dạ̈ kí kànjī bī̤, ì rí? ì būṛ. Un animal sans poil, qu'est-ce que c'est? C'est le varan. Gè̤y yá-kìsà kí kànjī dạ̈ ō kànjī kānjī ō. Il veut un repas sans viande et sans poisson. Kūbī kí ndɔ̀ȓ kànjī kàtī àn màjì àlé. Le coton cultivé sans l'engrais ne produit pas bien.

kānjī

N poisson. Kānjī yē-í ìgì màjì ngáy à? Ton poisson s'est-il bien vendu? Ngán kānjī gī ì ngáy mbō-ó. Des petits poissons abondent dans les étangs.

kàpéè [kàpéè, kàpē]

N café. M-ạ̈y kàpē kì síkìr mí̤. Je bois le café avec cinq carrés de sucre.

kār

N calebasse. ɓōkí kō kèm kār-á à tógò. Elle versa le mil dans la calebasse et le lava. Lò kɔ̀ȓ kàm̄ mbī ṛībā kì mbī kār-á gòtóō. Les feuilles de courge et de calebasse sont impossibles de distinguer.

kāṛ́

VI être petit, ne grandir pas. Ngōn màdī-ɓē-ḿ ń-tòō ì ngōn kí tɔ̀gì bà ì kāṛ́ ǹ kāṛ́. L'enfant de mon voisin ici est un enfant âgé mais c'est qu'il ne grandit pas seulement.

Expr: tèjì kāṛ́, kàgì kāṛ́, etc. - esp. de petite abeille, petite panthère, etc..

kār-dɔ̀

N crâne. **J-ìngà kār-dɔ̀ dèē gír nàng tɨ́.** Nous avons trouvé le crâne d'une personne sous la terre.

kar-gír

NIN rein. **M-īsō dɔ̀ kāgī tɨ́ àdī kār-gír-ḿ tɔ̄.** Je suis tombé de l'arbre et je me suis cassé le bassin.

kár-kár

ID très claire (blanc: descr. de ndà). **Dùm gī ɔ̀ɔ̄-ñ kūbī kɨ́ ndà kár-kár àw̄-ñ-nèé jámīyā̰.** Les arabes portent des habits très blancs pour aller à la mosquée.

kār-kīnjá (Syn: tɔ̄r-kīnjá)

N clavicule. **Lò kɔ̀r̄ nàm̄ kār-kīnjá dèē tōr ngáy.** Souder la clavicule (cassée) d'une personne est très difficile.

kàr̄-màñ

N esp. d'arbuste [Alchornea cordifolia]. **m̄-sā kàr̄-màñ kàdī m-īndā hòr-ó kàdī ngōn à̰ȳ.** Je cherche l'arbuste "kar-man" pour bouillir et donner à l'enfant à boire.

kār̯-mātī

N esp. de plante grimpante

[Cyphostemma adenocaule].

kār-njà

N sabot. **Kār-njà kòrō tɔ̄**

gàr̯-gàjɨ̀ àlé. Le sabot de l'âne n'est pas fourchu.

kār̯ā

N la rouille.

Expr: **kār̯ā ùwà [yá̰]** - [qqc] rouiller. **ìnā gìndī nàng ré màñ ɔ̀dɨ̀ à kār̯ā à ùwà-ǹ.** Si tu mets le fer par terre et si l'eau le touche ça va rouiller.

Expr: **[yá̰] ùwà kār̯ā** - [qqc] se rouiller, être rouillé. **Tà kìyā yā-ḿ ùwà kār̯ā àdī m-ɨ́já-ǹ yá̰ tɔ̀ àlé.** La lame de mon couteau est devenue rouillée et je ne peux plus couper avec.

kàr̯àng

ID très (profond: descr. de ò). **ì bòlò-màñ kɨ́ ò kàr̯àng, ī-lō kìyà̰-ī ngán gī kàdī rèē-ñ tà tɨ́.** C'est un puits très profond, ne laissez pas les enfants venir à côté.

kàr̯àng

Av rapidement (et idée de disparition). **àw̄ kàr̯àng ìsō kújɨ-ú.** Il a disparu rapidement et rentré à la maison.

kàr̯àr̯à

Id à toute vitesse, rapidement. **Yégī tèē kàr̯àr̯à ìsō bòlò kɨ́ ràng tɨ́ kàr̯àng.** Le rat est sorti à toute vitesse pour disparaître vite dans un autre trou.

kár̯ár̯á

Id très (amère: descr. de àtɨ̄). **Kàdɨ̀ dīl àtī kár̯ár̯á.** L'écorce du caïlcédrat est très amère.

131

kàṛī

AV bien. **ì kàṛī.** Ça va bien.
Bàý? Kàṛī. Ça va? Ça va.
Expr: ī-tò kàṛī à - comment
ça va? comment te portes-
tu?. **Lápíyà, ī-tò kàṛī à?**
Bonjour, comment te portes-
tu?

**Expr: (njà/dɔ̀ etc.) [dèē]
kàṛī** - pieds/tête/etc. nu. **ā ī-
njīrā njà-í kàṛī à kèlèlè à
ùdì njà-í tí.** Su tu marches
pieds nus les vers de terre
vont entrer dans tes pieds
(avertissement aux enfants).
AV vide. **Bà rèē-n̄ ì jī-dí
kàṛī.** Mais ils arrivèrent les
mains vides. **Ngè-ndɔ̀-kānjī
rèē 6ē-é jī-n̄ kàṛī.** Le
pêcheur est revenu avec les
mains vides.
AV pour rien, sans raison.
Ngōn ìnā-m̄ kì kɔ̀kìṛɔ̀ kàṛī.
L'enfant a jeté une pierre sur
moi pour rien.
AV facilement, sans aucun
problème. **Kùṛ-bìnā ì kùṛ
kí dūú, àsì kùdì kùm-í tì
kàṛī.** Le "kur-bina" est un
petit insecte, il peut
facilement entrer dans tes
yeux.
AV seulement. **Kàyà ì dā̰
kí à ìsà mṵ̀, dèē à ìsà-n̄
kàṛī.** Le "kaya" est un
animal qui mange les
herbes, les gens le mangent
seulement.

kàrnà

N petit cadeau donné par le
vendeur après un achat.
Kàrnà yā-m̄ ì rá? Où est
mon petit cadeau?

kártē

N cartes à jouer. **Ngé rɔ̄
kártē gī ngáy ì ngé yày gī.**
Les grands joueurs de cartes
sont des paresseux.
Expr: tīnā kártē -
distribuer les cartes.
Expr: lālē kártē - battre les
cartes.
Expr: rɔ̄ kártē - jouer aux
cartes.

kàrtìyē   (Français)

N quartier. **Kàrtìyē kí
Kūmrāá gī mān kùtì.** Il y a
plus de dix quartiers à
Koumra.

kártì   (Français)

N carte. **Gír kártì gī ì sɔ́:
jìnárì ō kúbì ō sùbátà ō
sìnékì ō.** Il y a 4 couleurs de
cartes: carreau, trèfle, coeur
et pique.

káṛwày

N esp. de grande herbe
[Cymbopogon giganteus].
**Káṛwày màjì rā ndògì tí
ngáy bà kìngà-n̄ tōr ngáy.**
La grande herbe "karway"
est bonne pour faire le secko
mais il est très difficile de
trouver.

kásī

N esp. d'arbre [Cassia
siamea] *cassia*).
**Kásī ì kāgī kí à ndògī-n̄
mbī-n̄ tām mò̰y-gàjì tí.** Le
Cassia siamea est un arbre
dont les feuilles on se lave
avec pour (traiter) le
paludisme.

kàsı̀

N bière de mil, boisson alcoolisée. **Dèē kı́ rā kàsı̀ ɓōó-làā gòtóō à?** N'y a-t-il personne aujourd'hui qui a fait de la boisson? **āw ún kàsı̀ búgīdı́ ādı̄-m̄.** Va prendre de la bière de mil, donne en moi.

kāsı̄

NIN la tige d'une plante (*toujours frais: v. aussi* kádı̀). **Ré à ı̄-ndɔ̀r̄ kı̀ gō-ó àı́ ànı̄ ā ı̄-tɔ́sı̄ kāsı̄ ūwá gı̄ màlàng.** Quand tu laboures mal alors tu vas couper tous les tiges du mil.

kāsı̄

N tibia. **Ngōn-í tı́gā kāsı̄ njà-m̄.** Ton fils m'a donné un coup de pied dans le tibia.

kásı̀

VI être nouveau-né, être bébé. **Ngáǹ kı́ kásı̀-gı̄ kı́ kı̀ jākā dɔ̀-dı́ tı́, ku̱-dı́ gı̄ ìdā-ñ-dı́ gìdı̀-dı́ tı́, ì rí? ì gɔ̀jı̀-dɔ̀.** Des nouveau-nés qui mettent un chapeau sur la tête, et leurs mères ont attachés sur leur dos, qu'est-ce que c'est? C'est le maïs.

kásı̄

VT grignoter. **ɓɔ̄n kásı̄ rɔ́ý dɔ̀ kı̱̄yā̱ tı́ làā.** L'écureuil grignote la noix sur l'arbre de karité.

kāsı̄-jı̄

N avant bras. **Bísı́ dɔ̀-m̄ kāsı̄-jı̄-m̄ tı́.** Un chien m'a mordu dans l'avant bras.

kàsı̀-ndūú

N le vin. **Kàsı̀-ndūú ì kàsı̀ kı́ à rā-ñ ì nàsár-á.** Le vin est une boisson que les européens font.

kàtı̀

VN être tranchant (*inf. de* àtı̀). **Kìyā kı́ kàtı̄ màjı̀ tóō dā̱ ngá̱y.** Un couteau tranchant est bon pour quitter la peau d'un animal.

kàtı̀

NIN courant (du fleuve). **Kàtı̀ màñ bɔ̀ tò kɔ́ɔ́.** Le courant a fait couler la pirogue. **Tò àw̄ kı̀ gō kàtı̀ màñ-á.** La pirogue va dans le sens du courant.

kàtı̄

N sel. **Kàtı̄ àsı̀ tá̱ ń tò àlé.** Il n'y a pas assez de sel dans cette sauce. **Ndīr tá̱ kı̀ kàtı̄-á. Ndīr tá̱ kı̀ kàtı̄ séy bēē.** Elle a fait la sauce avec du sel. Elle a fait la sauce avec peu de sel.

kàtı̄

N amertume; goût amer. **Kàtı̄ dīl ì ngá̱y.** Le goût amer du caïlcédrat est très prononcé. **ı̄-nā̱ dīl tá ı̄-gèr̄ kàtı̄-ǹ.** Il faut goûter le caïlcédrat pour connaître son amertume (phrase utilisée comme menace).

kátı̄

VI être amer. **Njɔ̀r̄ kı́ ndùl kátı̄ kèrı̀m-kèrı̀m.** Aubergine noir est légèrement amer. **Expr:** ngàlì kı́ kátı̄ - manioc amer.

N amertume. **ī-nā̰ dīl tá ī-gèr̄ kátī-ǹ.** Il faut goûter le caïlcédrat d'abord pour comprendre sa amertume. **VI** être sévère. **Nɨ̰̀ ì dèē kɨ́ kátī ngá̰y.** Il est une personne très sévère.

kátī-ɓēé

N morceau de calebasse utilisée comme cuillère pour couper la boule. **ún kátī-ɓēé ādī m-ɔ̄r-ň mùr̄.** Prends une cuillère de calebasse pour que j'enlève la boule avec.

kátī-ɓēé-kèjɨ̀

N rotule (os du genou). **Kátī-ɓēé-kèjɨ-ǹ tɔ̄ lò kɨndà bál tɨ́.** Sa rotule du genou s'est cassée au terrain de football.

kàtī-kūbī   (Syn: kàtī-ngélē)

N engrain. **Kūbī kɨ́ ndɔ̄r̄ kànjī kàtī-kūbī àn̄ ngá̰y àlé.** Le coton labouré sans l'engrain ne donne pas beaucoup de fruit.

kàtī-ngélē   (Syn: ngélē)

N natron. **Tá̰ yíř kɨ́ kànjī kàtī-ngélē màsī ngá̰y.** La sauce d'oseille préparée sans natron est très acide.

kàtī-sɨ́ngà

AV médicament en poudre fait avec les jeunes feuilles du caïlcédrat pillées et un peu du natron. **kàtī-sɨ́ngà ì dáwá kɨ́ dèē gɨ̄ à rā-n̄ kɨ̀ kàdɨ̀ dīl-í ō kàtī-ngélē ō mbàkɨ̀.** Le "kati-singa" est un médicament que les gens préparent avec l'écorce du caïlcédrat et natron mis ensemble.

kátī-tà

N ennui, problème difficile à résoudre. **Jɨ̀-sā bátɨ́ bà j-ɨngè kátī-tà tā.** Nous avons cherché pendant longtemps et nous avons fini par trouver un problème difficile à résoudre.

kátɨ́kátɨ̀   (Arabe)

N papier. **Ngò-làā lédà gòtóō, à ndèm̄-n̄ síkɨr kɨ̀ kátɨ́kátɨ̀-á.** De nos jours le sac en plastique n'existe pas, on enveloppe le sucre avec le papier.

Kàtòlíkɨ̀

NP catholique. **Ngé-rā-Álà Kàtòlíkɨ̀ gɨ̄ à òtō-n̄ kāgɨ̄-dēsɨ́ míndɨ́-dɨ́ tɨ́.** Les Chrétiens catholiques portent une croix au cou.

kàw̄   (Syn: kàā)

VN aller. **Kàw̄ sɨɓà mbā tɨ́ nèɬ-n̄ bà tél-n̄ nèɬ-n̄ àlé.** Aller en voyage plaît au célibataire, mais revenir ne lui plaît pas. **M-ɔ́dɨ̀ kàw̄ làkɔ́l-ɔ́ àlé.** Je refuse d'aller à l'école.

kàw̄

VN développer (les tubercules) (*inf. de* àw̄). **m̄-ɔ̄r ɓàȳ bāngàw ì dɔ̀ mbàɬ tɨ́ àdī ɔ̀gɨ̄-n̄ kàw̄.** J'ai construit la butte pour les patates sur le rocher ce qui les a empêchés de développer

kāw

N esp. d'oiseau, outarde.

134

káw

V rassembler. **ī-káw-ī nà̰ā̰, āw-ī kī rá?** Vous vous êtes rassemblés, où allez-vous? **Ngāŕ̰ káw dèē gī tà ɓē yē-ǹ tí.** Le chef a rassemblé les gens devant sa concession.

kàȳ

VI être sec en surface. **ɔ́y kūbī kí kàȳ gī āw-ň kújí-ú.** Ramasses les habits secs et emmène-les à la maison.

káy

N le roi (jeu de cartes). **Káy à ìwà kɔ́ àlé bà à ìwà tàlàtā ngóȳ.** Le roi ne prend pas la reine mais il prend le 'trois' seulement (cartes).

kāý-dèē

N personne petite, de courte taille. **Síndá ì yá̰ kàŕ̰kāý-dèē àlé.** Le cheval n'est une chose qu'une personne de courte taille monte.

kàyà

N vagabondage, débauche. **Dìyá̰ kí à rā kàyà ngá̰y à nàŕ̰mò̰y àí́** . Une femme débauchée ne manquera pas (attraper) les maladies.

kàyà

N esp. d'antilope, bubale. **Kàyà ì dā̰ kí tītī dùl bà ngāl mān dùl ō bò mān dùl ō.** Le bubale est animal pareille à la biche cochon mais il est plus grand de taille et plus gros que la biche cochon.

ká̰a̰

N nouvelles. **Ká̰a̰ nàjī ní ɓār̰ ì jóò.** On a entendu parler de cette affaire depuis longtemps.

N bruit (*dialecte Matkaga*).

kà̰   [kà̰à̰]

VN voir. **Jīm̀tíɓáy àw̄ kà̰ kɔ́-ǹ tí.** Jimtébay va voir sa mère

kā̰   [kā̰ā̰]

N terrain d'une berge d'une rive qui appartient à (une personne, village, etc.). **M-āw kùm kā̰ yē-jɨ tí ń ndò̰-ɔ̰́.** Je vais à notre berge pour faire la pêche.

Expr: ɔ̀sɨ̀ tò kùm kā̰ tí - déclarer la vérité sans détour.

ká̰ā̰

N corbeau. **Ká̰ā̰ ì yèr̰ kí ndùl kí ɓōí ngá̰y.** Le corbeau est un oiseau noir qui a peur des gens.

kà̰rà̰

N flegme. **Ngé kà̰ȳ máng gī ɔ̀r̄- n̄ kà̰rà̰ ngá̰y.** Les fumeurs crachent beaucoup de flegme.

kà̰r̰ā̰

N crapaud; grenouille. **Ɓɔ̀ng nɨ̀-n̄ kɨ kà̰r̰ā̰** L'hyène et le crapaud **Kà̰r̰ā̰ ɔ̀r̄ ndò̰-ǹ kàdī ùwà-n̄ kóǹg.** Le crapaud a tiré sa langue pour attraper la mouche.

kárā̰

N piment. m̄-gḛ̀y tá̰ kí kárā̰ ngáy àlé. Je n'aime pas les sauces avec trop de piment. **Kàká ɔ̀r̄ ká̰r̄ā̰. Kùtū ɔ̀r̄ kàr̰à̰. Yēmírā̰ ɔ̀r̄ kà̰r̄ā̰ bòlò-ó.** Grand-père récolte le piment. Koutou crache de flegme. Yemira enlève le crapaud dans le trou (utilisé par les anciennes pour tester les enfants sur les mots).

kà̰ȳ

VN fuir, s'enfuir (*inf. de à̰ȳ*). **à gḛ̀y kà̰ȳ bà njà-n̄ tōr-n̄ ngáy.** Il a voulu fuir mais ses pieds lui faisait trop mal.

kà̰ȳ

N tubercule comestible. **Kà̰ȳ ngàlì kí àtī dèè à ìsà àlé.** Le tubercule du manioc amer, on ne le mange pas.

kà̰ȳ

VN boire (*inf. de à̰ȳ*). **Kà̰ȳ kàsì ngáy màjàlé.** Boire beaucoup (d'alcool) est mauvais.
N potable, buvable. **Màñ ń-tòō tò kà̰ȳ àlé.** Cette eau n'est pas potable.

kà̰ȳ-nàl

N sorte de danse avec la flûte de bambou. **Kà̰ȳ-nàl ì ndām yē Túmàkì gī̄ ō Gìlày gī̄ ō.** Le "kay-nal" est une danse des Toumak et des Goulayes.

kā̰ȳā̰

VI être mûr. **Kùm wúdùm yā-ḿ kā̰ȳā̰ kɔ́ɔ́ àdī m-ɔ́sí ngɔ̀r.** Mes arachides sont mûres et je vais les récolter bientôt.
VI être bien développé.

kā̰ȳā̰

VI être fissuré. **Bɔ̀r kā̰ȳā̰ àdī m̄-sā kāgī̄ m-úwā-n̄ dɔ́ɔ́.** Le mur est fissuré et je cherche un bois pour le soutenir. **Bāngàw kā̰ȳā̰ lò àdī tò ndēr ngɔ̀.** La patate est fendue, elle est prête à récolter.
VT fendre, fissurer (*normalement nà̰ā̰-tí doit suivre l'objet*). **Dìyá̰ kā̰ȳā̰ bāngàw nà̰ā̰-tí àdī ngán-n̄ gī̄.** La femme fend la patate pour donner à ses enfants.

ká̰ȳā̰

VI être fissuré (en plus. endroits). **Lò kí mbō ká̰ȳā̰ ngáy.** Le sol de la rivière est fissuré en plusieurs endroits.
VT couper (en plus. endroits) (*normalement nà̰ā̰-tí doit suivre le objet*). **m̄-ká̰ȳā̰ wàsī nà̰ā̰-tí kàdī m̄-ndīr.** Je coupe le melon en morceaux pour le cuire.

ké [ké]

CMP si. **Dìjè-m̄ nè ké m-ún bìlō yē-n̄ wà.** Il m'a demandé si j'avais pris son vélo.

kèē

N van, panier. **Jì-gāng ndùjī kí kèē.** On trie la farine avec le van.

kéè

CNJ ou, ou bien. **ì yò à kéè
ì rí?** Est-ce pour un décès
ou pour autre chose? **M-ā
m̄-nàjì-n̄ mbàng-á àsì ndɔ̄
kùtì kéè sɔ́-sɔ́ làā.** Je vais
les étaler au soleil dix jour
ou huit.

kèdì

VN tomber (la pluie),
pleuvoir (*inf. de* èdì). **Màñ ì
ngáy bà gèy kèdì àlé.** La
pluie est beaucoup monté
mais il ne veut pas pleuvoir.
VN déféquer (*obj. est* yèdī).

kèdī

N éléphant. **Kèdī ì dā̰ kɨ́ bò
mān dā̰ gɨ̄ màlàng.**
L'éléphant est un animal qui
est plus grand que tous les
autres.

kēgī (Syn: kḛ̄gɨ̄)

VT partager, diviser. **ɔ́y
wúl̄ ādī jì-kēgī-dɨ́.** Ramasse
ces pois de terre pour les
partager.

kèjì

NIN genou. **M-ōsō dɔ̀ kèjì-
m̄ tɨ́ àdī m-ásɨ́ njīrā àlé.** Je
me suis tombé sur mon
genou et je ne peux pas
marcher.
Expr: **ɔ̀sì kèjì-n̄ nò [dèē] tɨ́**

- s'agenouiller devant [qqn].
ɔ̀sì-n̄ kèjì-n̄ nàng tɨ́ nò̰-n̄ tɨ́.
Elle s'agenouillait devant
lui.

kēl

VT diriger (animaux). **ī-kēl
màñg gɨ̄ kèm gòng tɨ́.**
Dirige les boeufs dans
l'enclos.

kélé (Français)

N clé. **Mā̰ m̄-tḭ̄ tà kélé.** J'ai
perdu une clef.

kèlèlè

N vers de terre (*ou bien*
kèlè). **ā ī-njīrā njà-í kàr̰ī à
kèlèlè à ùdì njà-í tɨ́.** Su tu
marches pieds nus les vers
de terre vont entrer dans tes
pieds (avertissement aux
enfants).

kèm

PRP sur. **ī-rèē làā ī-ndì
kèm wàá-á.** Viens ici,
assieds-toi sur la natte. **kèm
kújì yā-m̄ tɨ́, kèm kújì yā-í
tɨ́, kèm kújì yā-n̄ tɨ́, kèm
kújì yā-jí tɨ́, kèm kújì yā-sí
tɨ́, kèm kújì yā-dɨ́ tɨ́** - dans
ma maison, dans ta maison,
dans sa maison, dans notre
maison, dans votre maison,
dans leur maison.
PRP dans. **ī-ndì ɓē kɨ́-rá tɨ́.**
Dans quel village?

kèm

NIN ventre. **Kɨ́rēý gèr̰ njàr̰
kèm kānjī ngáy.** Un autre
savait bien ouvrir le ventre
des poissons. **Kèm tōr-m̄
ngáy tàgɨ́-ɓèē.** Mon ventre
me faisait beaucoup mal
hier. **kèm-m̄, kèm-í, kèm-n̄,
kèm-jí, kèm-sí, kèm-dɨ́** -

mon ventre, ton ventre, son ventre, nos ventres, vos ventres, leurs ventres. **Expr: kèm [dèē] ngàñg -** [qqn] ne dévoile les secrets. **Kèm dìngàm ndò gī ngàñg ngáy.** Les initiés ne dévoilent pas les secrets. **Expr: kèm [dèē] sɔ̀ĺ dɔ̀ [dèē màdī] -** [qqn] pardonner [qqn d'autre]. **Ngōn-ḿ àdī-m̄ wōng bà m̄-tò kèm-ḿ sɔ̀ĺ dɔ̀-m̀ tí.** Mon enfant m'a énervé mais je l'ai pardonné. **Expr: kèm [dèē] tíngā-m̀ -** [qqn] s'énerver, se fâcher. **Kèm dùm-ḿ gī tíngā-dí ngáy.** Les Arabes s'énervent très vite. **Expr: kèm [dèē] ndùl -** [qqn] être méchant; être en mauvaise humeur. **Dìyá kí ndān ngán gī kèm-dí ndùl ngáy.** Les femmes enceintes sont en mauvaise humeur. **Expr: kèm [dèē] ndà -** [qqn] être gentil. **Ngé Álà gī kèm-dí ndà ngáy.** Les chrétiens sont très gentils. **Expr: kèm [dèē] nùjì dɔ̀ [dèē màdī] -** [qqn] n'être pas d'accord avec. **Ngōn ń ngōn-kɔ́-ḿ òjì ní rā àdī kèm-ḿ nùjì dɔ̀-m̀ tí.** L'enfant que ma soeur a mis au monde se porte de façon que je ne suis d'accord avec elle. **Expr: kèm [dèē] gāng màñ -** [qqn] avoir peur. **M-á ɓɔ̀l àdī kèm-ḿ gāng màñ.** J'ai vu le lion et j'avais peur.

Expr: tàā kèm [dèē] - croire [qqn], avoir confiance à [qqn]. **ì ngōn kí ɓògì ngáy àdī dèē tàā kèm-m̀ àlé.** Il est un enfant qui vole beaucoup et on ne le croit pas. **Expr: kí kèm [dèē] tí -** la pensée, les pensées de [qqn]. **ɔ̄r nàjī kí kèm-í tí.** Dis ce que tu penses. **NIN** l'intérieur. **Kàñ ndókírɔ̀ dèē gī à tógò-ñ-nèé kèm sèmbē.** Le fruit du Luffa acutangula, les gens lavent l'intérieur des tasses avec.

kēm

V garder fermé. **ī-kēm tà-í dɔ̀ nàjī tí.** Garde ta bouche fermée sur l'affaire.

kèm-ɓē

N pays. **Kèm-ɓē kí Gànà tí dèē gī rɔ̄-ñ nà̰ā̰ àlé.** Dans le pays de Ghana les gens ne se battent pas.

kèm-màjì

N bonté, générosité. **Ngè kèm-màjì à ìngà yá àlé.** Une personne avec générosité ne va pas être riche.

kèm-ndà

N gentillesse. **Kèm-ndà yē-í àjì-ī.** Ta gentilese t'a sauvé.

kèm-ndògī

N concession. **ī-rèē láy, ngè-ɓògì ì kèm-ndògī-ó làā.** Viens vite, il y a un voleur dans la concession.

kèm-ndùl

N avarice, méchanceté. **Kèm-ndùl yē-n̄ ń-nọ̀ọ́ à àdī dèē yá̰-kı̀sà àlé.** Son avarice là, il ne donne la nourriture à personne.

kèm-ngàñg

N dureté de coeur (en parlant de qqn qui ne partage pas les secrets). **ì kèm-ngàñg yā-n̄ ń-nọ̀ọ́ nì-tɔ̄l-n̄.** C'est sa dureté de coeur qui l'a tué.

kèm-sōl

N anxiété, souci. **Dı̀yá̰ ndì kı̀ kèm-sōl-ó tɔ̀dɔ̄ ngōn-n̄ ì mọ̀y.** La femme a anxiété parce que son enfant est malade.

kèm-tíngā

N irritation, tendance à se fâcher vite. **ùn ì kèm-tíngā yē bɔ̀bī-n̄.** Il a l'irritation de son père.

kèmé [kḛ̀mḛ̀ḛ́]

AV dedans, au milieu. **Rèē ìndā dı̀yá̰ kèm-é.** Il revint mettre la femme au milieu.

kèndè

N cithare, harpe. **ìndà kèndè màjı̀ ngá̰y.** Il joue la cithare très bien.

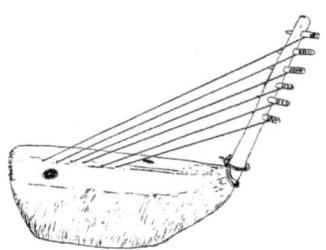

kèng

N le moindre (mot, mouvement). **Ré m-ō kèng tà-í tı́ bàng ɓá-à ā ī-gèȓ̰!** Si j'entends le moindre mot de ta bouche alors tu comprenderas! **Rā-n̄ yá̰ kı́ màjàí kı̀ dèē gēé dèē ìdà kèng àí bátı́.** Ils maltraitèrent les gens mais personne n'a dit le moindre mot. **ìndā njà-n̄ kèng àw̄ lò tı́ àlé.** Il a peine remué la jambe, il n'est parti.

N partie du corps très maigre. **jī-n̄ tò kèng, kèm-n̄ tò kèng** - sa main est maigre, son ventre est maigre.

kēng

VT fendre, diviser. **Kēng wàsī nà̰ā̰ tı́ bà ādī kógīí kọ́-í.** Divise le melon en deux et donne un à ta mère.

VT partager. **Ngán gī kēng nà̰ā̰ wúl-dùm.** Les enfants partageaient les arachides.

VT distribuer. **Dèē gī kēng yá̰ mṵ̄y rɔ̄ gī.** Les gens ont distribué la nourriture aux réfugiés.

kéñg

VT partager; diviser (plus. fois, etc. (*fréq. de* kēng). **m̄-kéñg mápà m-ādī ngán gī.** Je partage le pain aux enfants.

kéǹglé

N petit débris de poterie. **Ngōn ìnā dɔ̀ màdī-n̄ kı̀ kéǹglé-é.** L'enfant a jeté les petits débris de poterie sur la tête de son copain.

képè (Syn: tálà)
Inj santé! (dit la mère ou la grand-mère quand l'enfant tousse).

kér̀
AV seul, tout seul. **ā ísá kér-í ā ī-tōmbī.** Si tu manges tout seul, tu vas vomir. **kér-m̄, kér-í, kér-ǹ -** seul (moi), seul (toi), seul (lui).

kèr̪-kèr̪
Id péniblement, avec peine. **àgì kèr̪-kèr̪ ùdì kèm lò-ó.** Il rampe péniblement et s'est enfoncé dans la brousse. **Bìlō yā-m̄ ɔ̀dì àlé bà m-ā rā-ň kèr̪-kèr̪.** Mon vélo refuse de marcher mais me débrouillerai en peinant un peu.

kèrē
V être rouge, devenir rouge, rougir (*v.* kɪrē).

kèrìm-kèrìm
ID légèrement (amer: descr. de kátī).

kèr̪wèy
N perdrix, francolin. **Kèr̪wèy ì yèr̀ kɪ tītī tànjì, bà nɪ̀ tá ì kɪ́ dūú.** La perdrix est un oiseau pareil à la pintade mais elle est plus petite.

kèsèng
N esp. de poisson, capitaine [Lates niloticus]. **ì rí ǹ rā-ī ā íwā kèsèng kɪ bò ɓōó-làā àí́ m̄!** Comment se fait-il que tu n'aies pas pris un gros capitaine aujourd'hui? **Kèsèng ì kānjī kɪ́ bò ngáy.** Le capitaine est un poisson qui est très grand.

kēsɪ́

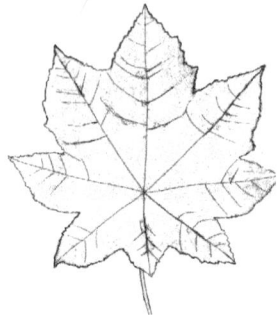

N esp. d'arbuste [Securinega virosa] (**Kēsɪ́ ì kám kɪ́ nèr̀ bɪ̄yā̰ gī ngáy.** Le "kesi" est un arbuste que les chèvres aiment beaucoup.

késì
N cercueil (*normalement avec* yò). **Dùm gī à dùbī-ñ nīń kɪ késì-é àlé.** Les arabes n'enterrent pas le cadavre avec un cercueil.

késī
VI tousser. **Ngōn késī ngáy àdī-ň kàtī-ndà kàdī kɪ́ ò̰** L'enfant toussait beaucoup et alors on lui a donné du sel indigène pour sucer.

késī-kú
N coqueluche. **Dèē gī ìsā-ñ kɪ́r̀ lò késī-kú tɪ́.** Les gens mangent le margouillat pour (traiter) la coqueluche.

kété
AV avant. **à̰á̰, rā só-tɪ́ séy, tò tītī kɪ́ kété àlé.** Oui, cela va un peu mieux, ce n'est pas comme avant. **Kété, m-**

āw kìyā rɔ́ý-ɔ́ bèmbèé. Avant je partais ramasser des noix de karité dans la brousse. **Yégī gī ń ì-n ngáy kújɨ́ yā-ḿ kété ní bàtú rèē tɔ̄l-dɨ́ màlàng kɔ̄ɔ́.** Les rats qui abondaient dans la maison avant, un chat.est venu et les a tous tués. **Expr: kété jóò** - il y a longtemps, entre-temps. **Kété jóò dɨ̀yá̰ gī ìsà-n kīnjá àlé.** Entre-temps les femmes ne mangeaient pas de la poule.

kètɨ́

VT chatouiller. **Nèl̄-n̄ kètɨ́ ngán kà-n̄ gī ngá̰y.** Il aimait beaucoup chatouiller ses petits enfants.

kètɨ̀kérē

N petite cuvette en émail. **Dèē gī à gātī-n̄ básàl ì kɨ̀ kètɨ̀kérē-é.** Les gens vendent les oignons avec la petite cuvette en émail.

kḛ̄gī   (Syn: kēgī)

VT partager, diviser. **ɔ́y wúl̄ ādī jɨ̀ jɨ̀-kḛ̄gī-dɨ́.** Ramasse ces pois de terre, et nous les partagerons.

kḛ̀sá̰à̰

N ancien combattant qui a accomplis 15 ans dans l'armée française (*ou bien* kèrsá̰à̰).

kìi

VN respecter, honorer (*inf. de* ìi). **Kɨ̀là-rā ngōn-ḿ tò kì-n̄ àĺ bátɨ́.** Le conduit de mon fils ne porte pas de tout à le respecter.

kìi   [kìì]

VN durer longtemps (*inf. de* ìi). **ìgɨ̀-n̄ kɨ̀ kō ngáy tā ní, lò kìi-n̄ ì rá?** Ils ont vendu beaucoup de céréale, comment va-t-il durer?

kìī

VN se tarir, diminuer (l'eau) (*inf. de* ìī). **Kòń-làā màn̄ èdɨ ngáy àdī lò kìī-n̄ kɨ́ tītī kɨ́ kété gī gòtóō.** Cette année il a beaucoup plu et l'eau ne s'est pas tarie comme autres années.

kìbɨ̀

VN projeter (*inf. de* ìbɨ̀). VN activer feu. **m̄-gèy kìbɨ̀ hòr bà m-ɨ́ngá ndàbà àlé.** Je veux activer le feu mais je ne trouve pas l'éventail. VN gronder, reprocher.

kìdɨ̀

VN être âpre, aigre (*inf. de* ìdɨ̀). **Màn̄ kɨ́ kìdɨ̀, ngōn àsɨ kà̰ȳ àlé.** L'eau aigre, un enfant ne peut pas la boire.

kídī

VI être petit. **ɽéng gī yā-ḿ kídī-n̄ ngáy àsɨ kùwà kèsèng àlé.** Mes filets sont trop petits pour prendre un capitaine.

kìgɨ

VN vendre. **M-āw ì kìgɨ kānjī-á.** Je suis allé vendre du poisson. **Expr: ngè-kìgɨ** - marchand de, vendeur de. **Ngè-kìgɨ kīnjá, ī-rèē làā!** Marchand de poules, viens ici!

kìjì

V nouveau, neuf. **Kūbī kí kìjì ngàng mān kūbī kí lō gī.** Les vêtements neufs sont plus résistants que les anciens.

kìl

VN sucer (*inf. de* ìl). **Ngōn-ḿ rɔ̄-ǹ tōr-ǹ àdī gèy kìl mbà àlé.** Mon enfant est malade et il ne veut pas téter.

kìl̄

VN être nuageux, sombre (le ciel) (*inf. de* ìl̄). **Kìl̄ ń màñ ìl̄ tòō à èdì à gāng à?** Avec le ciel nuageux comme ça quand il pleut, va-t-il s'arrêter?

kíl̀

N coudes (pour mesurer), yards. **ḿ-gèy kàdī ī-tīnā-ḿ kūbī yā-í kíl mí.** Je veux que tu me prêtes 5 coudes (yards) de tissu. **M-ɔ́sì kíl-ḿ kàdì bɔ̀r tí, ń-tòō mā̰ kì dò.** J'ai frappé le coude contre le mur et j'ai une plaie.

Expr: ɔ̀sì **kíl [dèē]** - aider [qqn]. **ɔ́sì kíl-ḿ ādī ḿ-rā-ň làkɔ̀l̀.** Aide-moi pour que je fasse mes études.

kíl̄

N margouillat. **Kíl̄, íyá̰-m ādī m-īnā mèdè kɔ́-í tí.** Oh margouillat, laisse-moi mettre des perles autour de ton cou.

kíl̄-kí-bùúrū

N esp. de lézard. **Kíl̄-kí-bùúrū ì kíl kí tītī lī bā n-ḭ̀-tá njà-ǹ ì sɔ́.** Le "kilkiburu" est un lézard pareil au serpent mais lui il a quatre pattes.

kíl̄-kí-dùjì-bīrā

N esp. de lézard. **Kíl̄-kí-dùjì-bīrā dūú kí kíl̄-kí-bɔ̀gìjɔ̄ tí.** Le "kilkidujibira" est plus petit que le margouillat.

kíl-māĺ   (Syn: síkī-māĺ)

N hoquet. **Kíl-māĺ ɔ̀sì-m̄ ngá̰y, ādī-m̄ màñ m-ā̰y.** J'ai des hoquets, donne-moi de l'eau.

kílē

N esp. de petit oiseau, mange-mil. **Ngán gī àw̄-n rɔ̄ kílē gī dɔ̀ gɔ̀jì tí.** Les enfants vont pour chasser les mange-mils du sorgho.

Kìm

NP Kim, peuple du Tandjilé. **Kìm gī ndɔ̀r̄-n ɓɔ́kīlɔ́ ngá̰y.** Les Kim cultivent beaucoup de tarots.

kìm̄

VN détester (*inf. de* ìm̄). **òy ì yò kìm̄.** Il est mort à cause de la haine.

kìníǹ

N comprimé. **Ré ī-gèr̄ ndóō r̰ī kìníǹ àlé à ā ī-tɔ̄l dèē kì kìníǹ-í.** Si tu ne sais pas lire le nom du médicament alors tu vas tuer quelqu'un avec le médicament.

kīndɨ́

N zorille. **Kīndɨ́ ì dā̰ kɨ́ r̰ō-n̄ òtɨ̀ ngá̰y.** La zorille est un animal avec un corps qui sent très mal.

kīr̰

N fagot. **Njàménà dèē gɨ̄ rā-ñ hòr ì kɨ̀ kúl-ú, bà wà tɨ́ à rā-ñ nɨ̰̀ kɨ̀ kīr̰-ɨ́.** À N'Djaména les gens font la cuisine avec le charbon de bois, mais en brousse ils la font avec le fagot.

kìyā

N couteau. **Kìyā ì tām kɨ̀jà-ň dā̰ tɨ́.** Le couteau, on l'utilise pour couper la viande.

kìyā (Syn: kòyō)
VN tendre (un piège) (*inf. de* ìyā). **ī-gèr̰ kìyā gūm àlé à ā íwá dā̰ àlé.** Si tu ne sais pas tendre un piège tu ne vas pas attraper un animal.
VN carcher.

kìyā

VN ramasser. **M-āw kìyā rɔ̄ý-ɔ́ bèmbèé.** Je vais ramasser des noix de karité dans la brousse.

kìyā

V chercher (la noix de karité). **ɓōó-làā āw kìyā rɔ̄ý-ɔ́ àlé à?** Aujourd'hui n'es-tu pas parti pour chercher la noix de karité?

kīyá

N résidu. **īsō kùm kīyá yìbɨ̄ tɨ́, ādɨ̄ ɨ̄ ì màdɨ̄-ḿ àlé.** Tu tombes dans le résidu de l'huile (de karité), et tu n'es plus mon ami. **Kīyá yìbɨ̄ ní m-ɨ́yà̰-n̄ kèm jó-ó ndɔ̄ mɨtá.** Ce résidu de l'huile, je le laisse dans la poterie trois jours.

kìyò

N esp. d'herbe [Indigofera bracteolata] (*on dit aussi* kòyò). **Hútɨ̄ kìyò dèē gɨ̄ à rā-ñ-nèé tá̰ kúl̰.** La fleur de l'herbe "kiyo", les gens l'utilisent pour préparer la sauce longue.

kìyō

VT chercher les noix de karité (*inf. de* ìyō). **Tàgɨ́-ɓèē m-āw kìyō-ó bà kɨmā ngɔ̄dɨ̄-m̄ àdɨ̄ m̄-tél róbɨ́-ó.** Hier je suis allé chercher les noix de karité mais un sorcier m'a chassé et j'ai retourné sans être arrivé à la destination.

kɨ̄ [kɨ̄ɨ̄]

N médicament (*accent Komogo, d'origine Mbay*). **àdɨ̄-m̄ kɨ̄.** Il m'a donné un médicament.

kɨ̀yà̰

VN laisser (*inf. de* ɨ̀yà̰). **ī-lō kɨ̀yà̰ ngōn kɨ́ kér-nèé kàdɨ̀ hòr tɨ́.** Il ne faut pas laisser l'enfant seule à côté du feu.

kɨ̄yā̰

N esp. d'arbre, karité. **Kɨ̄yā̰ ì kāgɨ̄ kɨ́ kàñ-n̄ [kà.nɨ̄n̄] dèē gɨ̄ à ìsà-ñ gìdɨ-n̄ ō, kùm-n̄ à rā-ñ-nèé yìbɨ̄ ō.** Le karité est un arbre dont on mange les fruits et les amendes servent à fabriquer de l'huile.

kɨ̀

PRP avec. **Jáà̰, ī-rèē kɨ̀ hòr-ó ādī-m̄ m-á̰-ň dò ń-tò.** Jean, apporte du feu pour que je voie cette blessure. **àw̄ kɨ̀ bɔ̀bī-ǹ.** Il est parti avec son père. **Expr: kɨ̀ tà Sàr̰-á** - dans la langue [Sar]. **ī-gèr̰ r̰ī yá̰à̰ gī kɨ́ kɨ̀ tà Sàr̰-á à?** Sais-tu le nom des choses en Sar? **Expr: àw̄ kɨ̀ [yá̰à̰]** - avoir [qqc]. **M-ā kɨ̀ gɨ̀là nò̰-ḿ tɨ́.** J'ai un kyste sur le front.

kɨ̀

CMP que, pour (marqueur pour introduire certaines propositions) (*toujours après* yē). **m̄-rèē yē kɨ̀ tél bír̰í.** Je suis venu pour repartir demain. **M-āw yē kɨ̀ rā sè-nèé.** Je vais pour l'aider.

kī

PRP vers, envers. **āw ì kī rá? M-ā ì kī súkī-ú.** Vers où tu te diriges? Je vais vers le marché.

kɨ́

CMP qui, que. **Kānjī kɨ́ dūú bèē ń tòō àsɨ̀ gúrsɨ̀ mɨ́ àlé.** Un petit poisson comme ça ne vaut pas 25 francs. **Súkī kɨ́ Mūndūú là mān kɨ̀ Sár.** Le marché de Moundou est plus large que celui de Sarh.

kɨ̀

PRP comme. **à ìsà kɨ́ bòr̰ tɨ́ ní à tōmbī-ň àĺ bà̰ý.** Il mange comme un phacochère alors c'est comment qu'il ne vomit pas?

Expr: rā kɨ́ mò̰y - faire la malade, faire comme si on était malade.

kɨ́-bīdē-tɨ́

AV partout, en masse, en épidémie. **Tàw̄ gī rèē kɨ́-bīdē-tɨ́ kèm mṵ gī tɨ́.** Les chenilles sont venues en masse dans les herbes.

kɨ́-bɨ̀ndáylō

N têtard. **Kɨ́-bɨ̀ndáylō tɔ̀gɨ̀ tél kà̰r̰ā̰.** Le têtard agrandit et devient une grenouille.

kɨ́-bùĺ -ngà-sɨ́ndá

N esp. de serpent (*on dit aussi* kɨ́-bùr̰-ngà-sɨ̀ndà). **Kɨ́-bùĺ -ngà-sɨ́ndá òy bà̰à̰ yē lī tɨ́.** Le serpent "kibulngasinda" meurt grâce à la rancune envers les autres serpents (Prov. il ne mord pas, mais on le tue parfois à cause de la peur qu'on a des autres serpents).

kɨ́-ɓògɨ̀-dóỳ

N esp. de fourmi noire. **Kɨ́-ɓògɨ̀-dóỳ ì kùr̰ kɨ́ tītī tɨ̀tè bà nɨ̀-tá bò mān tɨ̀tè.** La fourmi "ki-bogi-doy" est un insecte pareille à la fourmi "tite" mais elle est plus grande que "tite".

kɨ́-dēsɨ́-bāá (Syn: dēsɨ́-bāá)

N arc-en-ciel. **kɨ́-dēsɨ́-bāá ré tèē à màñ à èdɨ̀ àlé.** Si l'arc-en-ciel sort la pluie ne tombe pas.

kɨ́-dɔ̀m-kɨ̀r̰ò

N esp. d'herbe [Leucas martinicensis].

kɨ̀-dù-lòý

AV matin, tôt le matin. **ī-tèē kɪ̀-dù-lòý ɓátɪ́ ī-rèē íngá-m̄ j-àw̄ mbā tɪ́.** Sors très tôt le matin et viens me trouver et nous ferons un voyage.

kɪ́-jàɽ-màn̄ (Syn: kɪ́-jàɽ-ngɔ́ɔ̀)

N esp. d'arbre [Crossopteryx febrifuga]. **Kɪ́-jàɽ-màn̄ ì kāgɪ̄ kɪ́ ngàng ngáy, dèē gɪ̄ à sā rā-ñ-nèé kújɪ.** Le "kijarman" est un arbre très résistant, les gens le cherchent pour fabriquer une maison avec.

kɪ́-jàɽ-ngɔ́ɔ̀ (Syn: kɪ́-jàɽ-màn̄)

N esp. d'arbre [Crossopteryx febrifuga].

kɪ́-jèmbɪrē

N esp. d'insecte **Kɪ́l-í tɪ̄tɪ̄ kɪ́l kɪ́-jèmbɪrē.** Tu as les coudes comme l'insecte "kijembir".

kɪ́-kér (Syn: kɪ́-kógɪ̄)

AV seul, tout seul. **kɪ́-kér-m̄, kɪ́-kér-í, kɪ́-kér-ǹ** - seul (moi), seul (toi), seul (lui).

kɪ́-kógɪ̄

AV seul, tout seul. **m̄-rā kɪ̀là kɪ́-kógɪ̄-m̄;ī-rā-kɪ̀là kɪ́-kógɪ̄-í;rā kɪ̀là kɪ́ kógɪ̄-ǹ** - j'ai fait le travail tout seul; tu as fait le travail tout seul; il a fait le travail tout seul.

kɪ́-làw̄-dɔ̀

N esp. d'arbuste [Desmodium velutinum] **kɪ́-làw̄-dɔ̀ ì kámbɪ́ kɪ́ ré ī-gāng mbɪ̄-ǹ īndā kūtɪ́ kūbɪ̄ tɪ́ ɓá-à à tɪ́yā̰ kūtɪ́ kūbɪ̄ tɪ́.** Le Desmodium velutinum est un arbuste que, si tu coupes ses feuilles et les mets sur un habit alors elles vont coller à l'habit.

kɪ́-lèng-léǹg (Syn: kɪ́-mbà-ngāl)

N esp. de plante [Cassia sieberiana]. **Kàn̄ kɪ́-lèng-léǹg màng gɪ̄ à ìsà-ñ.** Le fruit de la plante "kilengleng", les boeufs le mangent.

kɪ̄-lò-gɪ̄-tɪ́

AV partout. **īnā-ī mbḛ̄ɽ kɪ̄-lò-gɪ̄-tɪ́ àdī ngán gɪ̄ àw̄-ñ làkɔ́l-ɔ́.** Annoncez partout que les enfants aillent à l'école.

kɪ́-mùdɪ-ɓɪ́gà

N esp. d'herbe [Tribulus terrestris] (*on dit aussi* kɪ́-mùdɪ-ɓɪ́gà). **Mùdɪ-ɓɪ́gà ì mṵ kɪ́ àl nàng, kɔ̄n-ǹ ì ngáy.** Le "kimudibiga" est une herbe qui rampe par terre, elle a beaucoup d'épines.

kɪ́-mùndɪ́-bāá

N arc-en-ciel (*v.* kɪ́-dēsɪ́-bāá).

kɪ́-mbà-ngāl (Syn: kɪ́-lèng-léǹg)

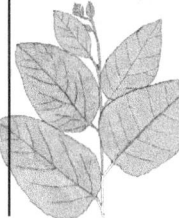

N esp. d'arbre [Cassia sieberiana]. **Ré īndā kàn̄ kɪ́-mbà-ngāl tà mbà-í tɪ́ à tà mbà-í à ngāl.**

Si tu mets le fruit de l'arbre Cassia sieberiana) devant tes seins alors tes seins vont devenir longs.

kí-mbī

N billet (d'argent). **ādī-m̄ gúrsì dūbì jōó kí-mbī.** Donne-moi un billet de dix milles CFA.

kí-nīngá-bísì

N crampe. **Kí-nīngá-bísì ùwà njà-m̄ àdī m-ásì njīrā àlé.** J'ai des crampes dans le pied et je ne peux pas marcher.

kí-nọ̀ọ́

AV normalement (*toujours le négatif*). **Ngé-rā-kìlà gī à rā-n̄ kìlà ndɔ̄ dìmásì tí kí-nọ̀ọ́ àlé.** Les travailleurs normalement ne travaillent pas les dimanches. **Expr: dèē kí nọ̀ọ́** - n'importe qui. **àbìyọ̄ ì yá̰ kí dèē kí nọ̀ọ́ à àr̄àl̄** . Un avion n'est pas une chose que n'importe qui peut conduire.

kí-nọ̀ọ́

Spc n'importe (qui, quoi, où, etc.). **Kānjī kí-nọ̀ọ́ ì kānjī kɔ̀sì kàndà àlé.** N'importe quel poisson ne peut pas être utilsé pour faire les boulettes. **M̀njò ì yá̰ kí dèē kí-nọ̀ọ́ à ndīr kàr̄ī.** L'haricot est une chose que n'importe qui peut préparer.

kí-ndāńg

AV pour rien, en vain. **Ngōn ìnā-m̄ kì kɔ̀kìr̀ɔ̀ kì-**

ndāńg. L'enfant a jeté une pierre sur moi pour rien.

kí-ndètì-kīlá

N esp. d'oiseau, Alecto. **kí-ndètì-kīlá ì yèr̄ kí ndùl kí à ndì gìdì màng gī tí kàdī túr̄ m̀yà̰ kí rɔ̄ màng gī tí.** L'Alecto est un oiseau noir qui reste sur le dos des boeufs pour manger les tiques sur le corps des boeufs.

kí-ndīr̄

N grillon. **Kí-ndīr̄ ùtī mbī ɓàr̄-á ngá̰y.** Le grillon fait de bruit pendant la saison des pluies.

kì-ndòý

AV le matin. **Kì-ndòý làā mà̰ñ èdì ngá̰y.** Ce matin il a beaucoup plu.

kì-ndɔ̄-gī (Syn: dɔ̀-ndɔ̄-gɨ̄)

AV toujours, tous les jours. **Tár̄-m̄ ngá̰y ādī àdī-m̄ yá̰ kì-ndɔ̄-gī.** Moi, il m'aime beaucoup et il me donne des choses tous les jours. **J-ìsà yá̰ nà̰ā̰-tí kì-ndɔ̄-gī.** Nous mangeons ensemble toujours.

kí-ngà-ndúm̀-gī

N esp. de chenille énorme. **Kí-ngà-ndúm̀-gī ì kùr̄ kí tītī njíɓā, bà nḭ̀ tá bɨ̰ḭ̄-n̄ gòtóō; tò ɓōl̄ ngá̰y.** Le "kingandum" est un insecte pareil à la chenille poilue, mais il n'a pas de poil; il fait peur.

kí-ngɔ̄dī-ndɔ̀ɔ́

N esp. de grand araignée.

kí-ngɔ̄dī-ndɔ́ɔ́   (Syn: síndā-kókíràng)

N esp. d'insecte. **Kí-ngɔ̄dī-ndɔ́ɔ́ ì kùr̄ kí tītī súū, bà nị̀ tá̟ bò.** Le "kingodindo" est un insecte pareil à l'araignée, mais il est plus grand.

kí-ngɔ̀í

N esp. d'escargot. **Kí-ngɔ̀í ì kùr̄ kí màñ-á, dèē gī à ìsà-ñ.** L'escargot est un insecte de l'eau, les gens le mangent.

kí-ngɔ̀tí-kāgī

N esp. d'oiseau, pic gris. **kí-ngɔ̀tí-kāgī ì yèȓ kí à rā ɓē-ñ kàdì kāgī gī tí.** Le "ki-ngoti-kage" est un oiseau qui fait son nid dans les tronc des arbres.

kí-rá

INT quel, lequel, laquelle. **Kèm ɓē kí-rá tí?** Dans quel village? **Bīyā̟ kí-rá ì mò̟y.** Laquelle chèvre est malade?

kí-ràjì-nà̟ā̟

N fête coutumière. **Kété dèē rā nā̟ kí-ràjì-nà̟ā̟ àlé ɓá-à dèē à ọ̀ wúȓ àlé.** Auparavant si on ne célébrait pas la fête coutumière on ne mangeait pas les pois de terres.

kí-ràng

AV autre. **ī-tèē kí-ràng tā.** Joue une autre (carte). **Ngār̄ kí ɓē kí-ràng gè̟y tàā-ñ bà mbātí.** Le roi d'autre village a voulu la marier, mais elle a refusé.

kì-sí   (Syn: ndɔ́ý)

AV dans le matin. **Ré ọ́ mùr̄ kì-sí ā ī-ɓī ngáy.** Si tu manges la boule le matin, tu dormiras beaucoup (pendant la journée.)
Expr: **kì-sí làā** - ce matin.

kí-sɔ̀ɔ̄

PRP sur, au sujet de (*dérivé de* kí sɔ̀ɔ̄ *'qui se dirige vers'*). **Ngār̄ ɔ̀sì dɔ̀ dèē gī nà̟ā̟ tí kàdī ɔ̀r̄ nàjī kí-sɔ̀ɔ̄ dɔ̀-ɓō sè-dí.** Le chef a rassemblé les gens pour les parler au sujet de la famine.

kí-tɔ̄-kùm   (Syn: ndōbí)

N esp. d'arbre [Calotropis procera]. **Bùtò kí-tɔ̄-kùm òsō kùm-í tí à kùm-í à tɔ̄.** Si la sève de l'arbre Calotropis procera tombe dans tes yeux tu seras aveugle.

kí-yè̟yē̟   (Syn: nà̟y-rɔ̄-bàtī-tí)

N esp. d'herbe épineuse [Acacia esp.].

kìɓà

VN pousser, sortir (*inf. de* ìɓà). **m̄-dùbī gɔ̀y-dɔ̀ bà ɔ̀dì kìɓà àlé.** J'ai planté du maïs mais il refuse de pousser.

kìɓā

VN modeler, fabriquer (qqc. en argile) (*inf. de* ìɓā). **Nánjì ń-tòō màjì kìɓā àlé.** Cette argile n'est pas bonne pour modeler.

kīɓā

N sorte de nourriture préparée avec les feuilles

d'haricot. **m̄-túgī mbī-mìnjò kàdī m̄-ndīr kībā tí.** Je recueille les feuilles de haricot pour faire la nourriture "kiba".

kībā

VT verser en basculant ou en inclinant. **Kībā ndùjī kèm kèē-é.** Verse la farine (en l'inclinant) dans le van. **V** incliner. **m̄-kībā tà káÌ kī nàng tí.** J'incline la calebasse en bas.

kìɓà-dàng

N esp. de serpent venimeux.

kìɓà-dɔ̀-dīí

N esp. d'arbuste [Maerua aethipica]. **Kìɓà-dɔ̀-dīí ì kám kí à ìɓà ì dɔ̀-dīí tí.** Le "kibadodi" est un arbuste qui pousse sur les termitières.

kìɓà-màñ

N source de l'eau. **Dèē gèr̄ lò kìɓà-màñ láw àlé.** On ne connaît pas vite la source de l'eau.

kìɓā-mbā

N chaise longue et pliante. **kìɓā-mbā ì séjì kí ngāl kí à ùdī-n̄ nàā̰ tí kàr̄ī.** "Kibamba" est une chaise longue que tu peut facilement plier.

kíɓō

N couvercle du grenier. **īndā kíɓō tà mōy tí nà màñ à èdì à à ìndā kō kí kèm-é.** Mets le couvercle sur le grenier, s'il pleut il va mouiller le mil dedans.

kìdà

VN dire (*inf. de* ìdà). **Expr: kànjī kìdà kìlà** - sans dire un mot. **ìlā-ñ-ī bà ì bà̰ý á ī-ndì kànjī kìdà-m̄ kìlà.** On t'a envoyé en commision, pourquoi tu reste sans me dire un mot.

kìdā

VN attacher (*inf. de* ìdā). **ādī-m̄ kìlā ādī m̄-īdā-ň ndìsā.** Donne moi une corde pour que j'attache le balaie avec.

kìdè

N asticot. **Kìdè gī ì ngáy bòlò yèdī-é.** Il y a beaucoup d'asticots dans le WC.

kìdē

VI être trouble. **Bɔ̀r yìbī kìdē.** le fond de l'huile est trouble **V** troubler. **M-údì gír màñ-á m-kìdē-ǹ.** Je suis entré dans l'eau et je l'ai troublée.

kìdè-mānjā

N ver parasite, ver de Guinée. **Màñ mbō kírēý gī kìdè-mānjā ì kūtí.** Dans certains marigots il y a le ver de Guinée dedans.

kìgà

N magie, poison. **Kìmā ùwà ndíÌ dèē gī kì kìgà yē-nè-é.** Le sorcier saisit les esprits des gens avec sa magie.

kìgà

VN couper (ex. avec hache) (*inf. de* ìgà). **Ngɔ̄-làā ɔ̀gī-n̄ kìgà kāgī kɔ̄ɔ́.** De nos jours

on a défendu couper les arbres.
VN piquer (*inf. de* ìgà).

kɨgā

VN payer (*inf. de* ìgā). **M-āw kɨgā kīrā ngō-kǫ́-ḿ tɨ́.** Je suis parti pour payer la dette de mon frère.

kɨgō (Syn: ìgō)

VI rire. **Ngán gī ń òō-ñ súū yā bɔ̀bī-dɨ́ ní kɨgō-ñ ngáy.** Les enfants qui écoutaient le conte de leur père riaient beaucoup.

kɨjà

VN couper (*inf. de* ìjà). **Kìyā kɨ́ búndīlū ì kìyā kɨjà dā̰ àlé.** Un couteau émoussé n'est pas un couteau pour couper la viande.
Expr: kɨjà bà̰yà̰ - faire l'initiation féminine.

kɨjā

VT verser. **m̄-kɨjā ūwá kèm sákī-á.** Je verse le mil dans le sac. **ī-kɨjā kūbī kɨ̄ nàng tɨ́ ādī jɨ̀-gīrā kɨ́ màjɨ̀ màjɨ̀ gī.** Verse le vêtements sur terre pour que nous choisisions les bons.

kɨlà

N travail. **m̄-tɨgā kɨlà yā-ḿ ɓōó-làā.** J'ai fini mon travail aujourd'hui.
Expr: rā kɨlà - travailler, faire un travail. **Kàdī ī-rā sè-ḿ ādī m̄-rā kɨlà yā-ḿ làā.** Que tu m'aides à faire quelque chose.
N commission, message. **M-ɨ́dá ngōn kɨlà kàdī àā ìdà-ī.** J'ai dit un message à l'enfant pour qu'il te dise.
Expr: àw̄ kɨlà - faire une commission. **Jīmtɨ́ɓáy àā kɨlà yā bɔ̀bī-ǹ.** Jimtebay va faire une commission pour son père

kɨlà (Syn: kǫ̀ǭ)

VN s'habiller; envoyer (*inf. de* ìla). **Ngōn à gḛ̀y kɨlà kūbī bà ìngà àlé.** L'enfant veut mettre ses habits mais il ne les trouve pas.

kɨlā

N corde, câble. **Kété ní, kɨlā gìndī kógīḿ ɨ̀ dɔ̀-ṟā̰ tɨ́, ùgī dɔ̀-nàng tɨ́, àdī, dàn-ń Súū à rā rèē dɔ̀ nàng tɨ́ ànī, rìsɨ̀ ɨ̀ kɨ kɨlā gìndī ngè-ń-nǭǫ́ ǹ-rèē-ň ní.** Auparavant, un câble de fer sortait du ciel et descendait jusqu'à terre, de sorte que Sou venait sur la terre, il descendait grâce à ce câble, et parvenait ici-bas. **m̄-gāng kɨlā kɨ̀ kìyā.** J'ai coupé la corde avec un couteau.

kīlá

NIN queue. **Ɍé m-ɨ́lá sɨ́ndà yā-ḿ kújɨ-ú ɓá-à, kīlá-ǹ tèē ndágá, sɨ́ndà ní ì rí?** ì **sà hòr.** Si j'envoie mon cheval dans la maison, sa queue sort toujours, quel est ce cheval? C'est la fumée (devinette). **Kīlá kèdī gīndī mān kīlá màñg.** La queue de l'éléphant est plus courte que la queue du boeuf.

kɨlā-ɓɔ́ɨ́

N nuages.
Expr: màñ tàā kɨlā-ɓɔ́ɨ́ - il y a beaucoup de nuages.

Màñ ń tàā kìlā-ɓɔ́í gír-ɓē tí nò à èdì gár. Il y a beaucoup de nuages vers le sud donc il est sur qu'il va pleuvoir.

kīlá-dɔ̀gì

N esp. d'herbe [Loudetia hordeiformis].

kìlā-kūm

N cordon ombilical. **Kìlā-kūm-jí ì nà̠ā̠-tí sè-í à?** Y a-t-il un cordon ombilical qui nous soit commun? (c'est à dire, fait-il toujours aller ensemble?)

kìlá-màṛ

N esp. d'arbuste [Securidaca longepedunculata]. **Kìlá-**

màṛ ì kámbí kí bīyā̠ gī ìsà-ñ ngá̠y. Dèē gī à rā-ñ dálwà̠y̠ tí ō. Le "kila-mar" est un arbuste que les chèvres mangent beaucoup. Les gens en fabriquent des balaies aussi.

kīlá-ndàm

N esp. d'herbe [Setaria sphacellata].

kìlā-ndɔ̀

N frein lingual (*on dit aussi* gír-kìlā-ndɔ̀). **Kìlā-ndɔ̀-í dɔ̀ à ā ɔr nàjī màjàlé.** Si ton frein lingual est attaché alors tu vas parler mal.

kìlà-rā

NIN comportement. **Kìlà-rā ngōn-í kí làkɔ̀l-ɔ́ màjàí bátí.** Le comportement de ton enfant à l'école est très mauvais.

kílē

N esp. de petit oiseau, mange-mil. **Kílē ì yèṛ kí ɔ̀ gɔ̀jì ngá̠y.** Le mange-mil est un oiseau qui mange beaucoup de sorgho.

kílē-gɔ̀gìrɔ̀-bàl

N esp. d'oiseau, tisserin gendarme (mâle). **Kílē-gɔ̀gìrɔ̀-bàl ì kílē kí à ɔ̀ gɔ̀jì ngá̠y.** Le tisserin gendarme est un tisserin qui mange beaucoup de sorgho.

kìlóò [kìlóò, kìlō] (Français) N bascule, balance. **ìnā kūbī kìlō-ó.** Il a pesé son coton

kílò

N sorte de danse. **Kílò ì ndām kí dìyá̠ gē dìngàm gē à ndām-ñ nà̠ā̠-tí màlàng.** Le "kilo" est une danse que les femmes et les hommes dansent tous ensemble.

kìmā

N sorcier. **Kìmā ì dèē kí à ùn ndíl dèē gī.** Un sorcier

est une personne qui vole les esprits des gens.

kɨmā   (Syn: bàndì-sàlàw)
N esp. d'arbuste [Jatropha euphorbiaceae].

kɨmà

N esp. d'arbre [SFParinari curatellifolia].
Kímà ì kāgī kɨ́ kàñ-ñ nèl̄ ngáy; dèē gī à ìsà-ñ ō yèl̄ gī à ìsà-ñ ō. Le "kima" est un arbre dont le fruit est très

agréable; les gens le mangent et les oiseaux le mangent aussi.

kɨnā

VN jeter, mettre, etc. (*inf. de* ìnā). **Ká̰a̰ ìdà nà: jī kɨnā gē jī gól̄ gē tɨ̄tɨ́ nà̰a̰ màlàng.** Le corbeau dit: la main qui lance et la main qui trompe sont tous pareilles (c'est à dire, il ne sait pas si tu vas lancer une pierre).

kɨnī

VN mettre, jeter (*inf. de* ìnī; *v.* ìnā). **ń-tòō ì bìlō kɨ́ yē kɨnī kɔ́ɔ́.** Cela est un vélo pour jeter (il ne vaut rien).

kɨndà

V fabriquer la corde en tressant. **Kɨ̀lā kɨ́ kɨndà ngàng tɔ̄y kɨ̀lā kɨ́ sétɨ́.** La corde tressée est plus forte que la corde faite en tournant avec la main.

kɨndà

VN frapper, taper (*inf. de* ìndà). **Ndéy ń jī-í tɨ nò̰ó̰ ì ndéy kɨndà ngōn à?** La chicotte que tu as en main, est-elle une chicotte pour taper un enfant?

kɨndā

VN mettre (*inf. de* ìndā). **Kɨndā mbā róbɨ́-ó ɔ̀gī mbā kùgī ɓē-é. Kɨndā mbā róbɨ́-ó ɔ̀gī tél ɓē-é.** Mettre l'hôte sur la route l'empêchera d'arriver chez lui. Mettre l'hôte sur la route t'empêche de rentrer chez toi.

kɨndā

N soif. **Dèē gī ìsà-ñ hóȳ lò kɨndā tɨ́.** Les gens mangent le tubercule "hoy" pour la soif.
Expr: kɨndā rā [dèē] - [qqn] a soif. **Kɨndā rā-m̄ ngáy.** J'ai beaucoup soif.

kɨngà

VN trouver, rencontrer (*inf. de* ìngà).
Expr: kɨngà [yá̰] tōr ngáy - [qqc] être rare. **Kèdī ì dā̰ kɨ́ kɨngà-ñ tōr ngáy.** L'éléphant est un animal très rare.

kɨngā

N mauvaise odeur. **āw ūtɨ̄ tà bòlò-yèdī nà kɨngā-ñ ìngà-jí làā.** Va fermer le WC parce que son odeur nous parvient ici.

kɨngā

N secko en bois, enclos. **Kó̰-dɨ̀yá̰ ìgà kɨngā gìdɨ̀ lò**

yē-ǹ tí. La vieille femme met le secko en bois autour de sa concession.

kīngā

N hache. **ún kīngā bà j-àw̄ wà tí.** Prends la hache et allons au champ.

kīngā-sā

N stupeur, frayeur. **Ngōn ń kɔ́-ǹ òy ní kīngā-sā ìgà-ǹ.** L'enfant dont sa mère est morte est dans un état de stupeur.

kìngè

VN trouver (*inf. de* ìngè*; v.* ìngà).

kīngō

NIN os. **Bísí ngòɽ kīngō.** Le chien croque l'os.

kīnjá

N poule, poulet. **ī-tàā kīnjá yā-í tā.** Voilà ton poulet [litt: tu-prends ton poulet maintenant]. **Kété ngán kí màndì gī à ìsà-n̄ kīnjá àlé.** Auparavant les jeunes femmes ne mangeaient pas de poulet.

kīnjá-bùrùm

N sorte de poulet avec le plumage éparpillé. **Bɨ̄ɨ̄ kīnjá-bùrùm rà dɔ̄ɔ́ dùjùjì, à tò nàŋg àlé.** Le plumage du poulet "burum" sort en haut et il ne s'aplatit pas.

kīnjá-gòndī

N sorte de poulet avec les pattes courtes.

kīnjá-kɔ́-rɔ́ȳ (Syn: kīnjá-māl)

N sorte de poulet sans plumes au cou.

kīnjá-kɔ̄ɽ

N esp. d'oiseau, poule de rocher. **Kīnjá-kɔ̄ɽ ì yèĺ kí tītī kīnjá bà nɨ̀-tá à tò ì kèm wà tí.** La poule de rocher est un oiseau pareil au poulet mais elle vit dans la brousse.

kīnjá-māl (Syn: kīnjá-kɔ́-rɔ́ȳ)

N sorte de poulet sans plumes au cou. **kīnjá-māl ì kīnjá kí bɨ̄ɨ̄-ǹ gòtóō dɔ̀-ǹ tí.** Le "kinja-mal" est un poulet qui n'a pas des plumes sur la tête.

kīnjá-màñ

N esp. d'oiseau aquatique, Marouette noire. **Kīngā-tɔ̄rɔ̄ ì yèĺ kí njà-ǹ ngāl ngáy, à njīrā ì tà bā tí.** Le "poulet de l'eau" est un oiseau avec les pattes très longues, il se promène au bord du fleuve.

kīnjá-nɔ̀-ḿ-gɔ̀Í

N sorte de poulet avec la crête sur la tête. **Kīnjá-nɔ̀-ḿ-gɔ̀Í ì kīnjá kí bɨ̄ɨ̄-ǹ ì ngáy dɔ̀-ǹ tí.** Le "kinja-nom-gol" est un poulet qui a beaucoup de plumes sur la tête.

kìrà

VN se tenir debout, rester debout (*inf. de* rà). **Lò kìrà- ǹ gòtóō.** Il n'y pas une place pour qu'il se tienne debout. **édɨ lò kìrà-í tɨ́.** Tu as chié là où tu te tiens (expression: tu as fait un faute grave).

kɨ̄ṛāvN esp. d'arbre, kapokier

[Ceiba pentandra].
Hútī kīrā à rā- n̄-nèé tá̰à̰. La fleur du kapokier, on l'utilise dans les sauces.

kīrā N dette. **Ndɔ̄ ń ìngà gúsɨ yā-ǹ ní àā kɨ̀gā kīrā.** Quand il a reçu son salaire il est parti payer sa dette.

kīrā

VT éclabousser. **M-íbɨ hòṛ 6á-à kīrā rɔ̄-m̄ tɨ́.** J'activais le feu et alors il a éclaboussé sur moi. VT cracher avec force. **Lī kīrā hōṛ rɔ̄-m̄ tɨ́.** Le serpent a craché (avec force) son venin sur moi.

kíṛà (Syn: mbéṛē) V ravir, s'approprier de la force une chose; usurper. **m̄- kíṛà àlé, ì yá̰à̰ yā-m̄ mā̰ nɨ̀ kóō mámák.** Je ne l'ai pas ravi, c'est vraiment ma chose à moi, sans aucun doute.

kíṛà

N remerciements. **m̄-rā-ī kíṛà ngá̰y.** Je te remercie beaucoup.

kíṛà

N coq. **Kó̰ kīnjá ḭ̀ dɔ̀ kíṛá kīnjá tɨ́ àlé.** La mère poule ne monte pas sur le coq.

kíṛā

VT intimider pour prendre [qqc] (*v.* mbɨ́ṛā). **ī-lō kíṛā ngōn dɔ̀ gúrsɨ yē-ǹ tɨ́.** Il ne faut pas intimider l'enfant pour prendre son argent.

kíṛā

VT éclabousser. **ī-tél-ī gògɨ nà mósɨ́ kīnjá kíṛā rɔ̄-sí tɨ.** Reculez-vous de peur que le sang du poulet éclaboussé sur vous. VT projeter des étincelles. **Hòr kíṛā rɔ̄-m̄ tɨ́.** Le feu m'a projeté des étincelles dessus.

kìṛè

VN presser (*inf. de* ìṛè). **Yá̰ ń tágī tòō tò kìṛè àɨ́ 6áy à?** Cet abcès, est-il maintenant le moment de le presser?

kìṛè

N la dot. **M-ɨ́gá kìṛè yē nḭ̀yḛ́-m̄ kɔ̄ɔ́.** J'ai déjà payé la dot de ma femme. **Expr: ìgà kìṛè** - payer la dot.

kìrē

VI être rouge (*on dit aussi* kèrē). **Dɔ̀ kíɨ́ ì kɨ́ kìrē.** La tête du margouillat est rouge.

VI être mûr (*on dit aussi* kèrē).

VT faire rougir. **Ndɨbà kèrē jī-ḿ.** Le caolin m'a fait rougir les mains

kɨṛè-rɔ̄

N patience. **Kɨṛè-rɔ̄ yē-í àjɨ-ī.** Ta patience t'a sauvé.

kɨṛè-wùr

N endurance, habilité de se maîtriser. **ùn ì kɨṛè-wùr yē ngé-ǹ gī.** Il a pris l'endurance de ses parents.

kɨ́rēý

SPC certain, certains. **ásgàr kɨ́rēý gī kɨ̀là rā-dɨ́ ì tó bùrúnjɨ.** Certains soldats, leur travail est d'appeler au clairon.

SPC autres, des autres. **Dèē kɨ́rēý gī àw̄-ǹ mbā ō, kɨ́rēý gī ndɨ-ǹ làā ō.** Certains gens ont voyagé, et des autres sont là.

SPC un, une, un certain. **Expr: yáà̰ kɨ́rēý/dèē kɨ́rēý** - quelque chose/quelqu'un.

kɨ̀ṛò

VI avoir un membre renflé (main, doigt). **Hòr ọ̀ jī-ǹ àdī jī-ǹ kɨ̀ṛò kàkɨ.** Le feu a brûlé sa main et elle reste déformée.

kɨ̀ṛò   (Syn: kùṛ)

NIN noeud. **m̄-tútī kɨ̀ṛò kɨ̀là sétɨ.** Je n'ai pas pu défaire le noeud. **Kádɨ tɨ́nā kɨ̀ṛò.** La canne fait des noeuds.

NIN noeud (d'une plane) qui délimite une section de la tige. **kɨ̀ṛò kádɨ́, kɨ̀ṛò nàl** - noeud de canne, noeud de bambo. make better ss

kɨ̀ṛò

N limite entre les sections d'une tige **ī-tètɨ kádɨ́ dò kɨ̀ṛò-ǹ tɨ́ ɓá-à tètɨ láw.** Coupe la canne à sucure sur l'endroit entre les sections et alors elle rompera vite.

kīrō

N aigle bateleur. **Kīrō ì yèⁱ kɨ́ bò mān nɨngà, à ùwà lī kàṛī.** L'aigle bateleur est un oiseau plus grande que l'épervier, il attrape les serpents facilement.

kīṛō

N céréale préparé. **m̄-ndīr kīṛō gòjɨ.** Je cuis le sorgho.

kīrō

VT lisser. **Kɔ̀dī-jó kīrō jó kɨ jī-nèé.** La potière lisse la jarre avec la main.

VT décorer.

kɨ̀ṛò-dɔ̀-kíⁱ

N esp. d'herbe [Leucas martinicensis].

kɨ̀sà

VN manger (*inf. de* ɨsà). **Kɨ̀lá-màṛ ì kám kɨsà bīyā̰ gī.** Le "kila-mar" est un arbuste que les chèvres mangent.

kɨ́sɔ̀

PRP sur, à propos de. **ɔ̀ⁱ nàjī kɨ́sɔ̀ dɔ̀ làkɔ́ɨ.** Il a parlé à propos de l'école.

kìtà

VN balayer (*inf. de* ìtà). m̄-gèy kìtà lò yā-m̀ bà m-ı́ngá ndı̀sā àlé. Je veux balayer ma concession mais je ne trouve pas mon balaie.

kı̄tē

N grains germés pour la fabrication des boissons. **Kı̄tē ì yá̧ rā kàsı̀ wàlá ì yá̧ rā mùr̄ àlé.** Le grain germé est une chose pour faire la boisson et pas une chose pour faire la boule.

kìtò

VN se coucher (*inf. de* tò). **Lò kìtò gòtóō ɓē yē-jí tı́.** Il n'y a pas une place pour se coucher chez nous.

kìtō

VN porter, transporter (*inf. de* ìtō). **ı̄-lō kìtō ngōn kó̧-í tı́.** Il ne faut pas porter l'enfant sur ton cou.
N manière de porter. **Kı̀tō ń ōtō yá̧ tòō ā ōtō bíṛí àı̄ kɔ̄ɔ́ à?** La manière que tu transporte les choses là, tu ne vas pas les transporter demain? (c'est à dire, tu es très chargé).

kı̄tó

VT prendre (plus. choses) un par un. **m̀-kı̄tó mı̀dè yē ngōn kı́ ùr̄ nàńg.** Je prends un par un les perles de l'enfant qui sont tombé.
VT trier.
VT récolter. **M-āw kı̄tó mı̀njò bèmbèé.** Je vais récolter les haricots en brousse.

kò

VN forger (*inf. de* ò). **Kɔ̀dı̄ kı́ dùm gı̄ gèr̄-n̄ kò mı̀yā̧ àlé.** Les forgerons arabes ne savent pas forger un couteau de jet.

kò

VN préparer (la bouillie) (*inf. de* ò). **Ndùjı̄ wúr̄ màjı̀ kò bíyā̧ tı́ àlé.** La farine de pois de terre n'est pas bonne pour préparer la bouillie.

kō [kōō]

NIN bruit. **M-ō kō búndı̀.** J'ai entendu le bruit d'un fusil.
Expr: kō [dèē] - nouvelles [de quelqu'un]. **M-ō kō-í ngá̧y àlé.** Je n'ai pas eu des nouvelles de toi depuis longtemps.
NIN nouvelles de. **M-ō kō-í àı̄ jó ngá̧y.** Je n'ai pas eu de nouvelle de toi depuis longtemps.

kō [kōō]

N grain; mil. **Kùm-mbàng kı̀jà kō àsı̀ àı̄ ɓáy.** Il n'est pas encore le temps pour la récolte du mil.
N semence, germe. **Jı̀-gı̄rā kùm kō kı́ màjı̀ tām-yā ndɔ̀r tı́.** On choisit les meilleures semences pour la plantation.

kòō

N repos. **Dı̀másı̀ ì ndɔ̄ tàā kòō.** Le dimanche est un jour de repos.
Expr: ɔ̀r kòō - se reposer. **M-ɔ̄r kòō ndɔ̄-m̀ jōó séy, m-ā m̀-rèē m̀-rā kı̀là ɓáy.**

Je vais prendre deux jours de repos, puis je me remettrai au travail. **N** respiration. **Tàà kòō tōr dìngàm ń nòọ ngáy.** Respirer est devenu très difficile pour cet homme là.

kòō

VN voir (*inf. de* òō). **Lò kòō kɨ́ bàỳ ǹ ō bèē è?** Ça c'est quelle manière de regarder?

kòō

N petite quantité. **Kòō gúsɨ̀ ń àdɨ̄-m̀ ní ń tòō.** C'est ça la petite quantité d'argent qu'il m'a donnée.

kōó

N héron garde-boeufs. **Kōó ì yèľ kɨ́ njà-ǹ ngāl ngáy; bɨ̄ɨ̄-ǹ ì kɨ-ndà.** Le héron garde-boeufs est un oiseau à longues pattes; ses plumes sont blanches.

kóō

AV même. **ì bɔ̀bī-ǹ nì̧ kóō ǹ àdɨ̄-jí gúsɨ̀ ní.** C'est son père lui même qui nous a donné l'argent. **AV** sûrement. **ì nì̧ kóō ǹ ìndà ngōn ní.** C'est sûrement lui qui a frappé l'enfant.

kō-ɓē

N origine, tradition. **Rā ì yá̧ kō-ɓē yē kà-ǹ gɨ̄.** Il suit la tradition de ses ancêtres.

kó-kèm

N femme enceinte. **Nì̧yá̧-ǹ ì kó-kèm àdɨ̄ àw̄ ndɔ̀r̄-ɔ́ àlé.** Sa femme est enceinte et elle ne va pas au champ.

kó-nàr̞

N esp. de fourmi. **Ré ī-gèr̞ dùbī kō àlé à kó-nàr̞ à kòtō-ǹ màlàng.** Si tu ne sais pas semer le mil alors les fourmis noires vont ramasser tout.

kó-nīngá

N esp. d'oiseau, martin-pêcheur.

kó-ndān

N esp. d'insecte à gros ventre. **Kó-ndān ì kùr̞ kɨ́ tītī kɨ́-ndīr̞ bà kèm-ǹ bò ngáy.** Le "kondan" est un insecte pareil au grillon mais son ventre est très gros.

kó-ndɨ́là

N esp. d'oiseau, bec-ouvert africain. **Kó-ndɨ́là gɨ̄ ń njīrā-ń nòọ, ɓàr̞ rèē kɔ̄ɔ́.** Les oiseaux "kondila" qui se promènent là, la saison des pluies est déjà venue.

kó-ndō

N femme qui vient de coucher. **Kó-ndō tɔ́gɨ̀-ǹ**

gòtóō. Une femme qui vient de coucher n'a pas de force.

kō-ndùĺ

N esp. d'herbe cultivée [Sesamum radiatum]. **Kùm kō-ndùl ndùl, ì yá̰ nò̰ó̰ ǹ dèē gī gḛ̀y rā-n-nèé kàndà àlé ní.** Les grains du sésame "kondul" sont noirs, c'est pourquoi les gens ne veulent pas préparer la sauce "kanda" avec.

kó-sìɓà

N femme non-aimée par son mari. **Kó-sìɓà ì dìyá̰ kí ngà-ǹ tár-ǹ àĺ bátì.** Une femme non-aimée est une femme que son mari n'aime pas de tout.

kó-tà-sīl

N femme bonne cuisinière. **Ī-tàā dìyá̰ kó-tà-sīl à ɓō à rā-ī àlé.** Si tu épouses une femme bonne cuisinière alors tu ne vas pas souffrir de faim.

kó-tān

N nouvel initié. **Kó-tān gī àw̰-n súkī-ú ndōgō sā tì.** Les nouveaux initiés vont au marché pour acheter des chaussures.

kó-tář

N personne préférée. **kābā yā-ḿ kó-tář, ngōn kó-tář, dìyá̰ kó-tář** ami préféré, enfant préféré, femme préférée **Dìyá̰ kó-tář ì dìyá̰ kí ngà-ǹ à ìndà-ǹ àlé.** La femme préférée est une femme que son mari ne tape pas.

kó-tḛ̀ȳ

N esp. de petite abeille (*mélipone*). **Kó-tḛ̀ȳ ì kṵ̀r̄ kí tītī tèjì bà nì-tá ùr dèē àlé.** Le "koten" est un insecte pareil à l'abeille mais il ne pique pas les gens.

kōó-bḭ̄y̰ā̰= kōó-ɓōr

N esp. d'oiseau, ibis sacré. **Kōó-bḭ̄y̰ā̰ ì yèĺmbō, à rā ɓē ì dɔ̀ kāgī kí bò bò gī tì.** L'ibis sacré est un oiseau aquatique, il fait le nid sur les très grands arbres. **Kṵ̀ȳ ùwà kōó-ɓōr ɓōó àdī j-à j-ò̰ tá̰ dā̰.** L'hameçon a attrapé un Ibis sacré aujourd'hui alors nous allons manger la sauce de viande.

kòó-kā̰ŕ

N esp. d'arbuste [Hymenocardia acida]. **Kòó-kā̰ŕ ì kāgī kí kḭ̄r̰-ǹ ò̰ hòr ngá̰y.** Le "kookar" est un arbuste dont son fagot prend feu vite.

kógīí

NUM un, une. **Kógīí gḛ̀r̰ kàl mān tɔ̀ȳ dèē gī màlàng kèm ɓē-é nò tì.** Un (autre) était le meilleur nageur de tout le village.

SPC même. **ì dèē kí kógīí gī.** Ce sont les mêmes personnes.

kógī

VI jouer. **ɔ̀tì rèē ɓē-é tá-à à̰ Ngā̰r̰ìrí ndì kógī nà̰ā̰.** Il rentre, et quand il arrive au village, il voit Ngariri en train de jouer. **Ngán gī kógī-ñ nà̰ā̰ tà kújí ń-tòò tí.** Les enfants sont en train de jouer devant cette maison là.

kógīḿ

NUM un. **m̄-rèē m̄-dɨjè-ī nàjī kógīḿ.** Je suis venu te demander une chose.

N un certain. **Súū òsō tà màñ kógīḿ tí kɨ r̤ī-nè ì "màñ-sor̤ō".** Sou tomba près d'un marigot qu'on appelle l'eau de Soro.

AV même. **Nɨ̰ gē bɔ̀bī-ǹ gī gē ì dèē kɨ́ kógīḿ gī mbàkɨ.** Lui et ses parents, ils sont tous les même personnes (c'est à dire, ils sont très pareilles).

kógīḿ-gē

SPC aucun. **Dèē kógīḿ-gē gòtóō kèm ɓē-é.** Il n'y a même pas une personne dans le village.

kògō

VN rire (*inf. de* ògō). **ī-lō kògō lò yò tí.** Il ne faut pas rire à la place mortière.

VN se moquer de. **Ré ál màñ ī-tèē gìdɨ tí àɨ́ à ī-lō kògō màdī-í.** Si tu n'as pas encore traversé la rivière alors il ne faut pas se moquer de ton ami (Proverbe).

kòjɨ

VN mettre au monde (*inf. de* òjɨ). **M-āl jɨlòō tà kòjɨ ngán kósī gī.** Je fais l'élégante pour mettre au monde beaucoup d'enfants.

kòjō [kɜ̀jō,kòjō]

VN tresser (*inf. de* òjō). **m̄-gèr̄ kòjō wàá àlé.** Je ne sais pas tresse une natte.

kōkī

N objet vieux, périmé. **Wúdùm ń-tòō lō kōkī.** Ces arachides sont vieilles.

kòkɨ-kòkɨ

Av rarement. **à rèē làā ì kòkɨ-kòkɨ.** Il vient ici rarement.

kókɨlā

N esp. de tubercule sauvage (*v.* kókɨlō).

kókɨlō

N esp. de tubercule sauvage. **Màdī kókɨló, ná̰ā̰rīnjā̰ gē, ná̰ā̰ ǹ à ndēr-jɨ́ wà? Ɓāl à ndō tā, dɔ̀-nàng à tùtɨ. Ná̰ā̰ ǹ à ndēr-jɨ́ wà?** Mes amis "kokilo" et "naringa", qui va nous déterrer? La saison sèche est arrivée, la terre va se sécher. Qui va nous déterrer?

kókɨ̀ràng (Syn: gɨnà)

N scorpion. **ì kókɨ̀ràng ń tɨgā-ī tòō.** C'est un scorpion qui t'a piqué. **Ré kókɨ̀ràng tɨgā-ī, bè-ré ɔ̄r kùm-ǹ àɨ́ ànī ā-ī ɓī ndɔ́ɔ́ àlé.** Si un scorpion te pique et on ne peut pas faire sortir le poison, tu ne pourrais pas dormir la nuit.

kòkɨr̤ò

Id unique, seule (tomber: descr. de ìsō). **Gúrsɨ ìsō kòkɨr̤ò.** Une unique pièce est tombé. **Màr tèē ìsō kòkɨr̤ò dɔ̀ kújí tí.** Un seule rônier est tombé sur la maison.

Expr: kàl kòkı̧r̀ò - unique.

kókīrō

VI être vide. **Kèm mɔ̧y yā-ḿ kókīrō kàŗī.** Mon grenier est complètement vide.

kòkı̧r̀ōng

N esp. de fourmi qui aime le sucre. **Kòkı̧r̀ōng ì kùŗ kı́ gèy yá̧ kı́ lúndī ngá̧y.** La fourmi "kokirong" est un insecte qui aime les choses sucrées.

kókōwálī

N perroquet. **Kókōwálī ì yèr̄ kı́ à ndájī ndū dèè gī.** Le perroquet est un oiseau qui imite la voix des gens.

kòl

N girafe. **Kòl ì dā̧ kı́ kɔ́ɔ̀-ǹ ngāl ngá̧y.** La girafe est

l'animal qui a un long cou.

kòĺ yó

N esp. de grand oiseau, Milan noir. **Kòĺ yó ɔ̀sı̀ ngōn kı̄njá.** Le milan a pris le poussin.

kóm̄ N esp. d'arbre .v.kɔm̄). **kóm̄ ì kāgī kı́ yèr̄ gī gèy-ñ kàñ-ǹ ngá̧y.** Le "kom" est un arbre dont les oiseaux aiment beaucoup son fruit.

Kómōgō

NP peuple Sar dans la sous-préfecture de Komogo. **Sàr̄ kı́ Kūmrāá gī à ɓār-ñ Sàr̄ kı́ Kómōgō-ó gī nà ì Sàr̄ gìdı̀ màñ.** Les Sars de Koumra appele les Sar de Komogo les Sar de l'autre côté du fleuve.

kōmbēŗé

N tabouret. **Màjı̀, ī-tàā kōmbēŗé ī-ndì-ň tā.** Bon, prends ce

tabouret et assieds-toi. **Kōmbēŗé ì kāgī kı́ tɔ́r̄ kı́ dı̀yá̧ gī à ndì-ñ dɔ̀ tı́ kàdī rā-ñ-nèé kı̀là.** Un tabouret est un bois taillé où les femmes s'assoient pour travailler.

kòń-làā

AV cette année. **Dèē gī ndɔ̀r̄-ñ kūbī ngá̧y kòń-làā.** Les gens ont cultivé beaucoup de coton cette année.

kónāá

N hémorragie nasale. **Kónāá rā-m̄ àdī kón-m̄ àȳ mósi̧ ngáy.** J'ai une hémorragie nasale et mon nez a beaucoup saigné.

kónāá

N vers intestinaux. **Kónāá isà gír ngōn àdī m̄-sā kàdi̧ mātī m-b̄ōki̧ gír-n̄ ti̧.** Les vers intestinaux attaque l'anus de mon enfant et je cherche l'écorce du néré pour verser sur son anus.

kónóng (Syn: kóndóng)

INT combien. **Dā̧ ń-tòō ì gúsi̧ kónóng.** Un kilo de ta viande coûte combien?

kóndóng (Syn: kónóng)

INT combien. **Kīnjá yā-í ì gúrsi̧ kóndóng?** Ta poule coûte combien? **ā ī-nàji̧ mbàng-á ì nd̄ō kóndóng?** Et tu les laisses étendus au soleil pendant combien de jours?

kòng [kò̧ŋ,kò̧ŋgì]

NIN venin, poison. **Hi̧r̄ ì lī ki̧ ki̧ kòng-nè ngáy.** Le cobra est un serpent avec beaucoup de poison.
VN force (de piment) (*inf. de* òng). **Kòng ká̧r̄ā̧ ì ngáy mān kòng ndóngó.** La force du petit piment est plus que celle du gros piment "ndongo".

kòng

VN être maigre (*inf. de* ò̧ng). **Kòng ń ò̧ng tòō ì mò̧y ń rā-ī à?** La façon que tu a

maigrɔ, c'est une maladie qui t'attaque?
VN maigrir.

kōng

VI être noir (les nuages) (*toujours avec* kóng). **Ki̧r̄ màn̄ kōng kóng kī Dày-á bè.** Les nuages sont très noires en directions de Days.

kóng

N mouche. **Kóng gī nji̧bā-n̄ ngáy.** Les mouches dérangent beaucoup.

kóng

ID très (noir: nuages: descr. de kōng).

kōr

N reins, lombes. **Síndā òsō bòlò-ó àdī kōr-n̄ ì̧ tà nà̧ā̧ ti̧.** Le cheval est tombé dans un trou et ses reins sont déboîtés.

kór

N séquelle, conséquence négative.
N la gueule de bois. **ā̧y kàsi̧ kànji̧ ki̧sà yá̧ à kór-n̄ à rā-ī ngáy.** Si tu bois beaucoup sans manger alors la gueule de bois va te déranger beaucoup.

kór̀

N sésame. **J-à ji̧-rā kàndà ki̧ kór-ó.** On utilise le sésame pour préparer la sauce appelée "kanda".

kòrá̧à̧

N électricité de ville, courant. **Ngò̧-làā kòrá̧à̧ ìngáy Kūmrāá.** Maintenant il y de courant partout à Koumra.

kòṛō

VN mettre ensemble, réunir de (*inf. de* òṛō). **ī-lō kòṛō dā gī nàā̰-tí ndīr.** Il ne faut pas mettres ensemble des viandes (d'animaux diffèrents) pour les cuir.

kòrō

N âne. **Kòrō òtō yá̰ mān síndà.** Un âne peut porter plus qu'un cheval.

kórō

N petite cuvette en métal. **Dìyá gī à ɔ̀jì-ñ yá̰ súkī-ú kì kórō-ó.** Les femmes mesurent les choses au marché avec la petite cuvette en métal.

kōrōrōý

N esp. d'hibou, petit duc africain. **kōrōrōý ì ngōn kɔ̀ỳ dūú kí lò kà-ǹ tōr ngá̰y.** Le petit duc africain est un petit hibou que est très difficile à voir.

kòsádì

N sorte de bière. **Kòsádì ì kàsì kí tītī bíyā̰ bà nḭ̀-tá ā ā̰y à à rā-ī ngá̰y.** Le "kosadi" est une boisson comme la bouillie mais quand tu le bois il te soûle beaucoup.

kòsí

N concombre. **Kòsí à rā-ī kàdī óng ngédí-màñ ngá̰y.** Les concombres te font uriner beaucoup.

kósì

N jeu de cartes, atout. **ī-rèē jì-rɔ̄ kósì.** Viens jouer au "kose" avec moi. **Kósì ì rí? kósì ì sùbátà.** L'atout est quoi? L'atout est pique.

kósī

N chose nombreuse, beaucoup. **M-àl̄ jìlōò tà kòjì ngán kósī gī.** Je fais l'élégante pour mettre au monde beaucoup d'enfants. **Expr: kósī dèē gī** - la foule.

kòsō [kòsō,kàsō]

VN tomber (*inf. de* òsō). **īnā ngōn ngēl tīṛá tí à à tèē kòsō.** Si tu mets un enfant au bord du lit alors il va tomber.

N chute. **Kòsō Súū nàng tí.** La chute de Sou

kòsō-yèl̄ (Syn: kó̰nɔ̄)

N épilepsie. **Kòsō-yèl̄ yē-ǹ ɔ̀gī-ǹ kàl̄ kāgī.** Son épilepsie l'empêche de monter sur un arbre. **Expr: ngè kòsō-yèl̄** - un épileptique.

kótān

N nouvel initié (jeune homme). **Kótān ìsà yá̰ ndágá àlé.** Le nouvel initié ne mange pas dehors.

kótī

N esp. d'arbre, figuier [Ficus sycomorus]. **Kótī ì kāgī kí dōw gī gèy-ñ ngá̰y.** Le figuier est un arbre que les chauves-souris aiment beaucoup.

kótī

    V fermer (partie du corps).
Kótī kùm-n̄ dām kógīī. Il
ferme un oeil.

    V serrer (qqn). **Ngōn kótī
kó̰-n̄ kì rɔ̄-n̄ tí.** L'enfant
serre sa maman (à son
corps).

kòtı̰ɾó

    N escargot; coquille
d'escargot. **ì bà̰ý á ī-njīrā
láy àĺ   tītī kòtı̰ɾó bèē.**
C'est comment que tu
marches lentement comme
l'escargot comme ça.

kòtō   [kòtō,kə̀tō]

    VN porter (*inf. de* òtō).
**Ngōn kí dūú às̰ kòtō yá̰ kí
kɔ̀ȳ àl.** Un petit enfant ne
peut pas porter une chose
lourde.

kòw

    N esp. d'arbre [Ficus
platyphylla]. **Mbī kòw là
mān mbī kɔ̄l.** La feuille du
Ficus platyphylla est plus
large que celle de l'arbre
"kol".

kòy

    N la mort. **Kòy ngōn kí
dūú tōr ngá̰y mān kòy dèē
kí tɔ̀gì.** La mort d'un petit
enfant fait plus mal que la
mort d'un adulte.

    VN mourir (*inf. de* òy). **m̄-
gèy kòy ɓōó-làā àlé.** Je ne
veux pas mourir aujourd'hui.

kòý

    N sorte de panier (*on pend
dans la maison pour garder
des effets*). **M-īnā ràdyō yā-**

m̄ **kèm kòý-ó.** Je mets mon
radio dans le panier.

kóȳ

    N feuilles desséchées le
long de la tige. **M-ā m̄-rḭ́ȳā
kóy ūwá yā-m̄ kɔ̄ɔ́ kàdī
tɔ̀gì màjì.** Je vais arracher
les feuilles desséchées de
mon mil pour qu'il
développe bien.

kōy-wā̰

    N sorte de termitière très
grande, termitière
cathédrale. **Kōy-wā̰ kírēý gī
bò mān kújḭ́-bōngō.**
Certaines termitières sont
plus grandes que les cases.

kòyō   (Syn: kìyā)

    VN tendre (piège) (*inf. de*
òyō). **āw kòyō gàm-á ɓōó-
làā àlé à?** Tu n'es pas parti
tendre un piège
aujourdÆhui?

kòóyō-dɔ̀m̄

    N esp. d'oiseau très bruyant,
Cratérope. **Kòóyō-dɔ̀m̄ ì yèr̄
kí ùtī mbī ngá̰y.** Le
Cratérope est un oiseau qui
fait beaucoup de bruit [litt:
... ferme les oreilles].

kò̰   [kò̰ò̰]

    VN manger (la boule) (*inf.
de* ò̰). **Kò̰ mùr̄ kànjī tīgō jī
màjàĺ .** Manger la boule
sans laver les main est
mauvais.

    VN manger en suçant (*ex
certains fruits*).

kò̰   [kò̰ò̰]

    N droite. **M-ó̰ mùr̄ kì jī-m̄
kò̰.** Je mange la boule avec
la main droite.

kò̰ [kò̰ò̰]

VN brûler (*inf. de* ò̰). **Hòr à gèy kò̰ lò yā-ḿ bà m̄-tɔ̄l.** Le feu a voulu brûler mon champ mais je l'ai éteint.

kò̰ō̰

VN porter (*inf. de* ò̰ō̰).
VN mettre (habits), s'habiller. **Ngōn à gèy kò̰ō̰ kūbī bà ìngà kūbī yē-n̄ àlé.** L'enfant veut s'habiller mais il ne trouve pas ses vêtements.

kò̰ō̰

VT racler, gratter. **Dìyá̰ kò̰ō̰ nò jóò.** La femme racle l'intérieur de la poterie. **Síndá kò̰ō̰ lò ngáy.** Le cheval gratte le sol beaucoup.
VT rayer. **Ngán gī kò̰ō̰-n̄ kàdì bòr yā-ḿ.** Les enfants ont rayé mon mur.

kò̰ō̰

N esp. de mangouste, mangue rayée. **Kò̰ō̰ ì dā̰ kɨ́ à njīrā-n̄ ì kósī.** La mangouste est un animal qui se promène en groupes.

kó̰ò̰ (Syn: kṵ́ṵ̀)

NIN mère. **kó̰-ḿ, kó̰-í, kó̰-n̄, kó̰-jí, kó̰-sí, kó̰-dɨ** - ma mère, ta mère, sa mère, notre mère, votre mère, leur mère. **Kó̰ò̰-í gòtó à ī-nàm̄ kɨ̀ kà-í.** Si tu n'as pas de mère tu vas t'attacher à ta grande-mère. (Proverbe)
NIn femelle des animaux. **ī-ndōgō kó̰ bḭyā̰ à à ī-ndōgō-n̄ kɨ̀ ngon gī mbàkɨ̀.** Si tu achètes une chèvre tu

achète aussi son chevreau aussi.

kó̰-nàr

N esp. de fourmi. **Ré dùbī kō màjàɨ́ ànī kó̰-nàr gī à kòtō-n̄ màlàng.** Si tu sèmes le mil mal alors les fourmis vont tout ramasser.

kò̰-tàr̄

N esp. d'arbuste [Grewia cissoides].
Kò̰-tàr̄ ì kámbɨ́ kɨ́ kàn̄-n̄ tītī kàn̄ ndūú bà nḭ̀ tá nèr̄ mān ndūú. L'arbuste "kotal" est un arbuste dont le fruit est pareil au fruit de "ndu" mais il est plus agréable que le "ndu".

kó̰nō̰

N épilepsie. **Ré ìsà dò bàtī kɨ́ ndīr ìdī àlé à kó̰nō̰ à rā-ī.** Si tu manges la tête du mouton mal préparée alors tu auras l'épilepsie.
N vers dans la tête du mouton.

kō̰y-wā̰

N grande termitière (*habité par le termite* dòngrò̰). **Būr gē ndàm gē ì ngán dā̰ gī kɨ́ à tò-n̄ ì kō̰y-wā̰ gī tɨ́.** Le varan et l'écureuil sont les petits animaux qui habitent dans des grandes termitièrs

kó̰yō̰ (Syn: tíyō̰)

N étoile. **Kó̰yō̰ ì ngáy dò̰-rā̰ tɨ́ ɓóó-làà.** Il y a beaucoup d'étoiles dans le ciel cette nuit.

kɔ̀ [kɔ̀ɔ̀]

N placenta (*on dit aussi* kɔ̀w). **Ré dḭ̀yá̰ ̀ɔ̀jḭ̀ ngōn ànī kɔ̀ à tèē gō-tɨ́.** Quand une femme donne naissance à un enfant, le placenta sort après.

kɔ̀ [kɔ̀ɔ̀]

VN crépir (*inf. de* ɔ̀). **m̄-gèy kɔ̀ gɨ̀dɨ̀ kújɨ́ yē-m̄ bà m-ɨ́ngá bɔ̀r àlé.** Je veux crépir l'extérieur de ma maison mais je ne trouve pas de la boue.

kɔ̀ɔ̄

N mue (de serpent, lézard). **Lī màm ré ùɽ yá̰ ɓá-à à tò kàdī yá̰ ní ndùm kèm-ǹ tɨ́ ō ɓá-à ɔ̀r̄ kɔ̀ɔ̄-ǹ tá ndɔ́tī kɛ́tɛ́ ɓáy.** Le boa, s'il avale quelque chose alors il va rester pour que la chose pourrisse dans son ventre et après il perd sa mue avant de bouger. **Expr: rɔ̄ [dèē] ḭ̀ kɔ̀ɔ̄** - la peau [de qqn] se peler. **Rɔ̄ ngōn ḭ̀ kɔ̀ɔ̄ yā tél kɨ̀gà ndùl ɓáy.** La peau d'un enfant se pèle avant qu'elle ne devienne noire.

kɔ́ɔ̀

NIN gorge. **Yá̰ kɨ́rēý ngà̰ā̰ kɔ́-m̄ tɨ́.** Quelque chose est coincée dans ma gorge. **kɔ́-m̄, kɔ́-í, kɔ́-ǹ, kɔ́-jí, kɔ́-sí, kɔ́-dɨ́** - mon cou, ton cou, son cou, nos cous, vos cous, leurs cous.

Expr: kɔ́ [dèē] sɔ̀r̄-ǹ - [qqn] avoir la nausée. **Tá̰ ń m-ɔ̰́ ní nèr̄ tà-m̄ àlé àdī ń-tò kɔ́-m̄ sɔ̀r̄-m̄.** La sauce que j'ai mangée ne m'a pas plu et maintenant j'ai la nausée. **Expr: (rā) kɨ̀ gō kɔ́ [dèē] tɨ́** - (faire) ce que [qqn] veut. **āw ɔ̄r nàjī kɨ̀ gō kɔ́ bɔ̀b-í ní ɨ̀dà-ī ní tɨ́.** Va dire ce que ton père t'a dit de dire.

kɔɔ́

AV idée de la perte ou du départ pour de bon. **m̄-tɨ̰́ tà yá̰ kógɨ̄m̄ kɔɔ́.** J'ai perdu quelque chose. **m̄-tɨ̀gā kɨ̀là yā-m̄ kɔɔ́.** J'ai fini mon travail.

AV déjà. **J-ìsà yá̰ kɔɔ́.** Nous avons déjà mangé. **Ré m-ɨ́sá yá̰ kɔɔ́ à m-ā ɓē yā-m̄ tɨ́.** Quand j'aurai déjà mangé, j'irai chez moi.

kɔ̀bī

VN griller dans une marmite métallique avec peu d'huile (*inf. de* ɔ̀bī). **Kānjī kɨ́ kɔ̀bī nèr̄ mān kānjī kɨ́ tɨ́ngā.** Le poisson frit dans une marmite métallique est plus délicieux que le poisson grillé.

kɔ̀dɨ̀

VN toucher; puiser (*inf. de* ɔ̀dɨ̀). **Dḭ̀yá̰ àw̄ kɔ̀dɨ̀ mà̰n̄ tām-yē ngán-ǹ gī tɨ́.** La femme est partie puiser de l'eau pour ses enfants.

kòdì

N tambour. **Gír kòdì gī ì ngáy ɓē yā Mbáȳ gī tí: gángá ō, kòdì ō, gàngā ō.** Il y a plusieurs types de tambours chez les Mbay: le grand tambour, le normal, et le petit tambour.

kòdī

N forgeron. **Nìngà kùwà kòdī à tōl kòdī.** La sagaie du forgeron a tué le forgeron.

kòdì-bò

N monsieur "gros ventre", quelqu'un qui a le ventre très gros. **Kòdì-bò ì dèē kí ìsà yá ngáy.** Un "gros ventre" est une personne qui mange beaucoup.

kòdì-ngāl

N gros ventre (*ou bien* kàdì-kòl).

Expr: **ìnī kòdì-ngāl dɔ́ɔ** - se coucher sur le dos avec le ventre nu. **ì bày̰ n̄ īnī kòdì-ngāl dɔ́ɔ bèē?** C'est pourquoi que tu te couches sur le dos ventre nu comme ça?

kòdī-sā   (Syn: ngè-sā)

N féticheur, voyant. **Kòdī-sā ìdà nà ì kìmā n̄ ùwà ndíl ngōn-m̄.** Le féticheur a dit que c'est un sorcier qui a saisi l'esprit de mon enfant.

kògī

V empêcher. **Bɔbī-m̄ à gèy kògī-m̄ kàw̄ mbā tí bà m-ō**

tà-ǹ tí àlé. Mon père a voulu m'empêcher d'aller en voyage mais je ne l'ai pas écouté.

kògī

N nouvelle de. **M-ō kògī rèē-í àḭ́ .** Je n'ai pas écouté la nouvelle de ton arrivée. **M-ō kògī nàjī ní.** J'ai écouté parler de cette affaire.

kòjì

VN montrer (*inf. de* ɔjì). **ī-lō kòjì lò ń bàbá ɓɔ̄ rɔ̄-ǹ kūtí nò̰ò̰.** Il ne faut pas montrer l'endroit ou papa est caché.

kòjī

VN conseiller, penser (*inf. de* ɔjī).

N conseilles. **Màjì kàdī ō kòjī yē bɔbī-í.** Tu dois écouter les conseilles de ton père.

kòjì-kèm

N hésitation. **Kòjì-kèm yē-ǹ ɔgī-ǹ kùwà dɔgm̄.** Son hésitation l'a empêché d'attraper le lièvre.

kòkī

N chose intact ou sans être touchée. **Nàjī yā álà ì nàjī kí à tò dɔ̀ kòkī-ǹ tí.** La parole de Dieu est une parole on laisse sans toucher. **ɓōkí yá yā-ǹ mō̰y̰-ọ́ ɓá-à à tò ì dɔ̀ kòkī-nèé.** Il met ses choses dans le grenier et ça reste intact.

Expr: ndì dɔ̀ kɔ̀kɪ̄ [dèē] tɪ́ - rester tranquille. **ādɪ̄ m̄-ndì dɔ̀ kɔ̀kɪ̄-m̄ tɪ́.** Laisse-moi rester tranquille.

kɔ̄kɪ́

AV marqueur de débarras (*v.* kɔ̄ɔ́). **Mángò nò ì kɪ́ ndùm àdɪ̄ īnā kɔ̄kɪ́.** La mangue est pourrie et tu dois la jeter.

kɔ́kɪ̄

N vieux, une vieille chose. **Kūbɪ̄ yā-m̄ ń-tò ì kɪ́ kɔ́kɪ̄, m-ā m̄-ndōgō kɪ́ kɪ̀jɪ̀.** Mon vêtement là est vieux, je vais acheter un nouveau.

kɔ̀kɪ̀rɔ̀

N pierre, cailloux, morceau de brique. **Ngán gɪ̄ tɪ́nā-ñ mángò kɪ̀ kɔ̀kɪ̀rɔ̀.** Les enfants ont lancé des pierres sur les mangues.

kɔ̄kɪ̄rɔ̄

N ancienne pièce de monnaie (*pièce de 25 centimes qui a eu cours dans les années 1920-1940*).

kɔ̀l

VN affûter, aiguiser (*inf. de* ɔ̀l).

kɔ̀l

VN être agile, rapide (*inf. de* ɔ̀l). N agilité. **ɓɔ̄n ùn ì kɔ̀l yā ndàm.** L'écureuil des arbres a hérite l'agilité de l'écureuil de terre.

kɔ̄l

N esp. d'arbre. **Ngán kɪ́ Kɔ́l gɪ̄ kɔ̄l-ñ nà̠à̠ dɔ̀ kɔ̄l tɪ́ róbɪ́-ó Kɔ́l.** Les enfants de Kol se disputent sur l'arbre en route à Kol.

kɔ̄l

V disputer. **Múǹtāí nɪ̀-ñ kɪ̀ Dɔ̀būú kɔ̄l-ñ nà̠à̠.** Mountai et Dabou se disputent **Ngán gɪ̄ kɔ̄l-ñ nà̠à̠ dɔ̀ mùr̄ tɪ́.** Les enfants se querellaient sur la boule.

kɔ́l

VT cajoler, calmer (un enfant). **Dèē-kɪ́-dɪ̀ngàm gɪ̄ gèr̄-ñ kɔ́l ngán gɪ̄ àlé.** Les hommes ne savent pas calmer un enfant. VT tromper. **Ná̠à̠ ǹ ì ngōn á ī-kɔ́l-ǹ.** Qui est enfant pour que tu le trompes. (C'est à dire, tu ne vas pas me tromper).

kɔ́lɔ̀

INJ exclamation qu'on dit quand un enfant tousse.

kɔ́lɔ̄tɪ̄

N esp. de calebasse, petit et sauvage. **Kɔ́lɔ̄tɪ̄ ì kār kɪ́ à rā-ñ-nèé ì jènɪ̄.** Le "koloti" est une calebasse qu'on utilise pour faire les cuillères.

kɔ́m̄

N esp. d'arbre [Diospyros mespiliformis]. **Kɔ́m̄ ì kāgɪ̄ kɪ́ kàñ-ǹ tɪ̄tɪ̄ kàñ mūy bà nɪ̀ tá à ndùl àlé, nèr̄ ngáy mān**

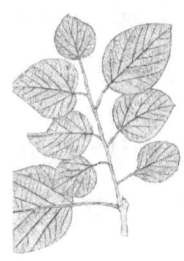

mūy. Le "kom" est un arbre avec un fruit pareil à celui de l'arbre "muy", mais il n'est pas noir, et il est plus délicieux que le "muy".

kòn̄

NIN le reste, partie restante (de la nourriture). **ún kòn̄ mùr̄ yā-ḿ ī-rèē-ň ādī m-ó̰ò̰.** Prends le reste de ma boule et apporte-le pour que je mange.

kɔ̄n

N épine, épines. **Kɔ̄n-gī kí ìbà-n̄ nà̰ā̰-tí kì ūwá ɔ̀gī-n̄ tɔ̀gì.** Les épines poussaient avec le mil et l'ont étouffé. **Expr: mbī kɔ̄n** - feuilles d'un épineux.

kɔ́n̄

NIN nez. **ílá jī-í kɔ́n-í tí àlé.** Ne mets pas le doigt dans le nez.

kɔ̄n-bàtī

N esp. d'herbe épineuse [Amaranthus spinosus] (*v.* nà̰y-rɔ̄-bàtī-tí).

kɔ̄n-hīlī

N esp. d'herbe épineuse [Asparagus africanus]. **Ré ngōn à ò̰ ngédɨ-màn̄ ɓá-à ādī-n̄ ngɨr̀à kɔ̄n-hīlī ìsà ɓá-à à ò̰ ngédɨ-màn̄ tò̰ àlé.** Si un enfant urine (au lit) alors donne-lui la racine d'asperge pour qu'il mange et il ne va plus uriner (au lit)

kɔ̀n-kɔ̀n

Id beaucoup (tituber: descr. de dɨbā). **Ngè-kàsɨ-rā njīrā kɔ̀n-kɔ̀n.** Le soulard marche en titubant.
Id en titubant (marcher: descr. de njīrā).

kɔ̄ń-làā

AV cette année. **Kɔ̄ń-làā ngán làkɔ́l̀ gī ìngà-n̄ bákɨ ngáy àlé.** Cette année pas beaucoup d'élèves ont réussi au BAC.

kɔ́n̄ā̰á̰

N saignement de nez. **Dɔ̀-ǹ tètɨ kɔ́n̄ā̰á̰.** Il a un saignement de nez.

kɔ̀n̄g

N perche pour cueillir les fruits. **Ré ī-gèr̄ kàr̄ kāgī àlé à ā íjá mángò kì kɔ̀n̄g-ɔ́.** Si tu ne sais pas monter à l'arbre alors tu coupes la mangue avec une perche.

kɔ̄njī

VT maudire. **Dɔ̀bī-n̄ kɔ̄njī-ǹ àdī tàā dɨ̰á àlé.** Son père l'a maudit pour qu'il ne se marie pas.

kɔ̀ɍ

N fatigue. **Bɨɍà-kɔ̀sɨ rā kɨlà ngáy àdī kɔ̀ɍ àr̄-ǹ nà̰ā̰ tí.** Le cultivateur a travaillé si fort que la fatigue enfin s'empara de lui. **m̄-rā kɨlà ngáy àdī ń-tòō kɔ̀ɍ rā-m̄.** J'ai beaucoup travaillé et maintenant je suis fatigué. **Expr: kɔ̀ɍ rā [dèē]** - [qqn]

être fatigué. **àsɨ̀-sí ɓōó-làā, nà kɔ̀ɽ rā-sí ngáy.** Cela suffit pour aujourd'hui, vous êtes très fatigués.

kɔ̀r

VN tirer, trainer (*inf. de* ɔ̀r).

kɔ̀r̄

VN enlever; être chauve (*inf. de* ɔ̀r̄). **M-āw kɔ̀r̄ ngàlìyà kàdī m-īnā màñ-á kàdī m-ɔ̄r kàtɨ̀-ǹ kɔ̄ɔ́.** Je vais pour enlever des patates pour les mettre dans l'eau pour enlever sa amertume.

kɔ̀ɽ́

N outil pour évider les calebasses (*ou bien* hɔ̀ɽ́).
Kɔ̀r̄ ì ngōn gìndɨ̀ kɨ́ à ɔ̄r̄-ň-nèé kèm kār. Le "kor" est un petit morceau de fer qu'on utilise pour évider la calebasse.

kɔ̀ɽ́

N cri. **ì rí ń rā ngōn-í á túr̄ kɔ̀ɽ́ ndɔ́ɔ́-làā bèē?** C'est quoi qui est arrivé à ton enfant qu'il poussait des cris pendant la nuit comme ça?
Expr: ìgà kɔ̀ɽ́ = ùr kɔ̀ɽ́ - pousser un cri.
Expr: tɨ́gā kɔ̀ɽ́ = túr̄ kɔ̀ɽ́ - pousser des cris.
N bruit.
Expr: túr̄ kɔ̀ɽ́ - faire de bruit. **Ngé kɨndà báↄ̀ gī túr̄-ñ kɔ̀ɽ́ ngáy.** Les joueurs de football font beaucoup de bruit.

kɔ̄ɽ

N folie (provoqué par la maladie) (*v. aussi* ɓòdɨ̀). **Lò kàjɨ̀ ngè kɔ̄ɽ tōr ngáy.** Il est très difficile guérir quelqu'un qui la folie
Expr: kɔ̄ɽ rā [dèē] - [qqn] être fou. **Kɔ̄ɽ à rā-ī à?** Tu es fou?
N la rage. **Bísɨ́ kɔ̄r à dò̰-ī à ā ā̰y kɔ̄r ō.** Si un chien enragé te mord alors tu auras la rage aussi.
N sauvage (animal).
Expr: dā̰ kɔ̄ɽ - animal sauvage. **ɓɔ̀l ì dā̰ kɔ̄ɽ, lò kùↄ̀-ň gòtóō.** Le lion est un animal sauvage, il est impossible le domestiquer.

kɔ̄ɽ

N nombre, compte. **Kɔ̄ɽ mà̰ng gī yē-í ì bà̰ý?** Tu as combien de boeufs? [litt: le nombre de tes boeufs sont combien?]
Expr: rā kɔ̄ɽ - compter.

kɔ̄r

N plante ou animal sauvage. **ngúↄ̀ kɔ̄r, dā̰ kɔ̄r -** igname sauvage, animal sauvage.

kɔ̄ɽ́

VT appeler. **Bɔ̀bī-í kɔ̄ɽ́-ī bà ī-ndìgɨ̀ àlé tām rí tɨ́?** Ton père t'appelle, pour quoi tu ne lui réponds pas?
VT nommer. **Yá̰ ń-tòō à kɔ́r̄-ň nà ì rí?** Comment on appelle cette chose?

kɔ́r̄

N sac en feuilles. **Kɔ́r̄ kɪ́ kɪ̀ yá̰ tà tɪ́, ì rí? ì mṵy.** Un sac en feuilles avec un couvercle, qu'est-ce que c'est? C'est le fruit du "muy" (devinette).

kɔ̀r-kùm

AV étonnant, incroyable. **ìngà gúrsɪ̀ kɪ́ tò kɔ̀r-kùm ngá̰y.** Il a trouvé de l'argent (d'une quantité) étonnante.

kɔ̄r̰-mbā

N ganglion (des aisselles ou des cuisses). **Ré dò ì njà-í tɪ́ ɓá-à kɔ̄r̰-mbā à ì nà̰y ɓúr-í tɪ́.** Si tu as une plaie au pied alors le ganglion apparaître sur ta cuisse.

kɔ̀rí

N la gale. **Kɔ̀rí òsō kèm ɓē-é.** Il y a l'épidémie de la gale au village.

kɔ̄rɔ̄

N morceau. **ī-gèr̰ rā mùr̄ wúꞗ àlé à àñ kɔ̄rɔ̄.** Si tu ne sais pas préparer la boule de pois de terre alors elle aura des morceaux durs.
Expr: [dèē] àñ kɔ̄rɔ̄ [né] - [qqn] faire des boulettes de [qqc]. **M-ān kɔ̄rɔ̄ bɪ́ya̰.** Je fais des boulettes de la bouillie.
Expr: [dèē] àñ kɔ̄rɔ̄ - [qqc] avoir des boulettes dures.

kɔ̀sɪ̀

VN piquer (*inf. de* ɔ̀sɪ̀).
VN labourer. **J-àw̄ kɔ̀sɪ̀ lò tɪ́ làkɔ́l-ɔ́.** Nous allone pour labourer la cour de l'école (pour quitter les herbes).
V piqûre. **Kɔ̀sɪ̀ ń dòktór̀ ɔ̀sɪ̀-m̄ ní tōr ngá̰y.** Le piqûre que le médecin m'a donné a fait très mal.

kɔ̀sɪ̀

N houe. **Ngār̰-rā-rí ɔ̀sɪ̀ nàng wa̰tɪ̀, tēē kɪ̀ kɔ̀sɪ̀-ɔ́ jī-n̄ tɪ́.** Ngarari se lève rapidement, et sort avec la

houe en main. **Kɔ̀sɪ̀ ì ya̰ ndɔ̀r̄.** La houe est une chose pour cultiver.

kɔ̀sī

VN arranger, disposer (*inf. de* ɔ̀sɪ̄). **ī-gèr̰ kɔ̀sī sákī àlé à?** Tu ne sais pas arranger les sacs quoi?

kɔ̄sī

N grêle. **Màñ èdɪ̀ kɪ̀ kɔ̀sɪ̀-ɔ́.** Il pleut de grêle.

kɔ̀sɪ̀-kò̰o̰

N sorte de houe le manche long avec le bout courbé.

kɔ̀sɔ̀ng

N cochon. **Kɔ̀sɔ̀ng ì da̰ kɪ́ gèy màñ ngá̰y.** Le cochon est un animal qui aime l'eau.

kɔ̀tɪ̀   (Syn: p)

VN partir, démarrer (*inf. de* ɔ̀tɪ̀). **Kɔ̀tɪ̀ kàmyo̰ yā-m̄ tōr ngá̰y.** Mon camion se démarre difficilement.

kòtī

N l'arrivée (*inf. de* ɔ̀tī).
Kòtī-m̄ kóō ɓáy ń-tòō. C'est
maintenant que je suis arrivé
[litt: mon arrivé est
maintenant]
VN arriver (*inf. de* ɔ̀tī).

kòtī

V parler à voix basse,
chuchoter (*obj. est* nàjī).
Kòtī nà̰ā̰ nàjī yḛ̀tì-yḛ̀tì. Ils
chuchotent de façon
incompréhensible. **ā-ī kòtī ì
nàjī rí?** C'est quoi que tu dis
à voix basse? **Dìyá̰ kòtī nàjī
mbī màdī-ǹ tí.** La femme
chuchote quelque chose à
l'oreille de son amie.
N chuchotement.

kòw (Syn: kò)

NIN placenta. **Ré dìyá̰ à òjì
ngōn ɓá-à ngōn à tēē kété
tá kòw à tēē gō-ǹ tí ɓáy.**
Quand une femme accouche
alors l'enfant va sortir
d'abord et le placenta sortira
après.

kòw

N maladie provoquée par la
transgression d'une
interdiction sociale. **Dēē-kí-
dìngàm ndò ré ísá yá̰ kì
kó̰-í ā kòw ā rā-ī.** Homme
initié, si tu manges avec ta
mère la maladie de
transgression t'attaquera.

kòw̄

VN brûler la base (d'un
arbre) pour le tuer (*inf. de*

ɔ̀w̄). **Kòw̄ kāgī ì kìlà kí dèē
gī à rā-n̄ ngɔ̀-làā tó̰ò̰ àlé.**
Brûler la base d'un arbre est
une chose que les gens de
nos jours ne font plus.
VN être tiède, légèrement
chauffé. **Kūl ò̰-m̄ ngá̰y ādī-
m̄ màn kì kòw̄ ādī-m̄ m̄-
ndògī.** J'ai trop froid, donne-
moi de l'eau chauffée pour
que je me lave.

kòȳ

N hibou. **Kòȳ ì yèr̄ kí àā kì
kùm kí bò gī ngá̰y. à ì
bɔgī-n̄ ndɔ́ɔ́.** Le hibou est
un oiseau avec des grands
yeux. Il vole la nuit.

kòȳ

VN être lourd (*inf. de* ɔ̀ȳ).
N poids, lourdeur. **Kòȳ ń
kāgī ɔ̀ȳ-m̄ tòō, m-ásí kùgī-
ň ɓē-é àlé.** Le pois de ce
bois est trop lourd pour moi,
je ne peux pas l'apporter
chez moi.

kɔ̄y

N calebasse. **m̄-tɔ́sī yìbī kí
dɔ̀ tí ì kì ngōn kɔ̄y-ɔ́.** Je
retire l'huile qui est dessus
avec une petite calebasse.

kɔ̄y

VT déterrer (qqc avec la
main, et dans terre sèche). **J-
àw̄ kɔ̄y wúr̄-ú nè lò tùtì
ngá̰y.** Nous allons déterrer
les pois de terre puis que la
terre est très sèche.

kɔ̄ȳ-yégī-kɔ́y-òy

N esp. d'oiseau, chouette.
Kɔ̄ȳ-yégī-kɔ́y-òy à nɔ̄
ndɔ̄ɔ́, "yégī, kɔ́-í òy," ɓá-à
yégī à rèē dìjì-n̄, yá̱ ń tɔ̄l
kɔ́-n̄ ní ɓá-à ìwà-n̄ ìsà-n̄,
bà à ìsà ì dɔ̀-n̄ ngóy̱. La
chouette crie pendant la
nuit, "rat, ta mère est
morte," et alors le rat sort
pour demander qu'est-ce qui
a tué sa mère, mais la
chouette l'attrape et le
mange, mais elle mange
seulement la tête.

kɔ̀yɔ̀yɔ̀

AV petit, tout petit. **ì ngōn**
kújì kí dūú kɔ̀yɔ̀yɔ̀ kà̱r̄ī n̄
tò kèmé. C'est une toute
petite maison seulement là
où il reste (dedans).

kù [kùù]

N sombre, obscur. **Hòr**
gòtóō kúj-ú àdī lò ìgà kù
ngá̱y. Il n'y a pas de feu
dans la maison de sorte qu'il
est très sombre.

kù [kùù]

N forêt (*normalement avec*
kāgī *ou* ò). **Ré āw kèm kū**
kāgī tì à yíl̄ gī à tó-n̄-ī
ngá̱y. Si tu vas dans la forêt
les moustiques vont de
piquer beaucoup.

kū [kūū]

N gourde, calebasse. **m̄-**
ɓōkí kèm kū-ú. Je la verse
dans une gourde.

kú [kúú]

N creux de la poitrine. **Tàā**
kō àĺ bà tà kú-n̄ à ndām.

Il ne respire pas mais le
creux de sa poitrine bouge.

kùú

VT replier en faisant un
cercle. **ī-kùú tà kı̱lā nà̱a̱̱ tí.**
Replie la corde.

kúū

V replier (plus. choses, en
plus. reprises) en faisant un
cercle (*fréq. de*
kùú). **Ngè-ndɔ̀-kānjī kúū**
ṟéng kèm tò-ó. Le pêcheur
plie le filet dans la pirogue.

kū-mbà

N sorte
de gourde
avec la
couvercle
tressé,
utilisée
pour
porter le
lait. **Màñg ìndà kūu-mbà yā**
dı̱yá̱ Mbōrō tɔ̄. Le boeuf a
donné un coup de pied à la
gourde de la femme Mboro et
elle s'est cassée.

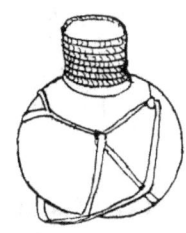

kúbı̀

N coeur (cartes). **Gı̀r̄ kárt**
gī ì só: jìnárì ō kúbı̀ ō
sùbátà ō sı̀nékı̀ ō. Il y a 4
couleurs de cartes: carreau,
coeur, pique et trèfle.

kùbı̀

VN créer (en parlant de
Dieu) (*inf. de* ùbı̀). **Jı̀**
màlàng ì yá̱ kùbı̀ Nı̱ɓā gī.
Nous sommes tous des
choses créées par Dieu.

kūbī

N vêtement, habit. **Ma̱,**
kūbī kı́ ṟɔ̄-m̄ tı́ ǹgòtóō á,

mā̰ m-ɔ́dɨ̀ kàw̄ làkɔ́l-ɔ́ àlé.
Moi, puisque je n'ai pas de vêtement, je refuse d'aller à l'école. **Kūbī yā-m̄ tò yōró ngá̰y, m̄-gḛ̀y tógó-dɨ̀.** Mes vêtements sont très sales, je vais les laver.

N coton. **M-ā m̄-ɓōkɨ́-ň ì kūbī.** J'y mets le coton. **ɔ̀y-n̄ kūbī ɓēdàyāā àw̄-n̄-nèé Kūmrāá gātī-á.** Ils ont ramassé le coton à Bédaya et l'ont transporté à Koumra pour vendre.

N tissu. **m̄-gḛ̀y kàdī ī-tīnā-m̄ kūbī kíl mɨ́.** Je veux que tu me prêtes 5 coudes (yards) de tissu.

kùbɨ̀-dùl

N esp. d'oiseau. **kùbɨ̀-dùl ì yèꞮꞋkɨ́ tītī yèꞮꞋ-dɔ̀-gà̰jɨ̀ bà nɨ̀ tá àsɨ̀ kùwà lī àlé.** Le "kubi-dul" est oiseau pareil au serpentaire mais lui il ne peut pas attraper les serpents.

kūbī-gír

N pantalons, culotte. **Ré ādɨ̀-m̄-ī kūbī-gír-m̄ àꞮꞋ ànī, m-ā m-āw làkɔ́l-ɔ́ àlé.** Si vous ne me donnez pas de culotte, je n'irai pas à l'école.

kūbīɽū

NIN chose qui est ronde. **ún kūbīɽū mùr̄ kógī́ ādī-m̄.** Prends un rond morceau de la boule pour moi.

kúbō

N couvercle du grenier. **ún-ī kúbō īndā-ī tà mō̰y tɨ́.**

Prend le couvercle et mets-le sur le grenier.

kùdɨ̀

VN entrer (*inf. de* ùdɨ̀). **Lò kùdɨ̀ kī kèm kújɨ́-ú ń-tòō tɨ́ yē dèē kɨ́ ngāl tōr ngá̰y.** Entrer dans cette maison est très difficile pour une personne de grande taille.

kùdī

VN plier (*inf. de* ùdī). **ī-lō kùdī màktūbī yā-m̄ nà à nùjɨ̀ kɔ́ɔ́.** Ne plie pas mes papiers de peur qu'ils soient détruits.

kùgɨ̀

VN couper, pincer (*inf. de* ùgɨ̀). **ī-lō kùgɨ̀ mùr̄ kànjī tógó jī-í.** Il ne faut pas couper la boule sans avoir lavé les mains.

kùgī

VN arriver (*inf. de* ùgī). **Kɨ̀ndā mbā róbɨ́-ó ɔ̀gī kùgī ɓē-é.** Mettre l'hôte sur la route l'empêchera d'arriver chez lui.

kùjɨ̀

VI être stérile. **Nɨ̄yá̰-m̄ ì kùjɨ̀, à̰ā kɨ̀ ngōn àlé.** Ma femme est stérile, elle n'a pas un enfant.

kùjī

VN se débarrasser de (un poids qui est sur la tête) (*inf. de* ùjī). **ī-lō kùjī dɔ̀-í gír kīɽ tɨ́ āw-ň ɓē-é tá ūsī.** Ne te débarrasse pas le fagot qui est est sur ta tête, apport-le à la maison d'abord et dépose-le.

kūjɨ́

N geste symbolique. **Nàr gír dɨ̀yá̰ ì yá̰ kūjɨ́ wàlá ì nàr ndōgō dɨ̀yá̰ àlé.** La dot est une chose symbolique et pas l'argent pour acheter une femme.

kújɨ̀

N maison, case. **M-āw kɨ̀ kújɨ́ kógīḿ bèē, àsɨ̀ tām yē dɨ̀yá̰ jōó tɨ́ àlé.** Je n'ai qu'une seule case, pas suffisant pour deux femmes.

kújɨ̀-Álà

N église. **Dèē-kɨ́-dɨ̀yá̰ àw̄ kújɨ́-Álá dò̰-ǹ kàr̄ī àlé.** Une femme ne va pas à l'église à tête nue.

kújɨ̀-bōngō

N case ronde. **Dèē-kɨ́-dɨ̀ngàm kɨ́ bà̰ý á ásɨ́ rā kújɨ́-bōngō àlé.** Tu es quelle sorte d'homme qui ne peut pas construire une case ronde.

kújɨ̀-kátɨ̀-kó̰ỳ

N maison rectangulaire fabriquée avec briques cuites. **M-ɔ̄r bɨ̀ríkɨ kàdī m̄-rā-ǹ kújɨ́-kátɨ̀-kó̰ỳ.** Je fabrique des brique pour

construire une maison rectangulaire.

kújɨ́-kɨ̀là

N bureau. **údɨ́ kújɨ́-kɨ̀là-á à índá jī-í ré dèē ndìgɨ̀ tá údɨ.** Quand tu entres dans un bureau tu frappes tes mains et si quelqu'un répond alors tu entres.

kújɨ́-màñ

N château d'eau. **Kújɨ́-màñ kɨ́ Kūmrāá nùjɨ̀ kɔ̄ɔ́ àdī dèē gī à ɔ̀dɨ̀-ñ ì màñ bòlò.** Le château d'eau à Koumra est tombé en panne et les gens puisent l'eau des puits.

kújɨ́-mósɨ̀

N le coeur. **Tàā kòō àlé ɓá-à kújɨ́-mósɨ̀-ǹ à ndām.** Il ne respire pas mais son coeur bat.

kújɨ́-mbōgī   (Syn: mbōgīló)

N case construite avec le secko. **ɨ̄ sùwā á ī rā kújɨ́-mbōgī à?** Es-tu un Arabe pour fabriquer une case avec le secko?

kùjī-nàjī   (Syn: kāgī-nàjī)

N proverbe. **Kùjī-nàjī kɨ́ jóò gī ń kà-jí ɔ̀r̄ ní dèē ɔ̀r̄ ngò-làā tò̰ àlé.** Les

proverbes que nos grands-
parents disent, les gens ne
disent plus maintenant.

kújɨ́-ngàw

N maison conjugale (*on dit
aussi* kújɨ́-ngà). **Ɨ̄ ì ngōn kɨ́
dūú ngáy, ásɨ̀ ndì kújɨ́-
ngàw-á àlé.** Toi qui es une
petit enfant, tu ne peux pas
rester dans la maison
conjugale (tu ne peux pas te
marier).

kújɨ́-ngōn

N utérus. **Mɔ̀y ì kújɨ́-ngōn
tɨ́ àdɨ̄ à ɔ̀jɨ̀ ngōn àlé.** Elle a
une maladie de l'utérus et
elle ne peut pas avoir des
enfants.

kújɨ́-ngɔ̀m̄

N case pour garder le
champ. **ɨ̄-rā kújɨ́-ngɔ̀m̄ àlé
à màñ à ìndà-ɨ̄ ɓàṛ-á tà
ndɔ̄r̄ tɨ́.** Si tu ne construis
pas une case pour garder le
champ alors la pluie va te
frapper pendant la saison
des pluies.

kùr̄

VN élever [les animaux].
**Kàdɨ̄ yá̰-kùr̄ yē-í gɨ̄ tél-n̄
ngáy.** Pour que tes élevages
soient prospères

kūl

NIN manche. **Kūl kɨ̄ngā
ṛóñg.** Le manche de la
hache s'est démanché.

kūl

V froid. **ɓōó-làā kūl ɔ̀
ngáy.** Aujourd'hui il fait très
froid. **ɓōó-làā kūl ɔ̀-jɨ̀ ngáy.**
Aujourd'hui le froid nous
dérangeait beaucoup.

kūɨ́

N esp. de pigeon à la
poitrine jaune. **Ré ɨ̄-gɛ̀y tɔ̄l
kūɨ́ kɨ làspér-é ɓá-à índá
dɔ̀-n̄ àɨ́ ɓá-à índá bɔ̄gɨ̄-ǹ.**
Su tu veux tuer le pigeon
vert avec un lance-pierre
alors tu tires sur sa tête ou
bien sur ses ailes.

kúl

V charbon. **Kúl kɨ́ mbōl ɔ̀
hòr láw àlé.** Le charbon
n'est pas du tout sec, il ne
prend pas feu vite.

kúr̄

N cuire [la sauce longue].
**Dɨ̀yá̰ kúr̄ tá̰ tām-yē mbā gɨ̄
= Dɨ̀yá̰ rā tá̰ kúr̄ tām-yē
mbā gɨ̄.** La femme préparait
la sauce longue pour les
invités.

kúlù   (Arabe)

AV aussi. **Mā̰ kúlù m̄-tò
kàṛī ō.** Quant à moi, je vais
bien aussi.

kúlúlū

N mille-pattes. **Kúlúlū kɨ́
bò à̰ȳ mósɨ̀ dèē gɨ̄.** Les
mille-pattes grands sucent le
sang des gens.

kùɨ́ yū

VI s'infecter à l'intérieur.
Kɔ̄n ɔ̀sɨ̀ njà-m̄ àdɨ̄ kùɨ́ yū.
Une épine m'a piqué le pied
et il s'est infecté à l'intérieur.

kùm

PRP vers (toujours avec
kɨ̄). M-ɨ́lá hòr dɔ̀ ngɔ̄ngɨ̄rɔ̄
tɨ́ àdī sà-ǹ sū kùm kɨ̄ dɔ̀-ṟā̰
tɨ́, J'ai mis le feu sur les
brindilles pour que sa fumée
monte vers le ciel.
PRP dans (*liquide,
poussière, la boue, mais pas
un endroit*). Ngán gɨ̄ ɓɔ́wlɔ̄-
ń rɔ̄-dɨ́ kùm bɔ̀r tɨ́. Les
enfants roulent dans la boue.
PRP sous (la pluie). Ngè-
kɔ̄ṟ njḭ̄rā kùm màñ tɨ́. Le
fou marche sous la pluie.

kùm

NIN oeil, yeux. Màdī-ǹ
ìndà kùm-ǹ à ń-tòō ní
kùm-ǹ ì kɨ́ tágɨ̄. Son ami l'a
tapé dans l'oeil, et
maintenant son oeil est
gonflé. kùm-ḿ, kùm-í,
kùm-ǹ, kùm-jí, kùm-sí,
kùm-dɨ́ - mes yeux, tes
yeux, ses yeux, nos yeux,
vos yeux, leurs yeux.
Expr: ìdɨ̀ kùm - produire
bien (céréale). ūwá kɨ́ kùwà
dɔ̀ dīí tɨ́ ìdī kùm ngáy. Le
mil labouré sur le tas
d'ordures brûlées produit
très bien.
Expr: kùm [dèē]
ngàñg/àṟ/ùnjɨ̄/àȳ - [qqn]
être intelligent, ouvert. ì
ngōn kɨ́ kùm-ǹ ngàñg
ngáy, à tɨ̄ tà yá̰ àlé. Il est un
enfant intelligent, il ne perd
pas les choses.
Expr: kùm [dèē] ɔ̄ - [qqn]
être sage. Bɔ̀bī-ḿ ì dìngàm

kɨ́ kùm-ǹ ɔ̄ àdī dèē-gɨ̄
màlàng gèy-ñ-á ngáy. Mon
père est un homme sage et
tous les gens l'estiment
beaucoup.
Expr: àsɨ̀ kùm [dèē] -
plaire [qqn] beaucoup,
intéresser [qqn]. āw ī-sā sā
kɨ́ àsɨ̀ kùm-í tá ī-ndōgō. Va
chercher des chaussures qui
te plaisent d'abord et après
tu les achètes.
Expr: nɔ̀ [dèē] ḭ̄ - [qqn]
avoir le vertige. ā̰y bíl-bìl à
nɔ̀-í à ḭ̄. Si tu bois de la
bière de mil tu auras le
vertige.
NIN sens (d'une parole). ī
ɔ̄r nàjɨ̄ láw ngáy ō, kɨ̄ dɔ̀ɔ̀
àl ō, àdī m̄-gèṟ kùm àlé.
Toi, tu parles trop vite et pas
assez fort, de sorte que je ne
comprends pas le sens. ī-gèṟ
kùm tā à? Est-ce que tu
comprends son sens
maintenant?
& visage, apparence.
Ndìngā gɨ̄ ì dèē gɨ̄ kɨ́ kùm-
dɨ́ līī̀ nà̰ā̰. Les jumeaux
sont des personnes dont
leurs visages sont pareilles.
NIn trou (dans tissue,
clôture, etc., mais pas dans
la terre) (*suit par le matérial
qui a le trou*). Bɨ̄yā̰ mān
kùm ndògī tɨ́ àw̄ ìsà wúɨ̀.
La chèvere est entrée par le
trou dans le secko et elle est
allée manger les pois de
terre.

kùm̄

VN guetter (*inf. de* ùm̄).
Mɨ̀là yā-ḿ à gèy kùm̄ yégɨ̄

bà ɓígá ngá̰y àdī àsì àlé.
Mon chat veut guetter le rat
mais il est très vieux et il ne
peut pas.

kūm

NIN nombril. **Kūm ngōn-
m̄ ndùm àdī òsō.** Le
nombril de mon enfant est
pourri et il est tombé.

kūm-gùĺ

N hernie ombilicale
(*normalement avec le verbe*
ìɓà). **Kèm ngōn-í ń à tōr-n̄
nó̰ò̰ ì kūm-gùĺ nà à rā-n̄.**
Le maux de ventre que ton
enfant souffre, c'est l'hernie
ombilicale que l'attaque.

kùm-kàjì

N la vie éternelle. **M-ndɔ̄y
Nɨ́ɓā ì tām yā kùm-kàjì.** Je
prie à Dieu pour la vie
éternelle.

kùm-kàl

N pitié. **Kùm-kàl yē-n̄ ɔ̀gī-n̄
kìndà ndéy dɔ̀-n̄ tí.** Sa pitié
l'a empêché de se défendre.

kùm-kà ȳ

N bon sens. **Kùm-kà ȳ yē-í
àjì-ī njà ngá̰y kɔ̄ɔ́.** Ton bon
sens t'a déjà sauvé plusieurs
fois.

kùm-kèdī

N astuce. **Kùm-kèdī yē-í à
rèē kɨ̀ nàjī dɔ̀-í tí.** Tes
astuces vont t'apporter des
problèmes.

kùm-kìl

N vertige. **Kùm-kìl rā-m̄
àdī m-úwà lò nàng tí.** J'ai
eu le vertige et je me suis
assis à terre.

kùm-kíĺ

N esp. d'herbe à fleure
jaune [Vicoa leptoclada].

kùm-kɪ̀sō

V désir. **Kùm-kɪ̀sō dɪ̀yá̰ yē-
í àĺ ngàndī ngá̰y.** Ton désir
pour les femmes est
vraiment trop.

kùm̄-kɔ́ý (Syn: jènī)

N calebasse - cuillère.
**Kùm̄-kɔ̄ý ì yá̰ kɨ́ kàdī úwā
ā̰y-n̄ bɨ́yā̰.** La cuillère de
calebasse est une chose que
tu vas utiliser pour prendre
et manger la bouillie.

kùm-kùnjī

N intelligence. **Kùm-kùnjī
yē-n̄ ì yá̰ kɨ́ kɨ́ dūú-nèé.** Son
intelligence est une chose de
depuis qu'il était petit.

kùm-mbàng

NIN le temps pour, période
pour. **Kùm-mbàng àsɪ̀ kàdī
j-àw̄ ɓē-é.** Il est le moment
où nous devons rentrer.
**Expr: ùn kùm-mbàng -
durer longtemps. ì sàrìyà kɨ́
bà̰y á ùn kùm-mbàng bèē?**
C'est quel sorte de jugement
qui dure longtemps comme
ça?

kùm-ndò

N pitié. **á̰ kùm-ndò yā kó̰-í
àĺ à?** N'as-tu vu la pitié de
ta mère?

kùm-ngàñg

N avarice. **Kùm-ngàñg yē-
n̄ ɔ̀gī-n̄ ndōgō bìlō kàĺ.** Son
avarice lui empêche
d'acheter un vélo pour
monter.

kùm-sɔ̀r

N tranquillité.

N timidité. **Kùm-sɔ̀r yē ngōn-m̄ àr nà̠ā̠ ngá̠y.** La timidité de mon enfant est trop.

kùm-tó-ndòō

N pitié.

Expr: à̠ kùm-tó-ndòō yā [dèē] - avoir pitié de [qqn].

kùm-tūr

N conjonctivite. **Kùm-tūr rā-ī à ā ī-rā màdī-í lápíyà kì jī-í àlé.** Si tu as la conjonctivite alors tu ne salues pas ton ami avec la main.

Kūmrāá

NP Koumra (ville Sar entre Sarh et Doba). **āw Kūmrāá ì rìngá̠y-tí?** Quand étais-tu parti à Koumra?

kúùmú

N excroissance (d'arbre). **Bànáǹ ì kāgī kí kúùmú-ǹ gòtóō.** Le bananier est un arbre qui n'a pas d'excroissances.

kùmbī

VN prendre (un liquide) dans la bouche (*infinitif de* ùmbī*; on dit aussi* ùm̄). **ī-lō kùmbī màñ ngá̠y nà à sē̠r-ī.** Ne prends pas beaucoup de l'eau dans la bouche, ça va t'entrer mal.

kùn

VN prendre (*inf. de* ùn). **ásí kùn túkì kà̠rī à?** Peux-tu prendre un fut tout seule?

kùñ

V pénétrer (dans l'eau). **Ngōn gè̠y kùñ màñ bà à̠ mà̠r ɓá-à ā lō gírí.** L'enfant a voulu se mettre dans l'eau mais il a vu un crocodile et il s'est arrêté.

kùndí

VT gêner, perturber, déranger. **Ngōn-í kùndí dèē gī ngá̠y lò yò tí ɓōó-làā.** Ton enfant a beaucoup pertubé les gens aujourdÆhui à la place funéraire.

kùndí

N boisson fait avec la farine de mil et avec le sucre ajouté à la fin. **Kùndí ì kàsì ā à̠y à rā-ī àlé.** La "kunde" est une boisson que si tu la bois elle ne va pas te soûler.

kūndí

NIN chaleur. **Kūndí hòr nìtō bì̠ī-m̄.** La chaleur du feu a brûlé mes poils.

kūndí

NIN odeur. **Kūndí tà-í òtì ngá̠y.** Ton haleine sent mauvaise. **ūtī tà bòlò yèdī nà kūndí-ǹ ɔ̀gī-m̄ tàā kòō.** Ferme l'ouverture au WC, son odeur m'empêche de respirer.

kúndī

N balafon. **Níɓā àdī-ǹ kúndī gìndī ō kɔ̀dì ō.**

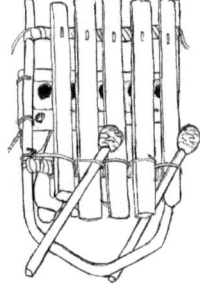

Nouba lui donna
un balafon en fer et un
tambour.
Kúndī ɓāɽ tɔ̄ȳ kèndè. Le
balafon résonne plus que la
cithare.

kúndī

VT embrouiller. **Sārīyā
kúndī-jí àdī j-àw̄ yē rèē
ndɔ̄ kɪ-ràng ɓáy.** Le procès
nous a embrouillé, donc
nous partons pour rentrer
autre jour.

kū́ŋg

N courbe, position courbe.
**Lī ùdɪ̀ kūŋg-ǹ ndì dɔ̀ nà̰ā̰
tɪ́.** Le serpent s'est mis en
rond (un cercle sur l'autre).

kúǹgú

N falaise au bord du fleuve.
Kúǹgú tètɪ̀ àdī màn̄ tàā lò.
La falaise est cassée et il y
avait une inondation.

kùnjī

VN être clair, propre (*inf.
de* ùnjī). **Kùnjī ń lò ùnjī
ɓōó-làā tòō, màn̄ à èdɪ̀ kóō
à?** Avec le ciel clair
d'aujourd'hui, est-ce qu'il va
pleuvoir?
VN prendre (le feu avec
qqc, ex brindille, bâton, etc.)
(*inf. de* ùnjī). **Kùnjī hòr kɪ̀
kāgī kɪ́ mbōl tōr ngáy.**
Prendre un feu avec un bois
mouillé est très difficile.

kùɽ

VN avaler (*inf. de* ùɽ ?).
**Kùɽ dā̰ kànjī kɪ̀sà ì gír kɪ́
màjɪ̀ àlé.** Avaler la viande
sans mastiquer n'est pas une
bonne idée. **ī-lō kùɽ kīngō**

nà à ìwà kɔ́-í. Il Il ne faut
pas avaler l'os de peur qu'il
reste coincé dans ta gorge.

kùr

VN lancer qqc sur (*inf. de*
ùr). **ī-lō kùr dā̰ kùɽ yē
màdī-í.** Il ne faut pas lancer
quelque chose sur l'animal
de ton copain.
VN piler.
VN verser.

kùɽ

N noeud (d'une plante) (*v.*
kɪ̰ɽò). **Kádɪ̀-ɓāl kùɽ-ǹ ngāl
ngáy.** Les noeuds de la
canne à sucre "bal" sont très
longs.

kùɽ̄

VN coudre (*inf. de* ùɽ̄). **āw
ndōgō kūbī-ú à ī-ndōgō
kūbī kɪ́ kùɽ̄ kɔ́ɔ́.** Si tu vas
pour acheter un habit alors
achète un habit qui est déjà
cousu.

kùɽ̄

N insecte. **ì kùɽ̄ ń tòō.** C'est
cet insecte-là. **Ndɔ́ɔ́ làā
ngōn kùɽ̄ njíɓā-m̄ ngáy.**
Cette nuit les petits insectes
me dérangeaient beaucoup.

kūɽ̄

NIN morceau, fragment.
kūɽ̄ dā̰, kūɽ̄ bòr, kūɽ̄ náŋg
- morceau de viande, de la
boue, de la terre. **Ngán gī
gáng-ń mùr tɪ́nā-ñ gír tā̰ tɪ́
bà ɔ̀y-ñ-nèé kūɽ̄ dā̰ gī
màlàŋg.** Les enfants
coupent la boule et la
mettent dans la sauce et ils
prennent tous les morceaux

de viande (façon de cacher
qu'ils la prennent).

kṵ̄́

NIN chose pas encore
entièrement développée.
kṵ̄́ ngōn, kṵ̄́ dèē, kṵ̄́ bísɨ̀
- bébé, adolescent, chiot.
Kṵ̀̀ kṵ̄́-bísɨ́ tōr ngáy.
élever un chiot est très
difficile.

kṵ̀̀-bɨ̀nā

N esp. d'insecte qui habite
dans le son. **Kṵ̀̀-bɨ̀nā ì kṵ̀̀
kɨ́ dūú, àsɨ̀ kùdɨ̀ kùm-í tɨ́
kà̰r̰̄.** Le "kur-bina" est un
petit insecte, il peut
facilement entrer dans tes
yeux.

kṵ̀̀-jī

NIn poignet. **Dò kɨ́ kṵ̀̀-jī
tɨ́ ɨ̀dī láw àlé.** Une plaie sur
le poignet ne se guérit pas
vite.

kṵ̀̀-kèjɨ̀

NIn genou (*v.* kèjɨ̀).

kúr-kúr

ID très (noir: descr. de
ndùl). **āw ì kī lò-yò tɨ́ á ō̰
kūbī kɨ́ ndùl kúr-kúr à?** Si
tu vas à la place mortière
portes-tu des habits très
noirs?

kṵ̀̀-kùsɨ̀

AV moment de la journée
où la lumière est faible
(matin ou soir). **m̄-rèē kṵ̀̀-
kùsɨ̀ lò-ó.** Je suis venu à la
tombée du jour.

kṵ̄́-kùsɨ̀

N brume. **Kṵ̄́-kùsɨ̀ ɨ̀bà
ngáy àdī lò kà̰ lò gòtóō.** La

brume tombe, il est
impossible voir.

kṵ̄́-ngāng

N carie dentaire. **Kṵ̄́-
ngāng àgī tà-ń ngáy.** La
carie dentaire a beaucoup
enflé ma bouche.

kṵ̀̀-njà

NIn cheville. **M-īsō róbɨ́-ó
àdī kṵ̀̀-njà-m̄ ɔ̀r tà nà̰a̰ tɨ́.**
Je suis tombé sur la route et
j'ai une entorse à la cheville.

kṵ̀̀-tɨ́r̰á   (Syn: ɓɔ̀r̰ɓɔ̰r̰)

N punaise (*litt: insecte du
lit*). **Ré kṵ̀̀-tɨ́r̰á ì ngáy kūtī
wàá yē-í tɨ à īnā mbàng-á à
à òy-n̄ màlàng.** S'il y a des
punaises dans ta natte alors
mets-la au soleil et ils vont
tous mourir.

kṵ̀̀kùtɨ̀

N esp. de grosse grenouille
[Rana occipitalis]. **kṵ̀̀kùtɨ̀ ì
kà̰r̰ā kɨ́ bò kɨ́ dèē gī à ɨ̀sà-
n̄; náw gī gḛ̀-n̄ kṵ̀̀kùtɨ̀
mān kānjī.** Le "kurkuti" est
grosse grenouille que les
gens mangent; les pêcheur
l'aiment plus que le poisson.

kùsḛ́ḛ̀   (Français)

N coussin, oreiller. **ún kùsḛ̄
ādī m̄-tàā-ň dò-m̄.** Donne-
moi le coussin pour que je
soutienne ma tête avec.

kùsɨ̀

VN frotter (*inf. de* ùsɨ̀).
**Kùsɨ̀ gìdɨ̀ sìmá̰a̰ kɨ̀ bū-ú tōr
ngáy.** Frotter l'extérieur de
la marmite métal avec la
cendre est très difficile.

kùsī

VN déposer (un fardeau) (*inf. de* ùsī). **ī-gèr̄ kùsī yá̤ dɔ̀ dèē tí àlé à?** Tu ne sais pas décharger quelque chose de la tête de quelqu'un quoi?

kūsí

VT écailler. **ī-kūsí ngɔ́ kānjī tá ī-ndīr ɓáy.** Écaille le poisson avant de le cuire. VT enlever (poils). **ī-kūsí dɔ̀ ɓī̤ya̤ ādī jì-ndīr.** Enlève les poils de la tête de la chèvre pour nous puissions la cuir.

kùsúr̤ū

VI être boueux. **Màn bòlò kùsúr̤ū ngá̤y, màn tà tólì só-tí.** L'eau du puits est très boueuse, l'eau (qui tombe du) toit est mieux.

kùt-gìdì-kógī

NUM onze. **Kīnjá yā-ḿ tɔ̄ ngán gī kùt-gìdì-kógī.** Ma poule a éclos onze poussins.

kùtì

NIN nombre. **Kùtì dèē kèm ɓē ń-tòō tí mān ɓú àlé.** Le nombre de gens dans ce village là ne dépasse pas cent.

kùtì

NUM dix. **M-ā m̄-nàjì mbàng-á àsì ndɔ̄ kùtì àláà ì só-só.** Je les laisse étendus au soleil dix ou huit jours. Expr: **kùtì-só-gìdì-ì-mí** - quarante-cinq (225 CFA). **Màjì, àdī-m̄ gúrsì kùtì-só-gìdì-ì-mí.** Bon, donne-moi 225 francs (45 "gourse").

kùtì

NIN nombre. **Kùtì-dí àsì nà̤a̤ bà kɔ̀y-dí àsì nà̤a̤ àí .** Leur nombre est le même mais leur poids n'est pas le même.

kùtī

N puissance représentée par un poteau planté au pied d'un arbre (*prohibitions pour protéger les initiés pendant leur initiation*). **Kùtī ń ùtī-ñ ɓē tòō dèē à ìsà dā̤ àlé.** La puissance qu'on met sur le village là, personne ne va pas manger la viande.

kùtī

VN fermer (*inf. de* ùtī). **ī-lō kùtī tà ndògī nà mā̤ m̄-tèē kì kàmyō̤-ó̤.** Il ne faut pas fermer l'entrée de la concession car je vais sortir avec le camion.

kūtī (Syn: tū)

PRP dans, sur. **Tí̤yō̤ gī ì ngá̤y kūtī mángò ń-tòō tí, āl àlé.** Il y a beaucoup de fourmis rouges dans ce manguier là. **ɓɔ̀r̤ɓɔ̄r̤ gī ì ngá̤y kūtī tīr̤á yā-ḿ tí.** Mon lit en bois est plein de punaises.

kūtí

AV dedans. **ɓōkí kō kèm jó tí bà ìlà jī-ñ kūtí.** Elle a versé l'eau dans le canari et elle a mis son doigt dedans. AV vers dehors (en parlant de qqc qui est dedans). **Ré gèr̤ tɔ́r̄ kīnjá àlé àdī rèy̤-ǹ** tɔ̄ kūtɪ ɓá-à dā̰-ǹ à àtī̄. Si tu ne connais pas dépecer le poulet de sorte que sa bile coule dehors alors sa chaire sera amère.

kùtɪ̀-gìdì-jōó

NUM douze. Kèm ɓāl kógīḿ tɪ́ nā̰ ì kùtɪ̀-gìdì-jōó. Dans une année il y a douze mois.

kùtɪ̀-gìdì-kógīḿ

NUM onze. Dɪ̰̀yá ndān ngōn rā nā̰ kùtɪ̀-gìdì-kógīḿ tá òjì. La femme était enceinte pendant onze mois avant d'accoucher.

kùtɪ̀-jōó

NUM vingt. Mángò kɪ́ kɪ̀rē ì gúsɪ̀ kùtɪ̀-jōó. Une mangue mûre coûte 100 CFA (20 "gourse").

kùtɪ̀-mɪ́

NUM cinquante (250 CFA). M-ígɪ̀-ň ì gúrsɪ̀ kùtɪ̀-mɪ́ ngóy̰. Je la vends a 250 francs seulement (50 "gourse").

kùtɪ̀-mɪ̀tá

NUM trente. Dèē gɪ̄ kùtɪ̀-mɪ̀tá rèē-ň gòtɪ̀ yò tɪ́ r̰ɔ̄ ngār̰ tɪ́. Trente personnes sont venues rendre condoléance au chef.

kūtī-r̰īngō

N jeu de fillettes. Kūtī-r̰īngō ì pā kɪ́ kógī nà̰ā̰ yē ngán kɪ́ dɪ̰̀yá gɪ̄ bà m-gèr̰ àl . "Kuti-ringo" est une chanson que les filles jouent mais moi je ne connais pas.

kùtɪ̀-sɔ́

NUM quarante. Jɪ̀-r̰ɔ̄ ì kártɪ̀ kùtɪ̀-sɔ́. Nous jouons avec 40 cartes.

kūtɪ́r̰ū

VT remuer avec des gestes rapides, agiter. ún kāgɪ̄ gèr̰ ādɪ̄-m̄ m̄-kūtɪ́r̰ū-ň gír tá̰à̰. Prends-moi une cuillère en bois pour que je remue la sauce avec.

kūtō

VT récolter (les choses sur la terre). Mɪ̀njò tùtɪ̀ kɔ̄ɔ́ j-àw̄ jɪ̀-kūtō-ī tā. Les haricots sont secs, allons (plus de 2 personnes) les récolter.

kùtúm̄ (Français)

N coutume. Ngār̰ kùtúm̄ ì ngār̰ kɪ́ à ùn gúsɪ̀-nā̰ tɪ́ àlé. Le chef coutumier est un chef qui n'a pas de salaire.

Expr: ndɪ̀ dɔ̀ kùtúm̄ tɪ́ - - garder les coutumes. Ngār̰ kùtúm̄ ì dèē kɪ́ ndɪ̀ dɔ̀ kùtúm̄ tɪ́. Le chef coutumier est la personne chargée des coutumes (les connaît, les fait respecter)

kùwà

VN prendre (*inf. de* ìhɔ̀). r̰éng gɪ̄ yā-m̄ kídɪ̄-ň ngáy àsɪ̀ kùwà kèsèng àlé. Mon filet est trop petit pour prendre les capitaines.

kùwà

VN forger. Nɪ̀ngà kùwà kɔ̀dɪ̄ tɔ̄l kɔ̀dɪ̄. La sagaie du forgeron a tué le forgeron.

kúwà

NIN propriétaire. **Gèr̄ kúwà-ǹ àlé. Gèr̄ kúwà kúji̱ àlé.** Ils ne connaissent pas le propriétaire. **m̄-tél kì kòsi̱ m-ādī kúwà-ǹ.** J'ai ramené la houe à son propriétaire.

kùy

VN gratter. **Kùy tó yír̄ à di̱bà ndǭǭ-ǹ àlé.** Gratter une piqûre de moustique n'arrête sa démangeaison. VN prendre (plus. choses, avec un instrument) (*inf. de* ùy). **Kùy kí bà̱ý ngōn ùy gidi̱-m̄ bèē!** Quelle façon de gratter que l'enfant m'a gratté au dos!

kùȳ

N hameçon. **Ndǫ̀ kānjī kì kùȳ-ú.** Il pêche les poissons avec l'hameçon.

kùȳ (Syn: ɔ̀di̱)

VN puiser (*infinitif de* ùȳ). **Màn̄ gòtóō bòlò-ó àdī j-àw̄ kùȳ màn̄-á ì bāá.** Il n'y a pas de l'eau dans le puits et nous allons puiser de l'eau dans le fleuve.

kúy

N cri (de certains oiseau ou animaux: milan, rat, écureuil). **Kúy yégē ɓār kúji̱-ú làā.** Le cri du rat sonnait dans la maison ici.

ku̱ [kù ̱ù ̱]

NIN marqueur ordinal. **Kí ngè ku̱ sɔ́** La quatrième personne

ku̱ ̱ù (Syn: kɔ́ɔ̀)

NIN mère. **āw ī-rā ku̱-í lápíyà ngá̱y ādī-m̄.** Tu diras

bonjour à ta mère de ma part. **Rèē àdī-ǹ kì ku̱ ̱ù-nè.** Il le rendit à sa mère. **Ré ā kì ku̱-í àí ànī, ī-ndì kì kà-í.** Si tu n'as pas de mère, tu vivras avec ta grand-mère. NIN femelle.

Expr: ku̱ bɪ̄yā̱ - chèvre (femelle).

Expr: ku̱ bàtī - brebis. **ku̱ bàtī à òji̱ ngán gī ì jōó ō kógīm ō.** La brebis met bas en ou deux agneaux.

ku̱ ̱-rɔ̀

N élégance. **Njīrā-ǹ tò ku̱-rɔ̀ ngá̱y.** Il/elle a une démarche très élégante.

ku̱ ̱ý

VT agacer. **ī-ku̱ ̱ý dèē gī ngá̱y.** Tu agaces les gens beaucoup. VT utiliser les mains et couds pour jouer (tambour) avec beaucoup de force. **Kɔ̀di̱ kí ku̱ ̱ý nàr̄ mbùti̱ àí .** Un tambour quand on joue avec le coud ne manquera pas de se crever (Prov.).

là [làà]

V être large. **Lò-pàlā kí Sár̄ là ngá̱y àlé.** La piste d'atterrissage à Sarh n'est pas très large. **ún ṟàgi̱ kí là ādī-m̄.** Apporte-moi une natte large.

là [làà]

N manque de pluie, sécheresse). **Là rā kō ngá̱y.** Les cultures souffrent du manque de pluies. **Màn̄ ìwà là.** La pluie a arrêté de tomber pendant plusieurs jours.

làā

AV là, ici. **à̰á̰ā, tò làā.** Oui, c'est là. **ī-rèē làā m̄-sā kɨdà-ī nàjī.** Viens ici, je veux te parler.

Expr: kàdàá làā, lò-sɔ̀l-í làā - cet après midi, ce soir. **SPC** ce, cette. **Ndɔ́ɔ́ làā ngōn kùɽ̄ njɨɓā-m̄ ngá̰y.** Cette nuit les petits insectes me dérangeaient beaucoup. **Expr: dù-lòý làā** - ce matin. **M-āw dù-lòý làā.** J'y suis allé ce matin.

làá

N envie forte. **Làá ndām ɔ̀sɨ̀ sè-nèé ɨ̀ àw̄ kɔ́ɔ́.** Une forte envie de danser l'a saisi et il est sorti.

láā

VT se coller. **Tēndī láā njà-m̄.** Une sangsue s'est attachée à mon pied.

láā

VT saisir au vol. **Kɨ́ tà ngóy tɨ́ gèɽ̄ láā yá̰ kɨ dɔ́ɔ́ màjɨ̀.** Le dernier savait très bien saisir les choses au vol.

lábàn (Arabe)

N lait de vache. **Ma̰ ì ngōn Mbōrōrō á m-a̰y lábàn à?** Suis-je un enfant Mbororo pour boire du lait de vache?

Lábī

NP nom qu'on donne à un jumeau (garçon). **ɨ̄ ì ndɨngā á rī-í nè ì Lábī à?** Es-tu un jumeau que ton nom est "Labi"?

làbī

VT coller. **Bę̀ ɓɨtà làbī rɔ̄-m̄ tɨ́.** Le col de l'arbre Daniellia oliveri a collé à mon corps.

lábī

VT étaler. **ī-lábī kám̀ nàng ādī ngán gɨ̄ ndɨ̀-ñ dɔ̀ tɨ́.** Étale les feuilles sur la terre pour que les enfants puissent s'asseoir dessus. **VT** coller, se coller à (plus. fois). **Mbī kám gɨ̄ lábī-ñ rɔ̄-m̄ tɨ́ màlàng.** Toutes les feuilles se sont collées à mon corps.

làbɨdān (Syn: lòpìtāl)

N l'hôpital. **āw làbɨdān-á à?** Es-tu allé à l'hôpital?

lāgɨ́mdāɽ̄ 3

N variété de sorgho. **Lāgɨ́mdāɽ̄ ì kō kɨ màjɨ̀ mùɽ̄ ngá̰y.** Le sorgho "lagimdar" est un céréale très bon pour la boule.

làgɨ̀rà

Id sans appétit (. **ɨ̀sà yá̰ làgɨ̀rà làgɨ̀rà.** Il mange sans appétit. **Tà-m̄ lāý làgɨ̀rà.** Je n'ai pas d'appétit.

Id sans goût (descr. de). **Ngàlìyà lāý làgɨ̀rà.** Le manioc a perdu son goût.

lágɨ̄rā (Syn: lákī)

VT toucher avec la main sale. **Ngōn lágɨ̄rā jī-ñ kɨ tá̰a̰ rɔ̄-m̄ tɨ́.** L'enfant m'a tacheté avec la sauce avec sa main. **VT** salir, se barbouiller avec (qqc) **Ngōn lágɨ̄rā bɨ́ya̰ rɔ̄-ñ tɨ́.** L'enfant s'est

barbouillé le corps de
bouillie.

làkà

N esp. de sorgho. **Làkà ì kō
kɨ́ màjɨ̀ rā kàsɨ̀ tɨ́ àlé.** Le
"laka" est une céréale qui
n'est pas bonne pour faire la
boisson.

lákī (Syn: lágīrā)

VT toucher (avec la main
sale). **ī-lō-ī kɨ̀ lákī-m̄ kɨ̀ jī-sí
kɨ́ yōró nò.** Ne me touchez
pas avec vos sales mains.

làkɔ́l̀ (Français)

N école. **Sɨ̄ɨ̄ ń ɨ́là-m-ī làkɔ́l-
ɔ́ ní, ré ādī-m-ī kūbī-gír-m̄
àɨ́ ànī, m-ā m-āw làkɔ́l-ɔ́
àlé.** Vous qui m'envoyez à
l'école, si vous ne me
donnez pas du culotte, je
n'irai pas à l'école.
Expr: rā làkɔ́l̀ - aller à
l'école, faire les études. **ī-rā
làkɔ́l̀ kàdī kùm-í tèɛ̄ áà̰ lò,
kàdī mbī-í ò̰ò̰ lò, kàdī ī-
gɨ̀dè-ň ísà.** Tu fais l'école
pour que tes yeux s'ouvrent
et tu vois, pour que tes
oreilles entendent, et avec ça
tu pourras manger.

lálá

AV vraiment, tout à fait
(marque d'insistance). **ìndā
tà-ǹ nàng tɨ́ nēǰī lálá kɔ̄ɔ́.** Il
s'est obstiné à nier tout à
fait.

làléè

N bonjour. **Làléè, ī-tò bàý?**
Bonjour, comment vas-tu?
Expr: rā làléè [dèē] - saluer
[qqn], dire [qqn] bon jour.

m̄-rā-ǹ làléè bà dàl àlé. Je
lui ai dit bon jour, mais il n'a
pas répondu.

lālē

VT battre (les cartes). **ī-lālē
kártɨ̀ bà ī-kēng ādī jɨ̀-rɔ̄-ī
tā.** Bats les cartes et
distribue pour que nous
jouions.

làm̄

N la bouillie sans
grumeaux. **Làm̄ ì bɨ́yā̰ kɨ́
kɔ̄rɔ̄-ǹ gòtóō, ì bɨ́yā̰ kà̰ȳ
ngán kɨ kásī gɨ̄.** La "lam"
est une bouillie sans
grumeaux, elle est une
bouillie pour les bébés.

lám̄

V mentir. **Ngōn kɨ́ dūú, ī-
lám̄ ngáy, à màjɨ̀ àlé.** Petit
enfant, tu mens beaucoup,
ce n'est pas bon.

làmáǹ [làmáǹ, làmáǹd]
(Français)

N amende. **ìgā làmáǹ dɨ̀yá
njà ì jōó.** Il a payé l'amende
pour adultère deux fois.

làmsō̱ (Français)

N l'église. **Ngò̱-làā làmsō̱
gɨ̄ ì ngáy kèm ɓē-é.** De nos
jours il y a beaucoup
d'églises en ville.

làmúǹ

N citron. **ā ɔ̱́ làmúǹ ngáy à
ā ōng.** Si tu manges
beaucoup de citron tu vas
maigrir.

làmúǹ-tèjɨ̀

N orange. **Làmúǹ-tèjɨ̀ nèl̀
mān làmúǹ kɨ́ kà̰r̄ī.**
L'orange est plus agréable
que le citron.

lámbà [lámbà,lámbā]

N lampe. **Tāmjīm̀, lò rìsì tìl ngáy, ī-rèē kì lámbá-á.** Tamjim, il fait une nuit noire, apporte une lampe.

lámbà (Français)

N lampe à pétrole. **Ngò-làā lámbà gòtóō dèē gī à à̧-ñ lò kì kòrá̧à̧-á.** À nos jours il n'y a pas de lampes à pétrole, les gens voient avec l'électricité.

lámbà

N écaille (d'émail). **Sèmbē yā-m̀ ìsō àdī ɔ̀r̄ lámbà.** Ma cuvette est tombée et l'émail s'est écaillé.

lámbā

N ampoule. **m̄-ndēr bòlò máṟày àdī jī-m̀ ɔ̀r̄ lámbā.** Je creusais un trou à telle point que j'ai des ampoules sur la main.

làmbóò (Français)

N impôt. **Bìṟà-kɔ̀sì gī à ìgā-ñ làmbóò ì gúrsì bú.** Les cultivateurs paient l'impôt à 500 CFA.

lándī

VT rendre (qqc) lisse. **m̄-lándī gìdì kújì yā-m̀.** Je rends l'extérieur de ma maison lisse.
VI être lisse. **Gìdì kújì kí lándī kíl̀àsì kàl̀àĺ .** Un mur de maison lisse, un margouillat ne peut monter.

làndò

N variété de manioc doux. **Làndò ì ngàlìyà kí sɔ̀l̀ màjì kìsà ngáy.** "Lando" est un manioc qui est doux et très bon à manger.

làng

V demander gentiment, poliment. **m̄-làng-ī kānjī ń-nɔ̀ɔ̧̀.** Ce serait gentil de toi me donner ce poisson.
Expr: làng tà - aller à la rencontre de. **m̄-làng tà mbā gī.** Je vais à la rencontre des étrangers.

láng

VT passer de main en main. **Dìyá̧ gī láng-ñ ngōn-kì-kásì tà nà̧ā̧ tì.** Ils passent le bébé de main en main.

láng

VT polir, rendre lisse (le bois). **Bɔ̀bī-m̀ ndì à láng gɔ̀l yē-ǹ.** Mon père est en train de polir son gourdin.
VI être lisse. **Tò yē-í láng màjì ngáy ādī-m̀ m-āw-ň ndɔ̀ tì.** Ta pirogue est bien lisse, laisse moi aller à la pêche avec.

lāngá

N un récipient en métal avec couvercles et oreilles. **Kūmrāá dèē gī à gātī-ñ kō ì kì lāngá.** À Koumra les gens vendent le mil avec un récipient en métal.

lángāá

N esp. de rat, rat rayé. **Lángāá ì yégī kí à ìsà kùm yír̀ ngáy.** Le rat rayé mange beaucoup de grains d'oseille.

lánjɨ̀ (Syn: nánjɨ̀)

N argile (noir). **Lánjɨ̀ à rā-ñ-nèé jóò.** On fabrique la marmite avec l'argile.

lápíyà

INT salutations, bonjour. **Expr: rā [dèē] lápíyà -** saluer [qqn], dire bonjour à [qqn]. **āw ī-rā-ǹ lápíyà ngáy.** Va lui dire bonjour de ma part.
Expr: ndì kɨ̀ lápíyà - être en paix. **ī-ndì kɨ lápíyà, mā̰ m-āw ɓē-é.** Reste en paix, moi je vais chez moi.
Expr: rā [dèē] lápíyà kɨ̀ jī-ǹ - saluer [qqn] en serrant la main.

lārmā̰

N vie, façon de vivre. **Lārmā̰ ń j-àw̄-ň ń-tòō ì lārmā̰ kɨ́ jóò àlé.** Notre manière de vivre n'est pas la vie d'entretemps.

làspér̀ (Français)

N lance-pierre. **Làspér̀ kɨ́ ndùl ngàng mān làspér̀ kɨ́ kɨrē.** Le lance-pierre noir est plus résistant que le rouge.

látī

VT adhérer à (matière molle). **Ndɨ̀bà látī-ḿ làtɨ-làtɨ.** Je suis tacheté partout avec caolin.
VT se salir avec. **Ngōn látī yèdī rɔ̄-ǹ tɨ́.** L'enfant s'est sali avec des excréments.

làtɨ-làtɨ

ID partout (tacheter: descr. de látī). **Ngōn látī bɔ̀r rɔ̄-ǹ tɨ́ látɨ-làtɨ.** L'enfant a tacheté son corps partout avec la boue.

làw̄

VT coller; se coller (v. làbī). **Bòtò kɨ̄yā̰ làw̄ jī-ḿ tɨ́ ādī m-ā ḿ-tógò.** La sève de l'arbre de karité s'est collée à mes mains, je vais les laver.

láw

AV vite. **Kɨ́-ḿ, ī-rèē láw láw.** Maman, viens vite.

láw̄

VT coller; se coller à (plus. choses ou personnes) (*fréq. de* làw̄; *v.* ábī). **Mbī kɨ-làw̄-dɔ̀ láw kūbī-ḿ tɨ́ àdī ī-rèē tɔ̄r̀ àdī-ḿ.** Les feuilles de l'arbre "ki-law-do" se sont collées à mes habits, donc viens les enlever pour moi.

lày

VI être bizarre, pas normal. **ḭ̄ dá ī-lày ngáy.** Toi, tu es très bizarre.
Expr: kùm [dèē] lày lòy - [qqn] avoir l'air d'un idiot.

lā̰ý

VI perdre son goût. **Gòy-dɔ̀ kɨ́ rā-ñ ndɔ̄ jóó ré í-ndīr à lā̰ý.** Le maïs de depuis deux jours, si tu le cuis il va perdre son goût.

láy

AV vite. **Tà rèē mɔ̀y ì láy, bà tà tél-ǹ ì láy àlé.** La maladie vient plus vite qu'elle ne part. **ī-rèē láy, ngè-ɓògɨ ì kèm-ndògī-ó làā.** Viens vite, il y a un voleur dans la concession.

láyā̰

N amulette. **Ḭ á̰ láyā̰ kí mbṵ̀r̄ dùm tḭ.** Tu vas voir l'amulette de derrière de l'arabe (une menace aux enfants).

lé [lé]

AV ne ...pas (*contraction de* àlé). **ì yá̰ kógī na̰a̰ lé.** C'est une chose qu'on ne doit pas jouer avec.

lèé

INJ hélas (forme vocative, suit le nom). **Ngōn-ḿ lèé, ādī-m̄ m-īgō àlé.** Mon fils, hélas, ne me fais pas rire.

lébī

N engoulevent (*v.* bádɨbóy̰).

lédà

N sac en plastique. **Gò̰gɨ̀ ò̰gī lédà kɔ́ɔ́.** Le gouvernement a défendu les sacs en plastique.

léee

ID très (calme: descr. de lū). **Kèm-ndò̰gī lū léee.** La concession est très calme.

lèm̄

AV agréable su goût, délicieux (*implique qu'il n'y a pas grande quantité*). **Nàsár gī ìsà-ñ yá̰ kí lèm̄ gī.** Les blancs mangent les choses très agréables. **Yá̰ kí lèm̄ bò dèē àlé.** Les choses délicieuses ne grossissent pas une personne.

lèmbī

VI être pointu. **Tà sò̰ngò̰y lèmbī tò̰ȳ tà kīngā.** La pointe de la sagaie est plus

pointue que la pointe de la hache.

N instrument pointu utilisé par les filles pour tresser les cheveux. **Ré dḭyá̰ à rā dò̰-ǹ ɓá-à à ɔ̀r̄ gír dò̰-ǹ ì kḭ lèmbī.** Quand une femme tresse ses cheveux alors c'est avec l'instrument pointu qu'elle trace les lignes dans les cheveux.

léndī (Syn: nɔ̀l)

N têtard (*on dit aussi* ngōn léndī). **Ré ɔ́dḭ màñ bòlò-ó bè ré a̰ màjàḭ ɓá-à léndī gī à tò-ñ kùm tḭ.** Si tu puises de l'eau dans un puis et tu ne fais pas attention alors les têtards vont être dedans.

lèng

N sac en filet pour garder les calebasses. **M-ndōgō lèng kàdī m̄-káñ-ǹ kār yā-ḿ gī.** J'ai acheté un sac en filet pour ramasser mes calebasses.

lèng-léng

N esp. d'arbre [Cassia sieberiana]. **Kàñ lèng-léng ré īndā tà mbà-í tɨ́ à mbà-í à ngāl.** Le fruit du Cassia sieberiana, si tu le mets sur tes seins tes seins vont devenir longs.

léngī

VT bouger avec la main (qqc long et léger) **m̄-léngī kádḭ m-á̰ ké màñ-ǹ ì ngá̰y**

wà. Je bouge la canne à sucre avec la main pour voir s'il y a beaucoup de sève. **VI** bouger pêle-mêle (qqc long et léger). **Kádɨ́ kɨ́ màñ-ǹ ì ngáy ré úwā jī-í tɨ́ ɓá-à à léngī.** La canne avec beaucoup de sève, si tu la prends avec la main elle va bouger pêle-mêle.

lèpɨ̀
ID juste là où veut (percer, piquer): descr. de ɔ̀sɨ̀,mbùtɨ̀. **Dòktór ɔ̀sɨ̀ lò ń síɽ̃ ní lèpɨ̀ àdī wīy tèē-ň.** Le médecin a piqué juste là où s'est enflé pour que le pus sorte.

lèr
AV distrait (*suj. toujours* kùm dèē *'les yeux de qqn'*). **Kùm-í tò lèr ré āw súkī-ú à à ɓògɨ-ñ-ī.** Si tu es distrait et tu vas au marché les gens vont te voler.

lēr
N noeud coulant. **īdā kɨ̀lā kɨ̀ lēr-é tá màjɨ̀.** Attache la corde avec un noeud coulant d'abord et il sera bien.

lér̀
(Français)
NIn moment de, temps de. **òy ì lér̀ kɨ̀jà kō-gī tɨ́.** Il est mort au moment des récoltes. **Lér̀ ɓī àsɨ̀ kɔ̄ɔ́?** C'est déjà le moment de dormir?

lètètè
ID bien (nivelé: descr. de lɔ̄y). **ID** au même niveau. **Kɔ̀sɨ-màng ɓōkɨ́ mṵ̀ gī lètètè dɔ̀ nā̰ā̰ tɨ́.** Le charrue a tourné

les herbes en les laissant au même niveau.

létɨ̀r
(Français)
N lettre. **ī-rèē ndàng létɨ̀r ādī-m̃.** Viens écrire une lettre pour moi.

lēwrē
VT fouiller. **Dèē kɨ́rēý lēwrē pósɨ́-m̃ súkī-ú.** Quelqu'un a fouillé ma poche au marché.

lī
[lī]
N serpent. **Ré lī dò̰-ī ànī á̰ kɨ̀lā ā̰y.** Si un serpent vous a mordu, vous fuirez une corde.

lī-màsī
N esp. de serpent jaune. **Lī-màsī ì lī kɨ́ dò̰-ī à ā óỳ. Ngɔ̄dī ngáy ō, à tò ì dɔ̀ kāgī màsī-á ō.** Le "masi" est un serpent que, s'il te mord, tu vas mourir. Il court vite et il habite dans les tamariniers.

lī-ngā̄r̀
N python royal. **Lī-ngā̄r̀ ì lī dèē kɨ́rēý gɨ̄ à ì sà-ñ.** Le python royal est un serpent que certaines personnes mangent.

lī-ngār̀
N esp. de serpent, python royal. **Lī-ngā̄r̀ ì lī kɨ́ à dò̰ ì dèē kɨ́ kɨ̀mā ngóỳ.** Le python royal est un serpent qui mord les sorciers seulement.

líbī
VI noircir **Jī-ǹ kɨ́ síɽ̃ ní líbī.** Sa main enflée est devenue noircie (et plissée). **Expr: kùm [dèē] líbī -**

[qqn] ne voir pas clair. **ɓígá gī ngáy kùm-dɨ́ líbī, àsɨ̀-n kɨ̀lā kɨ̀lā gír líbɨ̀r tɨ́ àlé.** Beacoup de vieux ne voient pas clair, ils ne peuvent pas mettre la corde dans le trou de l'aiguille.

VI être sombre. **Mósɨ́ màñg kɨ́ mòy líbī sándáng-sándáng.** Le sang du boeuf malade est très sombre.

líbɨ̀r (Arabe)

N aiguille. **ùr̄ kūbī kɨ́ r̄īyā̰ kɨ̀ líbɨ̀r-í.** Elle cousait le vêtement déchiré avec une aiguille.

N injection. **ɔ̀sɨ̀ ngōn kɨ̀ líbɨ̀r-í.** Il a donné injection à l'enfant.

lígīrī

VI être paralysé. **Ré dòktór ɔ̀sɨ̀ gír-í kɨ́ gōó àlé à njà-í à lígīrī.** Si un médecin te donne une injection incorrectement, ta jambe sera paralysée.

lìkɨ̀tìii

ID très (gras, graisseux: descr. de yèmbɨ). **M-ɨ́sà mɨ̀njò kɨ́ kɨ̀ yìbī-í àdī n̄-tò tà-m̄ yèmbɨ lìkɨ̀tìii.** J'ai mangé des haricots avec de l'huile ainsi que ma bouche est pleine de graisse.

lìmmm

AV idée de disparition. **m̄-dòo̰ màñg yā-m̄ làà bà tàn tɨ̰̀ lìmmm.** J'ai attaché mon boeuf ici mais il a complètement disparu. **Mbàng ùdɨ̀ lìmmm kànjī kàdī m̄-tɔ̄l tà kɨ̀là yā-m̄.** Le

soleil est disparu avant que j'aie finis mon travail.

līyā̰

N caméléon. **Līyā̰ tél kɨ́ ndà, līyā̰ tél kɨ́ ndùl.** Oh caméléon, deviens blanc, o caméléon deviens noir.

líndō

VT faire pencher. **Nél líndō dɔ̀ kō.** Le vent fait pencher les épis de mil.

VI être suspendu. **Ngɔ̀kɨ̀rɔ̀ líndō gā̰r kújɨ́ tɨ́.** La chauve-souris est suspendue à la charpente de la case.

VI être penché. **Kāgī líndō ngáy kɨ̄ kùm róbɨ̀-ó.** L'arbre est penché au dessus de la route.

lò [lòò]

N temps. **Lò tɨ̀ngā ngáy, ī-tàā màñ ī-ndògī.** Il fait chaud, prends de l'eau, lave-toi.

Expr: **lò ùnjī náng-náng** - faire déjà grand jour. **Dàn ń m-ɨ̰̀ ɓē-é ní, lò ùnjī náng-náng kɔ̄ɔ́.** Quand je suis parti, il faisait déjà grand jour.

N façon. **lò rā yìbī rɔ̄ý** - la façon de faire l'huile de karité.

N endroit. **M-ā m-āw lò tɨ́ àlé.** Je ne suis pas sorti (à aucun endroit). **M-āw lò àɨ́ ɓátɨ́.** Je ne vais nulle part.

lò [lòò]

PRP chez. **Mbā àw̄ lò nèé.** L'invité est parti chez lui.

lō [lōō]

V décider de ne pas faire. **M-lō kàw̄ kɨ̀là-á.** J'ai refusé d'aller au travail.

Expr: [dèē] lō gíri - [qqn] arrêter, refuser de continuer.

V il ne faut pas (dans 2ème pers.) (*avec ou l'infinitif ou bien* kɨ *plus l'infinitif*). **ī-lō kà̰ȳ mà̰ñ ń-tòō, kùm-ǹ màjɨ àlé.** Il ne faut pas boire pas cette eau, elle est très sale. **ī-lō nǭ = ī-lō kɨ̀ nǭ.** Ne pleure pas.

lō [lōō]
VI être vieux (chose), qui a duré. **Kūbī gī kɨ́ kìjɨ̀ ngàñg mān kūbī kɨ̀ lō gī.** Les vêtements neufs sont plus résistants que les anciens.

lóō
VI bâiller. **ɓō rā-m̄ ngá̰y àdī m̄-lóō ngá̰y.** J'avais beaucoup faim et je bâillais beaucoup.

lò-kɨ́-mángá
N desert. **Lò-kɨ́-mángá ì lò ndɔ̄r̄ àlé tɔ̀dɔ̄ mà̰ñ èdɨ̀ àlé.** Le desert n'est pas un endroit pour labourer parce que il ne pleut pas.

lò-ń
CNJ quand. **Lò-ń rɔ̄ý tùtɨ̀ kɔ̄ɔ́ ní, m-ā m̄-tīndā ngɔ́-gìdɨ̀-ǹ kɔ̄ɔ́ kūtɨ́ pá-tā, m̄-ngīȳā̰ kùm-ǹ.** Quand les noyaux sont secs, je casse leurs coques, et puis je fais sortir l'amande.

lò-pàlā
N piste d'atterrissage. **Lò-pàlā kɨ́ Sár̀-á bò tītī kɨ́ Njàménà àlé.** La piste

d'atterrissage de Sarh n'est pas si grande que celle de N'djaména.

lò-sɔ̀r̄
N la soirée. **Lò-sɔ̀r̄ màjɨ̀ njīrā ngá̰y tɔ̀dɔ̄ mbàng ɔ̀sɨ̀ àlé.** La soirée est bonne pour se promener parce que le soleil n'est pas fort.

lò-sɔ̀r̄-í
AV après midi, dans l'après-midi. **Bíɽí ì lò-sɔ̀r̄-í.** Demain dans l'après-midi.

lò-tíbí
AV pendant la nuit. **Dùm gī à sálā-ñ ngá̰y lò-tíbí.** Les arabes font la prière beaucoup pendant la nuit.

lòbò [lɔ̀bò]
N esp. de oiseau, marabout. **Lòbò ì yèr̄ kɨ́ bò mān kōó.** Le marabout est un oiseau plus grand que le héron pic-boeuf.

lòm
ID très (frais et agréable) (*descr. de* sɔ̀r̄). **Mà̰ñ èdɨ̀ àdɨ̀ lò sɔ̀r̄ lòm.** Il pleut et il fait bien frais et agréable.

lōngɨ́
VI être mal préparé. **ā ī-ndīr wàsī ré ún yá̰ tà tɨ́ à à lōngɨ́.** Si tu cuis le melon et si tu quittes le couvercle (de

la marmite) alors il sera mal cuit.

lòpìtāl

N hôpital (*v.* làbɨdān). **Gɔ̀gɨ à gèy kɨndā lòpìtāl kɨ́ kìjɨ̀ Sár-á bà dèē gɨ̄ màlàng gèy-ñ lòpìtāl kɨ́ jóò.** Le gouvernement veut construire un nouveau hôpital à Sarh mais tout le monde veut l'hôpital ancien.

lòr

N céréale non mûr. **āw ɓē yē màdī-í àlé à ā íjá kō ì kɨ̀ lòr-ó.** Si tu vas chez ton ami alors tu va récolter la céréale non-mûre (Prov).
Expr: kùm [dèē] tò lòr - [qqn] ne connaître rien.

lòy

AV silencieux, calme. **Bà̰ý á lò tò lòy tɨ̄tɨ̄ lò kɨ́ lò yò tɨ bèē.** Pourquoi est-il si silencieux comme la place mortière.

lóỳ

VT pétrir. **m̄-lóỳ ndùjī kàdī m̄-rā-ň pàngàsóò.** Je pétrie la farine pour en faire des beignets.

lɔ̄kɨ̄

VI déranger (les personnes). **Ngè kàsɨ̀ rā ì dèē kɨ́ lɔ̄kɨ̄ ngáy.** Un soulard est une personne qui dérange beaucoup.

lɔ̀kɨ̀m   (Syn: jámbàl)

N chameau, dromadaire. **Lɔ̀kɨ̀m ì dā̰ kɨ́ à à̰ỹ mà̰ñ àlé ndɔ̄ kùtɨ̀ kàr̰ī.** Un chameau est un animal qui peut aller dix jours sans boire (litt: qui

ne boit pas de l'eau dix jours).

lɔ̀kùm

N chameau, dromadaire. **Lɔ̀kùm ì dā̰ kɨ́ kɔ́-ň ngāl ngáy, à ì sà ì mbī kɔ̄n gɨ̄.** Le chameau est un animal à long cou, il mange les feuilles des arbres épineux.

lɔ̄ndī

N courbe du à la fatigue. **ì bà̰ý á ígá lɔ̄ndī tɨ̄tɨ̄ dèē kɨ́ kɔ̀r̰ rā-ň bèē?** Pourquoi tu te courbes comme une personne fatiguée comme ça?

lɔ̄ndɨ́

N essaim. **Lɔ̄ndɨ́ tèjɨ̀ ń m-á̰ ɓōó-làā tòō tò ɓōɨ́ ngáy.** L'essaim d'abeilles que j'ai vu aujourdÆhui était incroyable.
Expr: ìgà-ñ lɔ̄ndī - former un essaim. **Tèjɨ̀-gɨ̄ ìgà-ñ lɔ̄ndī tà jɨ̄ dˉer tɨ.** Les abeilles forment un essaim sur une branche de l'arbre "der".

lɔ̀ng

N champ planté sans labourer (*on peut le faire seulement avec céréales et le manioc*). **M-āw kɔ̀sɨ̀ lɔ̀ng-ɔ́ kèm tḛ̄y-ḛ́.** Je vais sarcler le champ de petit mil planté qui n'a pas été labouré.
N champ préparé pour l'année prochaine (*on enlèver les grande herbes pour que elles ne poussent pas beaucoup*).

lɔ̀ng

N trompe d'éléphant. **Kèdī à r̥óȳ kāgī gī ì kì lɔ̀ng-nèé.** L'éléphant a arraché les arbres avec son trompe.

lɔ̄ryɔ̄

VI se réduire en pâte. **ī-ndīr dạ̄ dɔ̀gm̄ ngáy à à lɔ̄ryɔ̄.** Si tu cuis la viande du lièvre trop elle se réduit en pâte.
VT rendre en pâte. **m̄-lɔ̄ryɔ̄ kìníǹ kàdī m-ādī ngōn.** J'ai rendu le comprimé en pâte pour donner à l'enfant.

lɔ́ryɔ̄

VT se réduire en pâte (plus. choses) (*fréq. de* lɔ̄ryɔ̄). **Màng īndā njà-ǹ dɔ̀ kà tànjì tí àdī lɔ́ryɔ̄ kɔ́ɔ́.** Le boeuf a mis sa patte sur les oeufs de pintade et alors ils se sont réduits en pâte.
VT s'induire avec (caolin, huile, etc.). **Ndò gī lɔ́ryɔ̄-ń ndìbà rɔ̄-dí tí.** Les initiés se sont enduits leurs corps de caolin.

lɔ̀w

N tabac. **Dèē kírēý gī à síɼ-ń lɔ̀w.** Certaines personnes aspirent le tabac.

lɔ̀ý

VT compliquer (une situation), chicaner. **ī dá ī-lɔ̀ý nàjī ngáy.** Toi là tu aimes beaucoup chicaner.

lɔ̄y

VI être nivelé, du même niveau. **Róbí lɔ̄y lètètè.** La route est bien nivelée. **Lò kí ndɔ̀ɼ kì màng-á lɔ̄y màjì ngáy.** Les sillons faits par la charrue sont bien au même niveau.
VT niveler. **m̄-lɔ̄y dɔ̀ lò ní kɔ́ɔ́.** J'ai nivelé la surface du terrain.

lū [lūū]

N endroit fertile (du à choses brûlées). **Lò kí lū màjì ndɔ̀ɼ kūbī.** Un terrain fertile est bon pour planter le coton.

lū [lūū]

VI être calme, sans bruit. **Lò lū léee.** Il est très calme.

lúū

VI être profond (*on dit aussi* dúū). **ī-tél gògí, bòlò ń-tòō lúū ngáy.** Recule-toi, ce puits est très profond.

lúkī

VI être comliqué, difficile. **Tà Sàɼ lúkī ngáy.** La langue Sar est très difficile.

lūlé

N être totalement silencieux (*suj. est toujours* lò). **Kō búndì ɓāɼ bùmmm bā lò lūlé kèm ɓē-é.** Un fusil a sonné "pan" et il y avait (après) un silence total dans le village.

lùlū

N renom, réputation. **Bɔ̀bī-ḿ ì gáw kí bò kí lùlū-ǹ ɓāɼ ngáy.** Mon père est un si grand chasseur qu'on parle de lui partout [litt: son renom résonne beaucoup].

lúm

N éland de Derby (v dùdī).

lùmmm

Id agréable (frais: descr. de).

lúndī

VI être sucré. **Kàñ mbɔ̀ɽ nàsár lúndī ngáy mān kàñ mbɔ̀ɽ kɪ́ ɓē-é.** Le fruit de la pomme cannelle européen est très sucré que la pomme cannelle locale.

lúɽ̄

V moquer, se moquer de. **Ngōn ń òng ngédɪ́-màñ kúj-ú ní màdī-ǹ gī lúɽ-ñ-ň.** L'enfant qui a uriné dans la maison là, ses copains se moquent de lui.

m-

PRA je (*précède consonnes, - précède voyelle*). **M-ā m̄-tél ì bíɽí.** Je vais revenir demain. **M-ā ɓē yā-m̄ tɪ́.** Je vais chez moi.

m̄-

PRA je (*précède les consonnes, - précède les voyelles*). **M-ā m̄-tèē yā kàw ndɔ̀ɽ-ɔ́.** Je vais sortir pour aller au champ.

-m̄

PRA me (objet de verbe). **Yáà̰ dṵ-m̄ ngáy.** Quelque chose m'a mordu très fort. **ā ī-gɛ̀y ɓògɪ-m̄ à?** Alors tu veux me voler quoi?

-m̄

PRA mon, ma, mes. **ngōn-m̄, ngán-m̄ gī -** mon enfant, mes enfants. **ì mɪ̀njò yā-m̄ gī.** Ce sont mes haricots.

m̄

INJ exclamatif. **ɓōó-làā íwá kèsèng kɪ́ bò m̄!** Aujourd'hui tu as attrapé un grand capitaine.

màdɪ̀

N cynocéphale. **Màdɪ̀ nùjɪ̀ yá̰ ngáy mān ɓètī.** Le cynocéphale détruit plus de choses que le singe.

màdī

NIN ami, copain. **Màdī-m̄ Nèⱡjītā, lápíyà.** Mon ami Neljita, bonjour. **Màdī-m̄ góⱡ-m̄ kɪ̀ gúsɪ-ú.** Mon copain m'a trompé avec l'argent.

N mon cher ami. **Làléè, màdī Nèⱡjītā.** Bonjour, cher Naljita.

NIN autre du même type ou espèce. **Kòl ì dą̄ kɪ́ kɔ́ɔ̀-ǹ ngāl mān màdī-ǹ kɪ́ tītī-ǹ gī màlàng.** La girafe est un animal au cou plus long que tous les autres animaux.

N relations d'amitié. **Màdī tɔ̀ȳ ngè.** Les relations d'amitié sont mieux que celles de famille.

màdɪ́

N mon vieux; mon ami (*seulement dans le vocatif*). **Màdɪ́ j-àw tā.** Mon ami, partons.

màdī-bàā̰

NIN ennemi. **Ré ą̄ màdī-bàā̰-í ànī ı̄já r̯ɔ̄-í.** Si tu vois ton ennemi, tu dois l'éviter.

màdī-ɓē

N voisin. **Màdī-ɓē-ḿ àw̄ mbā tı́ àdī m-ā kı̀ dèē kı́ kàdī jı̀-wáɾàɭ́** . Mon voisin est parti en voyage et je n'ai personne à qui causer.

màdī-kɔ̄l

NIN ennemi. **Ré ą̄ màdī-kɔ̄l-í ànī ı̄já r̯ɔ̄-í.** Si tu vois ton ennemi, tu dois l'éviter.

màdí-mbɔ̀r

N camarade d'initiation. **Dı̀yą́ ì màdī-mbɔ̀r dı̀ngàm àlé.** Une femme n'est pas la camarade d'initiation d'un homme.

màgī

N esp. de sésame noir [Sesamum radiatum]. **Lò kɔ̀r̄ kàm̄ mbī màgī kı̀ mbī kór gòtóō.** Il n'y a pas de manière de distinguer la feuille du "magi" du sésame.

màgı̀jā̰

N boutique. **M-āw̄ ndōgō síkı̀r-í màgı̀jā̰-á.** Je vais pour acheter du sucre à la boutique.

màgı́r̯ā

VI durcir, former une peau. **Màn̄ kı́ tı́ngā tɔ̄ r̯ɔ̄-í tı̀ bè-ré ı̄-rā kà kı̄njá kūtı̄ à à màgı́r̯ā.** Si l'eau chaude se verse sur ton corps et si tu mets l'oeuf de poulet dessus alors il va former une peau.

mágı́rá-mágı́rá

ID très (noir, qqc sale: descr. de ndùl). **ì bą̀y á kūbī kı́ r̯ɔ̄-í tı̄ ndùl mágı́rá-mágı́rá bēē? ā ı̄-gātı̄ kúl à?** C'est comment que tes habits sont très sales comme ça? Vends-tu de charbon?

màjàɭ́

VI être mauvais. **Kàsı̀ búgīdı́ màjàɭ́ àdī ɓōkı́ kɔ̄ɔ́.** Sa bière de mil est mauvaise et elle l'a jetée.

májāɭ́

N gerbille. **Yégī májāɭ́ ì yégı̄ kı́ dèē à ìngà ɓē-é àlé.** La gerbille est un rat qu'on ne voit pas dans le village.

májāɭ́

N gerbille (sorte de petit rat). **Májāɭ́ bò tītı̄ nìm̄ àlé.** La gerbille n'est pas aussi grande que le rat roussard.

màjàlé (Syn: màjàɭ́)

VI être mauvais.

màjı̀

VI être bon, être bien. **Kújı́ ń ngō-kų́-m̄ rā àdī-m̄ ní bò ngáy àlé, bà màjı̀ ngáy.** Cette maison que mon frère construit n'est pas grande, mais elle est très belle. **Kı̀là ń ı̄-rā ādī-m̄ dá màjı̀ ngáy.** Le travail que tu as fait pour moi est excellent.

Expr: **màjı̀ tā** - c'est bien.

Expr: **màjı̀ kàdī** - il faut que. **Màjı̀ kàdī āw̄ dòktór-ó.** Il faut que tu ailles au dispensaire.

AV bien. **ı̄-nēl mbī-í màjı̀.** Prête bien l'oreille. **m̄-ɓı̄**

ndɔ́ɔ́ màjɨ̀ àlé. Je n'ai pas bien dormi cette nuit.

májɨ́-májɨ́

AV en bonne santé (*seulement dans l'expression* dɔ̀ [dèē] ngàng májɨ́-májɨ́ *"[qqn] être en bonne santé"*). **Ré ɨ̄-ɓògɨ̀ yá̰ yē dèē àlé à dɔ̀-í à ngàng májɨ́-májɨ́ dúníyà tɨ́.** Si tu ne voles pas les choses de quelqu'un alors tu auras la bonne santé dans la vie.

màkɨ̀là

N beignet à farine de mil ou maïs. **ɨ̄-ndōgō màkɨ̀là ɨ̄-rèē-ň ādɨ̄ m-ā̰y-ň sá̰y.** Achète des beignets et apporte-les pour que je boive le thé avec.

màktūbī (Arabe)

N papier; livre. **Màktūbī ì ngá̰y kèm ngòng yā-í tɨ́.** Il y a beaucoup de papiers dans ton sac.

māl

N charognard. **Māl ì yèɾ́ kɨ́ bò ngá̰y; dɔ̀-ň ì kɨ́ kɔ̀r; à ɨ̀sà dà̰ kɨ́ ndùm gɨ̄.** Le charognard est un grand oiseau à la tête chauve qui mange la viande pourrie.

mālā

N esp. d'herbe [Digitaria longiflora]. **Mālā ì mṵ̀ kɨ́ ndɔ̀r̄-ň tōr ngá̰y.** Le "mala" est une herbe qui est très difficile sarcler.

málá

N esp. d'herbe dressée à épis digités [Digitaria accuminatissimu] et [Digitaria longiflora]. **Ré málá ɨ̀ɓà kèm wúdùm-é ɓá-à ndɔ̀r̄-ň tōr ngá̰y.** Si l'herbe Digitaria accuminatissimu pousse dans le champ d'arachide alors sarcler est très difficile.

mālā-dàn-ɓē

N habitude de rester toujours à la maison (pour éviter le travail en brousse). **Dèē kɨ́ à rā mālā-dàn-ɓē à ngà dɨ̀yá̰ tàā àlé.** Une personne qui fait "rester à la maison" ne va pas trouver une femme pour épouser.

mālā-gōr

N habitude de quémander. **à rā mālā-gōr gō kɔ́ò̰-ň tɨ́ kàdɨ̄ àdɨ̄-ň gúrsɨ.** Il a l'habitude de quémander à sa mère pour qu'elle lui donne de l'argent.

mālā-ngāng

N état d'avoir des dents enlevées (*le suj. est* ngāng). **ɓāl ngōn-ḿ ì sɨ́ɾí àdɨ̄ ngāng-ň rā mālā-ngāng.** Mon enfant a sept ans ainsi qu'il a les dents enlevées.

màlàng

AV tout, tous. **ɨ́dà-í nà̰à̰ tɨ́ màlàng.** Dites tous ensemble. **Dɔ̀gɨm̄ ɓɔ̄ rɔ̄-ň àdɨ̄ òō nàjɨ̄ ní màlàng.** Le lièvre s'était caché et avait tout entendu. **Ngán gɨ̄ ò̰-ň mùr màlàng.** Les enfants ont mangé toute la boule. **Expr: dèē-gɨ̄ màlàng -** tout le monde. **J-ìsà yá̰ màjɨ̀**

ɓōó-làā àdī dèē-gī màlàng r̄ɔ-dí nèɪ̄-dí. On a bien mangé aujourd'hui, et tout le monde est content.

màlyà

N esp. d'animal, serval. **Màlyà ì dā̱ ngāng, à ìsà ngán dā̱ màdī-ǹ gī.** Le serval est animal féroce, il mange autres petits animaux.

màm

N python, "boa". **Kì-ndòý làā m-á̱ màm ù̱r kāl.** Ce matin j'ai vu un boa avaler une antilope.

mám̄

V chercher en tâtant. **Ngè-kùm-t̄ɔ mám̄ lò ké bòlò ì nò̱-ǹ tí wà.** L'aveugle cherche en tâtant s'il y a un trou devant lui.

mámák

AV sans doute. **M-úr m-ɔ́dì-ǹ mámák.** J'ai lancé (quelque chose sur lui) et je l'ai touché, certainement.

màmíwàtā (Anglais)

N génie des eaux. **Màmíwàtā gī ìwà-ǹ-n àw̄-ǹ sè-nèè kàdì bā tí.** Les génie des eaux l'ont saisi et l'ont conduit au bord du fleuve.

màmbā

N écorce (d'un arbre mort). **Wà tí dèē gī rā-ǹ hòr ì kì màmbā kāgī-á.** Dans la brousse les gens font les feux avec l'écorce des arbres morts.

màmbā

VI être calleux, écailleux, dur. **m̄-rā kìlà ndɔ̄r ngá̱y àdī jī-m̄ ìnā màmbā.** J'ai beaucoup travailler le champ et de collosité a formé sur la main.
Expr: tà [dèē] màmbā - [qqn] avoir des grosses lèvres.
Expr: jī [dèē] màmbā - [qqn] avoir les mains épaisses et rugueuses.
N callosité (sur la main) (*normalement avec* ìnā).

màmbērē

N pain de manioc. **Màmbērē kí kì wúdùm-é nèɪ̄ ngá̱y.** Le pain de manioc avec les arachides est très agréable.

màn

VT avaler (en parlant des serpents). **Lī màm à ìsà yá̱ àlé à màn ì mbéè.** Le boa ne mange pas, il avale seulement.

màñ

N eau. **āw ī-tàā màñ ī-rèē-ǹ ādī m-ā̱y.** Va chercher de l'eau et apporte m'en pour que je boive.
Expr: [màñ] àw̄ ɓē-é - [la pluie] s'arrêter (litt: elle est allée chez elle).
Expr: nàjī kí màñ àw̄ ɓē-é tà tí - une parole qui n'a pas de sens. **ā ɔ̄r nàjī kí màñ àw̄ ɓē-é tà tí à ì ná̱ā̱ ǹ à ōō sè-í.** Tu dis une parole qui n'a pas de sens est qui va t'écouter?
N pluie. **Màñ èdì ngá̱y**

kòń-làā àdī ń-tòō màñ kɨ́ bā-á ɨ̀. Il a beaucoup plu cette année et maintenant l'eau du fleuve est montée. **Màñ èdɨ̀ ngáy, lò dùbī yá́ ɓōó-làā gòtóō.** Il pleut beaucoup, on ne peut pas semer aujourd'hui.

N personne ou chose mouillée, mouillé. **rɔ̄-í ì màñ ngáy, í ì rá?** Tu es toute trempée, d'où reviens-tu?

mān

V passer (*v. aussi* tɔ̀ȳ). **Róbɨ́ mān ì súmū kèm ɓē yā-jí tɨ́.** Le chemin passe directement par notre village.

V faire un tour. **M-ā̄ m-āw ḿ-mān rɔ̄ dɨ̀yá́ gī tɨ́.** Je vais aller faire un tour du côté des femmes.

VI sortir. **ī-tèɛ̄ tà-róbɨ́ àdī kàmyɔ̄ mān-ň.** Ouvre la porte de la concession pour que le camion puisse y sortir.

VT dépasser. **Ré údɨ̀ màñ-á bè-ré mān tà-kú-í ɓá-à màñ à síñglī-ī.** Si tu entres dans l'eau et si elle dépasse le niveau de ta poitrine alors l'eau rendra la respiration difficile pour toi.

VT être plus que (verbe comparatif). **Kèdī ì dã̄ kɨ́ bò mān màdī gī màlàng.** L'éléphant est un animal qui est plus grand que tous les autres.

màñ-kùm

N larme. **ɨ̄ ì ngōn á ā ī-nɔ̄ kɨ màñ-kùm-í à?** Es-tu un enfant que tu pleurs avec les larmes dans tes yeux?

màñ-tàā

N inondation. **Màñ-tàā kɨ́ kòń-làā tò kɔ̀r-kùm ngáy.** L'inondation de cette année était vraiment étonnante.

māndāng

N clochette de petits cornets attachés aux reins des filles (dans l'initiation). **Bà̀yà̀ gī à ndām-ń kɨ māndāng gír-dɨ́ tɨ́.** Les jeunes initiées dansent avec des clochettes sur leurs reins.

màndàwá

N arachides grillés en sable ou cendres. **Màndàwá kɨ́ rā kɨ bū-ú màjɨ̀ ngáy àlé.** Les arachides grillées avec la cendre ne sont pas tellement bons.

màndɨ́l̀ (Arabe)

V mouchoir de tête. **Màndɨ́l̀ dò̀ dɨ̀yá́ Sàr̄ gē dūú gō yē Sùwā gī tɨ́.** Les mouchoirs de tête des femmes Sar sont plus petits que ceux des Arabes.

màndɨ̀

VI être jolie, belle (une jeune fille). **ì ngōn kɨ́ dɨ̀yá́ kɨ́ màndɨ̀ ngáy.** Elle est une très belle jeune fille. **Dɨ̀yá́ kɨ́ màndɨ̀ ngáy gèr̄ ɓīr̄ mùr̄ àlé.** Une femme belle ne saura pas préparer la boule.

197

màndì-bāyā

N esp. de manioc doux. **Màndì-bāyā ì ngàlìyà kì sòȑ màjì ngáy.** Le "mandibaya" est un manioc doux qui est très bon.

màng [màŋ,mà̰ŋgì]

VT acheter. **Ngōn, ī-rèē, m̄-gèy màng kīnjá ní tā.** Petit, viens, je veux maintenant acheter cette poule.

màñg

N boeuf, vache. **Màñg gī rèē ìsà-n̄ mṵ̀ tà mbō tì.** Les boeufs venaient et mangeait les herbes au bord du fleuve.

màng [màŋ,mà̰ŋgì]

N esp. de plante avec le tubercule comestible [Amorphophallus aphillus] et [Amorphophallus flavovirens].
N tubercule de cette plante. **Dèē à ìsà màng kì kàtī-á àlé.** On ne mange pas le tubercule "mang" avec du sel.

máñg

VT acheter (plus. choses, plus. fois, etc.). **m̄-máñg kūbī kàdī m-ādī ngán-m̄ gī.** J'ai acheté des habits pour mes enfants.

máǹg

N tabac. **Dìyá̰ kí tɔ̀gì gī à̰ȳ-n̄ máǹg kì gɔ̀l-máng-á.** Les vieilles femmes fument du tabac avec des pipes.

mángá

N endroit où il n'y a pas de l'eau. **Dèē à ndɔ̀ȑ mángá àlé.** On ne laboure pas un endroit où il n'y a pas de l'eau.

màngìlà

N sorte de clochette qu'on attache aux chevilles pour la danse "too". **Màngìlà gòtóō njà-í tí à ā ndām tóò màjàlé.** S'il n'y a pas des clochettes sur tes chevilles alors tu vas danser mal le "too".

mángò (Français)

N mangue, manguier. **m̄-ɓōkí màn dɔ̀ mángò tí.** J'ai versé de l'eau sur le manguier.
Expr: kāgī mángò - manguier.

mànjíkì

N un piège commercial pour attraper les rats. **m̄-ndōgō mànjíkì kàdī m-úwà-n̄ yégī gī kújì yā-m̄ tí.** J'ai acheté un piège pour attraper les rats dans ma maison.

mápà

N pain. **Dù-lòý làā m̄-tèē m-āȳ sáỳ kì mápá-á.** Ce matin je suis sorti pour prendre du thé avec du pain.

màṟ

N rônier. **Màṟ ì kāgī kí ngāl ngáy kí ndà súmū; kàñ-n̄ ì kì nèȑ ngáy.** Le rônier est un arbre haut et droit avec un fruit qui est très doux.

màṛ [màr,màrɨ̀]
N crocodile. **Màṛ ì dā̰ kɨ́ tītī ngàṛwà̰y bà nɨ̰-tá bò mà̰ñ ngàṛwà̰y.** Le crocodile est un animal pareil à l'iguane, mais il est beaucoup plus grand que celle-ci.

màṛ-kāgī (Syn: màṛɨ-mángá)
N pangolin. **Ré ī-tɔ̄l màṛ-kāgī bè-ré ī-róō-ǹ àlé à mà̰ñ à èdɨ̀ àlé.** Si tu tues un pangolin et si tu ne brûles pas son corps alors il ne va pas pleuvoir.

màrā
N qualité, sorte, type. **ò̰ō̰-ñ kūbī màrā nà̰à̰.** Ils portent des habits du même type.

màrádà
INJ tant pis. **Màrádà, m-ēdē-ī àlé.** Tant pis, je ne vais pas t'aider.

máṛày [máṛwày,máṛày]
AV définitivement. **Bà tītī-ǹ Súū gḛ̀y rèē dò nàng tɨ́ kɨ́ máṛày gī tɨ́ ní ...** Mais, comme Sou désirait s'établir définitivement sur la terre ...
Expr: máṛày gī tɨ́ - pour toujours.

màṛɨ̀-mángá (Syn: màṛ-kāgī)

N pangolin. **màṛɨ-mángá ì dā̰ kɨ́ tītī mbār bà nɨ̰-tá àw̄ kɨ̀ ngó gìdɨ̀-ñ.** Le pangolin est animal pareil au formilier mais il a des écailles sur le dos.

màṛíyā̰
VI avoir des grigris pour se protéger. **Mbàng màṛíyā̰ rɔ̄-ñ kɔ̄ɔ́, índà-ñ kɨ̀ búndɨ-ú à à òy àlé.** Le roi se protège avec des grigris, si tu tires sur lui avec un fusil il ne va pas mourir.

máṛyā̰ (Syn: máyā̰)
V réagir à la souffrance en grinçant des dents (*obj. toujours* gògɨ *ou* gāng, *"les dents"*). **Ré būṛ dò̰-ī à ā ī-máṛyā̰ gògɨ-í.** Se le varan te mord alors tu va grincer les dents.

Màsà
NP Massa, peuple du Mayo-Kebbi. **Jìgàṛì ì kō ndɔ̄r̄ Màsà gī.** Le sorgho rouge est le céréale cultivé par les Massa.

másàr (Syn: gòjɨ-dò)
N maïs. **Másàr kɨ́ dùbī dò bū-lò tɨ́ tēē màjɨ ngáy.** Le maïs planté sur les tas des ordures brûlées produit très bien.

māsī
N esp. d'arbre [Gardenia erubescens] (*on dit aussi* māsīyā). **Kà̰ñ māsī nèl̄ bètɨ gī ngáy.** Le fruit du Gardenia erubescens plaît les singes beaucoup.

màsīn [màs̰īn]

N usine. **Wōtīrō ɔ̀y kūbī àw̄-ň Kūmrāá tām màsīn ìndā kūbī gòtóō ɓēdàyāá.** Les camions transportent le coton à Koumra parce qu'il n'y a pas d'usine à Bédaya. N machine. **Kǫ́-ḿ ndōgō màsīn mbɔ́tí-kɔ́rɔ.** Ma mère a acheté une machine de pâte d'arachide.

màsī

VI être acide. **Làmúǹ màsī ngáy.** Le citron est très acide.

màsī

N tamarinier. **Màsī ì kāgī kí àā kì ngìr̄à ngáy.** Le tamarinier est un arbre avec beaucoup de racines.

mātī

N esp. d'arbre, néré. **Mbīsā mātī kàdī m̄-tá̰-ň bíyā̰.** Je pétrie des boulettes avec la farine de néré pour en faire la bouillie.

Expr: **kí ndùjī mātī** - jaune. **Sā kí ɓál ǹ ì kí ndùjī mātī màjì ngáy àlé.** Les chaussures de couleur jaune ne sont pas bonnes.

mātī-kār̄ǵ (Syn: mìtà)

N callosité aux mains et aux pieds. **Ré ā ī-rā kìlà ndɔ̀r̄ ngáy à jī-í à ìnā mātī-kār̄ǵ.** Si tu travailles beaucoup dans le champ, tu auras beaucoup de callosité aux mains.

màw

VI être grand idiot. **Dèē-kí-dìngàm kí à njīrā kì dìyá̰ gī ngáy ànī à màw ɓáy.** Un homme qui sort avec beaucoup de femmes sera un grand idiot.

máẁ-ɓètī

N grand singe mâle, chef des singes. **Ngè-ndǫ̀ tɔ̄l máẁ-ɓètī àdī gá̰ gī à̰-ň lò kàw̄-dí àlé.** Le chasseur a tué le chef des singes et les autres ne savent pas où aller.

mà̰ [mà̰à̰]

VI avoir longue vie (*toujours* ɔ [dèē] mà̰ '[qqn] avoir une longue vie'). **ī-rā kìlà ādī ngá-tógì gī à dɔ̀-í à mà̰ ngáy.** Si tu travailles bien alors tu auras une longue vie.

ma̰ [ma̰a̰]

PR moi (forme indépendante). **Ma̰ m-ā m-āw ɓē-é.** Moi je rentre chez moi. **ì ma̰.** C'est moi.
PR à moi. **ì mìnjò yā-ḿ ma̰.** Ce sont mes haricots à moi.

mày

N celui qui aime certaine chose. **Mày yérgè gī ndì-ň lò kàȳ yérgè tí.** Les grands buveurs de "argi" sont restés là où on boit le "argi". N appréciation pour ou habitude de (faire qqc). **Ngōn-ḿ rā mày mápà ngáy.** Mon enfant apprécie beaucoup le pain.

mà̰ȳ

N examen, vérification (: *examiner, vérifier*). **īndā mà̰ȳ kūbī màjɨ tá ī-ndōgō.** Examine le vêtement bien avant de l'acheter.

mà̰ȳ

N venim (de certains animaux: serpent, crapaud, scorpion). **Lī kīɍā mà̰ȳ-n̄ kùm-n̄ tɨ.** Le serpent lui a projeté son venin dans les yeux. **Ré ā ī-gèy kɨsà lī ɓá-à ā ɔr mà̰ȳ-n̄ kɔ́ɔ́.** Si tu veux manger un serpent alors tu vas enlever son venim.

mà̰ý

AV en bégayant.

Expr: **ɔ̄r tà mà̰ý** - bégayer.
Ngōn kɨ́ à ɨsà kà ngáy à ɔ̄r tà mà̰ý. Un enfant qui mange beaucoup d'oeufs va bégayer.

mā̰y

V séparer. **ī-mā̰y-ī ngán gī n̄ à rɔ̄ nàā̰ nòó.** Séparez les enfants qui se battent là.

mà̰y-ndòng

N alcoolique, ivrogne. **ā ī-tàā̰ mà̰y-ndòng à ā á̰ yá kɨ́ tōr.** Si tu te maries avec un alcoolique alors tu vas voir quelque chose qui fait mal.

mā̰y-rɔ̄

N réfugié. **Dèē gī kēng-n̄ yá mā̰y-rɔ̄ gī.** Les gens ont distribué de la nourriture aux réfugiés.

má̰yā̰ (Syn: máɍyā̰)

V réagir à la souffrance en grinçant les dents (*toujours avec* gɔ̀gɨ). **Būɍ dɔ̀ɔ̄-ī à ā ī-má̰yā̰ gɔ̀gɨ-í.** Si le varan te mord alors, grince tes dents.

má̰yá

N grosse pointe, clou. **m̄-ndōgō má̰yá kàdī m-ɨ́ndà-n̄ kāgī kújɨ yā-ḿ.** J'ai acheté une grosse pointe pour marteler dans la toiture de ma maison.

mà̰yér̀ (Français)

N prétexte, stratagème. **Ngōn rā mà̰yér̀ kàw̄ bál-á.** L'enfant cherche un prétext pour aller au football. **à gèy ndɨ kɨ bèn̄-n̄ àlé àdɨ à rā mà̰yér̀ kàw̄ ɓē yā kɔ́-n̄ tɨ.** Il n'a pas voulu rester avec sa tante paternelle et alors il cherchait un prétexte pour aller chez sa mère.

Expr: **gèɍ mà̰yér̀ [àw̄ kɨ yá̰]** - posséder parfaitement la technique [de faire qqc]. **Nɨ̰ àw̄ kɨ mà̰yér̀ kò yá̰ ngáy.** Il possède parfaitement la technique de la forge.

mèdɨ̀

N perle (*v.* mɨ̀dè).

mējīɍē

VT maltraiter. **ā làkɔ̄ì-ɔ́ ɓōó-làā àɨ́ à métɨr à mējīɍē-ī.** Si tu ne vas pas à l'école aujourd'hui le maître va te maltraiter.

mèl

NIn le clitoris.

ménè

N estime, respect (*normalement* ɔ̀sɨ̀ ménè 'estimer'). **Ngán kɨ́ dūú gɨ̄ ɔ̀sɨ̀-n̄ méné-m̄ ngáy.** Les petits enfants m'estiment beaucoup.

mènjɨ̀

N cigale. **Mènjɨ̀ ì kùr̄ kɨ́ dūú ngáy, ūtī mbī tītī kɨ-ndīr̄ bèē.** La cigale est un tout petit insecte, il fait de bruit comme le grillon.

mēr̰

VT demander (l'aide à qqn, normalement avec le champ).

mērē

N tubercule du nénuphar. **Mērē ì kà̰ȳ ɓàlà kɨ́ dèē gɨ̄ à ìsà-n̄.** "Mere" est le tubercule du nénuphar que les gens mangent.

mèrsîi [mèrsíi, mèrsī]

N remerciement. **Ré á̰à̰-n̄ à ī-rā-n̄ mèrsī ngáy ādī-m̄.** Si tu le vois donne-lui mes remerciements.

INJ merci. **Mèrsī yē-í ngáy, m-āw ɓē-é kɔ̄ɔ́.** Merci à toi, je vais chez moi.

mèséè

N maître, enseignant. **Mèséè yē-jí à ò̰ò̰ àbàkós kɨ-ndɔ̄-gɨ̄ ō ìlà sā-kɨ́-ùtī-gìdɨ-njà-n̄ ō.** Notre enseignant porte toujours une veste de pagne et il porte couvre-pieds aussi.

métɨ́-kóró

N pâte d'arachide (*on dit aussi* mbátɨ́-kóró). **m̄-ndōgō métɨ́-kóró kàdɨ̄ m̄-ndīr-n̄ yír̰.** J'ai acheté de pâte d'arachide pour cuire l'oseille avec.

métɨ́lé

N esp. de tubercule. **Métɨ́lé nèr̄ mān dùbī-yóò.** Le tubercule "metile" est plus agréable que le tubercule "dubi-yo".

métɨ̀r (Français)

V maître. **Dèē kɨ́ njà mòtɨ̀ à tèē métɨ̀r àlé.** Une personne handicapée (à la jambe) ne peut pas devenir un maitre.

mḛ̀ [mḛ̀ḛ̀]

N esp. de tortue qui habite dans l'eau. **Mḛ̀ ì dā̰ kɨ́ tītī ngól̄ bà nɨ̀-tá ì kɨ́ bò.** La tortue d'eau est un animal pareil au tortue de terre, (mais) lui il est grand.

mḛ̀hé

NUM six. **Mā̰ m̄-gèy rā là̰à̰ àsɨ̀ ndɔ̄ mɨ́ à kéé ndɔ̄ mḛ̀hé.** Je vais rester ici pendant cinq ou six jours. **Ngōn àā kɨ̀ nā̰ mḛ̀hé, ìlà gír kàgɨ̀ nàng kɔ̄ɔ́.** L'enfant a six mois et il commence à ramper par terre.

mḛ́ỳ

N chancre (transmission sexuelle). **Ngè-rā-kàyà à nàr̄ kùn mḛ́ỳ àlé.** Une prostituée ne manquera pas d'attraper le chancre.

mìdīì (Français)

N midi. **Ngé-rā-kīlà-nàsár gī à ọ̄ọ̄-n̄ mùr̄ mìdīì tí.** Les fonctionnaires mangent la boule à midi.

Expr: **mìdīì àsì** - il est midi.

Expr: **(dèē) ùn mìdīì kɔ́ɔ́** - (qqn) avoir déjà mangé.

mìgìgì

ID très (grand, gros, mais avec force). **ì dèē kì bò mìgìgì, ā ī-rō-n̄ ì bạ̀ý?** Il est quelqu'un grand et fort, comment vas-tu le battre?

mìgìrììì

ID intensément (faire une grimace: descr. de yèjì nọ̄).

míndì

NIN cou. **Jì-dòọ̄ kīlà míndì bīyā tí kàdī jì-dòọ̄-n̄-nèé dɔ̀ mụ̀ tí.** Nous avons attaché la corde au cou de la chèvre pour l'attacher pour qu'elle mange. **Ngàmō rā-m̄ ngáy àdī míndì-m̄ tōr-m̄.** Je suis très enrhumé et ma gorge me fait mal.

Expr: **ìjà míndì** - égorger. **ī-sā kìyā íjà-n̄ míndì kīnjá ādī-m̄.** Cherche un couteau et égorge le poulet pour moi.

NIn gorge. **Kīngō kānjī ngàạ̄ míndì-m̄ tí.** Un arête de poisson est coincé dans ma gorge.

Expr: **kìnā míndì** - faire testament. **Rɔ̄ bɔ̀bī-m̄ tōr ngáy àdī ìnā míndì-n̄ kàdī yá̧-kì-ngà-n̄ màlàng ì yē ngán-n̄ gī.** Mon père est très malade et il a fait un

testamente pour que toute sa richesse va a ses enfants.

mí [míí]

NUM cinq. **Tò làā àsì mí.** Il y a environs cinq. **àā kì ngán gī mí, kí dìngàm gī jōó, kì dìyá̧ gī mìtá.** Il a cinq enfants, deux garçons et trois filles.

mìyà̧

N petite fleur qui est encore fermée. **Kūbī ìndā mìyà̧-n̄ kɔ́ɔ́, dèē à njīrā kèm-é àlé.** Le coton commence à mettre ses petites fleurs, on ne se promène pas dans le champ.

mìyà̧

N tique. **Ré mìyà̧ ùwà-ī ní ī-rā yìbī r̥ɔ̄-n̄ tì ànī à ìyà̧-ī láw.** Si une tique te prend, et tu mets de l'huile sur lui, il te laissera vite.

mìyà̧

VI être très sale. **Rɔ̄-í mìyà̧ tītī rɔ̄ ngè kɔ̀r̄ gír bòlò yèdī.** Ton corps est sale comme celui qui enlève le trou du WC.

mìyā̧

N couteau de jet. **Mìyā̧ ì tām kìnā dạ̄ gī tí.** Le couteau est pour jeter sur les animaux.

mìyā̧-bò

N couteau de jeu du roi de Bédaya. **Kàmyō̧ yē mbàng ɓēdày ndàng-n̄ mìyā̧-bò kàdì tí.** Le camion du roi de Bédaya, ils ont dessiné le couteau de jet du roi à son côté.

mìyā̄-màñ

N le foudre. **Ré á̧ kíȓndà kàdì kāgī tí bè-ré āw ī-ndà gír kāgī tí ré màñ ndàng-ǹ à à mìyā̄-màñ à ìwà-ī sè-nèé.** Si tu vois un margouillat rester à côté d'un arbre et si tu vas et tu restes dessous l'arbre et si le foudre le frappe alors le foudre va t'attraper avec lui (le margouillat).

mìdè [mə̀dè]

N perles. **Ngán kí màndì gī tām-yē kìjà bà̧yà̧ yē-dí tí ní sū̧ŗ-ñ mìdè.** Les jeunes filles pour l'initiation enfilent des perles.

mìlà [mù̧là]

N chat. **Mìlà, ì bà̧ý ń íwá kīnjá?** Chat, pourquoi attrapes-tu la poule? **Mìlà ngȩ̀y yégī kàdī ùwà-ñ.** Le chat guette le rat pour le saisir.

mìlà-bèm

N chat sauvage. **Mìlà-bèm ùwà kīnjá yā̄-ḿ dò̧ kà tí.** Le chat sauvage a saisi ma poule sur les oeufs.

mīndē

N danse des filles d'origine Tumak.

Expr: òsō mīndē - danser le "minde". **Ngán kí dìyá̧ gī òsō-ñ mīndē làkò̧ȋ̀-ó̧.** Les jeunes filles dansent le "minde" à l'école.

mìndō

N aveugle. **Kèm-ḿ ndà kì-ndō̧-gī màlàng ŗó̧ mìndō gī tí.** Je suis toujours gentil avec les aveugles.

mīndō

N chose abandonnée (sens très limité). **bòlò kí mīndō, kújí kí mīndō** - puits abandonné, maison abandonnée.

N infirmité dont on ne connaît pas la cause. **Tètì kí mīndō kò̧ŗ-ǹ tōr ngá̧y.** Une fracture dont on ne connaît pas la cause est très difficile traiter.

mìnjò [mù̧njò]

N haricot. **Hòr u̧ mō̧y ń mìnjò ō wúȓ ō kèm-é ní.** Le feu a détruit les silos qui avaient les haricots et pois de terre dedans. **Mìnjò kí ndīr kànjī kàtī-ngélē à tōr kèm-í.** Les haricots cuits sans natron te font mal au ventre.

NIN rognon. **ā ó̧ yá̧ kì kàtī-á ngá̧y à mìnjò-í à ngà mò̧y.** Si tu manges beaucoup de sel tu auras une maladie des rognons.

mìnjō

NIN mâchoire inférieure.
**Mìnjō-í ré tètì à ā ī-sá yá̰à̰
àlé ndɔ̄ ngáy.** Si ta
mâchoire inférieure est
cassée alors tu ne vas pas
manger pendant plusieurs
jours.

mìrà (Syn: mìtà)

VI être très sale. **ì bày á rɔ̄-
í mìrà tītī ngè-kɔ̀r̄ bèē?**
Comment se fait-il que ton
corps est très sale comme un
fou?

mìr̥ā

N chasseur qui utilise les
fétiches. **Dā̰ ń-tòō ì dā̰ mìr̥ā
à ké ì dā̰ kɨ kàr̥ī.** Cette
viande est une viande d'un
chasseur qui utilise les
fétiches ou est-elle une
viande normale.

mìràw

N sorte de chicotte
fabriquée avec la peau. **Dèē
gɨ̄ à ìndà-ñ sìndà gɨ̄ ì kɨ
mìràw.** Les gens frappent
les chevaux avec le chicotte
de peau d'animal.

mīr̥ō

N moisissure. **Ré kūbī yē-í
tùtì àlé à à ìɓà mīr̥ō.** Si ton
habit n'est pas sec alors il
sera couvert de moisissures.

mīsō

N commerçant, vendeur.
Mīsō kānjī gɨ̄ àl̄-ñ ì bìlóò.
Les vendeurs de poisson
roulent à vélo.

mìtà

VI être sale. **ī-rā ì rí ń rɔ̄-í
mìtà bèē?** Qu'as-tu fait pour
être sale comme ça?

mìtà [mùtà] (Syn: mātī-
kár̥)

N calus; callosité. **m̄-rā
kɨlà kɨ kīngā ngáy àdī jī-m̄
ìnā mìtà.** J'ai beaucoup
travaillé avec la hache et
mes mains ont de callosité.

mìtá

NUM trois. **Gō-tí à m̄-tél̄
m̄-nàjì mbàng-á ndɔ̄ mìtá
ɓáy-tò̰.** Ensuite, je les
retends encore au soleil
pendant trois jours. **Dèē kɨ́
Njàménà gɨ̄ màñ-ñ dèē kɨ́
Mūndūú gɨ̄ njà mìtá.** Il y a
trois fois le nombre de
personnes à N'Djaména qu'il
y a à Moundou.

mòjì

N esp. d'oiseau (Grand
Indicateur). **Mòjì ì yèr̄ kɨ́
ndū-ń màjì ngáy.** Le Grand
Indicateur est un oiseau
avec une jolie voix.
N expertise (dans la danse).
**Sàr̥ gɨ̄ rā-ñ mòjì ndām sāy
ngáy.** Les Sars sont grands
experts de la danse "say".

mònéḛ̀ (Français)

N monnaie, échange. **ādī-m̄
mònéḛ̀ gúrsì ɓú tì.** Donne-
moi de monnaie pour 500
CFA s'il te plaît.

mōng

VI être costaud. **ì dɨngàm
kɨ́ mōng gɨ̄ ń à ndò̰-ñ kānjī.**
Ce sont des hommes
costauds qui font la pêche.

mórò [mɛ́ɍò,mórò]
N foin (pour les animaux). **Mórò ì yá̰-kìsà yē dā̰-kùɍ gī.** Le foin est la nourriture des animaux domestiques.

mórò [mɛ́ɍò,mórò]
(Syn: kāgī-ndíī)
N esp. d'arbre. **Mórò ì kāgī kɨ́ kùm-ǹ à rā-ň ndíī tɨ́.** L'arbre "muro" est un arbre dont les grains on prépare un condiment avec.

mósì
NIN sang. **Ndɔ́ɔ́ làā yíɍ gī à̰ȳ-ň mósɨ́-ḿ ngá̰y.** Cette nuit les moustiques ont beaucoup bu mon sang.

mòtì
N maladie; blessure; infirmité. **Ngōn òsō dò kāgī-á àdī-á tò mòtì.** L'enfant est tombé d'un arbre et il est paralysé.

mòtóò [mòtóò, mòtō]
N moto, motocyclette. **m̄-ɓá mòtóò sétɨ́ ùn hòr dɔ̀-ḿ tɨ́ àlé.** Je n'ai pas pu démarrer (avec le pied) la moto, elle n'a pas démarré.

mò̰y
N maladie. **Tà rèē mò̰y ì láy, bà tà tél-ǹ ì láy àlé.** La maladie vient plus vite qu'elle ne part. **Mò̰y ń rā-m̄ kété ní tél rā-m̄ ɓōó-làā.** La maladie qui m'a frappée avant m'est revenue aujourd'hui.
Expr: ì mò̰y - être malade. **Mā̰ ì mò̰y ɓáy.** Je suis encore malade.

Expr: rā kɨ́ mò̰y gī tɨ́ kɔ́ɔ́ - faire semblant d'être malade. **Rā kɨ́ mò̰y gī tɨ́ kɔ́ɔ́ kàdī dèē ìlà-ň àlé.** Il fait semblant d'être malade pour qu'on ne l'envoie pas.
N malade, personne malade. **Mò̰y ngàng kɔ́ɔ́.** Le malade est déjà guérit.

mō̰y
N grenier, silo. **Hòr ṵ̀ ì mō̰y ń wúɍ ō mìnjò ō ì kèm-é ní.** Le feu a détruit les silos où il y avait les pois de terre et les haricots. **Mō̰y ì lò ngōm kō.** Le grenier est un endroit pour garder le mil.

mòkɨ́
VT manger. **ā ī-mòkɨ́ ì rí ǹ ā ɔ̀ɍ-ň nàjī sétɨ́ bèē.** Tu manges quoi que tu ne puisses même pas parler?

mɔ̄ɨ́
VI fermer lentement les yeux. **Ngōn ndì mɔ̄ɨ́ kùm-ǹ nṵ̀ṵ̀ ì ɓī ň à rā-ǹ.** L'enfant ferme lentement les yeux, c'est qu'il a sommeil.

mònjɔ́ňg
N esp. d'herbe [Dacttylocte aepytium] (*on dit aussi* kɨ-

mònjóǹg). **Mònjóǹg ì mṳ̀ kɨ́ ā ɨ̄-ndɔ̄ɍ-ǹ à à òy láw àlé.** Le "monjong" est une herbe que si tu la sarcles alors elle ne meurt pas vite.

mɔ̀ɽ

VI être mal préparé. **ɓīɽ mùɍ mɔ̀ɽ.** Elle a mal préparé la boule.

mɔ̀rkɛ́ɛ̰̀

NP Américain. **Mɔ̀rkɛ́ɛ̰̀ gī rèē-ñ ndēr pètrôl tɨ́.** Les Américains sont venus à creuser (pour trouver) le pétrole.

mɔ̀tɨ̀

NIN pénis, verge. **Mɔ̀tɨ̀ sɨ́ndá ngāl ngáy.** Le pénis d'un cheval est très long.

mɔ̀tɨ̀-ɓòng

N esp. de champignon.

mūjīɽū

VT faire mal à (qqn); torturer. **ásgàr gī mūjīɽū-ñ ngè-ɓògɨ̀ ndɔ́ɔ́-làā kàdī ɔ̀jɨ̀ gō yá̰ ń ɓògɨ̀ ní.** Les soldats ont torturé le voleur cette nuit pour qu'il montre ce qu'il a volé.

mùm

NIN beau-père, belle-mère. **M-ɨ́sá yá̰ tà-kùm mùm-ḿ tɨ́ àlé.** Je ne mange pas en présence de mon beau-père.

Mūndūú

NP Moundou. **Mūndūú ì lò ń à rā-ñ kàsɨ̀ ō máng ō kūtɨ́ ní.** Moundou est l'endroit où on fabrique la bière et les cigarettes.

mūng

[mṵ̄ŋ,mṵ̄ŋgī]

N esp. d'arbuste [Piliostigma thonningii]. **Mūng ì kāgī kɨ́ dèē gī à sā à rā-ñ kɨ̀là tɨ́.** Le "mung" est un arbuste que les gens cherchent pour fabriquer la corde.

múǹg

N esp. de lézard de forme trapue, environ 30 cm. de long. **Múǹg ì dā̰ kɨ́ tītī kɨ́ɨ̀ bà nɨ̰-tá tò ɓōɨ́ ngáy.** Le lézard "mung" est un animal comme le margouillat mais il fait peur.

mùngɨrù

N esp. de petit insecte avec carapace, coléoptère. **Kɨ́ kèm būɽ tɨ́ mùngɨrù gèɽ̄ àlé.** Les pensées du varan, le coléoptère ne connaît pas (fait référence au fait que le coléoptère fait semblant de mourir, mais le varan le mange toujours).

mùɍ

N la boule. **à̰á̰ā̰, àdī dɨ̀yá̰ rā mùɍ kɨ́ j-ṵ̀.** Oui, pour que ma femme fasse la boule et nous mangions. **ún tásā kógɨ́ḿ ādī m-īnā mùɍ kèm-é.** Prenez une assiette pour que je puisse mettre la boule dedans.

mūɍ

VT manger (qqc farineux). **Ngán gī mūɍ-ñ ndùjī wúɍ-**

dùm. Les enfants mangent de la farine d'arachide.

mūr̄-kūtī

N esp. d'arbre [Detarium microcarpum]. **ɓāl ndò dìngàm tí dèē-kí-dìyá à sā mbī mūr̄-kūtī àlé.** Pendant les années de l'initiation des hommes, les femmes ne cherchent pas les feuilles de l'arbre "mur-kute".

mù̠ [mù̠ù̠]

N herbes, paille. **M-ā m-ɔ́y mù̠ tām-yē bī̠yá̠ yē-ḿ gī tí.** Je vais ramasser des herbes pour mes chèvres.

Expr: dò̠ō̠ [dā̠] dò̠ mù̠ tí - attacher [un animal] pour qu'il puisse manger les herbes.

N foin (avec jeu de cartes). **Gòtì kártì-gī ì-ñ mù̠ màlàng.** Le reste des cartes est du "foin".

mù̠ū̠

N chef traditionnel. **Mù̠ū̠ gī à ò̠ō̠-ñ ì jākā kí kìrē.** Les chefs traditionnels portent les bérets rouges.

mū̠y

N esp. d'arbre [Vitex doniana].

N fruit de cet arbre. **Kɔ́r̄ kí kì yá̠ tà tí, ì rí? ì mū̠y.** Un sac en feuilles avec un couvercle, qu'est-ce que c'est? C'est le fruit du "muy". (devinette)

mbà [mbàà]

NIN sein. **Dì̠yá̠ àdī ngōn-ñ mbà.** La femme est en train d'allaiter son enfant.

Mbāàĺ tā àw̄ mbā gìdì bāá, bì̠rà-mbā-ñ rā-ñ mbā kì mbà àdī mbà àw̄ dò̠ mbà Mbāàĺ tā tí. Mbalta est parti en voyage derrière le fleuve, son hôte l'a reçu avec du lait et le lait est tombé sur les seins de Mbalta.

N lait. **Ré íyà̠ mbà mbàng-á ànī à nù̠jì̠ kɔ́ɔ́.** Si tu laisses le lait au soleil il devient aigre.

mbā [mbāā]

N voyage. **M-āw yē kà̠ yá̠à̠ gī ń ì-ň mbā tí ní.** Je vais voir ce qu'il a rapporté de son voyage.

Expr: àw̄ mbā - faire un voyage, partir en voyage. **Súū nì-ñ kì dò̠gm̀ àw̄-ñ mbā tí.** Sou et le lièvre partirent en voyage.

Expr: àw̄ kì mbā tí - faire un voyage.

N invité, étranger. **Mbā gī ndì-ñ nò̠ó̠ à?** Y a-t-il des invités? **Dì̠yá̠ ò̠y dā̠ kí yèmbì gī àdī mbā gī.** La femme a ramassé de la viande et l'a donnée aux invités.

mbāā

VT douter de reconnaître (qqn). **Dì̠yá̠ ń-tòō tītī kí m-á̠à̠-ñ kété bā m̄-mbàā-ñ sé̠y.** Cette femme là, c'est comme si je l'avais vue avant mais je ne suis pas sûr de la reconnaître.

mbàkì

AV tous. **àá, tò nṵ́ṵ́ mbàkì.** Oui, ils sont tous là.

mbàr̄

N pierre, caillou, morceau de brique. **M-ɔ́l tà kìyā kì mbàr̄-á kàdī íjá-ň dā̰.** J'aiguise le couteau avec une pierre pour que je puisse couper la viande.

N montagne. **Fáyā ì ɓē kí mbàr̄ gī ì ngáy kūtí.** Faya-Largeau est une ville avec beaucoup de montagnes.

mbàng

N royauté. **Sàrìyà kìmā dèē gī à rā-ñ ì mbàng-á.** Le jugement concernant la sorcellerie sa fait avec la royauté.

Expr: ngō mbàng - dignitaire au service du roi. **Expr: kāgī mbàng -** siège royal.

mbàñg

N roi. **Mbàñg yā Sàr̄ gī nị̀ ndì ɓēdàyāá.** Le roi des Sars habite à Bédaya.

mbàng

N soleil. **Gō-tí, àdī-m̄-ñ rɔ̄ý ní m̄-rèē-ň m̄-nàjì mbàng-á.** Ensuite, ils me rendent les noyaux que je viens étendre au soleil. **Dị̀yá ɓōkí kō kèm r̀àgì-á nàjì mbàng-á.** La femme a mis le mil sur la natte et l'a étendu au soleil.

Expr: mbàng tūr̄ jī-ñ - le soleil change de coté. **Bɔ̀bī-ñ ngóō-ň sétí, mbàng tūr̄ jī-ñ.** Son père l'attend en

vain, le soleil change de côté.

N heure. **à rèē gṵ̀ṵ̄-m̄ kùm mbàng kí sà yá̰ tí dèjì.** Il vient toujours me visiter à l'heure de manger. **Mbàng ì bà̰ý? Mbàng ì mí kì ngán-ǹ-gī dɔ̀ tí kùtì-mìtá.** Quelle heure est-il? Il est cinq heure et trente minutes. **Expr: mbàng kí bà̰ý -** à quelle heure. **Bírí ì kì mbàng kí bà̰ý?** Demain à quelle heure?

mbār (Syn: bādīm)

N fourmilier (Oryctérope). **Mbār rɔ̄ dèē kì kùm-ǹ-é.** Le fourmilier frappe les gens avec ses yeux.

mbàrà

V bavarder, causer. **ī-rèē ī-mbàrà sè-m̄.** Viens bavarder avec moi. **ì mbàrà rí nà àdī-sí kògō bèē.** C'est quelle causerie que vous provoque à rire comme ça.

N causerie. **ī-rèē ī-mbàrà sè-m̄.** Viens bavarder avec moi. **ì mbàrà rí nà àdī-sí kògō bèē.** C'est quelle causerie que vous provoque à rire comme ça.

mbàrà

N jeu d'hasard (utilisé pour gagner l'argent en trompant). **Dèē-kí-dị̀yá ɔ̀sì mbàrà àlé.** Les femmes ne jouent pas les jeux d'hasard.

mbàtì

VI être insuffisant. **m̄-ndìlè kújí bā mṵ̀ mbàtì sḛ́y.** Je fais la toiture de ma case mais la paille est un peu insuffisante.

VT être serré à, court pour (qqn). **Njālā yā-m̄ ń-tòō mbàtɨ-m̄ séy.** Mon pantalon est un peu court pour moi.

mbātɨ́

VT refuser. **ā ɨ̄-mbātɨ́ làkɔ́l à, m-ā m-ā m-ɨ́ndà-ɨ̄ ngáy ō, nān-í à ɨ̀ndà-ɨ̄ ngáy ō, kàdɨ̄ ā áà̰.** Si tu refuses (d'aller à) l'école, moi je vais te battre, ton oncle maternel te battra aussi, et tu vas voir ... **Bɔ̀bɨ̄-m̄ mbātɨ́ kàdɨ̄-m̄ gúsɨ̀ kàdɨ̄ m̄-ndōgō-ň̀ mòtóò.** Mon père a refusé de me donner l'argent pour acheter une moto.

mbátɨ́-kɔ́rɔ̄   (Syn: wúrɨ̄)

N pâte d'arachide. **Dèē ndɨ̄r kɨ̄njá kɨ̀ mbátɨ́-kɔ́rɔ̄ àlé.** On ne prépare pas le poulet avec la pâte d'arachide.

mbāý

N barbe. **ɓɨ́gá nò̰ó̰ àw̄ kɨ̀ mbāý-ň̀ kɨ́ ndà gɨ̄ màlàng.** Ce vieux là a une barbetrès blanche.

Mbáȳ

NP Mbay (peuple Sara, voisins aux Sars). **m̄-gèr̄ tà Mbáȳ mān tà Ngàmbáȳ.** Je sais la langue Mbay plus que la langue Ngambay. **N** conversation fausse . **M-í tà mbáȳ mbó tɨ́.** Je quitte cette fausse conversation idiote.
Expr: ɓōkɨ́ mbáȳ - causer.
Expr: dèē mbáȳ - un bon causeur. .

mbà̰   [mbà̰à̰à̰]

ID très (épais: descr. de ndèr̄). **ùn dā̰ kɨ́ ndèr̄ mbà̰ ìnā jɨ̄ ngōn-ň̀ tɨ́.** Il a pris un morceau de viande très épais et l'a mis dans la main de son enfant.

mbéē

AV seulement. **Ngán gɨ̄ à rɔ̄-ň̀ nà̰ā̰ ì mbéē.** Les enfants se battent seulement.

mbèé-bɨ̄yā̰

N esp. d'herbe [Commelina benghalensis]. **Mbèé-bɨ̄yā̰ ì mṵ̀ kɨ́ nèr̄ kɔ̀sò̰ng gɨ̄ ngáy.** L'herbe "mbe-biya" est une herbe que les cochons aiment beaucoup.

mbèl

V regarder par derrière. **ā ɨ̄-ngɔ̄dɨ̄ à ā-mbèl gògɨ̀ àlé.** Si tu cours, ne regard pas par derrière.

mbér̄

VT échanger. **Dɨ̰yá ì ngɨ̄rā kɨ́ dèē mbér̄-ň̀ gír màdɨ̀ à?** La femme est-elle une peau pour qu'on puisse l'échanger contre une autre? **Mbér̄ gúsɨ̀ ń-tòō ādɨ̄-m̄ tɨ́.** Change ces pièces pour moi, s'il te plaît.

mbèlèng

Id faiblement. **tɨ́yō̰ ndɔ̄w mbèlèng.** L'étoile brille faiblement. **Hòr ùnjɨ̄ mbèlèng mbèlèng.** Le feu jet des faibles éclats.

mbèm-mbèm

ID bien (sorti, rebondi: descr. de gɨ̀lē). **Mò̰y rā-ň̀ àdɨ̄ kèm-ň̀ gɨ̀lē mbèm-**

mbèm. La maladie la frappé et son ventre très gonflé.

mbèɼ̄

NIN joue. **Mbèɼ̄ ngán kɨ́ dūú gī bò ngáy.** Les joues des petits enfants sont très grosses.

mbēɼ̄

N annonce publique. **Tàgɨ́-ɓèē ìnā-ñ mbēɼ̄ kɨ́-sɔ̀ɔ̄ dɔ̀ ndɔ̀ɼ̄ kūbī.** Hier ils ont fait une annonce publique à propos de la culture du coton.

mbēɼ̄ē

N secours, aide. **Mbēɼ̄ē ń ā̰y-m̄ ní nè̄ɨ̄-m̄ ngáy.** L'aide que tu m'a donné m'a beaucoup plu.
Expr: **à̰ȳ [dèē] mbēɼ̄ē = à̰ȳ [dèē] mbēɼ̄ē tɨ** - aider [qqn]. **ā̰y-m̄ mbēɼ̄ē tɨ.** Aide-moi.

mbéɼ̄ē [mbéɼ̄ē,mbáɼ̄ɔ̄]

V troubler. **Ī-mbéɼ̄ē yá̰à̰ yā màdɨ̄-í àɨ̄ ō, ī-ɓògɨ àɨ̄ ō.** Que toi tu ne troubles pas les affaires des autres et que tu ne voles pas.

mbètɨ

AV un petit peu. **ùn ngélē kɨ́ dūú mbètɨ àdɨ̄-m̄.** Il a pris un petit peu de natron pour moi.

mbètī

N barbes (de poisson, sagaie). **ī-tétī mbètī gàgɨ màjɨ tá ī-ndīr.** Coupe bien les barbes du poisson chat avant de le cuire.

mbḛ̄ [mbḛ̄ḛ̄]

N piège en trou pour les grands animaux. **Gáw gī rā-**ñ mbḛ̄ kàdī ìwà-ñ-nèé ɓɔ̀ñg. Les grands chasseurs font un piège en trou pour attraper une hyène.

mbī [mbīī]

NIN oreilles. **Mbī dɔ̀gɨ̄m̄ ngāl ngáy.** Les oreilles du lièvre sont très longues.
Expr: nēl mbī-ǹ - prêter l'oreille, prêter attention. **ī-nēl mbī-í màjɨ.** Prête bien l'oreille.
Expr: mbī [dèē] àtɨ - [qqn] être attentif.
Expr: kɨ́ mbī kāḡī - vert. **m̄-ndōgō kūbī kɨ́ ɓál-ñ ì kɨ́ mbī kāḡī.** J'ai acheté un habit de couleur vert.
Expr: ùtī mbī - faire de bruit. **ì rí ǹ rā yá̰ ngán gī ùtī-ñ mbī ɓèē?** C'est quoi qui arrive que les enfants font autant de bruit?

mbíkī

N un sourd. **Dèē à ɔ̀jɨ mbíkī kāḡī-dēsɨ́ àlé.** On ne montre pas la croix à un sourd (parce qu'il va penser que tu veux le tuer).

mbìndīng

N piège pour les rats (les enfants les tendent dans la brousse). **Ngán gī ìndā-ñ mbìndīng bòng yégī gī tɨ.** Les enfants tendent des pièges pour les rats sur le chemin des rats.

mbínjɨ̀

N porc-épic. **Mbínjɨ̀ ì dà̰ kɨ́ à̰w̄ kɨ́ kɔ̄n gìdɨ-ǹ tɨ tītī ndúɼ, bà nɨ̀ tá ì kɨ́ bò.** Le porc-épic est un animal qui a des piquants sur le dos, comme le hérisson, mais c'est plus grand.

mbīɽ́ (Syn: wìyà)
VT tordre (qqc. dans la terre) pour l'enlever. **Kèdī mbīɽ́ màsī sétɪ́ ɔ̄r̄ àlé.** L'éléphant ne peut pas enlever le tamarinier en le tordant.

mbìrìng
ID pendant, suspendu. **á̰ kàñ mángò kɪ́ bò mbìrìng mbìrìng ń-nò̰ó̰.** Regard cette grande mangue suspendue là.

mbītī
N sauce qui n'est pas gluante (souvent avec arachides). **Dìyá̰ tīr mbītī wàsī.** La femme prépare la sauce de melon.

mbíyō
V diminuer (qqc enflé). **Njà-ḿ kɪ́ síɽ̄ ní mbíyō.** Le gonflement de mon pied a diminué.

mbḭ́-mbḭ́ḭ
N esp. d'arbre [Entada africana]. **Mbḭ́-mbḭ́ḭ ì kāgī kɪ́ bɪ̄yā̰ gī à ìsà-ñ mbī-ǹ ngá̰y.** Le Entada africana est un arbre dont les chèvres mangent beaucoup les feuilles.

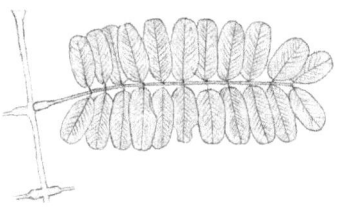

mb̀ḭḭ̀
ID très (forte: descr. de yàng). **Kàsɪ̀ Gàlá ì kàsɪ̀ kɪ́ yàng mb̀ḭḭ.** La bière "Gala" est une bière très forte.

mbíyà̰
N don de repas (pour établir l'amitié). **Dìyá̰ ngé rā mbíyà̰ gī nàl̄-ñ kɔ̄l nà̰a̰ àlé.** Les femmes qui se donnent de repas ne manquent pas de se quereller.

mbɪ̀lō
VI être déformé. **Kāgī àsɪ̀ ndògī yā-ḿ àlé àdī mbɪ̀lō.** Les poteaux ne suffisent pas pour le secko et donc il (le secko) est déformé.

mbɪ́lō
VT piétiner (pour frayer un passage). **Mbɪlō mṵ̀ à sā-ň ì róbɪ.** Il piétine les herbes pour chercher le chemin.

mb̀ɪnā
PRP entre, parmi. **ɓēdàyāá ì ɓē kɪ́ mbɪ̀nā Kūmrāá kɪ Sártɪ́.** Bédaya est une ville entre Koumra et Sarh.

mbɪ̀ɽà
N pâte, purée. **Náw gī à ò̰-ñ ì mbɪ́ɽà kānjī.** Les pêcheurs mangent la pâte de poisson.

mbɪ́ɽà
NIN goût. **Mbɪ́ɽá tá̰ ń ī-ndīr ní màjɪ̀ ngá̰y.** Le goût de cette sauce que tu as préparée est délicieux.
NIN chair de fruit. **Mbɪ́ɽá mángò tɔ̄ȳ mbɪ́ɽá màɽ̩.** La chair de la mangue dépasse la chair du (fruit du) rônier.

mbírā

VT intimider pour prendre [qqc] (*normalement* mbírā [yá] yā (dèē) *'intimider (qqn) pour prendre [qqc]'*). **Ré ī-mbírā yá yā màd-ī àí à dɔ̀-í à ngàŋg májí-májí.** Si tu n'intimides pas ton ami pour prendre ses biens, tu auras la bonne santé.

mbírè

VT bousculer. **Tàgí-ɓèē dèē gī mbírè nàā̰ súkī-ú dɔ̀ kānjī tí.** Hier les gens se sont bousculés à cause du poisson.

mbírē

VT traire; presser avec la main. **āw nṵ ī-mbírē mbà ādī-m̄.** Va traire la vache pour moi.

mbīsā

V pétrir; malaxer. **m̄-mbīsā bɔ̀r kàdī m̄-rā-ň bíríkì.** Je malaxe la boue pour en faire des briques.

VT masser. **Kó̰ ngōn mbīsā njà ngòn kí ɔ̀r tà nàā̰ tí.** La mère de l'enfant lui a donné un massage du pied avec l'entorse.

mbītā

VT déborder. **Mùr̄ wúr̄ mbītā kār.** La boule de pois de terre déborde la calebasse (c'est à dire, il y a trop pour la calebasse). **Expr: sàrìyà mbītā jī [dèē]** - [qqn] être incapable de juger (normalement pour manque de preuve). **Sàrìyà**

yē ngōn-kí-dḭ̀yá̰ mbītā jī ngār̄ àdī ìlà-ň kété. Le chef était incapable de juger un cas d'une femme et il a envoyé le jugement ailleurs.

mbō [mbōō]

N marigot; bord du fleuve. **M-āw mbō-ó ndò̰ kānjī-á.** Je suis allé pêcher au marigot. **Màñ kí mbō ì lò kógī nàā̰ lé, ī-lō kḭ̀yà̰ ngán gī kàdī àw̄-ň kūtì.** L'eau au fleuve n'est pas un endroit pour s'amuser -- ne laissez pas les enfants aller dedans.

mbō [mbōō]

N chasse collective. **Dù-lòỳ làā dèē gī àw̄-ň mbō kāl bā ùwà-ň dā̰ àlé.** Ce matin les gens sont allés à la chasse collective mais ils n'ont rien pris.

mbóò

N idiot. **ī ī-mbó ngá̰y, mā̰ ì mbóò màdī-í àlé.** Tu es vraiment idiot, et moi je ne suis pas idiot comme toi. **Expr: mbī [dèē] mbóò -** [qqn] être sourd. **Expr: (dèē) ndì tà-ň mbóò -** (qqn) rester silencieux. **ī-ndì tà-sí mbóò màlàng!** Restez tous silencieux!

mbó-mbā

N étranger, invité pas apprécié par l'hôte. **Mā̰ ì mbó-mbā á ī-rā-m̄ mbā kì wàsī à?** Est-ce que je suis un invité pas apprécié que tu me reçois avec le melon (et pas autre chose mieux).

mbōgīló (Syn: kújí-mbōgɨ)

N case construit avec le secko. ɨ́-tò kèm mbōgīló-ó à kūl à ò̰-ɨ ngáy. Si tu dors dans une case construit avec le secko alors tu auras très froid.

mbōl

VI être mouillé. Kūbī yā-m̄ tò mbōl ɓáy. Mes vêtements sont toujours mouillés.

mbōĺ

VI être frais, mouillé, vert. ɨ́-lō kɨ̀là n̄gòng tà jī-kāgī kɨ́ mbōĺ tɨ́. Ne suspends pas le sac à une branche verte.

mbōlí

N magie. N̄gè mbōlí à rā-ī kàdī ā ɨ́-tél bàtī. Le magicien te transformera en mouton [litt: ... te fait de sorte que tu deviennes un mouton].

Expr: rā mbōlí - faire la magie.

mbóng

CNJ jusque. Nél̄ ùn-n̄ mbóng ìnā-n̄ nàng kɨ́ Ngàm̄-á tɨ́. Le vent l'emporta et le jeta sur la terre des Ngams. āw mbóng dàn-kāgī-á tá tél rèē. Il est parti jusqu'à la forêt et après il est revenu.

AV pour toujours, définitivement. Wōng rā-n̄ dɔ̀ bɔ̀bī-n̄ gī tɨ́ àdī àw mbóng tél tò̰ àlé. Il s'est faché avec ses parents il est parti pour toujours et il ne rentre pas.

Mbōrō

NP Mbororo, nomade foulbé. Mbōrō gī ì ngé kùl̀ màn̄g kɨ́ kɨ̀rē gī. Les Foulbés nomades sont les éleveurs des boeufs rouges.

mbòȳ

N sorte de danse (d'origine ngam). Mbòȳ ì ndām yē ngàm̄ gī. Le "mboy" est une danse des Ngams.

mbō̰ [mbō̰ō̰]

V damer (quelque chose flexible). ɨ́-mbō̰ kūbī kɨ́ ndùl gī kèm ngòng-ɔ́. Dame les vêtements sales dans le sac.

mbò̰ō̰

NIN petit trou (dans le secko, le mûr, etc.). ūtī mbò̰ō̰ ndògī nò̰ó̰ nè bɨ̄yā̰ gī à ùdɨ-n̄-nèé. Ferme le trou dans le secko de peur que les chèvres n'y entrent.

mbò̰ō̰

N distance. Mbò̰ō̰ ɓē kɨ̀ Kūmrāá kɨ̀ kɨ́ Sár ngāl ngáy. La distance entre la ville de Koumra et celle de Sar est très longue.

N espace entre, intervalle. Kèdī àsɨ̀ mān mbò̰ō̰ kāgī kɨ́ dūú tɨ́ àlé. L'éléphant ne peut pas passer dans une petite espace entre les arbres.

mbò̰y

N penché, chose penchée. Kāgī gī ń nɨ̀ à̰ā̰ àw̄ ɓɔ rɔ̄-n̄ kūtɨ ní tò-n̄ nɨ̀ kɨ́ mbò̰y-ɔ́.

Les arbres, à l'endroit où il s'est enfui, sont tous penchés en direction de l'eau.

mbō̱y

VT malaxer. m̄-mbō̱y bɔ̀r kàdī m̄-rā-ň bìríkì tí. Je malaxe la boue pour en faire des briques.

mbɔ̄jī

VT mesurer. ī-mbɔ̄jī kō kèm lāngá ādī-m̄. Mesure le mil dans le récipient pour moi.

VT conter. Mbɔ̄jī gúsì-ň bà a̱ kàdī gúsì bú jóó gòtóō. Il a conté son argent et il a trouvé que mil francs n'était pas là.

mbɔ́kī

V briser (des os). ī-mbɔ́kī yégī ādī m-ɔ́sí kàndà tí. Brise les (os des) rats pour que je puisse les préparer dans le repas de sésame.

mbɔ̀ṟ

N esp. d'arbre [Annona senegalensis]. Kàn̄ mbɔ̀ṟ lúndī ngáy bā yèṟgī à o̱-ň kété no̱-í tí kɔ́ɔ́. e fruit du Annona senegalensis est très sucré, mais les oiseaux l es mangent avant toi.

mbɔ́ṟ

NIN la joue. Kàdī ngōn màd-í ìndà mbɔ́ṟ-í àlé ō. Que les enfants des autres ne te giflent pas.

mbɔ̄r-ɓē-kí-gèlé

(Syn: dùn-ɓē)

N l'est. Mbàng à ìɓà mbɔ̄r-ɓē-kí-gèlé tí. Le soleil se lève à l'est.

mbɔ̄r-ɓē-kí-kò̱o̱

(Syn: no̱-ɓē)

N l'ouest. Mbàng à ùdì ì mbɔ̄r-ɓē-kí-kò̱o̱ tí. Le soleil se couche à l'ouest.

mbɔ̄r-dùm

N sorte de bouillie préparée avec la pâte d'arachide et du riz (normalement avec bíya̱ 'bouillie'). Bíya̱ mbɔ̄r-dùm kí kànjī màsī nèṟ àlé. La bouillie de pâte d'arachide sans le tamarin n'est pas agréable.

mbɔ̀ṟ-lánjì

N esp. d'arbre [Acacia nilotica]. Kàn̄ mbɔ̀ṟ-lánjì à ùr-ň ndùjī-ň, à rā-ň tà dò tí. Le fruit de l'arbre "mbor-lanji", on le pile en farine et on l'utilise pour soigner les plaies.

mbɔ̀ṟ-nàsáṟ

N pomme cannelle.

N goyave. Mbɔ̀ṟ-nàsáṟ lúndī tɔ̀ȳ mbɔ̀ṟ kí ɓē-é. Le goyave est plus sucré que la pomme cannelle locale.

mbɔ̀ro̱

N petit trou serré. Bī̱ya̱ tèē mbɔ̀ro̱ ndògī tí. La chèvre est sortie par le petit trou du secko.

mbɔ́tɨ́-kɔ́rɔ̄

N pâte d'arachide. **Mɨ̀njò kɨ́ ndīr kɨ́ mbɔ́tɨ́-kɔ́rɔ̄, ɨ́-sá à ā ā̰y màn̄ ngá̰y.** Les haricots cuits avec la pâte d'arachide, si tu les manges tu vas boire beaucoup d'eau.

mbù [mbùù]

N puisoir fabriqué de chambres d'air cousues. **Mbù yā-ḿ òsō gɨ́r bòlò-ó bā m-ásɨ́ kùn àlé.** Mon puisoir est tombé dans le puits et je ne peux pas le prendre.

mbùjɨ̀

VI être mûr (*normalement avec les céréales, mais pas avec les fruits; v. aussi ɔ̄ɔ̄*). **Gɔ̀jɨ̀-dɔ̀ kɨ́ mbùjɨ̀ ngá̰y màjɨ̀ tɨ́ngā àlé.** Le maïs qui est trop mûr n'est bon à griller.

mbùr̰̄

NIN la fesse. **ɨ̄-tèē àlé ré m-údɨ́ gō-í tɨ́ nò̰ó̰ à, ā á̰ lá̰yā̰ kɨ̀ mbùr̰ dùm tɨ́.** Si tu ne sors pas et si j'entre te chercher, tu vas voir l'amulette du derrière de l'arabe.

mbúr̀

N esp. d'antilope, Cobe défassa. **Mbúr ì dā̰ kɨ́ tītɨ̄ nàsɨ̄ bà nɨ̀-tá ngāl ngá̰y àlé ō gàjɨ̀-n̄ ngāl ngá̰y ō.** Le Cobe défassa est un animal pareil à l'antilope cheval, mais lui il n'est grand de taille mais ses cornes très longues.

mbūsɨ̄

VT bourrer, fixer fermement. **ɨ̄-mbūsɨ̄ gɨ́r kāgɨ̄ ndògɨ̄ nò̰ó̰ ādɨ̄- m̄.** Fixe le poteau pour le secko fermement pour moi.

mbùtɨ̀

VI être troué. **Sāngē yā-ḿ tò nò̰ó̰ bà mbùtɨ̀ kɔ̄ɔ́.** J'ai une moustiquaire, mais elle est trouée. **Sóò yā-ḿ mbùtɨ̀ àdɨ̄ màn̄ ndḛ̀ḛ̄.** Il y un trou à la base de mon seau et l'eau sort.

VT percer, faire un trou dans. **kɨ́lē mbùtɨ̀ pósɨ̀ yā-ḿ àdɨ̄ sɨ́lē yā-ḿ gɨ̄ ùr̄-n̄ kɔ̄ɔ́.** La clef a troué ma poche et mes jetons sont tombés.

mbútī

VI être troué (en plus. endroits). **Kūbɨ̄ yā-ḿ mbútī ngá̰y àdɨ̄ m-gḛ̀y ndōgō kɨ́-ràng.** Mon habit est troué partout et je veux acheter un autre.

VT trouer, percer (en plus. endroits).

mbùuu

AV pas claire, nuageux, etc. (le ciel). **Dímsɨ̀l ì ngá̰y àdī lò tò mbùuu.** Il a beaucoup de brouillard et il n'est pas clair.

mbùuu

ID très (gros, enflé, gonflé, grand) (*indique pas de force; v. aussi* mɨ̀gɨ̀gɨ̀). **Dèē kɨ́ bò mbùuu bèē tɔ́gɨ̀-n̄ gòtóō.** Une personne très grosse comme ça n'a pas de force.

n-

PRA il (discours indirect, référence au sujet). **ìdà nè n-ìngà dā̰.** Il a dit qu'il (lui même) a trouvé la viande.

ǹ

CMP que, qui. **ì rí ǹ ī̄-ndōgō súkī̄-ú?** C'est quoi que tu as acheté au marché? **ì ná̰ā̰ ǹ á̰ā̰-ǹ róbì-ó ní?** C'est qui que tu as vu sur la route? **ì bà̰ý ǹ ngō-kó̰-í ìngà gúsì àsì bèē ní?** Comment se fait-il que ton frère a trouvé autant d'argent?

-ǹ

PRA son, sa, ses. **Màktúbì yā-ǹ** son livre **Ngōn-ǹ ì mò̰y.** Son enfant est malade. PRA le, lui (objet de verbe). **àdī̄-ǹ-ǹ yá̰ kìsà.** Ils lui ont donné quelque chose à manger.

-n̄

VPl marqueur de pluriel du verbe. **Nì-n̄ rèē-n̄ r̰ō̄-ǹ tí, bà ìdù-n̄: "dèē ń-tòō ì ná̰ā̰?" "ì Nɩ́ɓā."** Elles vinrent auprès de lui et dirent: "Cet homme c'est qui?" "C'est Nuba." **àw̄-n̄ kɔ̄ɔ́.** Ils sont déjà partis.

ń [ń, nɩ́]

CMP que, qui. **Mā̰ m-āw yē kà̰ ké rí ǹ tél-ǹ mbā tí ní.** Je vais voir ce qu'il a rapporté de son voyage. **Ngōn ń m-ō-ǹ tàgɩ-ɓèē súkī̄-ú ní ì ngōn-í.** L'enfant que j'ai vu au marché hier c'était ton fils. **Dèē ń ɓògɩ-**

m̄ ní ì ī kóō. La personne qui m'a volé était toi même. **dèē gɩ̄ ń ɓògɩ-m̄ ní -** les gens qui m'ont volé.

-ň [ň, ń]

PRA avec quelque chose dont on a déjà parlé. **à rā-ň ì rí?** Que va-t-il en faire? **Ndōgō gɔ̀l ìndà-ň màdī̄-ǹ.** Il a acheté un gourdin pour frapper son ami (avec).

ǹ-kóō [ǹkóō, nɩ̀kóō]

Pr même **ì ɓòbī̄-m̄ ǹ-kóō ǹ ìdà.** Son mon père même qui l'a dit.
Pr vraiment (exprime doute dans une question). **Màň èdɩ̀ ǹ-kóō à?** Est'ce qu'il a vraiment plu?

ń-nò̰ó̰

PR ce, cette, ces (un peu loin). **Kèē ń-nò̰ó̰ ì kɩ́ gāng màlàng.** Ce van là est complètement déchiré.
Expr: **yā ń-nò̰ó̰ ǹ -** c'est pour cette raison que.

ń-tòō

AV maintenant, pour le moment. **ń-tòō ní ā ī-rā ní yìbī̄ tɩ́ à?** Maintenant vas-tu en faire l'huile?
AV alors. **ī-rā kɩ̀là ń-tòō tá āw ɓē-é.** Tu fais le travail alors et après tu rentres à la maison.

ń-tòō

PR ça, cela (*à la fin*). **ń-tòō ì rí?** Ça c'est quoi?
SPC ce, cette, ces. **Ngōn ń-tòō ì ngōn ná̰ā̰?** Cet enfant, c'est l'enfant de qui?

nà [nà̰, nḛ̀]

AV marqueur de politesse. **Kùm-ǹ nà ì rí?** S'il te plaît, ça signifie quoi? **r̰̄-m̰ nà ì Kònstáà̰.** Mon nom est Constant.

nà [nà̰, nḛ̀]

CMP que (discours indirect) (*v. aussi* nè). **ìdà-n̄ nà kàmyō̰ àw̄ ì kɨ́ kɨ mbàng kɨ kùtɨ-gìdɨ-kógɨ̄m̰.** Ils ont dit que le camion va partir à onze heures. **ìdà nà ìngà dā̰.** Elle a dit qu'elle (même) a trouvé de la viande.

nà [nà̰, nḛ̀]

CNJ car. **M-úwà kīnjá nà kīnjá túr̰ yō̰?** J'attrape la poule, car la poule avale le termite.

nāgīrā

VI se hâter, se presser. **ī-nāgīrā kɨ́ làā ādī j-àw̄ nà lò ì sà̰y.** Presse-toi pour qu'on parte, l'endroit est loin.

nàjɨ̀

VT étendre (au soleil). **ī-nàjɨ̀ mbàng-á ì ndō kóndóng?** Et tu les laisses étendus au soleil pendant combien de jours? **Dɨ̀yá̰ nàjɨ̀ kō kèm wà-á kàdɨ tùtɨ.** La femme a étalé le mil sur une natte pour qu'il sèche.

nàjī

N raison, justice. **Ngār̰ àdī nàjī ngōn-kɨ́-bàlsá ndíl sàrìyà-á.** Le chef a donné raison aux jeunes hommes au jugement.

N problèmes, histoires, querelle. **Mā̰ m̄-gḛ̀y nàjī**

àlé, **íyà̰-m̄ jèkè.** Je ne veux pas d'histoires, laisse-moi tranquille. **m̄-gḛ̀y nàjī sè-í àlé.** Je ne veux pas de problèmes avec toi.

N paroles, mots. **Kùm nàjī ń-tòō nà ì rí?** Qu'est-ce que ce mot (ces paroles) veut dire?

Expr: **kɨ̀dà nàjī** - répondre. **Ngè-ɓògɨ gḛ̀y kɨ̀dà nàjī ngār̰ àlé.** Le voleur ne voulait pas répondre au chef.

nàjī

PRP pour (avec un nom). **Tàgɨ́-ɓèē m-āw làbɨ̀dān-á nàjī mò̰y.** Hier je suis allé à l'hôpital pour une maladie.

nāká-tā

INJ à bientôt! (*réponse à* sōkɨ́-tā). **nāká-tā j-òō-n̄ nà̰ā̰ ɓáy.** Bientôt on se verra.

nákɨ

ID très (fatigué) (*normalement avec* àsɨ).

Expr: **kòr̰ àsɨ [dèē] nákɨ** - être très fatigué. **Kòr̰ àsɨ-ǹ nákɨ.** Il est très fatigué.

Expr: **ɓō àsɨ [dèē] nákɨ** - [qqn] avoir beaucoup de faim, le faim rend [qqn] faible. **ɓō àsɨ-m̄ nákɨ.** Le faim m'a rendu fatigué.

nàkóō

AV comme ça, au juste. **Kùm rī-í nàkóō ì rí?** Le sens au juste de ton nom est quoi?

nàl

N esp. de plante, bambou. **Kāgɨ̄ nàl ì kāgɨ̄ kɨ́ yō̰ ò̰ àlé.**

Le bambou est un arbre que les termites ne rongent pas. **Tómbɪ́ nàl à ndɔ̄bɪ̄ dèē kɪ́-nò̰ò̰ àɪ́**. Le gui du bambou ne se montre pas à n'importe qui (c'est à dire, il est très rare a voir).
N flûte fabriqué avec le bambou. **Yá̰ ń à ɓār̰ tò ì tōbɪ̄ à-ké ì nàl?** Cette chose qui sonne, est'elle la flûte de corne de bambou?

nàl
N l'oublie (toujours dans l'expression dɔ̀ [dèē] ndígɪ̄ nàl dɔ̀ [yá̰à̰] tɪ́ "[qqn]" oublier [qqc]). **Dɔ̀-ḿ ndígɪ̄ nàl dɔ̀ kàw̄ lò-í tɪ́ kɔ̄kɪ́.** J'ai oublié d'aller chez toi.
Expr: dɔ̀ [dèē] ò̰y nàl dɔ̀ [yá̰] tɪ́ - [qqn] oublier [qqc]. **Ɪ̰̀ ì bàtɪ̄ á dɔ̀-í ò̰y nàl dɔ̀ yá̰ tɪ́ láw à?** Es tu un mouton pour oublier une chose si vite?

nàl̰
V rater, manquer; n'avoir rien. **Bà dɔ̀gɪ̰̄m ɪ̀n ngɔ̀ng kɪ́ kɪ̀ wúl̰-ú, à̰a̰ àw̄-ň kɔ̄ɔ́, àdɪ̄ Súū nàl̰.** Mais le lièvre s'empara du sac de pois de terre, il s'enfuit avec, et Sou n'eut rien. **M-na̰ kùwà-ň bà m̄-nàl̰-ň.** J'ai essayé de l'attraper mais je l'ai raté.

nàm̄
N remise en place (un membre cassé ou en cas de luxation) (*toujours avec* kɔ̀r̄,ɔ̀r̄).
Expr: kɔ̀r̄ nàm̄ - remettre en place (un membre cassé ou luxé). **Lò kɔ̀r̄ nàm̄ dūn dèē tōr ngá̰y.** Remettre en place les os de la colonne vertébrale de quelqu'un est très difficile.

nám̄
V tâtonner. **āw ɪ̄-nám̄ lò kújɪ́-ú ún tɔ́rsɪ̀ ādɪ̄-m̄.** Va tâtonner dans la maison et prend-moi une torche.
VT réparer (con on n'est pas especialiste). **Ngè-gātɪ̄-kānjɪ̄ ndɪ à nám̄ bìlō yē-n̄.** Le vendeur de poisson est en train de réparer son vélo.

nám̄
N esp. d'arbre [Hexalobus monopetalus]. **Dèē à ìndā kɔ̀n kàn nám̄ àlé tām à òsō kɪ̀dè láw ngá̰y.** On ne garde pas les restes du fruit de l'arbre "nam" parce que les asticots vont se mettre dedans très vite. **Ré ā ò̰ nám̄ à īlō tὲ̰ kèm tòdō kɪ̀dè gɪ̄ ì kèm-é màlàng.** Si tu manges (le fruit de) l'arbre "nam" alors ne l'ouvres pas parce qu'il y a des asticots partout dedans.

nān
NIN oncle maternel. **ídà-m̄ nà ngōn nān-í ìndā hòr lò tɪ́.** Tu m'as dit que l'enfant de ton oncle maternel a allumé un incendie. **Nān-ḿ ì ngō-kó̰ kṵ́-ḿ.** Mon oncle maternel est le frère de ma mère.

nànā

N calomnies. **Dìyá gī à rā-ñ nànā ì dɔ̀ bìlò-màñ tí.** Les femmes racontent des calomnies au puits. **Dìyá gī à rɔ̄-ñ nà̰à̰ dèjì tām nànā tí.** Les femmes se battent souvent à cause de la calomnie.

nānā

N mon oncle maternel (*forme vocative, utilisé aussi avec les amis*). **nānā, ī-rèē láy!** Mon oncle, viens vite!

nàńg

AV par terre, sur la terre (*locatif de* nàng). **Wàsī ì kāgī kí à àl nàng tí = Wàsī ì kāgī kí à àlà nàńg.** Le melon est une plante qui rampe par terre.

AV en bas. **Ngè tò dɔ́ɔ́ gèr̄ tōr-ǹ yē ngé tò nàńg gī àlé.** Celui qui est en haut ne se soucie pas de celui qui est en bas.

nàng

N terre, sol. **Kɔ̀r̰ rā-m̄ ngáy, m̄-tò nàng tí séy.** Je suis très fatigué, je m'étends un peu sur la terre. **M-ūsī nàng tí.** Je le pose sur la terre. **M-íngá gúsì kùtì-jōó nàng tí.** J'ai trouvé 100 CFA (20 "gourse") sur la terre.

náñg   [náñ,náñgī]

N sable. **M-índā gájì-bòng hòr-ó, m̄-ɓōkí náñg kèmé kàdī kìrē.** Je mets un morceau de poterie sur le feu en ayant versé dedans un peu de sable et je le fais chauffer. **Nél òy náñg kùm dèē tí.** Le vent pousse le sable aux yeux des gens.

Dìyá ɔ̀y náñg kàdī ndàw̄-ň wúdùm La femme a ramassé du sable pour griller les arachides.

náñg-náñg

ID grand jour (descr. de ùnjì). **Dàn ń m-ḭ̄ ɓē-é ní, lò ùnjī náñg-náñg kɔ̄ɔ́.** Quand je suis parti, il faisait déjà grand jour.

nánjì   (Syn: lánjì)

N argile. **Nánjì ì nàng kí dèē gī à ìɓā-ñ-nèé jóò.** L'argile noire est la terre que les gens fabriquent les jarres avec.

nápàr

NIN sorte, type, qualité. **Nápàr sā yē-í ń-tòò màjì ngáy, ī-ndōgō ì rá?** La qualité de tes chaussures est très bonne, où as-tu les acheté?

NIN ethnie, race. **Nápàr dèē kírēý gī à tàā-ñ nà̰à̰ ì kì màng-á.** Certaines ethnies se marient avec les boeufs.

nàr

VT faire glisser. **Lò nàr-m̄ ādī m̄-īsō.** La glissade m'a fait tomber.

nàr̰   (Syn: gúrsì)

N argent. **Kàdī íngè nàr̰ ngáy ō.** Pour que tu trouves beaucoup d'argent. **Nàr ì mìndō à sā dèē àlé.** L'argent est aveugle, il ne

cherche pas les gens.
Expr: tèē nàr̄ - profiter,
gagner de l'argent avec une
transaction.

nār̄
VT arracher (avec la force).
**Ngè-ɓògì nār̄ nàr̄ jī-m̄ tí
súkī-ú.** Un voleur a arraché
l'argent de ma main au
marché.

nàsár̀
N blanc, Européen. **Dèē kí
Sádì tí kí ngáy gèr̄ tà nàsár̀
àlé.** Beaucoup de gens au
Tchad ne connaissent pas la
langue Française.
V fonctionnaire. **Ngōn-m̄
ndóō yá ngáy kàdī tèē
nàsár̀.** Mon enfant étudie
beaucoup pour devenir un
fonctionnaire

nàsī
N antilope cheval. **Nàsī ì dā
kí ngāl àsì nàā̰ kì síndá.**
L'antilope cheval est un
grand animal, de la taille du
cheval.

nàtí
VT faire une grimace à
(indique dédaigne). **Dèē
nàtí kó̰-n̄ àlé.** Une personne

ne fait pas une grimace à sa
mère.

náẁ
(Syn: ngè-ndɔ̀-kānjḭ̄)
N pêcheur. **Náw ì ngè
kùwà kānjḭ̄.** Le pêcheur est
celui qui capture les
poissons.

nā̰
[nā̰ā̰]
VT goûter. **m̄-nā̰ sáỳ m-á̰
ké síkìr àsì wà.** J'ai goûté le
thé pour voir s'il y avait
assez de sucre. **ī-nā̰ tá̰ yē kà̰
ké màjì wà.** Goûte la sauce
pour voir si elle est bonne.
VT essayer. **m̄-gèr̄ kàr̄ bìlō
àlé bà m̄-nā̰ ì mbéē.** Je ne
sais pas monter en vélo mais
je l'essaie seulement.

nā̰
[nā̰ā̰]
N mois. **ì tà tɔ̄l tà nā̰ tí tā -**
à la fin du mois. **Nà̰y nā̰ jɔ́ɔ́
tá kàdī m-ìjá ūwá yā-m̄.**
Ça reste deux mois avant
que je récolte le mil.
Expr: rā nā̰ - célébrer (une
fête). **Ngār̄ Kūmrāá à rā
nā̰ kìndā-n̄ ɓōó-làā, dèè-kì-
dìyá̰ Sàr̄ à ìsà dā àlé.** Le
chef de Koumra célèbre son
anniversaire d'installation à
la chefferie aujourd'hui, les
femmes Sar ne mangent pas
de la viande.
N lune. **Nā̰ à ùdì à āw tā.**
Quand la lune se couchera
tu partiras. **Nā̰ ndà ngáy
ɓōó-làā.** La lune est très
claire aujourd'hui.
N période. **Nā̰ kìja wúdùm
n̄ tòō.** Voici le moment pour
récolter les arachides.

nàā̠

AV ensemble. **Ngán gī kógī nà̠ā̠ gìdì kújì-ú.** Les enfants jouaient ensemble derrière la maison. **Mā̠y ngán gī ń à rɔ̄-ń̄ nà̠ā̠ nò̠ò̠.** Sépare les enfants qui se battent là.

PR marqueur réciproque. **Ngá-kó̠ nà̠ā̠ gī ìngè-ń̄ nà̠ā̠ ngán bàlsáà gī kí gè̠y-ń̄ nà̠ā̠ ngá̠y** - des jeunes hommes qui s'aiment beaucoup. **à̠-ń̄ nà̠ā̠ àlé.** Ils ne se visitent pas l'un à l'autre.

nà̠ā̠

VI se réfugier avec (qqn). **Ngōn ń kó̠-ǹ ndà ǹ ní à̠ȳ nà̠ā̠ bò̠bī-ǹ.** L'enfant dont sa mère le tape court pour se réfugier avec son père.

nà̠á̠

CMP marqueur d'emphase sur la proposition que précède, c'est ... que (*la proposition qui suit termine avec* ní). **Nì̠ nà̠á̠ ì ndà-m̄ ní.** C'est lui qui m'a tapé.

nà̠á̠

N maman (langage des enfants et des femmes). **ī̠ ngōn á ī-ɓā̠r kó̠-í "nà̠á̠" à?** Est-ce que tu es un enfant pour appeler ta mère "maman"?

ná̠ā̠

INT qui. **ì ná̠ā̠ ǹ ń-tòō?** Qui est là? **Ná̠ā̠ ì ngā̠r̀ ɓē ń-tòō?** Qui est le chef de village ici?

nā̠-bìnā

NP avril. **Nā̠-bìnā-á Sà̠r̄ gī màlàng àw̄-ń̄ ɓēdàyāá.** Le mois d'avril tous les Sars vont à Bédaya.

nā̠-ɓā̠r̄ī̠m̄-ɓēr

NP moi de maie. **nā̠-ɓā̠r̄ī̠m̄-ɓēr àsì kɔ́ɔ́ àdī mán à èdì tā.** Le moie de maie est arrivé et la pluie va tomber.

nā̠-ɓā̠r̄īm-kì-rí

NP période après les récoltes, Septembre.

nā̠-ɓā̠r̄ī̠m̄-ndɔ̀r̄

NP moi de juin (*litt: "le mois nous appelle à labourer"*). **nā̠-ɓā̠r̄ī̠m̄-ndɔ̀r̄-ɔ́ dèè gī màlàng ì wà-á tì.** Le mois de juin tous le monde est en brousse.

nā̠-ɓégè

NP février. **Nā̠-ɓégè ngɔ̄dī ngá̠y tɔ̀dɔ̄ ndɔ̄ ì kùtì-jɔ́ó-gìdì-sɔ́-sɔ́ ngó̠ỳ kèmé.** Le mois de février passe vite parce qu'il a seulement 28 jours.

nā̠-ɓō

NP période où il y a rien a manger, juillet. **Nā̠-ɓō tí yá̠-kìsà kógīm̄ gī gòtóó, yòbì gē gòtóó.** À la période de faim il n'y a rien à manger, (même) le fruit de karité n'est pas là.

nā̠-gìlə̀y

NP Janvier. **Nā̠-gìlə̀y á kūl ò̠ ngá̠y.** En janvier il fait très froid.

nā̰-kūl

NP période de l'année de froid, novembre à janvier.

nā̰-ngā-ni̱ngā

NP période chaude et seche, mars-avril.

nā̰-ngḛ̄r̰-dɔ̀-dáǹ-gī

NP mars. **Mbàng ɔ̀si̱ ngáy nā̰-ngḛ̄r̰-dɔ̀-dáǹ-gī-é.** Le soleil est très fort dans le mois de mars.

nā̰-sùr̰-màñ

NP période des fortes pluies.

nà̰ā̰-tí

AV ensemble. **ásgàr gī njīrā-n nà̰ā̰-tí àā-n kèm ɓē ń rɔ̄ ì kūti̱ ní.** Les soldats marchent ensemble vers le village où il y a le problème.

nā̰rīnjā̰

N esp. de tubercule sauvage mangeable. **nā̰rīnjā̰ ì mṵ̀ kí à à̰ȳ nàng tí, dèè gī à sà-ñ kà̰ȳ-n.** Le "narinja" est une plante qui produit dans le sol, les gens mangent son tubercule.

nà̰y

VI rester. **Nà̰y ɓáy.** Il reste encore (des choses à faire). **Nà̰y-m̰ ndɔ̄ jóó kàdī m̰-ti̱gā-ň ki̱là.** Il ne me reste que deux jours pour finir le travail.

nà̰y-rɔ̄-bàtī-tí (Français) (Syn: tɔ̄l-tɔ̄ṟyō̰)

N esp. d'herbe à chardons épineux [Cenchrus biflorus]. **ī-gōng lò ń-nò̰ó̰ nà nà̰y-rɔ̄-bàtī-ti̱ ì ngáy kūti̱ à à ìwà** kūtī kūbī yē-í tí. Dévie cet endroit parce qu'il y a beaucoup de l'herbe à chardons et ils vont couler sur ton habit.

-nè

PRA son, sa, ses. **r̰ɔ̄-nè nèr̰-ǹ = r̰ɔ̄-ǹ nèr̰-ǹ.** Il est content [litt: son corps lui fait plaisir]. **màktúbi̱ yā nè = màktúbi̱ yā-ǹ** - son livre. **Expr: ki̱ [jī/dɔ̀/etc.] nèé** - avec sa [main, tête, etc.]. **ìndà-ǹ ki̱ jī nèé.** Il l'a tapé avec sa main.

PRA le, la (obj. de verbe) (*seulement quand le pronom précède* ì). **Yèr̰ ń-tòò à ɓāṟ-ñ-nè ì "dúṟú".** Cet oiseau, on l'appelle le "calao".

nè [nè] (Syn: nà)

CNJ de peur que. **ī-lō ki̱ndà ngōn ki̱ kāgī nè jī-ǹ tèti̱.** Il ne faut pas frapper l'enfant avec le bois de peur que son bras ne se casse.

nè [nè]

CMP que (discours indirect) (*v. aussi* nà). **ìdà nè n-gèy rèē àlé.** Il a dit qu'il n'a pas voulu venir.

-nèé

PRA avec (qqc dont on a déjà parlé) (*avec sujet au pluriel*). **Ndōgō-ñ gɔ̀l ndà-ǹ-ñ-nèé.** Ils ont acheté un gourdin pour le frapper avec. **Ndōgō gɔ̀l kàdī ìndà-ǹ-nèé.** Il a acheté un gourdin pour le frapper avec. **Ndōgō-ñ gɔ̀l ndà-ñ-nèé màdī-dí.** Ils ont acheté un gourdin pour frapper leur copain avec. **àdī-m̄-ñ-nèé, àdī-ī-ñ-nèé, àdī-ñ-n̄-nèé, àdī-ñ-jí-nèé, àdī-ñ-sí-nèé, àdī-ñ-dɨ-nèé** - ils m'ont donné avec, ils t'ont donné avec, ils lui ont donné avec, ils nous ont donnés avec, ils vous ont donnés avec, ils leur ont donnés avec.

nèé

PRA lui. **àw̄ kī nò̧-nèé.** Il est parti avant. **Bò̧bī-ǹ àw̄ sè-nèé.** Son père est parti avec lui.

nèdɨ

VT sous-estimer. **Dèē kɨ́ ngáā nèdɨ yá̧ àlé.** Un sage ne sous-estime rien.
VT demander d'augmenter (qqc, parce qu'on estime que sa valeur est moins). **Nèdɨ ngàlìyà àdī m-ādī-ǹ kógīm̄ dò̧-tɨ́.** Il a demandé encore de manioc et alors je lui ai donné encore un.

nēgɨ́

V bouillir. **Màñ ndɨ à nēgɨ́.** L'eau est en train de bouillir. **Dì̧yá̧ nēgɨ́ màñ kàdī ndò̧gī.** La femme a fait bouillir de l'eau pour se baigner.

nējī

VT nier. **ī-nējī àlé, ī̧ kóō ǹ ídá à.** Ne le nie pas, c'est toi qui l'a dit! **Ngār̄ ùwà bàlsáà bà bò̧bī-ǹ nējī nàjī dò̧-ǹ tɨ́.** Le chef a arrêté un jeune homme, mais son père a nié les accusations portées contre lui.

nèɾ

VT plaire, donner plaisir. **Mbā ņ́ āw Sár̄-á ní nèɾ-ī ngáy à?** As-tu été content de ton voyage à Sarh? **Tá̧ ń̄-tòō nèɾ-m̄ ngáy.** Cette sauce là me plaît beaucoup.
Expr: (yá̧à̧) nèɾ tà [dèē] - [qqn] aimer (une nourriture). **Bíyā nèɾ tà-m̄ àlé.** Je n'aime pas la bouillie.
Expr: r̄ɔ̄ [dèē] nèɾ-ǹ - [qqn] être content. **T̀ɨgā kɔ́ɔ́ àdī r̄ɔ̄-ǹ nèɾ-ǹ ngáy ɓóó-làā.** C'est fini, c'est pourquoi il est très content aujourd'hui.

nēl

VT pagayer, conduire à la pagaie. **Ngé-ndò̧-gī nēl-ñ tò ō à ndò̧-ñ-nèé kānjī ō.** Les pêcheurs pagayent la pirogue tout en cherchant des poissons.
Expr: (dèē) nēl mbī-ǹ - prêter attention. **ī-nēl mbī-í màjɨ.** Prête bien l'oreille.

nél

N vent. **Nél ílà ngáy.** Le vent souffle beaucoup. **Nél tɔ̄l hòr lámbā.** Le vent a éteint la lampe.

nél-bàlwày

N sorte d'orage très fort (mais parfois sans pluie) (*dans la saison des pluies seulement*). **Nél-bàlwày ì nél kɨ́ tɔ́gɨ́-ñ ì ngáy, à ŗó̧ȳ kāgɨ̄-gī.** L'orage de vent est un vent avec beaucoup de force, il arrache les arbres.

nél-māí

N tourbillon. **Nél-māí ɔ̀y kūbī yā-ḿ gī àw̄-ň.** Le tourbillon a pris mes vêtements et les a emportés.

nél-màñ

N orage. **Nél-màñ ìlà ngáy àdī j-àw̄ ndɔ̀r̄-ɔ́ àlé.** L'orage a beaucoup soufflé et nous n'irons pas au champ.

nélìḿ

N sorte de maladie, éléphantiasis. **Nélìḿ ì mòy kɪ́ à rā-ī à njà-í à bò tītī njà kèdī.** L'éléphantiasis est une maladie que, si tu l'attrapes, ton pied va grandir comme le pied d'un éléphant.

nèñ

PR ceux, celles. **Nèñ ń ndì-ñ nàā̰ ní à rā-ñ ì rí?** Ceux qui sont là, qu'est-ce qu'ils font?

nì

PR il, elle. **Nì àw̄ kɪ̀ gúrsɪ̀ ngáy bà mā̰ tá-ànī jī-ḿ ì kàr̤ī.** Il a beaucoup d'argent mais moi, au contraire, j'ai la main vide.

PR lui, elle. **ì nì ǹ m-ā̰à̰-ǹ súkī-ú ní.** C'est lui que j'ai vu au marché.

ní   [nɪ́ɪ́]

SPC ce, là. **Kūbī yā-ḿ ní ɓál-ǹ ì kɪ́ ndùjī-mātī.** Mon vêtement là, sa couleur est jaune.

SPC marqueur de la fin d'une proposition conditionnelle. **ā íngá mòy ré ī-tógó jī-í àĺ ní.** Tu vas devenir malade si tu ne laves pas les mains.

SPC marqueur de la fin d'une proposition relative. **Mbā ń mā̰ m-āw Sár-á ní nèl̄-ḿ ngáy.** J'ai été très content de mon voyage à Sarh [lit: le voyage que j'ai fait à Sarh m'a plu beaucoup]. **Ngōn ń m-ō-ǹ súkī-ú ní ì ngō-kɔ́-í.** L'enfant que j'ai vu au marché était ton frère.

CNJ alors. **Bà gō-tɪ́ ní, ā ī-rā-ň ì bà̰ý?** Et ensuite alors qu'est-ce que tu fais avec?

nìlɔ́ɔ̰̀

N plastique.

nìḿ

N esp. de rat, rat roussard. **Nìḿ ì yégī kɪ́ ìsà wúl̄-dùm ngáy.** Le rat roussard est un rat qui mange beaucoup d'arachides.

nìm̀

N esp. d'arbre, margousier [Azadirachta indica]. **Kùm nìm̀ dèē gī à rā-ñ yìbī tɪ́.** Les grains du margousier, les gens fabrique de l'huile avec.

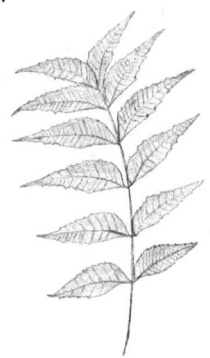

nìñ

NIN limite. **Nìñ ndɔ̄r̄ yā-m̀ ń-tòō.** C'est ici la limite de mon champ.

Expr: dɔ̀ nìñ nà̰a̰-tí - dans la limite, sur la limite. **ī-lō dùbī kō dɔ̀ nìñ nà̰a̰-tí.** Il ne faut pas planter le mil dans la limite entre deux champs.

nīń

N cadavre. **ùn-ñ nīń àw̄-ñ-nèé dɔ̀-ɓádí-á kàdī dùbī-ñ.** Ils ont pris le cadavre et ils l'ont porté au cimetière pour l'enterrer.

nḭ̀ [nḭ̀ḭ̀]

NIN jalousie entre femmes;.

Expr: rā nḭ̀ dɔ̀ [dèē] tí - être jalouse de [qqn]. **M̀-ndōgō kūbī kí kìjì ɓá-à màdī-ɓē-m̀ rā nḭ̀ sè-m̀.** J'ai acheté un nouveau habit et alors ma voisine est jalouse de moi.

NIN coépouse. **Dḭ̀yá nò kì nḭ̀-ǹ, ngà-dí ì kógīm̀.** Cette femme avec sa coépouse, ils ont un mari.

nḭ̀ [nḭ̀ḭ̀]

PRA lui, elle. **ì nḭ̀ ń ɓògì-m̀.** C'est lui qui m'a volé. **Tèjì bḭ̀yà̰ ì tèjì kí à ndì nàǹg; nḭ̀ rɔ̄ ngáy àlé.** Les abeilles de terre vivent dans des trous dans le sol, mais elles ne sont pas très agressives.

nḭ̄ [nḭ̄ḭ̄]

N rêver; rêve. **m̄-nḭ̄ dɔ̀ ngō-kó̰-m̀ tí.** J'ai rêvé de mon frère.

nḭ̀-ñ [nḭ̀ ḭ̄]

PR ils, elles, eux. **Ngáń bàlsáà-gī kí gèy-ñ nà̰a̰ ngáy, nḭ̀-ñ ḭ̀yà̰-ñ nà̰a̰ àĺ.** Des jeunes hommes qui s'aiment beaucoup, ils ne se quittent jamais.

Expr: nḭ̀-ñ kì - avec. **ɓòñg nḭ̀-ñ kì kà̰r̰a̰** l'hyène et le crapaud

PRP avec (3ème pers. seulement) (*avec* kì).

nḭ̀-tá

PR lui. **Dɔ̀gḭ̀ḭ̀ dà̰ kí tītī màng bà nḭ̀-tá kí rɔ̄ ngáy.** Le buffle est un animal de la taille du boeuf, mais il est beaucoup plus agressif. **ísà yá ngáy bà mā̰ tá m-ísà séy bèē.** Tu manges beaucoup mais je mange un peu seulement.

M-ísà yá ngáy bà ī tá ísà séy bèē. Je mange beaucoup mais toi tu manges un peu seulement. **J-ìsà yá ngáy bà sḭ̄ḭ̄ tá ísà-ī yá séy bèē.** Nous mangeons beaucoup mais vous mangez un peu seulement. **ísà-ī yá ngáy bà n-ḭ̀-ñ tá ìsà-ñ séy bèē.** Vous mangez beaucoup mais eux ils mangent un peu seulement

nḭ̀lò̰

N sorte de bière préparée avec le pénicillaire. **Nḭ̀lò̰ ì kàsì kí à rā-ñ kì tɛ̰y-ɛ́ tītī kòsádì bà nḭ̀-tá ngàñg ngáy**

àlé. La bière "nilon" est une boisson qu'on fabrique avec le pénicillaire comme la boisson "kosad" mais elle n'est pas forte.

nīyá

NIN épouse, femme. **Nīyá-í òjì ngōn tā à?** Est-ce que ton épouse a accouché? **Ré nīyá-m̀ à̰ yá̰ kírēý ànī à ndīngā.** Si ma femme voit quelque chose elle la désire. **nīyá-m̀, nīyá-í, nīyá-n̄** - ma femme, ta femme, sa femme.

Nībá

NP nom propre d'une jumelle (*v. aussi* Ngījó). **Nībá ō Ngījó ō ì ndīngā gī bà Nībá ì kì dūú.** Niba et Ngujo sont des jumelles mais Niba est la petite.

nìbà

N argile rouge, caolin (*v.* ndìbà).

nībō

VT distribuer. **m̄-ndōgō kūhī kàdī m̄-nībō ngán-m̀ gī kàdī rā-n̄-nèé pétī.** J'ai acheté des habits pour distribuer à mes enfants pour qu'ils en fassent la fête.

Nìɓā

NP nom propre d'une jumelle. **īndā r̥ī ngōn nà ì Nìɓā ní, ì ndīngā à?** Tu a nommé l'enfant Niba, est-elle une jumelle?

Níɓā

NP Dieu. **Níɓā nìkóō nḭ̀ òjì dèē gī ń nḭ̀ à ì ìdà-dí yá̰à̰ gī ń-tòō ní.** Dieu lui-même désigna les hommes auxquels il remettrait ces objets.

NP Nouba, personnage important dans les contes Saras. **Kété jóò Níɓā nì-n̄ kì Súū ì ngá-kó̰ nà̰ā̰ gī.** Auparavant Nouba et Sou étaient des frères.

nìkóō

AV simplement. **m̄-rèē ì gṵ ū-í tī kàr̥ī nìkóō.** J'étais venu tout simplement te rendre visite.

nìkóō

PR même (souligne le nominatif qui précède). **ì yā-jí mbàkì nìkóō tā.** C'est bien à nous (même) tous. **ì Kònstá̰à̰ nìkóō n̄ rā yá̰ tòō; ì ī nìkóō n̄ ī-rā yá̰ tòō.** C'est Constant même qui a fait cela; c'est toi même qui a fait cela.

nímà

N gombo. **Dìyá̰ rā tá nímà tām-yā màdī-n̄ tī.** La femme préparait une sauce de gombo pour son ami.

nìngà

N épervier. **Nìngà ì yèr̄ kí bò ngáy kí à ìsà ngán kīnjá gī.** L'épervier est un grand oiseau qui mange les poussins et des autres petits oiseaux.

nìngà

NIN cheveux (*normalement avec* dɔ̀). **Mbī kāgī tíyā̰ nìngà dɔ̀-m̀ tī.** Les feuilles de cet arbre se collaient à mes cheveux.

nìngà

N sagaie, lance. **ùr-m̄ kì nìngà bà m-īyā r̥ɔ̄-m̄.** Il a jeté une sagaie sur moi mais je me suis esquivé.

nìngā

VI être chaud. **Lò nìngā ngáy ndɔ́ɔ́-làā àdī m̄-ɓī màjì àlé.** Il faisait chaud cette nuit et je n'ai pas bien dormi.

nīngá

NIN anneau, bracelet. **Nīngá kòɔ̄ bàyà̄ gī ɔ̄y ngáy.** Les anneaux portés par les jeunes filles initiées Saras sont très lourds.

nìtō (Syn: r̥ìtō)

VT carboniser, calciner, brûler. **Ré à ī-ndàw̄ básàl bè ré hòr ì ngáy à à nìtō kɔ́ɔ́.** Si tu grilles des oignons et si le feu est très fort alors il va les carboniser

nò [nò]

SPC ce, ces (*contraction de* nòɔ̀). **ī-gáñg kìlā nò nà̄ā̄ tí bà ādī-m̄ kógīm̄ ādī-m̄ dò̀-ń dìlè.** Coupe cette corde ensemble dans une pièce pour que je puisse attacher le toit avec.

nōr

VT pencher, incliner. **ī-lō nōr kāgī ń-tòō nè tètì sè-í.** Il ne faut pas pencher ce bois de peur qu'il casse avec toi.

VI être penché, incliné. **ótí-**

ī kɔ̄ɔ́ kàdì kújí nòɔ̀ tí nè nōr ngáy. Bougez vous du côté de la maison, elle est très inclinée.

Expr: **tò kì nōr-ó** - être penché. **Kāgī ndògī ń údí ní tò kì nōr-ó.** Le bois pour le secko que tu as planté est penché.

nò̀ [nò̀ò̀]

NIN front. **M-ā kì gílà nò̀-m̄ tí.** J'ai un kyste sur le front.

nò̀ [nò̀ò̀]

PRP avant. **Tę̄y ɔ̄ nò̀ gò̀y-dò̀ tí ō, nò̀ ūwá tí ō.** Le petit mil devient mûr avant le maïs et avant le mil blanc. **Tèē-ń nò̀-jí tí.** Ils sont sortis avant nous (ou) ils sont apparus devant nous.

PRP devant. **ndì nò̀ ngō-kó̀-ǹ tí.** Il est assis devant son frère.

nō̄ [nō̄ō̄]

VI flotter, couler. **Màñ nō̄ kī dò̀-ɓē tí.** L'eau coule vers le nord.

nō̄ [nō̄ō̄]

V pleurer. **ī-rèē ún ngōn ń à nō̄ tòō.** Viens prendre cet enfant qui pleure là.

nòɔ́ [nòɔ̀] (Syn: nù̀ṳ̀)

AV là-bas. **ɓír̥ wàá údí nòɔ́.** Enroule la natte et mets-la là-bas.

nò̀-ɓē

N ouest. **Mbàng à ùdì nò̀-ɓē tí.** Le soleil se couche à l'ouest.

nǫ̀-kìsɨ̀

N malheur provoqué par une puissance. **Ré ą́ gájɨ́ jóò tà-gàjɨ̀-í tɨ́ bè-ré íɓá à nǫ̀-kìsɨ̀ yē dèē à nạ̀y dɔ̀-í tɨ́.** Si tu vois les morceaux de canari sur le croisement (des chemins) et si tu les piétines alors le malheur de la personne (qui a eu le malheur avant et laissé les morceaux de canari pour se guérir) va rester sur toi.

nǫ̀-mbā

NIN entrejambe. **Dɨ̀yą́ tę̀ę̄ nǫ̀-mbā-ǹ kàdī ngōn tēē-ň.** La femme a ouvert son entrejambe pour que le bébé y sorte.

nǫ̀ǫ́-ǹ

CNJ marqueur d'emphase sur la proposition qui précède. **Ngōn-í nǫ̀ǫ́-ǹ ɓògɨ̀ bɨ̄yą̄ ní.** C'est ton enfant qui a volé la chèvre.

nɔ̀l   (Syn: léndɨ̄)

N têtard. **Nɔ̀l ì kānjī á íwá à?** Est-ce le têtard un poisson que tu attrapes?

nɔ̄l

VI être mouillé, trempé. **Màn ìndà-m̄ àdī kūbɨ̄ yā-m̄ gɨ̄ nɔ̄l-ñ màlàng.** La pluie m'a frappé et tous mes habits sont mouillés.

nūù-yīdā

N esp. de singe, singe vert. **nūù-yīdā ì ɓètī kɨ́ nùjɨ̀ yą́ ngą́y.** Le singe vert est un singe qui détruit beaucoup de choses.

nùjɨ̀

VT détruire; abîmer; être détruit. **Nél-māĺ nùjɨ̀ kújɨ́ ngą́y kèm ɓē-é.** Le tourbillon a détruit beaucoup de maisons dans le village. **Nùjɨ̀ gúsɨ̀ yē-ň màlàng ɓē yē kàdī-sā.** Il a gaspillé tout son argent chez les guérisseurs.

nūm

VT tremper, détremper. **Màñ nūm nàng.** La pluie a détrempé le sol.

VI être humide. **Mbɨ̄ kám gɨ̄ ndɨ̀lē màlàng tɔ̀dɔ̄ dɔ̀-nàng ì kɨ́ nūm àlé.** Toutes les feuilles des arbustes sont flétries parce que le sol n'est pas humide.

núm̄

VT proposer. **Bɔ̀bɨ̄-m̄ núm̄ kàdī j-àw̄-ñ mbā bíɾí.** Mon père propose que nous fassions un voyage demain.

nùng   [nṳ̀ŋgɨ̀,nṳ̀ŋ]

V aller derrière un garçon ou une fille. **Ngōn ngaɾ̯ bàlsá ngą́y, màndɨ̀ gɨ̄ màlàng gɨ̄ gèy-ñ nùng-ñ-ǹ.** Le fils du chef est très beau, toutes les jeunes filles veulent le marier. **Dɨ̀yą́ nùng-m̄; m̄-nùng dɨ̀yą́ = m̄-nùng dɨ̀yą́; nùng dɨ̀yą́** - la femme va derrière moi; je vais derrière la femme; il va derrière la femme.

núsɨ̀   (Arabe)

NIn partie d'un ensemble. **Núsɨ̀-m̄ ì Mbáȳ tà yā kàa-m̄ kɨ́ dɨ̀yą́.** Une partie de ma famille du côté de ma grande-mère. **N** demi, moitié. **ādī-m̄ núsì mángò ādī m̄-ísá.** Donne-moi la moitié d'une mangue à manger.

nṵ [nṵṵ]

VI crier. **Kòȳ nṵ ngáy ndɔ́ɔ́.** Le hibou crie beaucoup pendant la nuit.

nṵ́ [nṵ́ṵ́]

AV là-bas (loin). **ạ́-ī lò dɔ̀ bā tí nṵ́.** Regardez là-bas loin sur la rive.

nṵ̀ṵ́ (Syn: nɔ̀ɔ́)

AV là, là-bas. **Bị̀rà-mbā-í tò nṵ̀ṵ́ à?** Est-ce que ton hôte est là?

Expr: dàn ń nṵ̀ṵ́ tí ní - depuis ce temps-là. **Dàn-ń nṵ̀ṵ́ tí ní, ré dị̀yá̰ kí-ràng ndān ngōn ɓá ànī, ì dị̀yá̰-ń ɓèтī ɔ̀r̄ ngōn gír-ǹ tí ní-ǹ ɔ̀jì mādī-ǹ gī lò kòjì ngōn.** Et depuis ce temps-là, quand une autre femme est enceinte, c'est la femme que le singe accoucha qui montre aux autres la manière de mettre au monde les enfants.

ndà [ndà]

VI rester. **ạ́ ngōn ń ndà kùm màñ-á nò.** Regarde cet enfant que reste dans l'eau là-bas.

Expr: ndà súmū - être droit.

ndà [ndàà]

VI être blanc, clair. **Màjì, bà nā̰ básì ndà ngáy.** Bien, mais c'est qu'il y a le clair de

lune. [litt: ... la lune seulement est.blanche très] **VT** blanchir, faire que qqc soit blanc. **Ndùjī ndà jī-m̄.** La farine a blanchi ma main.

ndáà

N pont. **Dèē gī ì ngáy dɔ̀ ndá tí dù-lòý làā.** Il y avait beaucoup de gens sur le pont ce matin.

ndàbà

N éventail. **Túmàkì gī gèr̄-n̄ kòjō ndàbà ngáy.** Les Tumak savent bien tresser les éventails.

ndābí

N canard. **Ndābí ì yèr̄ kí gèy màñ.** Le canard est un oiseau qui aime l'eau.

ndàdī

VI battre les mains. **Ndò bà̰yà̰ gī ndàdī-n̄ ndɔ́ɔ́-làā ngáy.** Les filles de l'initiation battaient beaucoup leurs mains cette nuit.

ndágá

AV dehors. **Ré m-ílá síndà yā-m̄ kújí-ú ɓá-à, kīlá-ǹ à tèē ndágá dèjì. Síndà ní ì rí? ì sà hòr.** Si j'envoie mon cheval dans la maison, sa queue sort dehors toujours, quel est ce cheval? C'est la fumée (devinette). **M-ı̄ngá nān-í ndágá.** J'ai rencontré ton oncle maternel dehors.

ndágì

VI être vaste, large (un endroit, pas une chose). **Kèm-ndògī yā-m̄ ndágì ngáy.** Ma concession est très large.

NIn terrain vide (*souvent avec* lò). **Ngán gī ìndà-ñ báĺ ndágɪ̀ lò tɪ.** Les enfants jouent à football dans un terrain vide.

ndájī
VT imiter. **Ngōn kɪ́ dūú ndájī dèē kɪ́ tɔ̀gɪ̀ àlé.** Un enfant ne doit pas imiter un adulte.

ndájī
VT redresser. **ī-ndájī gìndɪ̀ ń-tòō ādɪ̄-m̄.** Redresse-moi ce morceau de fer.

ndájī-mātī
N esp. d'arbre, flamboyant [Delonix regia]. **ndájī-mātī ì kāgī kɪ́ rā ndíl ngáy.** Le flamboyant est un arbre avec beaucoup d'ombre.

ndájī-nàl
N esp. de plante du borde des eaux [Chloris robusta]. **Ndájī-nàl ì kāgī kɪ́ tītī nàl bà nɪ̀-tá ngàñg àlé.** Le "imiter le bambou" est une plante pareil au bambou mais lui il n'est pas dur.

ndájī-yɪ́nà
N esp. d'herbe grêle [Schizachyrium exile]

ndàľ
N causer à nuit. **M-ā m-ndàľ kɪ̀ ngāṛ-á séy.** Je vais causer (formellement) avec le chef.

ndàm
N écureuil fouisseur. **Bísɪ̀ yā-m̄ gī ùwà-ñ ndàm tàgɪ́-ɓèē.** Mes chiens ont attrapé un écureuil hier.

ndàm
N testicules. **Ndàm bīyā̰ kɪ́ tíngā nèľ ngáy.** Les testicules du bouc grillés sont délicieux.

ndām
V danser. **Bàlsá gī àw̄-ñ ndām-á màlàng na̰ ndà-á.** Les jeunes sont tous partis danser à la claire de la lune. **N** danse. **Mbòȳ ì ndām yē ngàm̄ gī.** Le "mboy" est une danse des Ngams. **VI** battre (le coeur). **Tàā kòō àlé ɓá-à kújɪ́-mósɪ̀-ñ à ndām.** Il ne respire pas mais son coeur bat.

ndān
VI être plein. **m̄-ndān kɔ̄ɔ́, m-ɪ́sá yá̰ àlé.** Je suis déjà rassasié, je ne peux plus manger/je n'ai pas mangé. **Expr:** ndān ngōn - être enceinte. **Dɪ̀yá̰ kɪ́ ndān ngōn ṛɔ̄-ñ àtɪ̄-ñ ngáy.** Une femme enceinte est très nerveuse.

ndàñg   (Syn: dúṛ)
N réticence; têtu. **Kòrō ì dā̰ kɪ́ ndàñg ngáy.** L'âne est un animal très têtu.

ndàng
VT écrire. **ī-rèē ī-ndàng létɪ̀r ādɪ̄-m̄ ādī m-ɪ́lá-ň m-ādī ngōn-m̄.** Viens écrire une lettre pour moi pour que je puisse l'envoyer à mon enfant. **VT** décorer. **Kɔ́-m̄ ìlà gɪ̀rè hòr-ó kàdī ndàng-ń gɪ̀dɪ̀ kār.** Ma mère a pris l'outil et l'a mis au feu pour décorer l'extérieur de la calebasse.

VT tracer (des lignes).
Ngán gǐ ndàng-n̄ yá̰ nàng tɨ kógǐ-n̄-nèé nà̰ā̰. Les enfants tracent des lignes sur la terre pour jouer avec.

ndáñg
VI gronder (plus. fois).
Màn̄ ndáñg ngá̰y ndɔ́ɔ́-làā ɓá-à èdɨ àlé. Le tonnerre a beaucoup grondé cette nuit mais il n'a pas plu.

ndāŕ
NIN peau, cuir. **Jɨ-rā ndéỳ kɨ ndāŕ yàbɨ-á.** On fait des chicottes avec la peau de l'hippopotame.

ndāŕ-kùm
N paupière. **Dò kɨ́ ndāŕ-kùm tɨ tōr ngá̰y.** Une plaie dans la paupière fait beaucoup mal.

ndàw̄ (Syn: tíngā)
VT frire, griller. **Dɨ̀yá̰ à ndàw̄ ì wúɭ-dùm.** La femme est en train de griller les arachides.

ndày
N race de cheval.

ndèbɨ
VI trembler. **Ré úwá ngè-ɓògɨ ànī à ndèbɨ.** Si tu attrapes un voleur il va trembler

ndégɨ (Syn: dɨ̀)
V arracher avec la main. **m̄-ndégɨ wúɭ-dùm kɨ̀ jɨ-m̄-é.** J'ai arraché des arachides avec la main.

ndèjɨ (Syn: ndḛ̀ḛ̄)
VT filtrer. **ì ná̰ā̰ n̄ à ndèjɨ yérgè ɓōó-làā?** C'est qui qui

a fabriqué l'alcool aujourd'hui.

ndējī
VT offrir comme cadeau.
M-ɔ́y wúɭ kèm dōbī-ó kàdī m-ā m̄-ndējī gír-kújú-Álá. J'ai ramassé les pois de terre dans un grand panier pour offrir à l'église.

ndèɭ
N silure : esp. de. **Ndèɭ ì kānjī kɨ́ kīngō ì ngá̰y àlé.** Le silure est un poisson sans beaucoup d'arêtes.

ndèm̄
VT bander. **Jɨ-m̄ kɨ́ dò ní ndèm̄-n̄ kɨ bándɨ-á.** Ma main avec une plaie, ils l'ont bandé avec une bande.
VT fermer (quand la chose fermée a qqc dedans). **Ngōn ndèm̄ jɨ-n̄ dɔ̀ gúrsɨ tɨ tām kàdī òsō kɔ́ɔ́ àɭ** . L'enfant ferme la main sur l'argent pour qu'il ne le laisse pas tomber.

ndèñg
VI avoir diarrhée. **Ngōn-m̄ ndèñg mósɨ.** Mon enfant a la diarrhée avec du sang.

ndēng
AV différents (*toujours après* màrā). **ò̰ò̰ sā kɨ́ màrā ndēng.** Ils portent de chaussures de différentes qualités.

ndèɽ
V être épais. **Ngɨ̄rā yàbɨ ndèɽ ngá̰y.** La peau de l'hippopotame est très épaisse.

ndēr

VT creuser. **m̄-ndēr bòlò kɨ́ bò ngáy kàdī m̄-rā-n̄ bòlò-yèdī kèm-ndògī-ó.** J'ai creusé un trou profond pour en faire le WC dans ma concession.

ndéɽ̄

VT être normal à (qqn: porte l'idée de "être habitué à faire qqc"). **Kɨ̀là ndéɽ̄-m̄ kɔ́ɔ́ àdī m-ā m-ɔ́r láw àlé.** Je suis habitué au travail et donc je ne me fatigue pas vite.

ndètɨ̀

VI être proche de (toujours dans phrases négatives). **m̄-ndètɨ̀ kàdɨ̀ lò n̄ āw kūtɨ́ nò̰ó̰ àlé.** Je ne suis pas proche de là où tu es parti.

VT concerner (toujours dans phrases négatives). **Nàjī yā dɨ̀yá̰ gɨ̄ ndètɨ̀-m̄ àlé.** Le problème des femmes ne me concerne pas.

ndéỳ

N chicotte. **Ndéy mɨ̀ràw ì ndéy kɨ́ tōr ngáy.** La chicotte de peau d'animal est une chicotte qui fait très mal.

Expr: [dèē] kɨ̀ndà ndéy dò̰-n̄ tɨ́ - [qqn] se défendre.

ndḛ̀ḛ̄

VT filtrer. **Kó̰-m̄ ndḛ̀ḛ̄ yérgè.** Ma mère a filtré du "argi" (c'est à dire, elle a préparé du "argi").

VI égoutter, tomber (gouttes d'eau). **Kújɨ̀ yā-m̄ màñ ndḛ̀ḛ̄ tū-tɨ́ ngáy.** Dans

ma maison des gouttes de pluie sont tombées (par le toit). **Bòlò kɨ́réý ì gír sóò yā-m̄ tɨ́ àdī màñ ndḛ̀ḛ̄.** Il y un trou à la base de mon seau et ça laisse couler de l'eau. **Yō̰ gɨ̄ ò̰-n̄ kújɨ́ yā-m̄ n̄ à ndḛ̀ḛ̄ ní.** Les termites ont rongé le toit de ma maison qui s'égoutte.

ndḛ̀ḛ̄

VT demander (qqn de faire un repas). **m̄-ndḛ̀ḛ̄ nɨ̄yá̰-m̄ kúɽ́tá̰à̰ kàdī m-ādī mbā gɨ̄.** J'ai demandé à ma femme de préparer la sauce longue pour que je puisse la donner à mes étrangers.

ndḛ́ḛ̄

VI tomber (liquide), égoutter (partout, plus. fois, etc.). **Kújɨ́ yā-m̄ màjɨ̀ àlé àdī màñ ndḛ́ḛ̄ dò̰-m̄ tɨ́ ngáy.** (Le toit de) ma maison n'est pas bon et alors l'eau s'égoutte partout sur moi.

ndḛ́-ndḛ́

ID très (petit: descr. de dūú). **M-ún kàtī-ngélē kɨ́ dūú ndḛ́-ndḛ́ kàdī m-īnā kūtɨ́ mɨ̀njò tɨ.** Je prends les tout petits morceaux de natron pour mettre dans les haricots.

ndì [ndì]

VI s'asseoir, être assis. **ī-ndì nàńg kɨ́ làā ī-ngóò-m̄ séy.** Asseyez-vous par terre et attendez-moi un instant. **m̄-ndì nàńg, ī-ndì nàńg, ndì nàńg, j-ndì nàńg, ī-ndì nàńg tɨ́, ndì-n̄ nàńg -**

je/tu/il/nous/vous/ils s'asseoir par terre.

VI rester. **Mā̰ m-āw m-ndì ɓē sáji̱-m̀.** Je vais rester chez mon beau-frère.

ndíī

N grains du néré. **Dì̱yá̱ à sā sàñ kàdī tógò-ň ndíī.** La femme cherche le tamis pour laver les grains de néré avec.

N condiment à base de grains du néré.

ndìgi̱

V faire un bruit continu. **Màñ ń à ndìgi̱ tòō à èdì gár.** La pluie qui fait de bruit (tel comme le tonnerre) va tomber sûrement.

ndìgi̱

VT répondre. **Bɔ̀bī-í ā ɓā̱r-ī, āw ī-ndìgi̱ ɓā̱r.** Ton père t'appelle -- vas-tu lui répondre?

VT accepter. **m̄-ndìgi̱ kì dú̱r-ú ti̱.** J'accepte avec réticence.

ndígī

N idée d'oublie (*seulement dans l'expression* dɔ̀ [dèē] ndígī nàl dɔ̀ [yá̱] ti̱ *'[qqn] oublier [qqc]'*). **Dɔ̀-m̄ ndígī nàl dɔ̀ gúrsì ti̱ kújí-ú.** J'ai oublié l'argent dans la maison.

ndīĺ

V youyou, faire. **Dì̱yá̱ gī ù̱r-ñ ndīĺ dɔ̀ ngè-kàl̄-si̱ndá ti̱.** Les femmes poussaient des youyous pour

(encourager) le cavalier.

Expr: kùr ndīĺ - pousser des youyous.

ndîĺ

V ombre. **Ndíl dīl sɔ̀ĺ màji̱.** L'ombre du caïlcédrat est frais et agréable.

NIN esprit. **Ki̱mā ùwà ndîĺ dèē gī ki̱ ki̱gà yē-nè-é.** Le sorcier saisit les esprits des gens avec sa magie.

ndìng

AV calme. **Dàn-ń ngā̱r̀ ɔ̀r nàji̱ ní lò tò ndìng.** Lorsque le chef parlait, il avait le silence total.

ndìr

VI faire un bruit. **Kàmyɔ̄ ndìr nji̱-nji̱ róbi̱-ó.** Le camion fait un bruit "brrrrm" sur la route.

ndīr [ndīr]

VT cuire, faire cuire. **Bà ìdà nī̱yá̱-ǹ nà ì yā ndīr-ň kà̱ṟā̱ gī.** Et il a dit à sa femme que c'était pour faire cuire les crapauds. **Ki̱là rā dìngàm ì ndɔ̀r̄ ō, ki̱là rā dì̱yá̱ ì ndīr yá̱ ō.** Le travail d'un homme est le champ, celui d'une femme est la cuisine.

ndi̱bà

N argile rouge. **Ndò dìngàm gī à ndùm-ñ ndi̱bà rɔ̄-di̱ ti̱ tá à ndām-ñ-nèé.** Les hommes de l'initiation appliquent l'argile rouge sur leurs corps et ils dansent avec.

Ndɨbā

NP prénom de garçon qui n'a pas encore être initié (*il change son nom pendant l'initiation*).

ndījá

N cicatrice. **Sàr̄ gī njár̄-ñ ndījá kùm ndò gī tɨ.** Les Saras tracent les cicatrices sur les visages des initiés. **N** dessin, gravure. **Gɨ̀rè ì yá̧ rā ndījá gìdɨ kār tɨ.** L'outil "gire" est une chose pour faire des dessins sur l'extérieur d'une calebasse.

ndɨ́jà

N esp. d'oignon sauvage. **M-ā m̄-sā ndɨ́jà lī kàdī m-ādī ngōn kɨ́ lī dò̧-n̄.** Je vais chercher l'oignon sauvage pour donner à l'enfant que le serpent a mordu.

ndɨ́là

N esp. d'arbre [Afzelia africana]. **Ndɨ́là ì kāgī kɨ́ mbī-n̄ tītī mbī kɨ̄yā̧.** Le Afzelia africana est un arbre avec une feuille pareille à celle de l'arbre de karité.

ndɨ̀lè

VT chercher (qqc qu'on ne voit pas). **ā ī-ndɨ̀lè rí? M-ā m̄-ndɨ̀lè gúsɨ̀ yā-m̄ kɨ́ tà tɨ̣.** Qu'est-ce que tu cherches? Je cherche mon argent perdu.

ndɨ̀lē

VI flétrir : se. **Mbī kám gī ndɨ̀lē màlàng tɔ̀dɔ̄ dɔ̀-nàng ì kɨ́ nūm àlé.** Toutes les feuilles des arbustes sont flétries parce que le sol n'est pas humide.

ndɨ́lē

VI luire; briller. **Gìdɨ̀ tɔ́rsɨ̀ ndɨ́lē ngá̧y.** L'extérieur de la torche reluit beaucoup.

ndīmā

VT prêter (c'est la chose prêtée même qu'on va rendre) (*v. aussi* tīnā). **Ndīmā-m̄ bìlō yē-í tɨ́ ādī m-āw-ň mbā tɨ.** Prête-moi ton vélo, s'il te plaît, pour que je fasse un voyage avec.

ndīnā

VT poser, incliner contre. **Lò sɔ̀r̄ ngá̧y, ī-ndīnā r̄ɔ̄-í kàdɨ̀ bɔ̀r tɨ́ àlé.** Il est très humide, ne te poses pas contre le mur. **m̄-ndīnā kāgī kàdɨ̀ bɔ̀r tɨ.** Je pose le bois contre le mur. **VI** se soutenir sur, se poser contre. **Kāgī ń rà tà kújɨ̀ yā-m̄ ní tètɨ̀ bà ndīnā bɔ̀r.** L'arbre devant ma maison est cassé mais il s'est soutenu sur le mur.

ndɨngā

N jumeaux, jumelles. **Màdī-ɓē-m̄ òjɨ̀ ndɨngā.** Ma voisine a donné naissance à des jumeaux.

ndīngā

V convoiter. **Ngè-yày ndīngā bānjī.** Le paresseux convoite la lèpre.

ndɨ̀sā

N balai. **Dèē gī ɔ̀y-ñ kèm lò yē-dɨ́ kɨ̀ ndɨ̀sā.** Les gens balaient l'intérieur de leurs

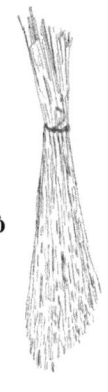

maisons avec un balai.
N herbe avec laquelle on
fabrique les balais. **Mṳ̀
ndìsā ì ngáy ɓē Ngàm̄ gī tì.**
Il y a beaucoup de l'herbe
"ndisa" dans le pays Ngam.

ndò [ndòò]
N cérémonie d'initiation.
**Ndò dìngàm ì yá̰ kɨ́ màjì
ngáy ɓē Sàr̰ gī tì.** Le rite
d'initiation des jeunes
hommes est un rite très
important chez les Sara.

ndō [ndōō]
N esp. d'herbe [Imperata
cylindrica]. **Ndō ì mṳ̀ kɨ́
màjì dɨ̀lè kújɨ́ ngáy.** L'herbe
Imperata cylindrica est très
bonne pour construire les
cases d'une maison.

ndō [ndōō]
N douleurs prénatales. **Ndō
ìlà gír kɨ̀ n̄ɨ̄yá̰-m̄.** Ma
femme commence avec les
douleurs d'accouchement.

ndòō
N pauvreté. **Ndòō ì ngáy
kèm ɓē yē-m̄ tì ngɔ̀-làā.** Il y
a beaucoup de pauvreté dans
mon village maintenant.

ndóō
VT enseigner. **ī-rèē m̄-
ndóō-ī.** Viens, je vais
t'enseigner.
VT apprendre. **Pīlípì ndóō
tà Sàr̰.** Philippe apprend le
Sar.
V étudier. **ā ī-tèē yá̰ àlé ré
ī-ndóō yá̰ àɨ̀ ní.** Tu ne vas
pas réussir si tu n'étudies
pas.

ndò-gɔ̀jì
N esp. d'oiseau, Ignicolore.
**Ndò-gɔ̀jì ì yèr̄ kɨ́ tītī kɨ́lē bà
nɨ̀-tá kɨrē, à tèē ɓàr̰-á
ngóy̰.** Le Ignicolore est un
oiseau pareil au mange-mil
mais lui il est rouge, il sort
seulement pendant la saison
des pluies.

ndōbɨ́ (Syn: kɨ́-tɔ̄-kùm)
N esp. d'arbre [Calotropis
procera]. **m̄-sā mbī ndōbɨ́
kàdī m-īndā njà-m̄ kɨ́ sír̰
tì.** Je cherche des feuilles de
l'arbre "ndobi" pour mettre
sur mon pied enflé.

ndògī
VT se laver, se baigner. **Lò
tɨ̀ngā ngáy, ī-tàā màñ ī-
ndògī.** Il fait chaud, prends
de l'eau, lave-toi. **ādɨ̄-m̄-ī
màñ ādī m̄-ndògī.** Donnez-
moi de l'eau pour me laver.

ndògī
N secko. **ìgɨ̀ ndògī gɨdɨ̀ kújɨ́
yā-ǹ tì.** Il a mis en place du
secko derrière sa maison.

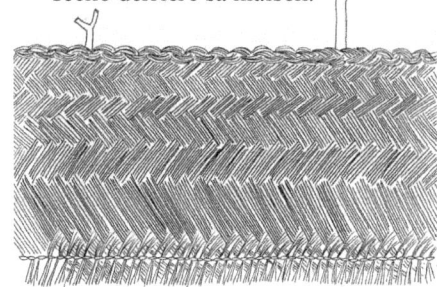

ndōgī
VI aboyer. **Bísɨ́ gī ndōgī-n̄
ndɔ̄ɔ́-làā ngáy àdī m-ásɨ́ ɓī
àlé.** Les chiens ont

beaucoup aboyé cette nuit et donc je n'ai pas pu dormir.

ndōgō   [ndə̄gō, ndōgō]

VT acheter. **ī-ndōgō kūbī yā-í ì gúrsɨ́ kónóng?** À combien as-tu acheté tes vêtements?

ndógō

N esp. de plante [Corchorus aestuans, Corchorus tridens, et Corchorus olitorius]. **Ndógō ré yá̰à̰ kùm-n̄ àsɨ̀ àlé à à sārīyā kāsī-í.** La plante "ndogo", si les condiments ne suffisent pas alors ça va te faire un peu mal au tibia.

ndōhó

NUM neuf. **Nūmbīrō sɔ́-sɔ́ ō ndōhó ō kùtɨ̀ ō ì ngé kɨ́ yā rɔ̄-n̄ àlé.** Les numéros 8, 9 et 10 sont des cartes avec lesquelles on ne joue pas. **M-āw kɨ̀ ngán gī ndōhó.** Il a neuf enfants.

ndóꞬ

VI se réveiller. **Nèᶅjírā, ī-ndóꞬ à?** Neljira, es-tu réveillé? **m̄-ndóꞬ-n̄ ɓàtɨ̀, bà mbātɨ́ rèē sè-m̄.** Je l'ai réveillé de bonne heure mais il a refusé de venir avec moi.

ndòm̄

VI se perdre. **Ré á̰ Njàménà ndɔ̄ kógɨ̄m àꞮ à ā ī-ndòm̄ kèm ɓē-é.** Si tu n'as pas vu N'Djaména avant (litt: une fois) alors tu vas te perdre en ville.

ndóngó

N variété de piment. **Ká̰ṟá̰ òng mān ndóngó.** Le piment "kara" est plus piquant que le piment "ndongo".

ndōṟyō

N trou dans une ancienne termitière. **Ndōṟyō ì bòlò tò dā̰ gī.** C'est un trou où vivent les animaux.

ndòý

NIN personne avec le même nom (*normalement des femmes*). **Ndòý ì dèē gī kɨ́ ṟī-dɨ́ tītī nà̰ā̰.** Les "Ndoy" sont des gens qui portent le même nom.

ndōyō

N esp. de gazelle (Gazelle à Front Roux). **Ndōyō ì dā̰ kɨ́ tītī jàꞬ bà nɨ̀-tá bɨ̰ī-n̄**

kɨ̀rē. La gazelle est un animal pareil à la biche-cochon mais lui son poil est rouge.

ndò̰   [ndò̰ò̰]

V pêcher. **M-āw mbō-ó ndò̰ kānjī-á.** Je suis allé pêcher au marigot. **Náw ì ngè ndò̰ kānjī.** Le pêcheur est quelqu'un qui attrape du poisson.

ndọ̀

NIN langue. **Dàn-ń m-ísá gọ̀y-dọ̀ ní m̄-dọ̀ ndọ̀-m̄.** Lorsque je mangeais le maïs je me suis mordu la langue.

ndọ̀ọ̄

VT démanger. **Tà-dò yíl̄ gī ndọ̀ọ̄-m̄ ngáy.** Les piqûres de moustique me démangent beaucoup.

Expr: jī [dèē] ndọ̀ọ̄-m̀ - [qqn] a l'habitude de frapper. **Jī métìr yē-jí ndọ̀ọ̄-m̀ ngáy, séy bèē à ìndà-jí kɔ́ɔ́.** Notre maître a l'habitude de frapper, la moindre erreur et il nous frappe.

VT gratter. **Ngōn ndọ̀ọ̄ kùm-m̀ mbóng kàdī tèē dò.** L'enfant grattait l'oeil à tel point qu'il l'a blessé.

ndọ̄-bélé

N luciole. **Ndọ̄-bélé ì kùr̄ kí à ùnjī ndɔ́ɔ́.** La luciole est un insecte qui brille dans la nuit.

ndọ̄y

VI briller. **ī-ndùm ì yìbī rí á rɔ̄-í ndọ̄y bèē.** Tu as appliqué quelle huile pour que ton corps brille comme ça.

ndɔ̄ [ndɔ̄ɔ̄]

N jour. **Ndɔ̄ kòjì ngōn ì ndɔ̄ rɔ̄-nèl̄.** Le jour d'une naissance est un jour de joie **Dìmásì ì ndɔ̄ tàā kòō.** Le dimanche est un jour de repos.

Expr: ndɔ̄-m̀ tí - ce jour là.
Expr: ndɔ̄ rí tí? - quand. ā

ī-rèē ndɔ̄ rí tí? Quand vas-tu venir?

NIN jour pour (qqn faire quelque chose). **M-ɔ̄r kòō ndɔ̄-m̄ jóó séy, m-rèē m̄-rā kìlà ɓáy.** Je vais prendre deux jours de repos, puis je me remettrai au travail.

ndɔ́ɔ́

AV nuit, pendant la nuit. **Kèdī gī à nùjì-ñ yá̰ ì ndɔ́ɔ́ dèjì.** Les éléphants souvent détruisent le mil pendant la nuit.

Expr: ndɔ́ɔ́ làā - cette nuit (passée).

ndɔ̄bī

VI éclater (une fois, pour les petites choses) (*on dit aussi* ndɔ̄w). **Hòr ndɔ̄bī ìnā kùm-m̄.** Le feu s'est éclaté et s'est jeté dans mon oeil.

Expr: ndɔ̄bī jī [dèē] - faire craquer les articulations des doigts.

VT apparaître à (qqn déjà mort). **Ngār̄ ń òy jó ngáy ní ndɔ̄bī-m̄ àdī m-á̰-m̀.** Le chef qui est mort depuis longtemps m'est apparu de sorte que je l'ai vu.

ndɔ́bī

V étinceler (*fréq. de* ndɔ̄bī). **Gòy-dò kí tíngā ndɔ́bī ràtàtà-ràtàtà.** Le maïs grillé s'éclate "pan-pan".

ndɔ̄dī

VT rencontrer. **Jì-ndɔ̄dī-ñ nà̰ā̰ róbì-ó.** On s'est rencontrés sur la route.

ndɔ̀jì

VT être difficile pour. **Tà dùm ndɔ̀jì-m̄ séy.** La langue arabe est un peu difficile pour moi.

ndɔ́kɨ́rɔ̀

N esp. de plante [Luffa acutangula]. **Kàñ ndɔ́kɨ́rɔ̀ dèē gɨ̄ à tógò-ñ-nèé kèm sèmbē.** Le fruit du Luffa acutangula, les gens lavent l'intérieur des tasses avec.

ndɔ̀l

N visqueux, gluant. **Mùr̄ gɔ̀jì màjì kò̰ kɨ̀ tá̰ kɨ́ ndɔ̀l-ɔ́.** La boule de sorgho est bonne à manger avec une sauce gluante.

Expr: ùwà ndɔ̀l - être gluant. **Tá̰ kúl̀ì tá̰ kɨ́ ì ùwà ndɔ̀l.** La sauce longue est une sauce qui est gluante.

ndɔ̀l̀   (Syn: tìmbē)

VT maudire, jeter une malédiction sur. **Bɔ̀bī-ǹ ndɔ̀l̀-ǹ àdī à ìngà yá̰ àlé.** Son père lui a jeté une malédiction pour qu'il ne soit pas riche.

Ndɔ̀m   (Syn: Túmàkì)

NP Tumak (ethnie non-Sara de Goundi). **Ndɔ̀m gɨ̄ gèr̄-ñ kòjō kèē ngá̰y.** Les Tumaks savent bien tresser les vans.

ndɔ̀r̄

VT cultiver. **ī-ndɔ̀r̄ ngá̰y tɔ̀ȳ-m̄ mā̰ à?** Tu cultives plus que moi? **Mā̰ m-ā m̄-ndɔ̀r̄ tà-í tɨ́ àí   , ādī m-ɨ́dà-ī.** Ce n'est pas moi qui cultiverai ta partie, sache-le bien. **Dèē gɨ̄ ndɔ̀r̄-ñ kūbī ngá̰y kòń-làā.** Les gens ont planté beaucoup de coton cette année.

ndɔ̀r̄

N champ. **Kàdī kō yē-í tèē kèm ndɔ̀r̄-ɔ́ ngá̰y = kàdī kō yē-í tèē kèm ndɔ̀r̄ tɨ́ ngá̰y.** Que tes récoltes sortent bien dans le champ. **Bɔ̀bī-m̄ àā ndɔ̀r̄ kèm-kūbī yē-ǹ tɨ́.** Mon père est parti pour sarcler son champ.

Expr: ndɔ̀r̄-ɔ́ - au champ. **Tèē àw̄ ndɔ̀r̄-ɔ́ kɔ̄ɔ́.** Il est sorti et parti au champ.

ndɔ́r̄

VT tirer. **Màǹg gɨ̄ ndɔ́r̄-ñ púsì kɨ́ ūwá ròsì kèm.** Les boeufs tiraient une charrette chargée de mil.

ndɔ́tī

VI déplacer, se. **Mbàng ɔ̀sì-m̄ ngá̰y àdī m̄-ndɔ́tī m-ā ndíl-í.** Le soleil me dérange beaucoup, alors je vais bouger à l'ombre.

ndɔ̄w

VT apparaître (à qqn). **Ndɔ̄ pétɨ túsę́ę̀ tɨ́ ré ā ī-njīrā bèmbèé kɨ̀ kér-í á à dèē kɨ́ kòy à ndɔ̄w-ī.** Le jour de tous saints, si tu te promènes seule dans la brousse alors un mort va t'apparaître.

ndɔ̄y

V prier, faire la prière. **Dùm gī màlàng à ndɔ̄y-n̄ à à tūr-n̄ kùm-dɨ ì dām kógīí.** Tous les arabes, quand ils font la prière alors ils tournent leurs visages dans la même direction.

ndɔ̄ý   (Syn: dù-lòý)

N matin. **M-āw ì tàgɨ-ɓèē ndɔ̄ý.** C'était hier matin que je suis parti.
Expr: ndɔ̄ý làā - ce matin.
Expr: kɨ̀ ndɔ̄ý - le matin.
Ngán làkɔ́l̀ gī à àw̄-n̄ làkɔ́l̀-ɔ́ ì kɨ̀ ndɔ̄ý. Les élèves vont à l'école le matin.

ndū   [ndūū]

NIN voix. **M-ō ndū ngōn-m̀.** J'ai écouté la voix de mon enfant.
Expr: ìnā ndū-ǹ dɔ̀ [dèē] tɨ́ - maudire [qqn]. **Bɔ̀bī-ǹ ìnā ndū-ǹ dɔ̀-ǹ tɨ́ kàdī à ìngà yá̰ dúníyà tɨ́ àlé.** Son père l'a maudit qu'il ne trouve rien dans sa vie.
Expr: (dèē) ùn ndū-ǹ - (qqn) décider, prendre la décision.

ndūú

N sorte de liane avec un fruit pareil au raisin [Ampolecissus

pentaphylaa], "vigne". **Kàn̄ ndūú kɨ kɨrē àl̀ ɓáy ré ó̰ò̰ à à ndò̰ tà-í ngáy.** Le fruit de la liane "ndu" qui n'est pas mûr, si tu le manges il te fera démangeaisons de la bouche.

ndùbɨ̀

N esp. de serpent, python royal. **Ndùbɨ̀ ì līkɨ à dò̰ ì kɨmā tá.** Le python royal est un serpent qui mord les sorciers seulement.

ndūbī

VI éclater; vacarme. **Bál̀ ndūbī àdī dèē gī ɓōl̀ -n̄ màlàng.** La balle a éclaté et les gens ont pris peur.

ndúbɨ̀

N soufflet de forge. **Nàl̀ kɔ̀dī à à ìwà ngōn ngè ndúbɨ̀.** Si le forgeron le rate alors l'attrapera l'enfant qui travaille le soufflet (Prov.).

ndúbī

VT éclater (*fréq. de* ndūbī). **Kùm búndɨ̀ gī ndúbī-n̄ kɨ̀ lò gī tɨ́.** Les balles ont éclaté partout.

ndūbīṛū

VT rouler par terre. **ī-ndūbīṛū túkɨ̀ ī-rèē-ň ādɨ̄-m̀.** Roule le tonneau et apporte-le-moi.

ndùjī

N farine. **Ndùjī ngàlì ndà ngáy.** La farine de manioc est très blanche.

ndùjī-mātī

N jaune. **Kūbī yā-m̀ ní ɓál-ǹ ì kɨ̀ ndùjī-mātī.** Mon

vêtement là, sa couleur est jaune.

ndùl

VI être noir, devenir noir. **Kàñ kāgī nọ̀ọ́ ì kí ndùl.** Le fruit de cet arbre est noir. **Gìdì túkì rā kàsì ndùl ngáy.** L'extérieur du fût utilisé pour fabriquer la boisson devient très noir. **NIN** noirceur; obscurité. **Bāyā gī ɔ̀ɓ-ñ séy, ndùl-ñ tītī Sàr̄ gī àlé.** Les Gbaya sont un peu clairs, pas si noirs comme les Sars [litt: ... leur noirceur n'est pas comme les Sars].

ndùm

VI être pourri. **Mángò gī ń ī-ndōgō súkī-ú ní ì kí ndùm màlàng.** Les mangues que tu as achetées au marché étaient toutes pourries.
VI être mûr (fruit de karité et rônier). **Kàñ màr̄ ré ndùm tá à tɨsō ɓáy.** Les fruits du rônier devient mûr d'abord (et après) ils tombent.

ndùm

VT mettre (liquide) sur, oindre. **ī-ndùm yìbī rɔ̄-í tɨ tītī ngé-ndām sāy gē bèē.** Tu mets l'huile sur ton corps comme les danseurs de "say".

ndùr̄

VT pousser, repousser. **Màng gī ndùr̄-ñ nà̰ā̰ kèm ndɔ̀r̄ yā-ḿ tɨ́.** Les boeufs se repoussent (avec la tête) dans mon champ.

ndùr̄

VT heurter. **Kàmyɔ̄ ngɔ̄dī ngáy àdī àw̄ ndùr̄ kújɨ gī nọ̀-ñ tɨ́.** Le camion roulait beaucoup et il a heurté les maisons devant.

ndūr̰

VI être tordu. **Nìngà yē-í ndà súmū àlé, ndūr̰ séy.** Ta sagaie n'est pas droite, elle est un peu tordue.

ndúr̀

N hérisson. **Ndúr̀ à ìsà ì mbī mụ̀ gī ō yìm̀ gī ō.** Le hérisson se nourrit d'herbes et de sauterelles.

ndúr̄

VT fouiller, chercher pour prendre. **Ngè-ɓògɨ ndúr̄ kèm ngòng yē-ḿ ɓá-à ùn yá̰ kógīm̀ gē àlé.** Le voleur a fouillé mon sac mais il n'a rient de tout pris.

ndúr̰̄

VT entasser. **Dɨ̀yá̰ ndúr̰̄ jóò gī dò nà̰ā̰ tɨ́.** La femme entasse les marmites l'une sur l'autre.

ndùsī

VI être rugueux et chauve (*normalement le résultat d'une malade: v. aussi* ngò).
Bēsẹ̀ý à rā ngòn àdī dò-ǹ ì kí ndùsī màlàng. La teigne a attaqué l'enfant et sa tête est devenue rugueuse et chauve.

ndūsī

VI être vermoulu. **Kāgī yídā ndūsī láw àlé.** Le bois de l'arbre "yida" ne devient pas vermoulu vite.

ndūsī

VT gratter (la terre). **ī-ɓōkɪ́ màñ nàńg àɪ̀ nà kɔ̀sɔ̀ng-gī à ndūsī-ñ.** Ne verse pas l'eau par terre de peur que les cochons vont la gratter.

ndùy

VI chavirer (*v. aussi* bǫ̀). **Tò ndùy kɪ̀ náw-á láw àlé.** Une pirogue ne chavire pas vite avec un pêcheur (parce qu'il sait bien manier la pirogue).

ndúȳ

VI être glissant. **Gìdɪ̀ ndèī̀ ndúȳ ngáy.** Le dos du silure est très glissant.

VT faire glisser. **Lò ndúȳ-m̄ àdī m̄-tèē m̄-īsō.** J'ai glissé et je suis tombé [litt: l'endroit m'a fait glisser ...]

ngà [ngàà]

N boutons (du corps). **Ngà ìɓà kùm ngōn tɪ́ àdī kùm-ǹ à̰ā̰ lò àlé.** Des boutons ont poussé sur le visage de l'enfant de sorte qu'il ne voit pas.

ngà [ngàà]

NIN mari. **ì ngà-m̄ ́ñ àdī-m̄.** C'est mon mari qui me l'a donné. **Ngà-m̄ ì ɓē-é, bà m-ā m̄-rèē kà̰ȳ bíl-bìl-í.** Mon mari est à la maison, et moi je suis venue boire la bière de mil.

ngá [ngáá]

N enfant; gosse (5 à 12 ans). **Ngá kùī̀-m̄ gī sà-ñ yá ngáy.** Les gosses que j'élève mangent beaucoup.

ngáā

VI être normal, guéri. **r̥ɔ̄-m̄ ngáā àɪ́ m-āw mbā tɪ́ àlé.** Je ne suis pas guéri, je ne voyage pas.

Expr: r̥ɔ̄ [dèē] ngáā - [qqn] être en bonne santé.

VI être sage. **ɓòdɪ̀ òjɪ̀ dèē kɪ́ ngáā.** L'idiot donne naissance à un sage.

Expr: dèē kɪ́ ngáā - un sage.

VI être capable. **Bɪ̀r̥à-kɔ̀sɪ̀ kɪ́ ngáā ì rí ā ī-ndɔ̀r̄ kɪ̀ gàbɪ̀-kɔ̀sɪ̀-ɔ́.** Un grand cultivateur capable, et pourquoi tu laboures avec une houe usée.

ngá-ɓèr̥

N pou d'oiseau. **Ré ílá kīnjá gír-sɔ́ī̀-í tɪ́ à ngá-ɓèr̥ gī à òsō-ñ r̥ɔ̄-í tɪ́.** Si tu portes un poulet sous ton aisselle alors tu auras beaucoup de poux d'oiseaux sur ton corps.

ngá-gḛ̀r̄-mḛ̀ȳ

N esp. d'oiseau. **Ngá-gḛ̀r̄-mḛ̀ȳ ì ngār̄ yē yèī̀ gī; nɪ̀ à rā kújɪ̀ àlé, màdī-ǹ gī ǹ à rā-ñ àdī-ñ-ǹ.** Le "ngagermay" est le roi des oiseaux; il ne fait pas son nid, les autres (oiseaux) qui le construisent le lui donnent.

ngā-nɪ̰̄ gā

N période de chaleur (mars à mai). **Ngā-nɪ̰̄gā rèē kɔ̄ɔ́ àdī j-à jɪ̀-tò ndágá.** La période de chaleur est arrivée et nous dormons dehors.

ngà-ndóǹg

N esp. de liane [Momordica charantia] (*on dit aussi* ngà-ndóỳ). **M-āw m̄-sā kāgī kàdī m-údí tà ngà-ndóǹg tí.** Je vais chercher un bois pour y attacher la liane Momordica charantia.

ngà-tē

N esp. de mangouste, mangouste rouge. **Ngà-tē ì dā̰ kí tītī kò̰ò̰, bà nīn tá à njīrā-n ì ngáy àlé.** Le mangue rouge est un animal pareil au mangue rayé mais eux ils ne se promènent pas en groupe.

ngà-tɔ́gɨ̀

N un adulte (*pl. est* ngá-tɔ́gɨ̀ gī). **ā ī-ɓōɨ́ ngá-tɔ́gɨ̀ gī tá ā ī-ndì sè-dɨ́.** Tu vas respecter les adultes d'abord et après tu vas vivre avec eux (Prov.)

ngà-yá̰à̰

N richesse. **Ngé kɨ̀ ngà-yá̰à̰ gī ɓī ndɔ́ɔ́ kɨ̀ gōó àlé.** Les gens riches ne dorment pas bien la nuit.

ngàbɨ̀rà

N cabinet, WC. **Kóǹg gī ì ngáy ngàbɨ̀rà tí.** Il y a beaucoup de mouches dans le cabinet.

ngájī

N semoule. **Kàmyō̰ ɔ̀y ngájī àw̄-n̄ kàdī m-ā̰y-rɔ̄-gī tɨ́.** Le camion a ramassé la semoule pour l'apporter aux réfugiés de guerre.

ngāl

VI être long. **Ngō-kó̰-m̄ kɨ́ dɨ̀ngàm ngāl ngáy.** Mon frère est très grand.

ngàlì (Syn: ngàlìyà)

N manioc. **Ngàlì kɨ́ gójīr̰ɔ́ nèl̄ tò̰ȳ kɨ́ ndīr.** Le manioc cru a meilleur goût que le manioc cuit.

ngàlìyà

N manioc (*v.* ngàlì).

Ngàm̄

NP Ngam (peuple Sara qui habitent au sud du pays Sar). **Ngàm̄ gī àw̄-n̄ ndò ì kɨ́ ɓāl gī màlàng.** Les Ngam vont à l'initiation toutes les années.

ngàmō

N le rhume. **Ré ā ī-njīrā kùm màn̄ tɨ́ à ngàmō à rā-ī.** Si tu marches sous la pluie alors tu seras enrhumé.

Ngàmbáy

NP Ngambay (peuple Sara). **Ngàmbáȳ gī nɨ̀-n̄ súū-n̄ mùm-dɨ́ àlé.** Les Ngambay, ils ne respectent pas leurs beau-parents.

ngán̄

N enfants (*pl. de* ngōn). **Ngán-m̄ ì mɨ̰ = Ngán-m̄ gī ì-n̄ mɨ̰.** J'ai cinq enfants. **N** minute (*toujours avec* mbàng). **à rèē dàn ngán mbàng gī kùtɨ-mɨtá.** Il va venir dans trente minutes.

ngàndī

AV trop, exagéré (dans sens mauvais, et toujours dans l'expression àⁱ ngàndī "être exagéré"). **Gúsɪ̀ kɪ́ àⁱ ngàndī bèē ń-tòō ɪ́-ǹ ì rá?** D'où sors-tu avec trop d'argent comme ça?

ngándī

V s'évader, s'échapper. **ùwà-ñ ngè-ɓògɪ̀ rèē-ñ sè-nèé ɓē yē ngāɽ̀ à bà ngándī àw̄ kɔ́ɔ́.** Ils ont attrapé un voleur et ils l'emmenaient chez le chef mais il a échappé.

ngàñg

VI être dur. **Kāgī ń-tòō ngàñg ngáy.** Le bois de cet arbre est très dur.

Expr: dɔ̀ [dèē] ngàñg máji-máji - [qqn] être en bonne santé.. **ój ɪ̀ ngáǹ gī ngáy ō, dɔ̀-í ngàñg máji-máji ō.** Que tu aies beaucoup d'enfants et que tu sois toujours en bonne santé.

Expr: dɔ̀ [dèē] ngàñg máji-máji - [qqn] être têtu. **Ngōn-ḿ kɪ́ dɪ̀yá dɔ̀-ñ sɔ̀ⁱ, bā kɪ́ dɪ̀ngàm dɔ̀-ñ ngàñg ngáy.** Ma fille est très gentille, mais mon fils est très têtu.

VI être difficile. **Tà nàsáɽ̀ ngàñg ngáy.** La langue française est très difficile.

VI être fort (boisson). **árgè ngàñg ngáy, bà bíl-bìl ngàñg àlé.** "Argi" est très fort, mais la bière de mil n'est pas forte.

ngāñg

NIN dents. **Dèē kété gī ɔ̀l-ñ ngāñg-dɪ́.** Les gens d'autrefois limaient leurs dents.

ngánjáng

N sorte de danse pendant l'initiation des hommes. **Dèē-kɪ́-dɪ̀ngàm ndām ngánjáng kɪ̀ dɪ̀yá gī àlé.** Les hommes ne dansent pas le "nganjang" avec les femmes.

ngànjɪ̀

NIN poitrine. **ì yèⁱ kɪ́ gìdɪ̀-ñ tītī déɽ̀ bà ngànjɪ̀-ñ ì kɪ́ ndà.** C'est un oiseau dont le dos ressemble à la colombe, mais sa poitrine est blanche.

ngànjī

VT contracter. **Ngōn ngànjī rɔ̄-ñ ngáy tītī ngè kèdɪ̀ yèdī.** L'enfant se contracte comme quelqu'un qui fait ses besoins.

ngàɽ̀

N arbuste épineux [Cassia ataxacantha]. **Ngàɽ̀ j-ɔ̀r-ñ gòng gìdɪ̀ njòɽ̀ tɪ́.** L'arbuste Cassia ataxacantha là, on l'utilise pour entourer les aubergines.

ngāɽ̀

N chef, roi. **Ngāɽ̀ ìlà-ñ gō dèē gī tɪ́ yā rā sàrìyà tā.** Le chef l'a envoyé derrière les gens pour qu'ils fassent le jugement. **Ngāɽ̀ ɔ̀gī kàdī ngán ngé-ndóō-yá̰ gī ndām-ñ ndɔ́ɔ́. = Ngāɽ̀ ɔ̀gī kàdī ngán làkɔ́l gī ndām-ñ**

nàā̰ ndɔ́ɔ́. Le chef a
empêché que les étudiants
dansent pendant la nuit.

ngáɍ

N sable. ìndā-n̄ tò dɔ̀ ngàɍ
tɨ́. Ils ont mis la pirogue sur
le sable.

ngàɍwà̰y

N iguane. **Ngàɍwà̰y ì dā̰ kɨ
tīt̄ī būɍ, bà ndì màñ-á.**
L'iguane est
un animal comme
le varan, mais il vit
dans l'eau.

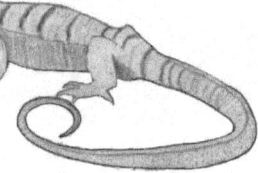

ngásàdɨ̀

N chef coutumier de
Béssada. **Ngásàdɨ̀ à rā nā̰
kɨ́-ràjɨ-nàā̰ ɓōó-làā, dèē-kɨ́-
dɨ̀yá à àw̄ wà tɨ́ àlé.** Le chef
coutumier va célébrer la fête
coutumière aujourdÆhui,
une femme ne peut pas aller
en brousse.

ngāsī

N esp. de lézard
[Cerrhosauriné sp.]. **Ngá-
tɔ́gɨ̀ gī ìdà-n̄ nè ré ngāsī
ngɔ̄dī-ī ré à̰y ɓá-à à dɔ̀
gōtó njà-í ɓá-à à óy̰.** Les
vieux disent que si le lézard
te chasse et si tu fuis alors il
mord tes traces et tu vas
mourir.

ngásī

VT écraser. **ɓɔ̄n ngásī rɔ̄y̰
dɔ̀ kɨ̄yā̰ tɨ́ làā.** L'écureuil
écrase la noix de karité sur
l'arbre là.

ngátā

VI être déchiré sur la
couture (un habit). **M-ūɍ
njālā yā-m̄ kɨ́ ngátā.** Je

couds mon pantalon qui est
déchiré sur la couture.

ngàw

NIN mari (*v.* ngà).

ngàā̰

VI se coincer; être coincé.
Yá̰ kɨ́rēy̰ ngàā̰ kɔ́-m̄ tɨ́.
Quelque chose s'est coincée
dans ma gorge.

ngà̰ā

VI être coincé, se coincer.
**Ngōn ìlà jī-n̄ bòlò gìndī-í
ɓá-à jī-n̄ ngà̰ā.** L'enfant a
mis son doigt dans le trou
du tuyau et il s'est coincé.
Kīngō kānjī ngà̰ā kɔ́-m̄ tɨ́.
Une arête de poisson s'est
coincée dans ma gorge.

ngà̰ā

N maladie de la gorge qui
attaque surtout les enfants.
**Ngà̰ā ìɓà kɔ́ ngōn-m̄ tɨ́ àdī
à̰ȳ màñ à à tōmbī.** La
maladie de la gorge a
attaqué mon enfant de sorte
que s'il boit de l'eau il
vomit.
Expr: ìjà ngà̰ā - couper la
gorge pour traiter cette
maladie. **Ré dèē ìjà ngà̰ā kɔ́
ngōn-í tɨ́ kɨ̀ gōó àlé à ngōn
à òy̰.** Si on coupe mal la
gorge de ton enfant pour
traiter cette maladie alors il
va mourir.

ngày

N chien maigre. **Ngày ì bísí kí rɔ ngáy ō ndọ ngáy ō bà màjì kùɾ àlé.** Un chien maigre est un chien qui aboie beaucoup et qui chasse beaucoup mais il n'est pas bon pour élever.

ngáy

AV beaucoup. **m̄-gèɾ̄, bà ì ngáy àlé.** Je sais, mais ce n'est pas beaucoup. **ísá yá ngáy, m̄-gèɾ̄ àlé, ì rí ń rā-ī á ōng.** Tu manges beaucoup, je ne comprends pas pourquoi tu es si maigre. AV très. **Mā̰ m-āw ì sày ngáy àlé, mā̰ m-āw ì ndɔ̄ɾ-ɔ́.** Je ne suis pas allé très loin, je suis parti au champ.

ngè [ngèè]

NIN celui qui, la personne qui (*pl.* ngé). **Ngè kìsà sè-í ì ngè tɔ̄l-ī.** Celui qui mange avec toi est celui qui te tuera (Proverbe). N parent, famille. **ì ngè-í à?** [ìŋ.gè.yáà] Est-il un parent de toi? **Màdī tɔ̀y ngè.** L'amitié dépasse la famille.

ngé [ngéé]

NIN personnes qui, ceux qui; parents (*pl. de* ngè). **Ngé kí dɔ̀-ṟā̰ tí gī ìjà-n̄ kìlā gāng-n̄.** Les gens du ciel tranchèrent la corde.

ngèē

N fourreau pour le couteau de jet. **Mbàng ndōgō ngèē kàdī kán-ň mìyā̰ yē-ǹ.** Le roi a acheté un fourreau pour mettre ses couteaux de jet dedans.

ngè-Álà

N chrétien. **Ngè-Álà à tɔ̄l dèē àlé.** Un chrétien ne tue pas.

ngè-bélē

N pique-assiette. **Ré íyá ngè-bélē àdī ìsà yá̰ bē yā-í tì bá-à à rèē kì-ndɔ̄-gī.** Si tu laisses un pique-assiette manger chez toi alors il va venir toujours.

ngè-bìrá

N personne édentée (*on dit aussi* ngè-bìrà). **Ngè-bìrá ngòṟ kīngō àlé.** La personne édentée ne croque pas les os.

ngè-gāng-róbì

N coupeur de route. **Ngé-gāng-róbì tíndā-n̄ dèē kíréỹ ɓōó-làā tām àw̄ kì gúsì àlé.** Les coupeurs de route ont frappé un certain homme aujourd'hui parce qu'il n'avait pas de l'argent.

ngè-kàɾ-sìndá

N cavalier. **Ngé-kàɾ-sìndá gī mbùtì sìndá dɔ̀ pétì tí.** Les cavaliers ont fait une course pour la fête.

ngè-kìgì

N marchand. **Ngè-kìgì kīnjá, ī-rèē làā!** Marchand de poules, viens ici!

ngè-kɔ̀jì-nàjī-Álà

N pasteur (d'église); prédicateur. **Ngé-kɔ̀jì-nàjī-Álà gī à tàā-n̄ dìyá̰ jōó àlé.** Les pasteurs d'église

n'épousent pas deux
femmes.

ngè-kɔ̄ɽ

N fou. **Ngè-kɔ̄ɽ òjì dèē kɪ́
ngáā.** L'idiot donne
naissance à un intelligent.

ngè-kùbɪ̀-yá̰

N créateur. **Álà ì ngè-kùbɪ̀-
yá̰-gī màlàng.** Dieu est le
créateur de tous.

ngè-kùm̄-róbɪ́

N coupeur de route. **Ngé
kùm̄ róbɪ́ gī ndà-n nɔ̀ɔ̰́, ī-lō
kàw̄-ī mbā tɪ́.** Les coupeurs
de route sont là, il ne faut
pas y voyager.

ngè-kùm-tɔ̄

N aveugle (par accident).
**Gògɪ́-làā ngé-kùm-tɔ̄ gī à
rā-n làkɔ́l̀ ō.** De nos jours
les aveugles vont à l'école
aussi.

ngè-láā-bál̀

N le gardien (football).
**Ngè-láā-bál̀ yē-jí gèr̄ láā
bál̀ àlé àdī ùtī-n-jí.** Notre
gardien ne sait pas attraper
le ballon ct on nous a
gagnés.

ngè-ń-nɔ̀ɔ̰́

N ça, cela (un peu loin).
Ngè-ń-nɔ̀ɔ̰́ ì rí? Ça c'est
quoi?

ngè-nà̰ā̰

N relations familiales. **Sàr̄
gī rā-n ngè-nà̰ā̰ ngáy.** Les
Sars aiment beaucoup les
relations familiales.

ngè-ndɔ̀-kānjī (Syn:
náẁ)

N pêcheur. **Ngè-ndɔ̀-kānjī
ì ngè kùwà kānjī.** Le

pêcheur est celui qui capture
les poissons.

ngè-rā-kɪ̀là-nàsár̀

N fonctionnaire. **Ngō-kó̰-m̀
ì ngè-rā-kɪ̀là-nàsár̀ bà ìngà
gúsɪ-nā̰ yē-ǹ àlé.** Mon frère
est un fonctionnaire mais il
n'a pas reçu son salaire.

ngè-rā-làmsɔ̄

N Chrétien. **Ngé-rā-làmsɔ̄
gī àw̄-n kɪ̀ ngán-dɪ́ gī ndò tɪ́
àlé.** Les Chrétiens
n'envoient pas leurs enfants
à l'initiation.

ngè-sā

N féticheur, voyant (v.
kɔ̀dɪ̄-sā). **Ngè-sā kɪ́rēý gī
sòr̀-n ngá̰y.** Certains
féticheurs mentent
beaucoup.

ngè-yá̰

N personne riche, richard.
**Ngè-yá̰ gī à̰-n kùm-tó-ndòō
yā̰ ngé ndòō gī àdɪ̄ à àdɪ̄-n̄-
dɪ́ gúsɪ sэ́y-sэ́y.** Les richards
ont pitié des pauvre et ils les
donnent un peu d'argent.

ngédɪ́-màñ

N urine. **Ngōn òng ngédɪ́-
màñ gìdɪ kó̰ɔ̰̀-ǹ tɪ́.** L'enfant
a uriné sur le dos de sa
mère.

Expr: kòng ngédɪ́-màñ -
uriner.

ngèr̀

N paille utilisée dans une
torche. **J-à j-ùnjī hòr ngèr̀
kàdī j-à̰-ñ lò ndágá lò-ń
hòr-nàsár̀ gòtóō kūtɪ́ ní.**
On utilise la torche en paille
pour voir pendant la nuit là
où il n'y a pas de

l'électricité.

Expr: hòr ngèl̄ - torche de paille.

ngēl̄ (Syn: ngēng)
NIN côté, bord (d'une chose). **īnā ngōn ngēl̄ tīr̥á tí à à tēē kòsō.** Si tu mets un enfant au bord du lit alors il va tomber.

ngélē
N natron (*v.* kàtī-ngélē).

ngèlīm
N écorce (de la canne à sucre) (*toujours avec* kádɨ *'canne à sucre'*). **Dèē gī à ɨjà-n̄ kūm ngán-kɨ́-kásɨ̀ gī kɨ̀ ngèlīm kádɨ́-á.** Les gens coupent le nombril d'un nouveau-né avec l'écorce de la canne à sucre.

ngēng (Syn: ngēl̄)
N bord, côté (d'une chose). **Màdī-ɓē-m̄ ndɔ̄r̄ ngēng ndɔ̄r̄ yā-m̄.** Mon voisin cultive le bord de mon champ (c'est à dire, il cherche entrer dans mon champ).

ngéǹg
N petits animaux sauvages (reptiles, rats, écureuils, etc.) (*mais pas les serpents*). **Ré á ī-ndɔ̀ ngéǹg gī à ɨ̄ ī-gáw àɨ́ ɓáy.** Si tu chasses les petits animaux alors tu n'es pas encore un grand chasseur.

ngēwrē
N esp. de canne à sucre. **Ré ī-ndɔ̄r̄ ngēwrē kèm kūbī-ú à ɓóỳ màng gī à nùjī-n̄ kūbī yē-í màlàng.** Si tu

cultives ce type de canne à sucre dans le champ de coton alors les enfants bergers vont détruire tout ton coton.

ngèỳ
V guetter. **Mɨ̀là ngèỳ yégī.** Le chat guette le rat.
VI manger lentement. **ī-ngèỳ tītī ngōn-tètɨ̀ bèē.** Tu manges lentement comme un petit enfant.

ngìmsì
Av gros et rond. **Dèē kɨ́ kèm-n̄ tò ngìmsì àsɨ̀ ngɔ̄dī àlé.** Une personne avec un gros ventre ne peut pas courir.

ngīr
NIN vagin. **Kèm-ndà tɔ̄l ngīr àdī mɔ̀tɨ̀ njàr̥-ǹ-nèé.** La gentillesse a tué le vagin, de sorte que le pénis l'a détruit. **Bájàl ì mɔ̀ỳ kɨ́ à rā ngīr dɨ̥yḁ́ gī.** La gonococcie est une maladie qui infecte le vagin des femmes.

ngìsɨ̀
N ancienne chose en mauvaise état. **Kūbī yē-í ngìsɨ̀ ngáỳ āw ī-ndōgō kɨ́-ràng.** Ton habit est très ancien, va acheter un autre.

ngɨ́ [ngɨ́ɨ́]
VT arracher (avec force, tel comme force la main ouverte). **ī-ngɨ́ gúrsɨ̀ jī ngōn tɨ́ ì tām-rí tɨ́?** Tu as arraché l'argent de l'enfant pour quelle raison? **Ngɨ́ kūbī rɔ̄-m̄ tɨ́.** Il a arraché les vêtements de mon corps (en les déchirant).

248

ngīyā̰

VT enlever (coque, l'écorce, etc.). **m̄-ngīyā̰ ngó bāngàw kɨ́ ndīr.** J'ai pelé les patates douces cuites. VT décortiquer. **m̄-ngīyā̰ yíɽ kàdī kó̰-m̄ rā-ň tá̰ tɨ́.** Je décortique l'oseille pour que ma mère en fasse la sauce.

ngɨ̀dā

N esp. d'arbre [Nauclea latifolia]. **Kèm-í tōr-ī bè-ré ī-tɔ̄ kàdɨ ngɨdā īnā màñ-á a̰y à à rā-ī só-tɨ́.** Si tu es mal au ventre et si tu coupes l'écorce du "ngida", le mets en l'eau et le bois, tu seras guéri.

Ngīyó

NP nom propre d'une jumelle (*v. aussi* Nɨ̄bá). **Ngīyó ō Nɨ̀ɓā ō ì ɽ̄ī ndíngā kɨ dɨ̀yá gɨ̄.** Ngijo et Niba sont des noms pour les jumelles.

ngɨ̀ɽà

VI être fort, résistant. **Kāgɨ màsī ngɨ̀ɽà ngá̰y, ásɨ tètɨ kɨ jɨ̄-í àlé.** Le tamarinier est très résistant, tu ne peux pas le casser avec tes mains.

ngɨ̀ɽà

NIN racines. **Ngɨ̀ɽà màsī ngàñg ngá̰y.** Les racines du tamarinier sont très dures. **Ngɨ̀ɽà kāgɨ ń-tòō ngàñg ngá̰y, lò kɔ̀ɽ̄-ǹ gòtóō.** Les racines de cet arbre sont très difficiles à enlever. NIN nerfs. **M-ásī kɨsà dā̰ kɨ ngɨ̀ɽà àlé, bɨrá-m̄ ì kɨ́ hólō.** Je ne peux pas manger la viande tendineuse, mes gencives sont enflées.

ngīɽā

NIN peau. **Jɨ̀-rā ndéẏ kɨ ngīɽā yàbɨ-á.** On fait des chicottes avec la peau de l'hippopotame. **Jɨ̀-rā kɔ̀dɨ ì kɨ ngīɽā bīyā̰-á.** Nous avons fait un tambour avec la peau de la chèvre.

ngɨsā

V raser; se raser. **Yɨ̄ngá ì yá̰ ngɨsā mbā́ý.** Un rasoir est une chose pour raser les barbes.

ngɨ́sā

N pou. **Ngɨ́sā gɨ̄ ɨsà-n̄ dɔ̀ ngōn-m̄ mbóng àdī tèē kɨ dɔ̀-ó.** Les poux ont mordu la tête de mon fils à tel point qu'il a trouvé une plaie.

ngō [ngōō]

N brindille. **m̄-tɔ́ɽ-ň tà-m̄ dɔ̀-í tɨ́ kàdī déɽ tá tètɨ ngō kāgɨ īnī-ň dɔ̀-í.** Je fais cette invocation sur toi pour que ce soit seulement la petite brindille que le pigeon casse qui tombe sur toi.

ngòō

N tissu ou feuilles tressés mis sur la tête pour le poids. **Ngòō ì mbī-kámbɨ à kéè tà kūbī kɨ́ kòjō kɨndā dɔ̀ tɨ́ tām yā kòtō-ń yá̰.** C'est un tissu ou bien feuilles tressées qu'on met sur la tête pour porter des choses.

ngóō

VT attendre. **ń-tòō, ī-ngóō-m̄ ngá̰y àláà?** Alors, tu ne

249

m'as pas attendu longtemps?
ī-ngóō-m̄ làā, m-ā m̄-rèē láw. Attends-moi, je reviens tout de suite.

ngō-kɔ́

NIN frère, soeur. **ì ngō-kɔ́-m̄ kɩ́ dɩ̀yá.** C'est ma soeur. **Kújɩ̀ ń ngō-kɔ́-í rā ní bò ngáy à?** Cette maison que ton frère a construite est-elle grande?

ngòl

N chef (d'une institution gouvernementale). **Ngòl ásgàr gī nɩ̀ àw̄ tà rɔ̄ tɩ́ àlé.** Un chef des soldats, lui il ne part pas faire la guerre.

ngɔ́l

N esp. de tortue. **Dèē gī à ìnā-n̄ ngɔ́l gī gír bɩ̀lò-màn̄-á kàdī ɓāl-á ɓá-à ndēr màñ.** Les gens mettent la tortue dans les puits pour que pendant la saison sèche il creuse (pour trouver) de l'eau.

ngōm

VT garder [troupeau]. **Ngōn ń á ngōm dã̄ gī yā-m̄ ní nà̰y bèmbèé ɓáy.** L'enfant qui garde mes animaux est resté encore en brousse.

ngōn

NIN enfant, fils, fille. **Bɔ̀bī ngōn tɔ́r̄ tà-n̄ dò ngōn-ǹ tɩ́.** Un père fait une invocation pour son fils. **ɩ̄ ngōn ngáy, ī-lō kà̰ỳ máng.** Toi, tu es très petit, il ne faut pas fumer.

ngōn-jī

NIN doigt (*pl.* ngán-jī). **J-à-ī kɩ̀ ngán-jī gī mɩ́ tà jī-jí tɩ́.** Nous avons cinq doigts dans chaque main.

ngōn-kà

NIN petit fils ou fille. **Ngōn-kà-m̄ kɩ́ dɩ̀yá ìlà kɩ̀ kūbī àdī-m̄.** Ma petite fille m'a envoyé un habit.

ngōn-nān

NIN cousin, cousine. **Ngōn-nān-m̄ gḛ̀y kɔ̀sɩ̀ kùm sè-m̄ ngáy.** Mon cousin aime beaucoup me taquiner.

ngōn-njà

N orteil. **Ré ngōn-njà-í ì dò à ásɩ́ kò̰ō̰ sā àlé.** Quand tes orteils ont des plaies alors tu ne peux porter les chaussures.

ngōn-tètɩ̀

N enfant toujours petit dont la mère est déjà enceinte. **Ngōn-tètɩ̀ ì ngōn kɩ́ kásɩ́ kɩ́ kɔ́-ǹ ɔ̀gī-ǹ mbà.** Un enfant "cassé" est un petit enfant dont la mère refuse de l'allaiter.

ngōn-wūdùm

N repas organisé avec les amis avec la bouillie. **ɩ̄ kótān á ī-gḛ̀y ɓēr̰ ngōn-wúdùm ngáy ā?** Es-tu un nouvel initié pour demander tellement le repas organisé?

ngōn-yò

N sorte de mauvais esprit. **ā ī-njīrā kèm kāgī-á kɩ́ kér-í ndɔ́ɔ́ à ngōn-yò gī à tīndā-ñ-ī.** Si tu te promènes seule dans la forêt pendant la nuit alors les mauvais esprits vont te taper.

ngòng

N sac. **M-ītō ì ngòng.** Je porte un sac. **Kūbī yē-n̄ ìɓà ngòng.** Ses vêtements, il les a bourrés dans le sac.

ngó̄ŋ

VI être gros, grand. **Wúɾ kɨ́ ndɔ̄ɾ lò kɨ́ màjɨ̀ tɨ́ kùm-n̄ ngóŋ ngá̰y.** Les pois de terre plantés dans un bon endroit auront des gros grains.

ngòɾ

VT croquer. **Bísɨ́ à ngòɾ kīngā.** Le chien est en train de croquer l'os.

ngòɾ

VI être frais. **ɔ́dɨ́ màn̄ kɨ́ ngòɾ ādī m-a̰y.** Prends-moi de l'eau fraîche pour que je boive.

ngō̄ɾ

N corde soutenant le filet de pêche. **Ngō̄ɾ ɾéng yā-m̄ gāng kɔ̄ɔ́ àdī kānjɨ̄ gɨ̄ tɨ́ī-n̄ bàl màlàng.** La corde de mon filet est cassée et les poissons ont tous sauté.

ngóró [ŋgɨ́rò,ŋgórò]

N fruit pas mur. **ā ísá ngóró mángò à ìktéɾ à rā-ī.** Si tu manges des mangues qui ne sont pas mûrs alors tu attraperas l'ictère.

ngōròŋ

VI être paresseux. **Ngè ngōròŋ à tà dɨ̰yá̰ àlé.** Un paresseux ne va pas épouser une femme.

ngóỳ

AV seulement. **ìngè ì gàgɨ̀ jōó ngóy.** Il n'a trouvé que deux poisson-chats. **M-īnā ì pā ngóỳ m̄-sā dɨ̰yá̰ àlé.** Je chante une chanson seulement, je ne cherche pas une femme. **ɨ́sá sɨ́y bèē ngóỳ.** Tu manges un peu seulement.

AV dernier. **Tà ngóy-dɨ́ gèɾ̄ láā yá̰à̰ dɔ̄ɔ́ màjɨ̀.** Le dernier savait très bien saisir les choses au vol.

ngòy-ngòy

ID en éclatant de lumière (refléter: descr. de yà̰ɾ).

ngò̰ [ŋgò̰ò̰] (Syn: ngò)

N bois mort. **Ngò̰ ndà kɨ́ róbɨ́ mbáȳ-á, ì rí? ì kāgɨ̄ yèdī.** Le bois mort tout blanc qui se trouve sur la route du pays Mbay, qu'est-ce que c'est? C'est la brindille pour se torcher (devinette).

ngò [ŋgòò]

VI être rugueux. **Gìdɨ̀ būɾ ngò ngá̰y.** Le dos du varan est rugueux.

ngò [ŋgòò] (Syn: ngò̰)

N arbre mort. **Ngò ndà kɨ́ róbɨ́ mbáȳ-á, ì rí? ì kāgɨ̄ yèdī.** Le bois mort tout blanc qui se trouve sur la route du pays Mbay, qu'est-ce que c'est? C'est la brindille pour se torcher (devinette).

ngɔ̄ [ngɔ̄ɔ̄]

N reste de la boule collée à la marmite. **ị̄ ngōn á ā ī-sā ngɔ̄ yē kà̰ȳ à?** Es-tu un enfant pour chercher le reste de la boule dans la marmite pour boire quoi?

ngɔ́ɔ̀

N coque, écorce. **m̄-tīndā ngɔ́ɔ̀-n̄ gìdì tí kɔ̄ɔ́ pá-tā m̄-ngḭ̄ȳā̰ kùm-n̄ ɓáy.** Je casse leur coque, puis j'en fais sortir l'amande après. **Wúl̄-dùm kí kèm ngɔ́ ndùm láw àlé.** Les arachides dans la coquille ne s'abîment pas rapidement.

N peau (d'un fruit). **Ngɔ́ mātī ìdì ngá̰y, ásí kùr̰ kèm-í tí àlé.** La peau du fruit de néré est très âpre, tu ne peux pas l'avaler.

ngɔ́-gìdì̀   (Syn: màmbā)

NIN écorce (d'un arbre). **Ngɔ́-gìdì kḭ̄ȳā̰ ndèr̰̄ ngá̰y mān ngɔ́-gìdì mātī.** L'écorce de l'arbre de karité est plus épaisse que l'écorce du néré.

NIN la peau (d'un tubercule). **Tɔ́l̄ ngɔ́-gìdì ngúl̄ tōr tɔ̀ȳ tɔ́l̄ ngɔ́-gìdì bāngàw.** Peler la peau de l'igname est plus difficile que peler la peau de la patate.

ngɔ̀-làā

AV maintenant. **Ngɔ̀-làā j-à jì-ndóō ì yá̰ jì-kógī nà̰ā̰ àlé.** Maintenant nous

sommes en train d'étudier, on ne s'amuse pas.

Av ces jours là, aujourd'hui. **Kété jóò kèdī gī bìlà-n̄ ngá̰y bà ngɔ̀-làā dèē gī tɔ̄l-n̄-dí màlàng.** Auparavant les éléphants étaient nombreux, mais aujourd'hui les gens les ont tous tués.

ngɔ̄dī

VI courir. **ā ī-ngɔ̄dī à ā-mbèl gògí àlé.** Si tu cours, ne regard pas par derrière.

VT chasser, courir derrière. **Ngɔ̄dī bḭ̄ȳā̰.** Il a couru derrière la chèvre.

NIN la course. **ì ná̰ā̰ n̄ à à̰ā̰ ngɔ̄dī tòō?** Qui est-ce qui passe ici en courant?

Expr: **à̰ȳ/kà̰ȳ ngɔ̄dī** - courir. **Bà gír kà̰ȳ ngɔ̄dī nàkóō nà ì rí?** Mais pourquoi courir comme ça? [litt: mais la raison pour aller courant comme ça c'est quoi?]

Expr: **kí ngɔ̄dī ngá̰y** - rapide, très rapide. **Dùl ì dā̰ kí ngɔ̄dī ngá̰y ō ḭ̀ bàl ngá̰y ō.** La biche-cochon est un animal que court vite et saute beaucoup.

ngɔ̀kìrɔ̀

N esp. de chauve-souris noire. **Ngɔ̀kìrɔ̀ gī ùtī-n̄ mbī ngá̰y gār̰ kújí-ú.** Les chauves-souris noires font beaucoup de bruit dans le toit de la maison.

ngɔ̀kìrɔ̀

N esp. d'arbre, jujubier [Ziziphus mauritiana]. **m̄-sā**

kɔ̄n ngɔ̀kɨ̀rɔ̀ kàdī m̄-gīr̪̄-n̆ ndɔ̀r̄ yā-m̄. Je cherche des épines du jujubier pour entourrer mon champ avec. **N** jujube, fruit du jujubier. **Ngè bɨ́rà ìsà ngɔ̀kɨ̀rɔ̀ àlé.** Une personne sans dents ne mange pas le fruit du jujubier.

ngɔ̀ng

N sac.
Ngɔ̀ng ì jī-í tɨ́ ní ī-rà làā. Puisque tu as le sac en main reste-là (debout).

ngɔ̄ngīrɔ̄

N brindilles. **M-ā m̄-sā ngɔ̄ngīrɔ̄ kàdī m̄-tɨ́ngā-n̆ gɔ̀y-dɔ̀.** Je vais chercher des brindilles pour griller le maïs.

ngɔ̀ngɔ̄

N croûte, partie sèche du repas dans la tasse. **ī-tógò ngɔ̀ngɔ̄ bɨ́yā̱ kɨ́ kèm sèmbē tɨ́ ādī-m̄.** Lave la croûte de bouillie dans la tasse pour moi.
Expr: ngɔ̀ngɔ̄ dò - croûte sur une plaie.

ngɔ́njɨ̀

N hernie (*on dit aussi* ngɔ́njɨ̄). **Ngé-ngɔ́njɨ̄ gɨ̄ bɨ̄-n̄ ndɔ̄ɔ́ àlé.** Les personnes qui ont une hernie ne dorment pas la nuit.

ngɔ̀r̪

AV bientôt. **Ngɔ̄n-m̄ àgɨ̀ kɔ̄ɔ́ àdī à njīyā ngɔ̀r̪.** Mon enfant rampe déjà, bientôt il sera sur pied.
Expr: ngɔ̀r̪ ń-tòō tɨ́ ɓáy - juste maintenant (exprime l'idée de "vient de faire qqc"). **m̄-rèē ì ngɔ̀r̪ ń-tòō tɨ́ ɓáy.** Je viens d'arriver tout de suite.
AV proche. **Kújɨ́ yē-ǹ ì ngɔ̀r̪ kàdɨ̀ yē-m̄ tɨ́.** Sa maison est proche de la mienne.
Expr: ngɔ̀r̪ kàdɨ̀ - proche de, à côté de.

ngɔ̀r

VI se courber. **ā ī-ngɔ̀r gír ndògī tɨ́ āw ì kī rá?** Tu te courbes sous le secko, où vas-tu? (c'est à dire, tu te caches en te courbant sous le secko.)

ngɔ̀r

N matière fécale; déchet. **ì bà̱ý á rɔ̄-í òtɨ̀ ngɔ̀r kīnjá bēē?** C'est comment que ton corps sent d'excréments de poulet.

ngɔ̀r̄

VI péter avec un bruit sec (*involontaire*). **Dèē-kɨ́-dɨ̱yá̱ kɨ́ gír-ǹ bò à nàl̄ ngɔ̀r̄ àlé.** Une femme avec la grosse fesse ne manque pas de péter.

ngɔ̀r̄

VI gémir légèrement. **Pàlī rā ngōn-m̄ àdī ngɔ̀r̄.** Mon enfant a le paludisme et il gémit légèrement.

ngɔ́ṛ

N esp. de poisson [Heterotis niloticus]. **M-úwà ì kānjī yōó ō, ì kānjī ngɔ́ṛ ō, ì kānjī dóṛ ō.** J'ai pris des carpes, des poissons "dor" et des poissons "ngor". **ìngè kānjī ngɔ́ṛ ō.** Il a attrapé un poisson "ngor" aussi.

ngɔ̄ṛ-ngɔ̄njī

N petit ganglion au cou. **Ngɔ̄ṛ-ngɔ̄njī rā kɔ́-ḿ àdī m-ásɨ́ mbèl àlé.** J'ai des petits ganglions au cou et je ne peux pas regarder par derrière.

ngɔ̀rɔ̀ng

N faucille. **ādī-ḿ ngɔ̀rɔ̀ng ādī-ḿ m-āw-ň̀ bèmbèé.** Donne-moi une faucille pour que je l'emmène au champ.

ngɔ̄rɔ̀ng   VI être

paresseux. **ɨ̄ ɨ̄-ngɔ̄rɔ̀ng ngáy, ngà-ḿ àdī-ɨ̄ yáà̰ àlé.** Toi, tu es très paresseuse, mon mari ne te donne rien.

ngɔ̀tɨ́-kāgī

N esp. d'oiseau, pic. **Ngɔ̀tɨ́-kāgī ì yèr̄ kɨ́ à rā ɓē yē-ǹ ì kàdɨ̀ kāgī tɨ́.** Le pic est un oiseau qui fait son nid dans les troncs des arbres.

ngúr̄

N igname. **Ngúr̄ kɨ́ ndīr kɨ̀ dā̰ nèr̄ ngáy.** Les ignames sont délicieuses cuites avec de la viande.

ngúr̄-màṛ

N tubercule mangeable du rônier quand il germe (*v.* njābɨ̰ṛā).

ngúmbīlū

VT cabosser. **Kɔ̀kɨṛɔ̀ ń ngōn ìnā ní ngúmbīlū kàmyɔ̰ yā-ḿ.** La pierre que l'enfant a jetée a cabossé mon camion.

VI être cabossé, devenir cabossé. **ɨ̄-lō kɨ̀ndà sèmbē kɨ̀ kāgī-á nà ngúmbīlū.** Ne tape pas la cuvette avec le bâton de peur qu'elle devienne cabossée.

ngùr

NIN envie forte. **Ngùr dā̰ kīnjá rā-ḿ.** J'ai beaucoup envie de (manger le) poulet.

ngúṛ

N trou creusé au bord d'un marigot pour garder l'eau. **Lī tò kèm ngúṛ yā-ḿ tɨ́ àdī m̄-ɓōī kɔ̀dɨ̀ màn̄ kɨ́ kèm-é.** Il y a un serpent dans mon trou à côté du marigot et j'ai peur de prendre l'eau qui est dedans.

ngúr-màsī

NIN bruit de réprobation. **ùr ngúr-màsī dɔ̀ nàjī ń m-ɔ̄r tɨ́ ní.** Il a fait un bruit de réprobation à ce que j'ai dit.

njà   [njàà]

N fois. **M-á̰à̰ lò rā-ǹ njà kógīí.** J'ai vu la façon de le faire une fois. **ì njà kɨ́ kɔ̀ jōó ń m̄-rèē-ň̀ Sár̄-á ní.**

C'est la deuxième fois que je viens à Sarh.

njà [njàà]

NIN jambe, pied. **Dṳ̀-m̀ ì njà-m̀ tí.** J'ai été mordu à la jambe. **òsō dɔ̀ kāgī-á àdī njà-ǹ tétī-ň.** Il est tombé de l'arbre et il s'est cassé la jambe. **njà-m̀, njà-í, njà-ǹ, njà-jí, njà-sí, njà-dɨ** - mon pied, ton pied, son pied, nos pieds, vos pieds, leurs pieds.

Expr: **njà-ǹ ngàng** - être debout et capable à marcher. **Ngōn-m̀ àw̄ kɨ̀ ɓāl kógīi bà njà-ǹ ngàng àdī ā njīrā kàṛī.** Mon enfant a un an mais il est debout et il peut marcher.

Expr: **ìndā njà [dèē]** - remercier [qqn] (en lui donnant quelque chose). **m̀-rā sè-nèé kɨ̀là ngáy àdī ìndā njà-m̀ ādī-m̀ gúrsɨ̀ ɓú jōó.** Je lui ai aidé avec son travail et il m'a remercié en me donnant mille francs.

Expr: **ìndā dɔ̀ njà [dèē]** - récompenser. **Ngōn rā kɨ̀là ngáy àdī-m̀ àdī m̀-īndā dɔ̀ njà-ǹ kɨ̀ gúrsɨ̀ mɨ́.** L'enfant a beaucoup travaillé pour moi et alors je l'ai récompensé avec 25 francs.

Expr: **ìgà njà [dèē]** - trébucher [qqn]. **Ré á̰ gūrū kāgī kɨ́ rà nàng-á àɨ́   à ìgà njà-í.** Si tu ne vois pas le morceau de bois sur la terre alors il te trébuchera.

Expr: **njà njālā** - jambes de pantalons. **Njà njālā yā-m̀ ì kɨ́ jāṛyā̰.** Les jambes de mon pantalon sont effilochées.

NIN trace. **Ngōn dā̰ yā-m̀ kɨ́ à njīrā à dèē a̰ njà-ǹ àlé, ì rí? ì tò.** Mon petit animal qui, quand il va se promener, personne ne voit les traces, qu'est-ce que c'est?

NIN roue. **Kòō tèē njà bìlō yā-m̀ tí àdī m̀-pōmbē tá m-āw gō-í tí.** L'air est sorti de la roue de mon vélo et donc je la pompe avant de te suivre.

njà-m̀-dɔ̀-ṛā̰

N esp. d'oiseau. **Njà-m̀-dɔ̀-ṛā̰ ì yèl̀ kɨ́ njà-ǹ ngāl ngáy.** L'oiseau "mes pieds au ciel" est un oiseau avec les pattes très longues.

njàá-mbùtɨ̀-ɓàlà

N esp. d'oiseau, Jacana. **ā á̰ njàá-mbùtɨ̀-ɓàlà à njīrā dɔ̀ mbī ɓàlà tɨ́ ɓá-à ā ídā nà à njīrā dɔ̀ màn̄ tí.** Si tu vois le Jacana marcher sur les feuilles du nénuphar alors tu vas dire qu'il marche sur l'eau.

njābīṛā   (Syn: ngúl̄-màṛ)

N tubercule mangeable du rônier quand il germe (*origine Tumak*). **ī-ndēr njābīṛā ādī-m̀ nè tò séy à à gòtóō kɔ́ɔ́.** Creuse du tubercule du rônier pour moi et s'il reste un peu alors il va disparaître (c'est à dire, il va se transformer en racine).

njālā

N pantalons. **Ɓògì njālā yā-ḿ kèm Ɓē-é àdī-m̄ mā̰ m̄-gḛ̀y m̄-màng kɨ́-ràng.** On a volé mon pantalon sur le village, je vais acheter un nouveau.

Njàménà

NP N'djaména (capitale du Tchad). **ṟī Njàménà kɨ́ kété nà ì Pɔ̀rlàmí.** L'ancien nom de N'djaména était Fort Lamy.

njà̰ṟ

VT fendre, diviser. **Dḭ̀yá̰ njà̰ṟ wàsī nà̰ā̰ tɨ́ bà ṟó̰ȳ kùm-ǹ.** La femme a divisé le melon et elle a enlevé les grains.

VT ouvrir (ventre), faire une opération césarienne. **Kɨ́rēý gèṟ njà̰ṟ kèm kānjī ngá̰y.** Un entre eux savait bien ouvrir le ventre des poissons.

VI être cassé, divisé. **Gàɪ́ yā-ḿ njà̰ṟ lò jōó.** Ma gourde est cassée en deux.

njáṟ

VT fendre, couper (plus. choses, plus. fois, etc.). **ɪ̄-njáṟ kīṟ ādī-m̄ rā-ň̄ hòr.** Coupe du fagot pour que je fasse le feu avec.

njáṟ

N outil sans manche (ex. hache, pelle, houe). **m̄-ndōgō njáṟ kɔ̀sì kàdī m-ɨ́lá tà kūl-ǹ tɨ́.** Je vais acheter la partie métallique de la houe pour l'attacher au manche.

N couteau sans fourreau.

njày

AV seulement (avec les numéros plus d'un, et plus souvent avec jōó 'deux'). **Rèē kì̀ kīnjá jōó njày kàdī m̄-rā-ň̄ pétɨ.** Il est venu avec deux poulets seulement pour que je fasse la fête avec.

njáy

Cnj sans arrêter jusque (**Rā kɨ̀là njáy mbàng ùdɨ̀ dò̀-ǹ tɨ́.** Il a travail sans cesse jusqu'au coucher du soleil. **Ndɔ́ɔ́-làā késī njáy lò tī.** Cette nuit il a toussé sans cesse jusque l'aube s'est levée.

njā̰   [njā̰ā̰]

N mangouste. **Njā̰ gē mɨ̀là gē ì ngé kùwà kīnjá gī màlàng.** La mangouste et x°x°le chat sauvage sont tous des voleurs de poulets (litt: ceux qui saisissent les poulets).

njā̰

V agir avec méchancité. **ɪ̄ dá ɪ̄-njā̰ ngá̰y.** Toi, tu agis méchamment.

N méchanceté. **ɨ́dà-m̄ ì njā̰ tɨ́.** Tu me l'a dit par méchanceté.

njá̰   [njá̰á̰]

N zone inondable. **ā ɪ̄-ndɔ̀r kūbī njá̰ à màǹ à tàā kɔ́ɔ́.** Si tu cultives le coton dans une zone inondable alors l'eau va l'inonder.

njā̰-dɔ̀gɨ

N esp. de mangouste, mangouste ichneomon. **Njā̰-dɔ̀gɨ ì dā̰ kɨ́ à ìwà kīnjá gɨ̄ ngáy.** La mangouste ichneomon est animal que attrape beaucoup de poulets.

njèkè

Av lente, lentement. **Tà rèē mɔ̀y ì láw bà tà tél-n̄ ì njèkè njèkè.** L'arrivé de la maladie est vite, son retour est lent.

njèkɨ̀

Av en petite quantité (choses divisibles). **ɓōkɨ́ wúdùm jī-m̄ tɨ́ njèkɨ̀.** Il m'a versé dans la main une petite quantité d'arachide. **Gúsɨ̀ kɨ́ njèkɨ̀ ń-tòō àsɨ̀ rā ì rí?** Cette petite quantité d'argent est suffisant pour faire quoi?

njèkɨ̀-njèkɨ̀

Av avec peu de séparation. **ásgàr gɨ̄ rà-n̄ njèkɨ̀ njèkɨ̀ gìdɨ súkī-ú.** Les soldats sont posté autour du marché à peu distance les uns des autres. **Dùbī ūwá njèkɨ̀-njèkɨ̀.** Il plante le mil avec peu de séparation entre les plantes.

njēm̄

VI devenir maigrir. **Ngōn kɨ́ kásɨ́ ré mɔ̀y rā-n̄ séy bèē gē à à njēm̄ ngáy.** Le petit enfant, même s'il est un peu malade seulement, il va maigrir beaucoup. **Expr:** njēm̄ wúĺ-dùm - petite arachide.

njèr̰

VT verser en laissant les résidus. **M-īndā hòr-ó kàdī yèḛ̄ ɓá-à m̄-njèr̰ m̄-ɓōkɨ́ kèm kū-ú.** Je la mets sur le feu pour qu'elle fonde, puis je la décante et je la verse dans une gourde. **ī-njèr̰ sáy ādɨ̄ m-ā̰y.** Verse le thé (en laissant les feuilles) pour que je puisse le boire.

njér̰

N esp. de grenouille. **Njér̰ ì kà̰r̰ā̰ kɨ́ ɨ̀bàl ngáy.** Le "njer" est une grenouille qui saute beaucoup.

njḛ̄ [njḛ̄ḛ̄]

VI être agité, turbulent. **Ngán kɨ́ njḛ̄ gɨ̄ gèr̰-n̄ yá̰ ngáy mā̰n ngán kɨ́ kɔ̀r̰ nàjī àɨ́ gɨ̄.** Les enfants turbulents sont plus intelligents que ceux qui ne parlent pas.

njḛ̄ [njḛ̄ḛ̄] (Syn: ɓàgɨ̀)

VI se vanter. **ī dá ī-njḛ̄ ngáy bà ī-rā yá̰ àlé.** Toi tu te vantes beaucoup mais tu ne fais rien.

VI être turbulent. **Ngōn-í dá njḛ̄ ngáy, à tīndā màdɨ̄-n̄ gɨ̄ kɨ-ndɔ̄ gɨ̄ làkɔ̀l-ɔ́.** Ton enfant est très turbulent, il frappe ses camarades à l'école tous les jours.

njíbī

VT sucer (*on dit aussi* njíw̃). **Ndíl kɨ́ màjàl̀ gɨ̄ njíbī-n̄ kīngā dèē gɨ̄.** Les esprits mauvais sucent les os des gens.

V donner un baiser

(*normalement avec* tà). **Dìyá njíbī tà ngōn-ǹ.** La femme donna un baiser sur la bouche de son bébé.

njīng

VI être solide (*toujours avec* njíng). **m̄-rā bìlō yā-m̄ gī àdī njīng-n̄ njíng.** J'ai réparé mes vélos pour qu'ils soient bien solides.

njíng

ID très (solide): descr. de njīng.

njīyā

N marcher; se promener (*v.* njīrā). **Ngōn-í kɨ́ yày ní njīyā ngáy kèm ɓē-é.** Ton enfant paresseux se promène beaucoup en ville.

njī̄ [njī̄]

VI s'enfoncer, couler dans. **Njà kàmyō̰ njī̄ bòr-ó kɔ̄ɔ́.** Les roues du camion sont enfoncées dans la boue.

njɨ̀-njɨ̀

ID vroum (bruit de camion, voitures, etc.) (*descr. de* ɓar, ndìr). **Mòtóò ndīr njɨ̀-njɨ̀.** La motocyclette résonne vroum.

njɨ̀ɨ̀ɨ̀

ID vroum (bruit de camion, voitures, etc.) (*v.* njɨ̀-njɨ̀).

njíɓā

N chenille poilue. **M-ɔ́dɨ́ njíɓā jī-m̄ tɨ́ àdī jī-m̄ hólō.** J'ai touché une chenille et maintenant j'ai des ampoules sur la main.

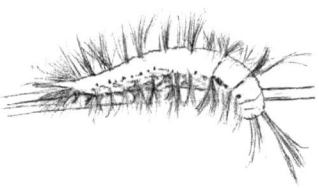

njíɓā

VT déranger, ennuyer. **Kóñg-gī njíɓā-m̄-n̄ ngáy àdī mā̰ m̄-rā kɨ̀là ndágá.** Les mouches me dérangent beaucoup ici, alors je vais travailler dehors.

njīrā (Syn: njīyā)

VI marcher. **ī̄ dá, ī-njīrā ngáy àá!** Toi vraiment, tu marches vite, hein! **ī-njīrā láw ādī j-ùgī kɨ̀ mbàng-á.** Marche rapidement afin que nous puissions arriver à l'heure.

VI se promener. **Dèē à̰ tà ngè njīrā àlé.** On ne peut pas voir la bouche de celui qui est en promenade (Proverbe: on mange en son absence).

VI se déplacer. **Kàmyō̰ òy kɔ̄ɔ́ àdī njīrā àlé.** Le camion est tombé en panne et il ne se déplace pas.

njòṛ

N aubergine. **Njòṛ yā kà-m̄ àtɨ̀ ngáy.** L'aubergine de mon grand-père est très amère.

njòṛ-kɔ̄ṛ

N esp. de plante, "aubergine sauvage", sous abrisseau à feuilles épineuses, petits fruits globuleux [Solanum cerasiferum]. **Kàn̄ njòṛ-kɔ̄ṛ à ìnā-n̄ màn̄-á àdī-n̄ kīnjá gī tām mòy tɨ́.** Le fruit du aubergine sauvage, on le met dans l'eau pour donner aux poulet pour la maladie.

njɔ́ɔ̰̀

N partie antérieure du cou. **ī-lō kùwà njǫ̀ǫ̀ màdī-í nà à òy.** Il ne faut pas saiser ton copain au cou de peur qu'il meurt.

njǫ́njǭ

VT faire mal (douleur). **ì mìnjò kí kànjī kàtī-ngélē ǹ à njǫ́njǭ kèm-ḿ tòō.** Les haricots sans natron me fait mal au ventre.

njǫ̀ý

N forme petite du poisson ngór [Heterotis niloticus]. **Njǫ̀ý nèī̀ tītī ngóī̀ àlé bà ì kānjī kí kógīḿ gī mbàkì.** Le "njoy" n'est pas aussi agréable que le "ngor", mais ils sont les même poissons.

njɔ̀kɨ̀

Av en petites quantités (pour un ensembles d'objets divisibles). **ī-láā kàtī njɔ̀kɨ̀ ī-ɓōkɨ́ jī-ḿ tɨ́.** Prends un peu de sel et verse le moi dans la main.

Av affaibli, avec faiblesse, faiblement. **Màñ yémbī njɔ̀kɨ̀ njɔ̀kɨ̀.** Il pleuvine. **Mɔ̀y rā-ǹ àdī tél tò njɔ̀kɨ̀.** La maladie l'a frappé et il est devenu faible.

njɔ̄kī

VT affaiblir, endommager. **Mɔ̀y njɔ̄kī-ḿ ngáy.** La maladie m'affaibli beaucoup.

njɔ̀ī̀

NIn jabot (d'oiseau). **Yá̰ yā déṛ ì njɔ̀ī̀-ǹ tɨ́.** La chose qui appartient au pigeon est dans son jabot (Proverbe: ce n'est jusque tu l'as dans la main qu'une chose t'appartient).

njɔ̄ṛ

N ligne (champs, le secko, etc.). **M-ɔ́r kūbī ɓōó-làā ì njɔ̄ṛ mí.** J'ai récolté cinq lignes de coton aujourd'hui.

njɔ́ṛ̀

N ligne (*normalement avec les plantes dans le champ*). **à dùbī-ñ kūbī ì kɨ̀ njɔ́ṛ-ɔ́.** On sème le coton en lignes. **ɓōó-làā ḿ-ndɔ̀ī̀ njɔ́ṛ jōó.** Aujourd'hui j'ai labouré deux lignes.

njɔ́ī̄

N click dental qui indique un désaccord, une désapprobation, ou un mépris. **M-ɔ̄r nàjī sè-nèé ɓá-à ùr njɔ́ī̄ tà tɨ́.** Quand j'ai parlé avec lui il a fait un click dental pour montrer son désaccord.

Expr: rā/ùr/ùn njɔ́ī̄ - faire un click.

N click dental pour appeler un chien. **Mā̰ ì bísɨ́ á úr njɔ́ī̄ ā ī-ɓāṛ-m̄-ň à?** Suis-je un chien que tu m'appelles en faisant un click?

njɔ̄ṛ-ɔ́ [njɔ̄rɔ́ɔ́]

N de côté. **Tíndā màktūbī gī dɔ̀ nà̰ā̰ tɨ́ kɨ̀ njɔ̄ṛ-ɔ́.** Il a entassé les livres de côté.

njɔ́r̄yɔ̱

VT embêter. **ī-njɔ́r̄yɔ̱-m̄ àlé.** Ne me embête pas.
VT causer des ennuies, ennuyer. **njɔ́r̄yɔ̱-n̄-ń kɨ sàrìyà-á.** On l'a causé des ennuies au procès.

njɔ̀tɨ̀

AV pointu. **Kújɨ́ bōngō ì kújɨ́ kɨ́ dɔ̀-ǹ tò njɔ̀tɨ̀.** Une case en paille est une case avec le toit pointu.

njɔ̀w

N sauce de viande ou de poisson frais. **Mɨr̄ā à nàr̄ tá̱a̱ njɔ̀w tà ɓē yā-n̄ tɨ́ àlé.** Le grand chasseur ne manque pas chez lui la sauce à viande.
Expr: ɔ̀sɨ̀ njɔ̀w - manger cette sauce.

njúkɨ̀

N joug pour atteler les boeufs. **Súl**

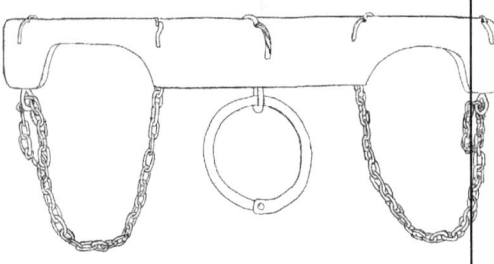

kòrō gòtóō àdī njúkɨ̀ ùwà kɔ́-ǹ àlé.

L'âne n'a pas de bosse et alors
le joug ne reste pas bien sur son cou.

njúmbī

VI amincir à l'extrémité. **Jī-ǹ ń tágī ní njúmbī.** Sa main qui était enflée a amincé.

ò [òò]

VI être profond. **ī-tél gògɨ, bɨlò-màñ ń-tòō ò ngáy.** Recule-toi, ce puits est très profond.
VI être long (chemin, route). **Róbɨ kɨ́ rúgī rɔ̄ ò ngáy mān róbɨ kɨ́ ndà súmū.** La route courbée est plus longue que la route qui est droite.

ò

VT préparer (de la bouillie). **ɔ́y ndùjī ó bɨ́yā̱ tɨ́ ādī ngán-gī à̱ȳ-ñ.** Ramasse de la farine et prépare la bouillie pour que les enfants en mangent.

ō [ōō]

CNJ et ... aussi. **àdī-m̄ ì kìníǹ ō, ɔ̀sɨ̀-m̄ ō.** Il m'a donné des comprimés et il m'a fait une piqûre aussi. **J-à jɨ̀-rā mùr̄ ì kɨ ndùjī ūwá ō ndùjī ngàlì ō ndùjī gɔ̀y-dɔ̀ ō.** On fait la boule avec le mil, le manioc et le maïs.
AV aussi. **ì kà̱r̄ī ō.** Ça va aussi.
CNJ ni ... ni (*le négatif* àɨ́ *doit être aussi présent*). **Dèē à rā kàsɨ̀ kɨ wúr̄ àɨ́ ō wúdùm àɨ́ ō.** On fabrique la boisson ni avec l'arachide ni le pois de terre.

-ó

260

LOC en, dans (locatif qui suit les noms avec la voyelle 'o') (*avec noms dont la dernière voyelle est 'o'*). **ìndā màñ hòr-ó kèm jó kɨ́ bò.** Elle a mis de l'eau sur le feu dans une grande poterie. **LOC** marqueur d'instrumentalité (avec la prép. kɨ̀). **J-à jɨ̀-tèē màñ kɨ̀ tò-ó.** Nous allons traverser le fleuve avec une pirogue.

òō

VT écouter. **ō yā màdī-í à, à òō yā-í ō.** écoute ce que dit ton ami, et il écoutera ce que tu dis. **M-ō kō ngán gī ɲ́ à kógī-ñ nàā̰ ndágá ní.** J'ai écouté le bruit des enfants qui jouaient dehors.

ògō [ɨ̀gō,ògō] (Syn: ìgō)

V rire. **Ngán gī òō-ñ súū yē dɔ̀gɨ̀m ɓá-à ògō ngáy.** Quand les enfants écoutaient le conte du lièvre ils ont beaucoup rit.

òjɨ̀

VT mettre au monde, accoucher. **à̰á̰ā̰, òjɨ̀ ngōn kɨ̀ dìngàm.** Oui, elle a mis au monde un garçon. **òjɨ̀ ngōn-ñ ì Kūmrāá, nḭ̀ kóō ì kɨ̀ òjɨ̀-ñ-ī Sár.** Elle a eu son enfant à Koumra, mais elle-même était née à Sarh.

òjō [ɨ̀jō,òjō] (Syn: ìjō)

VT tresser (le secko). **Mṵ̀ ɲ́-tòō màjɨ̀ ngáy yē kòjō ndògī.** Cette herbe est très bonne pour tresser le secko.

òñg

VI maigrir, être maigre. **Mò̰y njɨ̀bā màdī-ɱ́ ngáy àdī òñg ngáy.** La maladie a dérangé mon ami à tel point qu'il a beaucoup maigri.

òng (Syn: ò̰)

V uriner (*avec obj.* ngédɨ́-màñ). **Ngōn òng ngédɨ́-màñ gìdɨ̀ kó̰ò̰-ñ tɨ́.** L'enfant a uriné sur le dos de sa mère.

òng

VI être fort (piment, etc.). **Kár̰ā̰ òng ngáy.** Le piment est très fort.

òr̰ō

VT mettre ensemble, réunir de. **òr̰ō yír̰ kɨ̀ nɨ́má nà̰ā̰ tɨ́ ndīr.** Il a mis ensemble l'oseille et le gombo pour les préparer.

òsō [òsō,ɨ̀sō] (Syn: ìsō)

V tomber. **Súū òsō tà màñ kógīɱ tɨ́ kɨ́ r̰ī-nè ì "màñ-sōr̰ō".** Sou tomba près d'un marigot qu'on appelle "l'eau de Soro". **Ngōn òsō dò̰ kāgɨ̄-á.** L'enfant est tombé de l'arbre.

Expr: **òsō mò̰y** - tomber malade. **Mōníkɨ̀ òsō mò̰y.** Monique est tombée malade.

òtɨ̀

VI répandre une odeur. **Yá̰ kɨ́rēý òtɨ̀ màjàí làā.** Quelque chose sent mauvais ici.

òtō [òtō, ɨ̀tō] (Syn: ìtō)

VT porter. **ītō ì rí?** Qu'est-ce que tu portes? **Ngō-kó̰-ñ òtō-ñ gìdɨ̀-ñ tɨ́.** Son frère l'a porté sur le dos.

VT transporter. **Kàmyō̰ òtō kūbī àw̰-ñ̰ màsīn kɨ́**

Mūndūú tí. Le camion transporte le coton à l'usine de Moundou.

òy

V mourir. **Ngè-ndò̰ ndà ɓɔ̀l kì búndì-ú njà mìtá bà òy láw àlé.** Le chasseur a tiré sur le lion trois fois mais il n'est pas mort vite.

òý-yō

N remerciements. **Expr: rā [dèē] òý-yō -** donner [qqn] remerciements, remercier [qqn]. **Ré dèē àdī-ī yá̰à̰ à ā ī-rā-ǹ òý-yō tá màjì.** Si quelqu'un te donne quelque chose tu lui donneras remerciements. INJ oui (*beaucoup utilisé pour les gens de Komogo*). **ī-rèē kɔ́ɔ́ à? òý-yō, m̄-rèē kɔ́ɔ́** Tu es déjà arrive? Oui, je suis venu.

òyō (Syn: ìyō) V tendre. **Tàgì-ɓèē m-ōyō gūm kàdī m-úwá-ň déṟ gī bà m-úwá kógīm̄ àĺ ɓátì.** Hier j'ai tendu un piège pour les pigeons mais je n'ai rien attrapé.

ò̰ [ò̰ò̰] (Syn: ṵ̀) VT manger (la boule). **ò̰ mùr̄ kì mbā.** Il mange la boule avec l'étranger. **Jḭ̀-ngóō-ī ngáy àdī j-ò̰-ň mùr̄.** Nous t'avons attendu en vain, et nous avons mangé la boule.

ò̰ [ò̰ò̰] VT gouverner (*toujours avec ɓē*). **Ngāṟ kì kété ò̰ ɓē**

màjì tɔ̀y ngāṟ kì gògì-làā. Le chef d'avant gouvernait mieux que le chef de maintenant.

ò̰ [ò̰ò̰] V brûler. **Hòr ò̰ ndɔ̀r̄ yē ngō-kó̰-m̄.** L'incendie a détruit le champ de mil de mon frère.

-ó̰

PRA dans, en, (*avec noms dont la dernière voyelle est ọ̰*). **ɓōkì wúl̄ mō̰y-ó̰.** Il a versé les pois de terre dans le grenier.

ò̰ō̰ (Syn: ìlà) VT porter [habits]. **Kà-jí kì jóò gī à ò̰ō̰-ň ì ngīṟā.** Nos ancêtres d'auparavant portaient des peaux. VT mettre [un habit]. **ídá ngōn àdī ò̰ō̰ njālā kì ùnjì.** Dis à l'enfant de mettre un pantalon qui est propre.

ɔ̀ [ɔ̀ɔ̀] V crépir. **Bɔ̀bī-m̄ ɔ̀ gìdì kújì tām kàdī màn̄ ùdì-ň àlé.** Mon père crépit l'extérieur de la case pour que la pluie n'y enrtre pas.

-ɔ́

LOC dans, en (*avec les noms dont la dernière voyelle est ɔ*). **ún ngōn ń ā ɓóɓílɔ̄ r̄ɔ̄-ň bɔ̀r-ɔ́ nò.** Prends cet enfant qui s'enroule dans la boue.

ɔ̀ɔ̄

V être mûr (*v. aussi* mbùjì). **Mángò yā-m̄ ɔ̀ɔ̄ kɔ́ɔ́ j-à j-**

ìsà-ī-dɨ́ tā. Mes mangues
sont bien mûres, on peut les
manger maintenant.

ɔ̀bī

VT griller dans une
marmite métallique avec
peu de huile. **ā ɔ̄bī ì gér̥ à?**
Vas-tu griller le tapioca?

ɔ̀dɨ̀

V toucher. **Ngáɳ̀ bàlsáà gī
kɨ́ gèy-ɳ̀ nà̰a̰ ngáy ō ɨ̰̀yà̰-ɳ̀
nà̰a̰ àɨ́ ō, bà ɔ̀dɨ̀-ɳ̀ r̥ɔ̄ nà̰a̰
àlé, ì rí? ì gà̰jɨ̀ dā̰ gī.** Des
jeunes hommes qui s'aiment
beaucoup, ils ne se quittent
jamais, mais ils ne se
touchent jamais, qu'est-ce
que c'est? Ce sont les cornes
(des animaux). **ìdà ngōn-ɳ̀
kàdī ɔ̀dɨ̀ gúsɨ̀ yā-ɳ̀ àlé.** Il a
dit à son fils de ne pas
toucher son argent.
Expr: ɔ̀dɨ̀ tà [dèē] - [qqn]
avoir mangé ou bu qqc.
**ɓōó-làā tòō ɔ̀dɨ̀ tà-m̄ àɨ́
ɓáy.** Aujourd'hui, je n'ai pas
encore bu (litt. cela n'a pas
encore touché ma bouche).
VT accepter (pas); **ɔ̀dɨ̀ àlé**
"refuser". **àdī bàlsá gī àw̄-ɳ̀
nùng-ɳ̀ tɨ́, bà bɔ̀bī-ɳ̀ ɔ̀dɨ̀
àlé.** Et beaucoup de galants
venaient faire des demandes
en mariage, mais son père
refusait. **M-ɔ́dɨ̀ kàw̄ làkɔ́l-ɔ́
àlé.** Je refuse d'aller à
l'école.
V puiser (de l'eau). **ɔ̀dɨ̀ màn̄
gól-ó.** Il a puisé l'eau sans
remplir le récipient.

ɔ̀gī

VT empêcher. **Kɨ̀ndā mbā
róbɨ̀-ó ɔ̀gī mbā kùgī ɓē-é.**
Mettre l'hôte sur la route
l'empêchera d'arriver chez
lui. **M-ɔ̄gī-ɳ̀ kɨ̀ndà ngōn-ɳ̀.**
Je l'ai empêché de frapper
son enfant.
VT refuser [à qqn] [qqc].
**Dàn-ɳ́ dɔ̀gɨm̄ rèē ìdà Súú
kàdī rìsɨ̀ nàng tɨ́ ní à, Súú
mbātɨ́ kɔ̄ɔ́, ɔ̀gī dɔ̀gɨm̄ wúɾ̀.**
Quand le lièvre vint dire à
Sou de descendre à terre,
Sou refusa; il ne voulait pas
donner de pois de terre au
lièvre.

ɔ̀jɨ̀

V montrer. **Ngōn ɔ̀jɨ̀-m̄ lò ɳ́
tàn tḭ̄ tà gúsɨ̀ kùtɨ̀ ní.**
L'enfant m'a montré là où il
a perdu l'argent. **m-ɔ́jɨ̀, ɔ́jɨ̀,
ɔ̀jɨ̀, j-ɔ̀jɨ̀, ɔ́jɨ̀-ī, ɔ̀jɨ̀-ɳ̄** - j'ai
montré, tu as montré, il a
montré, nous avons montré,
vous avez montré, ils ont
montré.
Expr: ɔ̀jɨ̀ r̥ɔ̄-ɳ̀ - se vanter.
**Bɔ̀bī ngōn ɔ̀jɨ̀ r̥ɔ̄-ɳ̀ ngáy kɨ̀
ngōn-ɳ̀.** Le père de l'enfant
se vantait beaucoup de son
fils.
Expr: ɔ̀jɨ̀ nɔ̀ [dèē] -
féliciter. **Dɨ̀yá̰ ɔ̀jɨ̀ nɔ̀ ngé-
ndɔ̀r̄ gī.** La femme félicite
les travailleurs.
V expliquer. **M-ā m-ɔ̀jɨ̀-ī
kùm kɨ̀ tà nàsár-á.** Je vais
t'expliquer en français.

V penser. **ɔ́jɨ́ kór̀ kèm kèē-é ādī-m̄.** Mesure les sésames dans le van pour moi. **M-ɔ́jɨ́ rèē ɓōó-làā àlé bà ì mɔ̀y ǹ rā-m̄.** Je ne pensais pas venir aujourd'hui mais je suis malade.

VT mesurer. **ɔ́jɨ́ kór̀ kèm kèē-é ādī-m̄.** Mesure les sésames dans le van pour moi. **M-ɔ́jɨ́ rèē ɓōó-làā àlé bà ì mɔ̀y ǹ rā-m̄.** Je ne pensais pas venir aujourd'hui mais je suis malade.

ɔ̀jī

VT conseiller. **ɔ́jɨ̀ ngōn-í ādī ìyà̰ hál-ǹ kɔ̄ɔ́.** Conseillez votre fils à changer sa conduite. **m-ɔ̄jɨ̄, ɔ̄jī, ɔ̀jī, j-ɔ̀jɨ̄-ī, ɔ̄jɨ̄-ī, j-ɔ̀jɨ̄-ǹ -** je conseille, tu conseilles, il conseille, nous conseillons, vous conseillez, ils conseillent.

ɔ̀l

VT aiguiser, affûter. **M-ɔ́l tà kìyā kɨ̀ mbàɨ̄-á kàdī íjá-ň dà̰.** J'aiguise le couteau avec une pierre pour que je puisse couper la viande (avec).

Expr: jī [dèē] ɔ̀l - [qqn] être rapide. **Jī-í ɔ̀l àlé à ā rā kɨ̀là láw àlé.** Si tu n'es pas rapide tu ne vas pas travailler vite.

ɔ̀l

VI être agile, rapide. **Ngékɨ̀ndà-báɨ̀ gɨ̄ ɔ̀l-ñ ngáy.** Les joueurs de football sont très vite.

ɔ̀r̄

VI être de couleur brun clair, avoir le teint clair. **Bāyā gɨ̄ ɔ̀r̄-ñ séy, ndùl-ñ tītī Sàr̰̄ gɨ̄ àlé.** Les Gbaya sont un peu clairs, pas si noirs comme les Sars.

ɔ̀r̄

VI être au début de maturation (certains fruits). **Mángò ɔ̀r̄ àɨ́ ɓáy, ī-lō tín̄ā-ī.** La mangue n'est pas encore mûre, ne lancez pas (les cailloux).

ɔ̀r̄

VT essuyer. **ɔ̄l dɔ̀ tábɨ̀l ādī-m̄.** Essuie la surface de la table pour moi.

ɔ̄n-kɨ̄r̰ā

N bouton sur le visage, acné. **Kɔ̄n-kɨ̄r̰ā ì mɔ̀y yē màndɨ̀ gɨ̄ kɨ̀ bàsá gɨ̄.** L'acné est une maladie des jeunes filles et jeunes hommes.

ɔ̀r

V tirer. **M-ɔ́r kɨ̀lā bòlò.** Je tire la corde dans le puits.

Expr: ɔ̀r gòng - clôturer.

Expr: ɔ̀r kùm [dèē] - étonner [qqn]. **Kújɨ́ yē-í ɔ̀r kùm-m̄ ngáy!** Ta maison m'étonne!

VT traîner. **M-ɔ́r kɔ̄n nàng wà tɨ́ mbóng m-ūgɨ̄-ň ɓē-é.**

J'ai traîné l'épine sur la terre en brousse jusqu'arriver (avec) à la maison.

ɔ̀ɽ

VI être fatigué. **m̄-rā kɨ̀là ngáy àdī m̄-tò m-ɔ́ɽ̀.** J'ai beaucoup travaillé et maintenant je suis fatigué.

ɔ̀r̄

VT enlever, faire sortir. **M-ɔ̄r kèm bɨ̄r-í, m̄-ɓōkɨ́ kùm màñ tɨ́.** Je la fais sortir du mortier, et je la mets dans l'eau. **Ngōn ɔ̀r̄ tà gàɨ́ .** L'enfant a enlevé la capsule de la bouteille.

Expr: ɔ̀r̄ ɨ̀ nàjī - bavarder, parler. **J-ɔ̀r̄ ɨ̀ nàjī ngè-nàạ̄ yā-jí.** Nous avons parlé d'affaires familiales.

Expr: ɔ̀r̄ ndɔ̀ [dèē] - faire des blessures sur la langue de [qqn]. **Ré ā ísá ɓɔ̄́ɨ ngáy à ɔ̀r̄ ndɔ̀-í.** Si tu manges beaucoup du fruit de cet arbre, ça va te blesser la langue.

Expr: ɔ̀r̄ dɔ̀ [yá̰] - prendre un peu de [qqc]. **Ré ndɔ̀r kō à ā ɔ̄r dɔ̀-n̄ séy kàdī àdī ngāɽ̀.** Si tu cultives du mil tu vas prendre un peu pour donner au chef.

Expr: ɔ̀r̄ kùm - être étonnant, incroyable. **ɨngà gúsɨ̀ kɨ̀ ɔ̀r̄ kùm ngáy.** Il a trouvé une quantité étonnante d'argent.

Expr: ɔ̀r̄ kùm [nàjī] - traduire [une parole]. **Nàjī**

ní ɨ̀ kɨ̀ tà nàsárà àdī ɔ̄r kùm-n̄ ādī m-ō. La parole est en français, donc traduis-la pour que j'écoute.

Expr: ɔ̀r̄ kùm [dèē] - faire distinction. **Métɨ̀r ɔ̀r̄ kùm dèē àlé.** Le maître ne fait pas distinctions (entre les élèves).

Expr: ɔ̀r̄ nɔ̀ [dèē] - guider [qqn]. **M-ɔ̄r nɔ̀ mbā gɨ̄ m-āw sè-dɨ́ súkɨ̄-ú.** Je guide les étrangers et je les amène au marché.

Expr: ɔ̀r̄ ɓól - produire des épis (une plante). **Gɔ̀y-dɔ̀ kɨ́ ndɔ̀r kɨ̀ kàtī-á ɔ̀r̄ ɓól kɨ́ bò ngáy.** Le maïs planté avec l'engrais produit des très gros épis.

Expr: (jɨ̄/njà) [dèē] ɔ̀r̄ lámbā - [qqn] avoir des ampoules sur (les mains/pieds/etc.). **m̄-ndēr bòlò máɽày àdī jɨ̄-m̄ ɔ̀r̄ lámbā.** Je creusais un trou à telle point que j'ai des ampoules sur la main.

Expr: ɔ̀r̄ tà mà̰ý - bégayer. **Ngōn kɨ́ à ɨ̀sà kà ngáy à ɔ̀r̄ tà mà̰ý.** Un enfant qui mange beaucoup d'oeufs va bégayer.

Expr: ɔ̀r̄ gír dɔ̀ [dèē] - tracer les ligner dans les cheveux de [qqn] (pour les tresser).

VT faire tomber, verser. **M-āw ɨ̀ kɨ̄ kòtō mātī kɨ́ nélɔ̀r̄ nàng tɨ́.** Je suis allé pour ramasser le néré que le vent a fait tomber par terre.

V conter (une histoire). **ɔ̄r̄ súū.** Il a conté une histoire.

VI être chauve (suj. est dɔ̀ [dèē] "la tête de [qqn]". **Dɔ̀ bɔ̀bī-m̄ ɔ̄r̄.** Mon père est chauve.

ɔ̀sì

V piquer. **Kɔ̄n ɔ̀sì njà-m̄ ndɔ̀r̄-ɔ́.** Une épine m'a piqué au pied dans le champ.

Expr: ɔ̀sì [dèē] róbo - mettre [qqn] en route. **M-ɔ́s-ī róbí-ó.** Je te mets en route

Expr: ɔ̀sì kùm kì [dèē] - taquiner [qqn]. **Mā̰ ì màdī-í á ɔ́sì kùm sè-m̄ à?** Moi suis-je ton ami pour que tu me taquines?

VT se coincer, taper. **M-ɔ́sì dɔ̀-m̄ kàdì bɔ̀r tí.** Je me suis coincé la tête contre le mur.

VI être fort (le soleil). **Kàdàá ní mbàng ɔ̀sì ngáy àdī m-ā m-āw lò tí àlé.** A midi, comme le soleil tape dur, je ne suis pas sorti.

VT demander, (paiement d'une dette), réclamer. **M-ādī-n̄ gúsì ɓú-jōó, bà m-ɔ́sì-n̄ kīrā sétí.** Je lui ai prêté 1000 CFA, mais je l'ai lui réclamé en vain.

VT préparer (les boulettes). **M-āw ndōgō kānjī wúdí tí kàdī m-ɔ́sì-ň kàndà.** Je vais acheter de poisson "wude" pour préparer les boulettes.

VT accuser (qqn de faire qqc). **Màdī-ɓē-m̄ ɔ̀sì-m̄ ɓògì kīnjá yē-ǹ.** Mon voisin m'a accusé de voler son poulet.

VT faire (une danse). **ɔ̀sì-ň ndām àw̄-ň tà ngāɽ tí kàdī ìndā gúsì nɔ̀-ň tí.** Il a fait la danse en se dirigeant vers le chef pour qu'il lui donne de l'argent.

VT déterrer (arachides, pois de terre). **ɔ́sì wúl yē-í àl ɓáy à?** N'as-tu pas déterré tes pois de terre?

VT rassembler, pousser ensemble. **ɔ́sì hòr gír wúl tí àdī ndīr.** Rassemble le feu sous les pois de terre pour qu'ils cuisse.

VT ouvrir (parapluie). **ɔ́sì dàlálà dɔ̀-í tí nà mbàng ɔ̀sì ngáy.** Ouvre l'ombrelle sur toi car le soleil est bien fort.

VT allumer (torche). **Lò rìsì tìl ngáy kújí-ú àdī ɔ́sì tɔ́rsì ādī j-à̰-ň lò.** Il est très sombre dans la maison, alors allume la torche pour que nous voyions.

ɔ̀sī

VT arranger. **ɔ̀sī màktūbī dɔ̀ nà̰ā̰ tí.** Il arrange les livres l'un sur autre.

VT contracter (le corps). **ɔ̄sī rɔ̄-í nà̰ā̰ tí bà ún yá̰ nò.** Contracte-toi (avec force) et prends cette chose.

ɔ̀tì

V partir, quitter. **ī-tèē kī ndágá làā ādī m-ɔ́tì m-āw**

ndɔ̄r̄-ɔ́. Sors de là que j'aille au champ. ɔ́tì āw bà ī-téĺ láw. Pars, mais reviens vite.

ɔtī

V arriver. **Kṵ́-m̄ ɔtī tàgí-ɓèē.** Ma mère est arrivée hier.

ɔ̄w

VT chauffer la base d'un arbre. **M-ɔ̄w kāgī kàdī m̄-íyá̰ lò kàdī kō yā-m̄ tɔ̀gì-ň.** Je brûle la base de l'arbre pour laisser de place pour que mon mil se développe.

ɔy

VT ramasser. **ɔy wúl̄-dùm ɓōkí kèm ngɔ̀ng-ɔ́.** Il a ramassé les arachides et les a versées dans le sac. **V** balayer. **M-ādī-n̄ gúsì kùtì-jōó kàdī ɔy-ň kèm-ndògī yā-m̄.** Je lui ai donné 25 CFA pour qu'elle balaie ma concession.

ɔ̄ȳ

V être lourd. **Kāgī ń-tòō ɔ̄ȳ ngá̰y, ngōn kí dūú àsì kòtō àlé.** Ce bois est trop lourd, un petit enfant ne peut pas le porter. **VT** être trop lourd pour. **Kāgī ń-tòō dá ɔ̄ȳ-m̄ ngá̰y.** Ce bois est trop lourd pour moi.

pā [pāā]

N chanson, chant. **Pā ń m-ō ɓōó-làā ràdyō tí nèl̄-m̄ ngá̰y.** Cette chanson que je

viens d'écouter sur la radio me plaît beaucoup.

pá-tā

AV d'abord. **m̄-gèy kàā ndò̰ pá-tā m̄-téĺ.** Je vais aller à la pêche d'abord avant de revenir.

pàjā

N serviteur du chef. **Ngā̰r̀ ìlà pàjā gō-dí tí yā rā sàrìyà tā.** Le chef envoya un serviteur les chercher afin de faire le jugement.

pàl

NIN un grand (de certains animaux). **pàl màdì, pàl hḭ̀r** un grand cynocéphale, un grand cobra

pàlī [pàlī, pàlíi]

N le paludisme (v. mò̰y-gà̰jì). **Pàlī tɔ̄l ngán kí dūú gī ngá̰y Sádì tí.** Le paludisme tue beaucoup d'enfants au Tchad.

pàngàsóò (Arabe)

N beignet. **Ngán gī gèy-n̄ pàngàsóò mān mápà.** Les enfants aiment les beignets plus que le pain.

pàpáỳ

N papaye (on dit aussi pàypáỳ). **Dèē kírēý gī à ìsà-n̄ pàpáỳ à à tōm-n̄.** Certaines personnes, s'ils mangent la papaye ils vomissent.

pàpḭ̀rà

VT bousculer qqn (pour prendre qqc). **Pàpḭ̀rà-m̄ dɔ̀ gúsì yā-m̄ tí.** Il m'a bousculé pour prendre mon argent.

VT essayer de faire qqc sans bien savoir, tâtonner. **M-gèɼ kòjō ndògī àĺ bà m̄-pàpɨɽà ì mbéē.** Je ne sais pas tresser le secko mais je l'essaye seulement.

pàr (Français)
Prp grâce. **M-ɨngé yá̰ ì pàr-í.** Je suis devenu riche grâce à toi.

pàɼ
VT tenter d'obtenir (sans contrepartie) (. **M-āw m̄-pàɼ máng m-á̰ tá m̄-tél̀.** Je vais voir si je peux obtenir du tabac (sans payer) avant de revenir. **Bísɨ pàɼ ngán gī dɔ̀ mùɼ tí.** Le chien a essayé de prendre la boule aux enfants.

pár-pàr
N rideau en brindille ou bambou. **Pár-pàr ɔ̀gī yíɼ kùdɨ kújí-ú àlé.** Le rideau en brindille n'empêche pas les moustiques d'entrer dans la maison.

pārā
VI être plat (*on dit aussi* pār). **Dɔ̀-í pārā pìii.** Tu as la tête plate.
VI être abattu. **Nél ìlà ngáy àdī kújí yā-m̀ pārā kɔ̄ɔ́.** Le vent a beaucoup soufflé et ma maison est abattue.

párdà (Arabe)
N pagne. **Dɨ̀yá̰ nàsáɼ gī gèɼ-n̄ dɔ̀ɔ̄ párdà àlé.** Les femmes européennes ne savent pas attacher les pagnes.

párkɨ̀
N parc auto. **Kàmyɔ̄ kɨ́ kàw̃ Njàménà tɨ́ gī ndà-n̄ párkɨ̀ tɨ́ nɔ̀ɔ́.** Les camions qui vont à N'djaména restent dans le parc auto.

páàs (Sango)
N souffrance. **ā ī-rā kɨ̀là àlé à ā ō páàs.** Si tu ne travailles pas tu vas voir la souffrance.

pásɨ̀
N sorte de hache moderne. **Dèē gī à tɨ́gā-n̄ kīngō màng ì kɨ̀ pásɨ̀-á.** Les gens coupent les os du boeuf avec une hache moderne.

pétɨ̀ (Français)
N fête. **Ndɔ̄ pétɨ̀ Ràmàdáǹ tɨ́ à dùm gī à tɔ̄l-n̄ bàtī màlàng.** Le jour de la fête de Ramadan tous les musulmans tuent un mouton.

pètról̀
N pétrole; essence. **áywāá, pée péetròl̀ , kɔ́ dɨ̀yá̰ à ndōgō ngōn màndɨ̀ à ùn bɔ́ɔ̀, yìbī lámbā yìbī lámbā.** Oui, pee-pétrole, une femme l'achète, une fille le prend en bon, le huile de la lampe, le huile de la lampe (chanson des vendeurs de pétrole).

pìii
Id très (plat: descr. de pārā). **Tà jɔ̄kɔ̄ àl-ngáw̃ yā-ǹ pārā pìii.** Le bord de son chapeau tressé est très plat.

pír (Sango)

AV vêtement de deuil.
Kūbī kɨ́ ndùl ń à ọ̄ọ̄ nọ̀ọ́ ì pír yò ngà-ǹ. L'habit noir qu'elle porte là est le vêtement de deuil pour son mari.

Expr: ɔ̄r pír - finir de porter le vêtement de deuil.

pír (Français)

N chose pure, authentique.
ɔ̄r ì pír tà Sàr̄. Il parle le vrai Sar.

pɨ̀nîî [pɨ̀nī, pɨ̀nîî]

N pneu, la roue. **Dèē kɨ́rēý gī à ìnā-ñ pɨ̀nîî tà bòlò-màñ tɨ́.** Certaines personnes mettent des pneus devant les puits.

pōl-pól

VI être vide. **Lò-sɔ̀l̄-í súkī kɨ́ bò pōl-pól.** Le soir le grand marché est complètement vide (de gens).

pōmbē (Français)

VT pulvériser. **ī-pōmbē kūbī yā-í àlé à kùr̄ gī à ìsà-ñ màlàng.** Si tu ne pulvérises ton coton alors les insectes vont tous manger.

V pomper. **Kòō tēē njà bɨ̀lō yā-ḿ tɨ́ àdī m̄-pōmbē tá m-āw gō-í tɨ́.** L'air est sorti de la roue de mon vélo et donc je la pompe avant de te suivre.

pópóò

N esp. d'oiseau, Bagadais casqué (*ou bien* yèl̄-kɔ̀dī).

Dèē ìsà pópóò àlé, ísà à dɔ̀-í à tōr-ɨ̄. On ne mange pas l'oiseau "popo", si tu le manges ta tête va te faire mal.

pòr̄īpò

N chose sans valeur. **ì pòr̄īpò dèē, ī-lō kòō nàjī kɨ́ tà-ǹ tɨ́.** Il est une personne sans valeur, il ne faut écouter les paroles (qui sortent) de sa bouche. **ī-lō kɔ̀r̄ nàjī kɨ́ pòr̄īpò ɓē ngār̄ tɨ́.** Il ne faut pas dire des bêtises chez le chef.

pósɨ̀ (Français)

N poche. **Gír pósɨ̀ ì kɨ́ wōy.** Ma poche est vide.

pòtɨ̀pótɨ̀ (Sango)

N boue. **Pòtɨ̀pótɨ̀ ì ngáy róbɨ́-ó.** Il y a beaucoup de boue sur la route.

pɔ̀ndɔ̀ (Sango)

N plantain, banane plantain. **Pɔ̀ndɔ̀ ì bànáǹ kɨ́ à ndīr-ñ pá-tā à ìsà-ñ ɓáy.** Le plantain est une banane qu'on cuit avant de manger.

Pɔ̀rlàmí

NP Fort Lamy (l'ancien nom de N'djaména).

pùu

ID vite; avec force (monter, pousser, etc: descr. de ɨ̀). **ì ngōn kɨ́ m-ójɨ̀-ǹ ì kī tàgɨ́-ɓèē ɓáy ǹ ɨ̀ pùu pùu nọ̀ọ́.** L'enfant que j'ai engendré tout juste hier a grandi trop vite comme ça (un père parlant de son enfant).

pùu

AV ample (vêtement). **ọ̄ọ̄ kūbī kɨ́ tò pùu bèē.** Il porte un vêtement très ample.

pūkɨ̄

VN mendier (*inf. de* ōkɨ̄). **m-ɨ́ngá gúsɨ-nā̱ yā-m̄ àɨ́ àdī m-āw pūkɨ̄-ú.** Je n'ai pas trouvé mon salaire, je vais mendier. **Ngè pūkɨ̄ kɨ̀ ngè-yày ì dèē kɨ́ kógɨ́m̄ gɨ̄.** Un mendiant et un paresseux sont les même personnes.

pùkɨ-pùkɨ

ID en montant (liquide qui bouillit): descr. de húl. **Sáỳ kàsɨ̀ ɨ̀ pùkɨ-pùkɨ àw̄ nàńg.** La mousse de la bière est monté en quantité est elle s'est versée.

púkɨ́tū

VT remuer. **ɨ̄-púkɨ́tū gír kàsɨ̀ ādī-m̄ tɨ́.** Remue la boisson pour moi, s'il te plaît.

pùm-pùm

ID bien (gonflé: descr. de tíī, tágɨ̄). **Ngé kà̱ỳ yérgè gɨ̄ mbèȓ-dɨ́ tágɨ̄ pùm-pùm.** Les buveur de "yerge" ont les joues bien gonflées.

pùs-púsɨ (Français)

N pousse-pousse, voiture à bras. **M-ún sákɨ̄ kō kèm pùs-púsɨ tɨ́ m-āw-ň súkɨ̄-ú.** J'ai pris le sac de céréale dans le pousse-pousse et je l'ai apporté au marché.

púsɨ

N pousse-pousse. **Njàménà-á dèē gɨ̄ à gātɨ̄-ñ mà̱ñ ì kɨ̀ púsɨ-ú.** À N'djaména les gens vendent l'eau avec les pousse-pousses.

púsɨ-mà̄ŋ

N charrette. **Bɨ̀ɾà-kɔ̀sɨ kɨ́ ngà yá̱ gɨ̄ à ndōgō-ñ púsɨ-mà̄ŋ.** Les grands cultivateurs riches achètent des charrettes.

pùtɨ-pùtɨ

ID un peu (blanc, rouge, noir) (descr. de ndà, kɨɾē, ndùl). **Mbà kɨ́ kùr sáỳ kūtɨ́ ndà pùtɨ-pùtɨ.** Le lait qu'on a versé du thé est blanchâtre.

pùtɨrù

AV épais (liquide). **Tá̱ tò pùtɨrù.** La sauce est épaisse. AV lourdement. **Njɨ̄rā pùtɨrù pùtɨrù.** Il marche lourdement.

rà [rà]

VI être, rester (debout). **Dɔ̀gɨ̄m̄ ɨdà Súū: "Ngɔ̀ng ì jɨ̄-í tɨ́ ní, ɨ̄-rà làā."** Le lièvre dit à Sou: "Puisque tu as le sac en main, reste-là." **Kāgɨ̄ ń rà kàdɨ̀ kújɨ́ yā-m̄ tɨ́ àā kɨ̀ mbī ngá̱y.** L'arbre qui est à côté de cette maison a beaucoup de feuilles.

rā [rāā]

VT faire, construire, fabriquer. **ā ɨ̄-rā-ň ì rí?**

270

Qu'est-ce que tu en fais? **āw ní ī-rā ì rí?** Tu es parti quoi faire? **m̄-gèɍ̄ rā yá̰ gī ngáy, bà m̄-gèɍ̄ kòjō ndògī àlé.** Je sais faire beaucoup de choses, mais ne sais pas tresser le secko.

Expr: rā kɨ̀ [dèē] - aider [qqn]. **Kàdī ī-rā sè-m̄ ādī m̄-rā-ń kɨ̀là yā-m̄ làā.** Que tu m'aides à faire quelque chose (litt. mon travail).

Expr: rā kɨ̀là - travailler. **M-ɔ̄r kòō ndɔ̄-m̄ jōó séy, m-ā m̄-rā kɨ̀là ɓáy.** Je vais prendre deux jours de repos, puis je me remettrai au travail.

Expr: rā ɍ̄ɔ̄-nèɍ̄ - être content; célébrer. **ngōn kɨ́ rā ɍ̄ɔ̄-nèɍ̄ bɔ̀bī-ǹ kɨ́ tél mbā tɨ́** - un enfant content du retour de voyage de son père.

Expr: (yá̰à̰) rā [dèē] - [qqc] passer à [qqn], arriver à [qqn]. **Tá ɓètī rèē ìngè-ǹ, dɨ̀jè-ǹ: "ì rí ǹ rā-ī á ā ī-nṵ̄ bèē?"** Alors un singe qui passait par là la trouva et lui demanda: "Qu'est-ce qui t'arrive que tu pleures ainsi?"

Expr: rā gír [yá̰à̰] - remuer [qqc]. **Dɨ̀yá̰ rā gír tá̰à̰ kàdī kàtī ùdɨ̀ kūtɨ̀.** La femme remue la sauce pour que le sel dissolve.

Expr: à [rā yá̰à̰] - chercher à [faire qqc].

Expr: rā rɔ̄-ǹ - développer. **Bēɍ̄-ngàm̄ ì gɔ̀jɨ̀ kɨ́ rā rɔ̄-ǹ láw ngáy.** Le "berngam" est un sorgho qui développe très vite.

Expr: [yá̰à̰] rā yá̰ - [qqc] arriver, se passer. **ɓáā, ì rí ǹ rā yá̰ tā?** Hélas, qu'est-ce qui arrive maintenant?

VT réparer. **Ngè-kùn-kàmyō̰ nì-n̄ kɨ̀ bàtàkúmbá ndì à rā-n̄ kàmyō̰ kɨ́ òy.** Le chauffeur et l'apprenti-chauffeur sont en train de réparer le camion qui est en panne.

VT attaquer, déranger (une maladie). **Kùm-tūr rā-ī à ā ī-rā lápíyà màd-í àlé.** Si la conjonctivite t'attaque alors tu ne salues pas ton ami.

Expr: ɓō/kɨ̀ndā rā [dèē] - [qqn] avoir faim/soif. **ɓō rā-dɨ̀ ngáy.** Ils avaient faim.

Expr: kɔ̀ɍ̄ rā [dèē] - [qqn] être fatigué. **Kɔ̀ɍ̄ rā-m̄ ngáy, m̄-tò nàng tɨ́ séy.** Je suis très fatigué, je m'étends un peu.

VT être (occupation). **M-ā m̄-rā ɓùlò yā dèē àlé.** Je ne vais pas être un esclave de quelqu'un.

VT ça fait (utilisé pur traduire "pendant" ou "il y a". **m̄-rèē Njàménà m̄-rā nā̰ kógɨ̄m̄ kɔ̄ɔ́.** Je suis venu à N'djaména il y a un mois.

rá [rá]

INT où. **Dṵ̀-ī ì rá?** Où as-tu été mordu? **āw ì kī rá?** Vers où vas-tu?

ràaa

ID sans bouger (rester: descr. de sùm̄, rà, tò, ndì). **ì rí ǹ rā-ī á ī-ndì ràaa bèē?**

Qu'est-ce que t'arrive pour que tu restes sans bouger comme ça?

ràdyóò (Français)

N radio. **Ràdyō "lò-tī kɔ́ɔ́" ì ràdyō kí à ndóɼ dèē gī.** La radio "Lotiko" (radio de Sarh) est la radio qui réveille les gens.

Expr: tɔ̄l ràdyóò - éteindre la radio. **ī-tɔ̄l ràdyóò nà ɓāɼ ngáy.** éteigne la radio, le volume est trop fort.

Expr: ìndā ràdyóò - allumer la radio. **īndā ràdyō ādī m̄-ō-ň nàjī.** Allume la radio pour que j'écoute les nouvelles.

ṟàgɨ̀

N sorte de natte. **Dɨ̀yá̰ nàjɨ̀ kō kèm ṟàgɨ-á.** La femme a versé le mil sur la natte.

ṟàgɨ̀jà

AV sans force. **Mòy tél ndì ṟàgɨ̀jà.** Le malade est resté sans force.

ràjɨ̀

VT aider, rendre service. **Gúrsɨ̀ yā-m̄ àsɨ̀ àlé bà ī-ràjɨ̀-m̄ kī nò̰-í tí.** Mon argent ne suffit pas, aide-moi s'il t plaît (en me faisant un rabais).

N aide. **ādī ígà kèm-í dò̰ ràjɨ̀ yā-ǹ tí.** Souviens-toi de son aide (qu'il t'a donné).

rájɨ́-rájɨ́

ID complètement (écraser: descr. de ṟéjī, ìdī). **ɔ́sɨ́ ndíī àdī ìdī rájɨ́-rájɨ́.** Pile le condiment "ndii" pour qu'il soit complètement écrasé.

ṟákī

VI être rugueux, avoir des aspérités. **Gìdɨ̀ màṟ ṟákī.** Le dos du crocodile est rugueux.

VI être zigzagué. **Mbètī sòngò̰y ṟákī jùjùjù.** Les barbes du sagaie sont très zigzaguées.

ṟákī

VT attacher. **M-ā m̄-sā kɨ̀lā kàdī m̄-ṟákī-ň gāṟ kújɨ̀.** Je vais chercher de la corde pour attacher le toit avec.

VT arranger (en attachant). **M-ṟákī tīṟá yā-m̄.** J'arrange mon lit (en le réparant avec la corde).

Ràmàdáǹ

N Ramadan, mois de jeûne des musulmans. **Kùm-mbàng Ràmàdáǹ tɨ́ dùm gī ìsà-ň yá̰ kàdɨ̀-á àlé.** Pendant la période de Ramadan les musulmans ne mangent pas pendant la journée.

ràng

VI être différent. **āw ràng** Va ailleurs.

ṟàng

N lit fabriqué avec des gros bois. **ṟàng ì tīṟá kí dèē gī à ndàɼ-ñ-nèé ndágá.** Le lit en bois est un lit que les gens utilisent pour se reposer dehors.

ràtàtà-ràtàtà

ID "pan-pan", bruit de qqc. qui éclate (descr. de ndɔ́bī). **Kúl kɨ̄yā̰ ndɔ́bī ràtàtà-ràtàtà.** Le charbon de l'arbre de karité éclate "pan-pan".

ràw̄

V présenter, faire connaître. **M-āw ràw̄ ndò-ó.** Je vais conduire les initiés pour les présenter (dans les villages). **VI** se faire connaître. **Ndò gī àw̄-n̄ ràw̄-á.** Les nouveaux initiés vont se faire connaître.
VT annoncer la vente de. **Ràw̄ mànḡ yē-ǹ.** Il annonce qu'il met son boeuf en vente.

r̰āy

N prostitution, vagabondage sexuel. **Dìyá kɨ́ à rā r̰āy à ngōm ngōn àlé.** La femme qui fait le vagabondage sexuel n'élève pas un enfant.
V faire la prostitution. **jóò Sàr̰̄-á dèē r̰āy àlé** Avant les gens ne faisaient pas la prostitution à Sarh.

ràạ

ID forte, beaucoup (sentir): descr. de òtɨ. **Gɨ́r gɨ̄jā òtɨ̀ ràạ.** Le derrière de la civette sent très fort.

ré   [ré]

CNJ quand. **Ré m̄-ndò̰ kānjī pá-tā, m-āw ɓáy.** Quand j'aurai pêché à nouveau, je repartirai. **Ré m̄-tɨgā yá̰-ndóō yā-m̄ ní m-ā m̄-sā kɨlà Njàménà tɨ́.** Quand je finis mes études, je vais chercher le travail a N'Djaména.
CNJ si. **Ré ī-tógó jī-í àĺ ànī ā íngá mò̰y.** Si tu ne

laves pas les mains tu vas devenir malade.

rèē

V venir. **Bà ī-rèē ì bà̰ý?** Mais pourquoi viens-tu? **Ngán làkɔ́l̀ gī rèē-n̄ kɔ́ɔ́.** Les enfants de l'école sont déjà arrivés. **Kṵ-m̄ rèē tàgɨ-ɓèē.** Ma mère est arrivée hier.
Expr: rèē kɨ̀ [yá̰à̰] - apporter [qqc]. **Tāmjīm̄, lò rìsɨ tìl ngá̰y, ī-rèē kɨ̀ lámbá.** Tamjim, il fait une nuit noire, apporte une lampe.
VN arrivée. **tà rèē-m̄, tà rèē-í, tà rèē-ǹ, tà rèē-jí, tà rèē-sí, tà rèē-dɨ́** - sur mon arrivée, sur ton arrivée, sur son arrivée, sur notre arrivée, sur votre arrivée, sur leur arrivée.

r̰èjɨ̀

AV être aplati, écrasé. **Kɔ́n-ǹ là r̰èjɨ̀.** Son nez est large et écrasé.

r̰éjī

VT écraser. **Púsɨ r̰éjī njà-ǹ rájɨ́-rájɨ́.** La charrette lui a broyé complètement le pied.
VI s'écraser; être écrasé. **Ré mbàr̄òsō dò̰ jī-í tɨ́ à jī-í à r̰éjī.** Si une pierre tombe sur ton doigt alors ton doigt sera écrasé.

r̰ēŋ́g

VI être mince ou petit au milieu. **Ngànjɨ̀-ǹ bò ngá̰y bà ɓōdī-ǹ r̰ēŋ́g.** Sa poitrine est très grande mais sa hanche est petite.

ɍéŋg

N filet. ɍéŋg gɨ̄ yā-ɨ́ɲ kídɨ̄-n̄ ngá̰y àsɨ kùwà kèsèng àlé. Mon filet est trop petit pour prendre les capitaines.

ɍēngrē

VI être mince, devenir mince. Dèē-kɨ́-dɨ̰yá̰ kɨ́ ɍēngrē màdɨ àlé. Une femme mince n'est pas jolie.

ɍēngrē   [ɍḛ̄ŋrē, ɍḛ̄ŋgɨ̄rē]

N autel en bois. Ngé-kɔ̀jɨ̀-nàjɨ̄-Álà gɨ̄ à ndà-n̄ ì dɔ̀ ɍēngrē tɨ́ nà ɔ̀jɨ̀-n̄-nèé nàjɨ̄. Les pasteurs chrétiens restent sur l'autel pour prêcher la parole (de Dieu).

ɍètɨ̄

VT faire (certains rites). à ɍètɨ̄-n̄ ɓèsɨ̄ dɔ̀ ngōn kɨ́ kɔ̯ɍ rā-n̄ tɨ́. Ils font le rite "besi" pour (guérir) l'enfant fou.
VT faire (l'huile pour les rites).

ɍétɨ̄

VI s'enlever (la peau). Màñ kɨ́ tɨ̀ngā tɔ̄ jɨ̄-n̄ tɨ àdɨ̄ jɨ̄-n̄ ɍétɨ̄. L'eau chaude l'a brûlé et (la peau de) sa main s'est enlevée.
VT enlever (les plumes), déplumer. īndā màñ hòr-ó ādɨ̄-ɨ́ɲ ɍétɨ̄-n̄ ɓɨ̰̄ ndābɨ́. Mets de l'eau sur le feu pour que je déplume le canard avec.

rḛ̀ý

N bile. Ré gḛ̀ɍ tɔ́ɍ kɨ̄njá àlé àdɨ̄ rḛ̀ý-n̄ tɔ̄ kūtɨ́ ɓá-à dā̰-n̄ à àtɨ̄. Si tu ne connais pas dépecer le poulet de sorte

que sa bile coule dehors alors sa chaire sera amère.

ɍḛ̄y

N esp. de plante [Tephrosia bracteolata]. ɍḛ̄y ì mṵ kɨ́ nèɍ ɓɨ̄yā̰ gɨ̄ ngá̰y bà kɨ́ ndān ngōn ìsà à à ɔ̀ɍ ngōn. Le "reyn" est une plante que les chèvres aiment beaucoup mais si une (chèvre) enceinte la mange alors elle va avorter.

rì   [rìì]

VI avoir le ventre gonflé. m̄-rì ngá̰y bà m-ísà-ň ì mbéè. J'ai (le ventre) gonflé, mais je mange quand même.
VT faire gonfler le ventre de. Mɨ̀njò rì-m̄ = Mɨ̀njò rì kèm-ɨ́ɲ. Les haricots m'ont fait gonfler le ventre.

ɍī   [ɍīī]

NIN nom. ɍī-í nà ì ná̰ā̰? ɍī-ɨ́ɲ nà ì Kònstá̰à̰. Comment tu t'appelles? Je m'appelle Constant.

rí   [rí]

INT que, quoi. ītō ì rí? Qu'est-ce que tu portes? Ngō-kó̰-í à rā ì rí ǹ ìngà-ň gúsɨ àsɨ bèè. C'est quoi que ton frère a fait pour trouver autant d'argent?
INT quel, quelle. ī-rèē Njàméná ì ɓāl rí tɨ́. Tu es arrivé à N'Djaména en quelle année?

ɍìì

V écraser. ī-ɍìì túɍ ń à rèē nò̰ó̰ nà dò̰ō̰ ngōn. Écrase la fourmi qui vient ici de peur

qu'elle morde l'enfant.
VT piler en tournant. **M-r̲ı̀ı̄ gòórò kèm bìr-í kàdı̄ yìnı̄-n̄ tèē.** Je pile le "melon d'eau" dans le mortier pour que sa huile sorte.
VT opprimer; faire pression sur. **ı̄-r̲ı̀ı̄ nò̲ ngōn ń tágı̄ nò̲ó̲.** Fais pression sur le front enflé de cet enfant.

rı̄gı̄
N s'éclaircir, perdre les matières en suspension (un liquide). **Màñ yē-í kùsúr̲ū ngáy, ı̄ndā àdı̄ rı̄gı̄ sé̲y.** Ton eau est boueuse, pose-la par terre pour qu'elle s'éclaircisse.

rígı̀
N échelle. **m̄-sā rígı̀ kàdı̄ m-āl-ň dò̀-kújı̀ tı́.** Je cherche une échelle pour monter sur le toit.

r̲ı̀gı̲jı̀
AV immobile, fixe, tranquille. **Màñ tò r̲ı̀gı̲jı̀ ı̄-lō kùdı̀ kūtı̀.** L'eau est tranquille, il ne faut pas entrer.

r̲ı̀gı̲jı̄ [r̲ı̀gı̲jı̄, r̲ı̀gı̲jı́ı̀]
N injustice (*origine inconnue*). **Rā r̲ı̀gı̲jı̄ dò̀-dı́ tı́.** Il a été injuste à leur égard.

r̲ı̀kı̀-r̲ı̀kı̀
ID beaucoup (trembler: descr. de ndèbı̀). **Rō̲ ngōn tōr-n̄ àdı̄ tò à ndèbı̀ r̲ı̀kı̀-r̲ı̀kı̀ kújı̀ nò.** L'enfant est malade et il se couche en tremblant beaucoup dans la maison.
ID beaucoup (sursauter: descr. de jı̀ngà).

r̲ı̀mmm
ID sans valeur; sans signification. **ò̲r̄ nàjı̄ r̲ı̀mmm -** parler pour rien dire. **ìsà yá̲ r̲ı̀mmm r̲ı̀mmm tı̄tı̄ kı́ kō̲r̲ rā-n̄.** Il mange des choses sans valeur comme s'il était fou.

rísá
N esp. de plante [Leptodania hastata]. **Rísá ì mù̲ kı́ ā ı̄-rā màñ-n̄ kón-í tı́ à à úr átı̀sō ngáy.** Le "risa" est une plante que si tu mets sa sève dans ton nez alors tu vas éternuer beaucoup.

rìsı̀ [dìsı̀,rìsı̀,dìs,rì]
VI descendre. **Rìsı̀ nàng tı́, ùn gō njà-n̄.** Il descendit à terre et suivit ses traces.
Ngōn, ı̄-rìsı̀ dò̀ kāgı̄ tı́ nà ōsō. Petit, descends de cet arbre ou tu vas tomber.
Ngōn rìsı̀ dò̀ kāgı̄ tı́. L'enfant est descendu de l'arbre.
Expr: rìsı̀ tı̀l - être sombre, devenir sombre. **Lò rìsı̀ tı̀l ngáy, màñ ı̀l̄.** Il fait sombre et nuageux.

rìsı̄
V pendre, pencher **Lòng kèdı̄ rìsı̄ nàng tı́.** La trompe d'éléphant pend vers la terre.
VI être orienté vers le bas, descendre en pendant. **Lı̄ rìsı̄ màñ-á.** Le serpent descend vers l'eau.
VI être pendant. **Mbà-n̄**

rìsī mbìrìng. Elle a les seins pendants.

r̲ìtè

VT glisser, glisser avec (qqn.). **Lò r̲ìtè-m̄ ādī m-īsō bòr-ɔ́.** J'ai glissé et je suis tombé dans la boue.

r̲ìw

N chose flétrie, flétri. **Màn̄ èdɨ̀ àÍ àdī mbī kō tél tò r̲ìw kɔ̄ɔ́.** Il n'a pas plu et les feuilles du mil ont flétri.

rɨ̀y̲à̲

N parcelle ou bande du champ (qui montre le progrès du travail). **ɓōɔ́-làā jɨ̀-ndɔ̀r̄ rɨ̀y̲à̲ kógīm̄ bá-à màn̄ èdɨ̀ kɔ̄ɔ́.** Aujourd'hui nous avons labouré une parcelle et après la pluie nous a chassé.

rɨ̀y̲à̲

N partie d'une rivière où se produit un courant intense. **Tò bò̲ sè-jí dɔ̀ rɨ̀y̲à̲ màn̄ tɨ́.** Nous avons chaviré en pirogue dans la partie du fleuve avec un courant fort.

r̲ī̲y̲ā̲

VT déchirer. **Kɔ̄n r̲ī̲y̲ā̲ kūbī yā-m̄ róbɨ-ó.** Une épine a déchiré ma chemise en route.

r̲í̲y̲ā̲

VT déchirer, arracher (plus. choses) (*fréq. de* r̲ī̲y̲ā̲). **ì rí ǹ r̲í̲y̲ā̲ njālā yē-í bèē?** C'est quoi qui a déchiré ton pantalon (en plusieurs endroits) comme ça?

r̲ībā

N esp. de petite courgette. **Lò kɔ̀r̄ kàm̄ mbī r̲ībā kɨ̀ mbī kār-á tōr ngáy.** Les feuilles de la courge et de la calebasse sont très difficiles à distinguer.

r̲īmbē

N esp. d'arbuste [Combretum collinum]. **r̲īmbē ì kámbɨ́ kɨ́ dɨ̀y̲á̲ gī à**

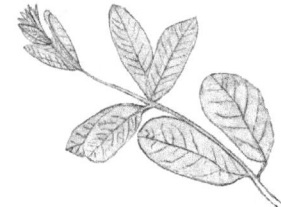

sā-n̄ kàdī ndò bà̲y̲à̲ gī tò-n̄-nèé. Le Combretum collinum est un arbuste que les femmes cherchent pour que les filles de l'initiation se couchent dessus. **r̲īmbē ì kāgī kɨ́ kīr̲-ǹ ò̲ hòr ngáy; dèē à ìsà kàn̄-ǹ àlé.** Le Combretum collinum est un arbre dont le fagot brûle bien; les gens ne mangent pas son fruit.

rīnā

N parabole, parole figurative. **ā ɔ̄r nàjī kɨ́ rīnā-á à dèē à gèr̄ kùm-ǹ àlé.** Si tu parles en paraboles alors les gens ne vont pas comprendre le sens.

rīngā

N esp. d'oiseau, outarde de petite taille.

rĭngáy-tɪ́

INT quand. **āw Kūmrāá ì rĭngáy-tɪ́?** Quand vas-tu partir? **ā ī-rèē rĭngáy-tɪ́?** Quand vas-tu venir?

rīngō

VT tourner autour de. **Njár̄ kīngā yā-m̄ rīngō tà kūl-n̄ tɪ́.** Ma hache tourne au tour de son manche.

VT faire tourner. **ī-rīngō njà bìlō ādī-m̄.** Fais tourner la roue de mon vélo pour moi.

rīngō

N gourdin, bâton gros et court. **ún rīngō ādī m-úwā jī-m̄ tɪ́, m-āw-ň wà tɪ́.** Prend le gourdin pour que je le prenne, je vais en brousse avec.

rĭngō

VI faire plus. tours, tourner (plus. fois) (*fréq. de* rīngō). **ā ī-rĭngō gìdì kújì yā-m̄ tɪ́ ā ī-sā ì rí?** Tu as fait plusieurs tours autour de ma maison, c'est quoi que tu cherches?

rìngɔ̀y

AV de petite taille. **Kádɪ́ kɪ́ gīndī rìngɔ̀y ń-tòō ì gúsì kónóng?** Cette canne à sucre de petite taille là est a combien d'argent?

rɪ́sá

N esp. de plante volubile [Leptadenia hastata]. **Ré úr màñ rɪ́sá kɔ́n-í tɪ́ bè-ré úr átìsō àĺ ɓá-à kìmā ùwà ndíl-í.** Si te mets l'eau de la plante "risa" dans ton nez et si tu n'éternues pas alors un sorcier a attrapé ton âme.

rɪ̀tō

VT carboniser, calciner. **ā ī-ndīr yáà̰ bè-ré ā ī-ndì tà tɪ́ àlé ànī à rɪ̀tō.** Si tu prépares quelque chose et si tu ne la surveilles pas alors ça va carboniser.

ròo

AV très simple. **Yá̰ kɪ́ ròo ń-tòō ǹ ī-gèr̄ àĺ ɓáy ní à?** Une chose simple comme ça que tu ne connais pas encore?

r̰òō

VI être usé, ruiné. **ā ī-njīrā kɪ̀ njà-í ngá̰y à gír sā yē-í à r̰òō.** Si tu marches beaucoup à pied alors les talons de tes chaussures seront usés.

VT ruiner, faire que (qqc) soit usé. **Róbɪ̀ kɪ́ màjàl r̰òō njà bìlō yā-m̄.** La mauvaise route a ruiné la roue de mon vélo.

r̰óō

VT détruire; brûler. **M-ā m̄-r̰óō kámbì kɔ̄ɔ́ kàdī m̄-ndɔ̀r̄-ň.** Je vais brûler les arbustes pour que je puisse labourer.

r̰ō-kàtī

N mauvaise humeur. **r̰ō-kàtī ì mɔ̀y yē ngé ndān ngán gī.** La mauvaise humeur est une maladie des femmes enceintes.

róbɪ̀

N chemin, route. **Yá̰ kógīm̄ gē rā-m̄ róbɪ̀-ó àlé.** Rien ne m'est arrivé sur la route.

Expr: tél róbɨ-ó - rentrer sans être arrivé à la destination. **M-āw kī súkī-ú bà màñ ìl̄ ngáy àdī m̄-tél róbɨ-ó.** J'allais vers le marché mais il était très nuageux et je suis rentré sans être arrivé à la destination.

ŗóbī

VT piler (qqc humide). **Dɨyá ŗóbī ngàlìyà yē kɔ̀bī.** La femme a pilé le manioc frit.

ròdī

VI se courber, se pencher. **ī-ròdī ādī m-āl gìdɨ-í tɨ.** Courbe-toi que je te monte sur le dos.

rójɨ̀

NIN anus. **Ré ā ī-sá kàñ dùȳ à à yèdī à ɨɓà rójɨ̀-í; à ìlà-ñ káŗā̀ rójɨ̀-í tɨ tā ā édɨ́ ɓáy.** Si tu manges le fruit de l'arbre Strychnos alors l'excrément sera coincé dans ton anus; on va mettre du piment dans ton anus pour que tu puisses déféquer.

ròñ

VI s'immerger, entrer sous l'eau (involontairement). **Tò ròñ kɨ dèē gī-é àdī kɨ ngáy gī òy-ň.** La pirogue est immergée sous l'eau de sorte que beaucoup de monde est mort.

ŗōng

N esp. d'arbuste [Recinus comunis]. **Kāgī ŗóñg tò tītī kāgī nàl bà nɨ-tá ngàñg àlé.** L'arbuste "rong" est pareil au bambou mais il n'est pas résistant.

ŗóñg

VI être démanché, avoir de jeu. **Kūl kīngā ŗóñg.** Le manche de la hache est démanché.

ròsɨ̀

VT remplir. **ɔ̀l̄ kūbī ngáy àsɨ kàdī ròsɨ̀ dōbī mɨ́.** Il a ramassé assez de mil pour remplir cinq paniers.
VI être plein. **Ngòng yā-m̄ ròsɨ̀ kɔ̄ɔ́, m-ásɨ́ ɓōkɨ́ yá kɨ́-ràng kūtɨ́ àlé.** Mon sac est déjà plein, je ne peux pas mettre autre chose dedans.
N chose pleine (*la chose pleine suit le nom* ròsɨ̀). **M-ītō ròsɨ̀ dōbī.** J'en ai rapporté un plein panier [litt: j'en ai apporté pour remplir le panier].

ŗótiyō   (Syn: ŗóȳ)

VT enlever les plumes, plumer. **īndā màñ hòr-ó ādī m̄-ŗótiyō ndābɨ.** Mets de l'eau sur le feu pour que je plume le canard.
VI s'enlever la peau. **M-īsō kɨ bìlō-ó àdī njà-m̄ ŗótiyō.** Je suis tombé avec le vélo et la peau de mon pied s'est enlevée.

ròtɨ̀

AV rapide, rapidement (qqc. qui se déplace à terre) (*avec* ɔ̀tɨ̀). **ɔ́tɨ̀ ròtɨ̀ āw gō ngōn tɨ́ ādī rèē.** Démarre rapidement et vas après l'enfant pour qu'il vienne.

rò [ròọ̀]

N décoration, ornement (*on dit aussi* rò). **Dìyá Dùm gī rā-n r̀ọy kújí ngáy.** Les femmes arabes font beaucoup de décoration dans leurs maisons.

rǫ̀ [ròọ̀]

N esp. d'arbre [Terminalia esp.] (*on dit aussi* rò). **Dèē gī gèy-n bìr̄ ngò̀ mān bìr̀ rọ̀ tām ngò̀ nì ndūsī àlé.** Les gens aiment les mortiers de bois mort plus que les mortiers de l'arbre "ro" parce que le bois mort ne devient pas vermoulu.

r̀ọy

VI s'enlever la peau. **Màn kí tìngā tɔ̄ jī-n tí àdī jī-n r̀ọy.** L'eau chaude s'est versée sur sa main de sorte que (la peau de) sa main s'est enlevée.

r̀ọ́ȳ (Syn: r̀ótiyō)

VT enlever, arracher. **m̄-r̀ọ́ȳ kūbī r̀ɔ̄-m̄ tí.** Je me déshabille [litt: j'enlève les habits de mon corps].

VT déplumer. **Dìyá r̀ọ́ȳ bìị̄ kīnjá kàdī ndīr tām-yā mbā gī tí.** Elle déplume la poule afin qu'elle puisse la préparer pour les invités.

r̄ɔ̄ [r̄ɔ̄ɔ̄]

VT se battre, se disputer. **Dàn lò tí ɓá-à, bísɨ-gī r̄ɔ̄-n**

nàạ̀ dò̀ kānjī ní tí ō, ìsà-n ō. Au milieu de la nuit, les chiens se disputèrent entre eux le poisson et le mangèrent. **Màdī-m̄ tɔ́gɨ-n ì ngáy àdī m̄-nạ̄ r̄ɔ̄-n àlé.** Mon ami est trop fort, je n'essaie pas de me battre avec lui.

r̀ɔ̄ [r̄ɔ̄ɔ̄]

PRP à côté de, auprès de. **m̄-ndì ì r̀ɔ̄ ngō-kọ́-m̄ tí ndíl-í, jì-wáɾ nàjī.** Je suis resté auprès de mon frère à l'ombre et nous avons bavardé. **ī-rèē r̀ɔ̄-m̄ tí.** Viens près de moi.

r̀ɔ̄ [r̀ɔ̄ɔ̄]

NIN corps. **r̀ɔ̄ ndèɾ túȳ tītī tạ́ góm bèē.** Le corps du silure est gluant comme le "gom".

Expr: r̀ɔ̄ [dèē] ngáā - [qqn] être en bonne santé. **r̀ɔ̄-m̄ ngáā àí m-āw mbā tí àlé.** Je ne suis pas en bonne santé, je ne voyage pas.

Expr: ò̄ō r̀ɔ̄-n - se reposer. **m̄-gèy kàdī kɨ m-ō r̀ɔ̄-m̄ séy.** Je veux me reposer un peu.

Expr: r̀ɔ̄ [dèē] tōr-n - [qqn] être malade. **r̀ɔ̄ ngōn-m̄ tōr-n m-āw sè-nèé kī làbɨdān-á.** Mon enfant est malade, je vais l'emmener à l'hôpital.

Expr: r̀ɔ̄ [dèē] àtī-n - [qqn] être nerveux. **Dìyá kí ndān ngōn r̀ɔ̄-n àtī-n ngáy.** Une femme enceinte est très nerveuse.

Expr: r̀ɔ̄ [dèē] ò̀y - [qqn] être paralysé. **ò̀sō dò̀ kị̄yạ̄**

279

àdī ṛɔ̄-ǹ òy màlàng. Il est tombé de l'arbre de karité et il est paralysé.

Expr: ṛɔ̄ [dèē] ɔ̀ȳ - [qqn] être lent.

Expr: ṛɔ̄ [dèē] ndèɽ̄ - [qqn] être musclé. **ṛɔ̄-í ndèɽ̄ tītī ṛɔ̄ ngè-kɩ̀ndà-báÌ.** Tu es musclé comme les joueurs de football.

Expr: ṛɔ̄ [dèē] nèÌ-ǹ - [qqn] être content. **Ngán gē ìsà-n̄ yá̰ ndān-n̄ àdī ṛɔ̄-dɩ́ nèÌ-dɩ́ ngá̰y.** Les enfants ont bien mangé et ils sont contents.

Expr: ṛɔ̄ [dèē] tōr-ǹ - [qqn] être malade. **ṛɔ̄ ngōn-ḿ tōr-ǹ àdī m-āw sè-nèé làbɩ̀dān-á.** Mon enfant est malade et je l'emmène à l'hôpital.

Expr: ṛɔ̄ [dèē] sɔ̀Ì-ǹ - [qqn] avoir honte, être timide. **M-ɔ̄r nàjī kɩ̀ ngōn kɩ́ dɩ̰̀yá̰ bà ṛɔ̄-ǹ sɔ̀Ì-ǹ ngá̰y àdī dàl-ḿ àlé.** J'ai parlé avec la jeune fille mais elle était très timide et elle ne m'a pas répondue.

Expr: ṛɔ̄ [dèē] ɓàa̰-ǹ - [qqn] avoir mauvaise santé. **ɓàṛ-á làā ṛɔ̄-ḿ ɓàa̰-ḿ ngá̰y.** Cette saison des pluies j'ai la santé très mauvaise.

ṛɔ̄-kàȳ

N faiblesse (*ou bien* ṛɔ̄-kàȳ-yàw). **ṛɔ̄-kàȳ yē-ǹ à dɩ̀bà àlé.** Sa faiblesse ne va pas disparaître.

ṛɔ̄-kɩ̀hɔ̀

N malaise. **ṛɔ̄-kɩ̀hɔ̀ yē-ǹ àÌ nà̰ā̰ ngá̰y.** Il a un malaise fréquent.

ṛɔ̄-kùm

N vérité. **ɔ̄r nàjī kɩ́ ṛɔ̄-kùm ādī-ḿ m-ō.** Dis-moi la vérité et j'écoute.

Expr: yá̰ kɩ́ ṛɔ̄-kùm - une chose réelle.

N chose qui est vraisemblable. **Nàjī ń ɔ̀r sè-ḿ ní tò ṛɔ̄-kùm séy.** Ce qu'il m'a dit est un peu vraisemblable.

ṛɔ̄-nèÌ

N joie. **Ndɔ̄ kòjɩ̀ ngōn ì ndɔ̄ ṛɔ̄-nèÌ.** Le jour d'une naissance est un jour de joie **Ndām ń-tòō ì ndām ṛɔ̄-nèÌ.** Cette danse est une danse de joie.

Expr: rā ṛɔ̄-nèÌ - être content de, célébrer. **ngōn kɩ́ rā ṛɔ̄-nèÌ ɓɔ̀bī-ǹ kɩ́ tél mbā tɩ́** - un enfant content du retour de voyage de son père.

ṛɔ̄-ndòō

N misère, pauvreté. **ṛɔ̄-ndòō yē-ǹ ì yá̰ kɩ́ jóò.** Sa pauvreté est une chose de depuis longtemps.

ṛɔ̄-ngáa̰

N bonne santé. **ìngà ṛɔ̄-ngáa̰ kɔ̄ɔ́.** Il a retrouvé la bonne santé.

ṛɔ̄-ngàñg

N bonne santé. **ṛɔ̄-ngàñg yē-ǹ ì yá̰ kɩ́ ɔ̀r̄ kùm ngá̰y.**

Sa bonne santé est une chose incroyable.

r̥ɔ̄-sāryā

N faiblesse. **r̥ɔ̄-sāryā ì mɔ̀y ō.** La faiblesse est aussi une maladie.

r̥ɔ̄-sɔ̀r

N la honte. **r̥ɔ̄-sɔ̀r yē nɨ̀yɛ́-m̄ ɔ̀gī-n̄ kɨ̀sà yá̧ dàn dèē gī tɨ́.** La honte de ma femme l'a empêché de manger parmi les gens. **r̥ɔ̄-sɔ̀r tɔ̄l būr̥.** La honte a tué le varan (Proverbe: on dit que la honte l'empêche de fuir). **Expr: ìlà r̥ɔ̄-sɔ̀r dɔ̀ [dèē] tɨ́ -** humilier [qqn]. **Ngār̥ ìlà r̥ɔ̄-sɔ̀r dɔ̀ ngè-ɓògɨ̀ tɨ́.** Le chef a humilié le voleur.

r̥ɔ̄-tápī

N souffrance. **r̥ɔ̄-tápī ì ngáy gògɨ́-làá.** Il a beaucoup de souffrance de nos jours.

r̥ɔ̄-tɨngā

N fièvre.

N chaleur corporelle. **r̥ɔ̄-tɨngā yā-m̄ mā̧ n̄-tòò ì mɔ̀y àlé.** La chaleur corporelle que j'éprouve maintenant n'est pas due à la maladie.

r̥ɔ̄-tɨ́ngā

N impatience, excitation. **ùn ì r̥ɔ̄-tɨ́ngā yē bɔ̀bī-n̄.** Il a pris l'impatience de son père.

r̥ɔ̄-tō-ndòō

N misère, pauvreté. **Ngè r̥ɔ̄-tō-ndòō ì màdī-kɔ̄l ngán gī.** Le pauvre est l'ennemi des enfants (Proverbe).

r̥ɔ̄-tōr

N souffrance. **r̥ɔ̄-tōr ì ngáy ɓàr̥-á tām yíl gī ì ngáy ō yá̧-kɨsà gòtóō ō.** Il y a beaucoup de souffrance dans la saison des pluies parce qu'il y a beaucoup de moustiques mais pas de nourriture.

ròtɨ

VT mettre bout à bout en liant, rabouter. **m̄-ròtɨ kɨlā tà nà̧ā̧ tɨ́ kàdī m-ɔ́dɨ-ň mà n̄.** J'attache les cordes bout à bout pour puiser l'eau avec.

ròtɨ̀

N noeud. **m̄-túti ròtɨ̀ kɨlā kɨ́ gàjɨ̀ màŋg tɨ́.** J'ai délié un noeud des cornes du boeuf.

rɔ́tī

V ajouter, prolonger. **àw̄ ì lò kɨ́ ndɔ̄ jōó, nì n̄ à rɔ́tī yē-n̄ tà tɨ́ àdī rā ndɔ̄ mɨ́ ɓóó-làā.** Il est parti pour deux jours, mais il s'est mis à prolonger son voyager, ce qui fait cinq jours aujourd'hui.

ròtɔ̀tɔ̀

AV exactement (de la même taille). **Dɔ̀-dɨ́ àsɨ̀ nà̧ā̧ ròtɔ̀tɔ̀.** Ils sont la même taille.

rɔ̀ȳ

V respecter. **Jɨ̀-rɔ̀ȳ-ī nà̧ā̧ tá màjɨ̀.** Si nous nous respectons, ça ira bien.

rɔ́ý

N noyau de karité. **Lò-ń rɔ́ý tùtì kɔ́ɔ́ ní, m̄-tīndā ngɔ́ɔ̀-n̄ gìdì tí kɔ́ɔ́ pá-tā, m̄-ngīyā̰ kùm-n̄.** Quand les noyaux sont secs, je commence par casser leurs coques, puis j'en sors l'amande.

rù   [rùù]

N gros et court. **bāngàw kí tò rù** - une patate douce courte et grosse.

r̩ūú

N sol mélangé de cendres. **Nímá kí dùbī dɔ̀ r̩ūú lò tí àn̄ màjì ngáý.** Le gombo planté sur le sol mélangé de cendres pousse très bien.

rùgì

VI être courbé, recourbé **(Gɔ̀l ì kāgī kí tà-n̄ rùgì.** Un gourdin est un morceau de bois solide avec une extrémité recourbée.

VT tordre. **m̄-rùgì gìndī kàdī m̄-rā-n̄ jī-ɓɔ̀ng.** Je tords le fer pour fabriquer un grapin.

rúgī

VI se courber (plus. fois) (*fréq. de* rùgì).

Expr: rúgī rɔ̄ - être très courbé.

VT tordre (plus. fois, plus. pers, etc.).

r̩úgīrū

VT casser en plus. morceaux, froisser. **ī-r̩úgīrū mṳ dɔ̀ wúdùm tí ādī m̄-tíngā-n̄.** Casse la paille sur les arachides pour que je les grille.

rūndī

N état de vie ralentie. **Kílē à ùdì rūndī-ú ɓāl-á ā á̰à̰-n̄ ndágá àlé.** Le mange-mil entre dans l'état de vie ralentie et pendant la saison sèche tu ne le vois pas dehors.

r̩úndī

V réduire en poudre (qqc. sec et résistant); broyer. **r̩úndī kàtī/ndìbà/ká r̩ā** - broyer du sel/des os/de l'argile/du piment.

r̩ūngō

VI tourner, se tourner. **Ré nīngá àⱡ jī ɓá-à à r̩ūngō.** Si le bracelet est trop grand pour ta main alors il va se tourner.

r̩úngō

VI tourner, se tourner (plus. choses). **Māl gī r̩úngō-n̄ dɔ́ɔ́ à gṵ ṵ-n̄-nèé dā̰ kí ndùm.** Les charognards circulent en haut en regardant l'animal pourri.

rùyyy

ID couleur de sang (rouge: descr. de kɪrē). **Bísɪ ń tà-n̄ kɪrē rùyyy nɔ̀ɔ́ ìsà dā̰.** Le chien qui a la bouche rouge de sang a mangé la viande.

ɗáⱡ

VT rendre lisse. **m̄-ɗáⱡ kūl kīngā nà rā jī-m̄ ngáý.** Je rends lisse le manche de la hache parce qu'il me blesse à la main.

dár

VT marteler (*ou bien* dóľ,dāl). **dáľ kìyā kì gír gòl-ɔ́.** Il martèle le couteau avec le gros bout du gourdin.

dàrà

N esp. de sous-arbrisseau, fleurs jaunes, roses [Sida rhombifolia]. **dàrà ì mǜ kí dèē gī à ɔ̀y-ñ-nèé lò.** Le Sida rhombifolia est une plante que les gens utilisent pour balayer.

dèl

VT incliner, pencher. **m̃-dèl sèmbē kàdī m-ɔ́dí tá kèm-é.** J'ai incliné la cuvette pour enlever la sauce.

dèl

VI s'incliné, se pencher (*souvent* dèl-é *'dans une position penchée'*). **Kāgī gī kí ndà-ñ dɔ̀ gósí bā tí ní dèl-ñ kùm kī màñ-á.** Les arbres qui sont au bord du fleuve se penchent vers l'eau.

N position penché. **Tò kì dèl-é.** Il reste en position penchée.

déľ

V pencher (plus. choses, etc.) (*fréq. de* dèl). **ī-déľ gàĺ gī ādī m-ɔ́dí màñ kèmé.** Penche les gourdes pour que je mette l'eau dedans.

dèr̥

AV malgré la résistance. **àw̄ sè-nèé màñ-á dèr̥.** Il l'a entraîné dans l'eau malgré sa résistance.

AV catégoriquement (refuser) (*avec* mbātí, ɔ̀gī). **m̃-gìdè-ñ gúrsì bà ɔ̀gī-m̃ dèr̥.** Je lui ai demandé de l'argent mais il a refusé catégoriquement.

AV pour toujours. **M-āw ɓē-é dèr̥, m̃-rèē tɔ̀ àlé.** Je vais chez moi pour toujours, je ne viens plus.

dēr

N boucle (d'un noeud). **ī-dòo̱ kìlā kì dēr̥-é tá tútī nà̱a̱ màjì.** Noue la corde en faisant une boucle (au noeud) pour qu'on puisse la détacher facilement.

dēr̥

N esp. d'arbre à fin feuillage grisâtre [Prosopis esp.]. **Mbī dēr̥ nìñ kì mbī kēsì tītī nà̱a̱ ngáy.** La feuille de l'arbre "der" et la feuille du "kesi" sont très pareilles.

dēr

N esp. d'arbre [Prosopis sp.]. **Kāgī dēr màjì rā kāgī-púsì tí ngáy.** L'arbre "der" est bon pour faire le timon avec.

dèw-dèw

AV indique le son de coup du coeur. **Wùr-ñ ìgà-ñ dèw-dèw.** Son coeur battait très fort.

dīlē

N matière flottant sur ou dans un liquide. **dīlē màñ ìhɔ̀ tò.** La couche végétaux s'est déposée sur la pirogue.

VI flotter (sur l'eau). **Tò dīlē dɔ̀ màñ tí.** La pirogue flotte sur l'eau.

dìnjō

NP population Sara Kaba. **dìnjō gī àw̄-ñ ndò tí tītī Sàr̄ gī ō.** Les Dunjo font aussi l'initiation comme les Sar.

dìr̥à

N poteau, bois tri fourchu. **īndā jó dɔ̀ dìr̥à tí.** Mets le canari sur le poteau.

dɔ̀l

ID nettement (casser: descr. de tètɪ̀). **Jī-ñ tètɪ̀ dɔ̀l.** Son bras est cassé net.

dɔ̀l

N s'user, être tronqué, ébréché. **Nìngà ré údɪ̀ tà-ñ nàng tí ngáy à à dɔ̀l .** Si tu piques souvent le bout de la sagaie dans le sol il va s'user.

dɔ̄l

N note aigue du balafon (*normalement avec* 6ār; *s'oppose à* àa). **Kō kúndī yē-ñ 6ār̥ dɔ̀l ngáy.** Le son de son balafon a une très aigue.

dɔ̄l

N outil de forgeron (forme de pince pour prendre le fer du feu). **Kɔ̀dɪ̀ à sā dɔ̄l yē-ñ.** Le forgeron est en train de chercher son outil.

dɔ́l-dɔ́l-gī

N esp. d'arbuste à feuilles en forme de coeur [Arcornea cordifolia].

dɔ̀r

N tronqué (idée d'amputation). **Bānjī rā-ñ àdī gāng-ñ njà-ñ dɔ̀r.** La lèpre l'a attaqué et on l'amputé d'une jambe.

dɔ̀r

VI s'arrêter de croître (plante). **Màñ àw̄ 6ē-é kɔ̄ɔ́ àdī tɛ̣y gī dɔ̀r-ñ.** La pluie s'est arrêtée et le mil pénicillaire s'est arrêté de croître.

dɔ̄ñ

VI couler au fond (d'un liquide) (*on dit aussi* jùñ, jɪ̀nā). **Tò dɔ̄ñ kɪ̀ dèè gī-é bā-á àdī dèè gī òy-ñ ngáy.** La pirogue a coulé au fond du fleuve et beaucoup de monde est mort.

dúū

VI être profond (*v.* lúū).

dùl

Id indique le bruit sourd d'un fruit qui tombe. **mángò ìsō dùl, yòw̄ ìsō dùl, gèr̄ ìsō dùl** - la mango, le fruit de karité, le fruit du palmier fait un bruit sourd en tomband.

dūr

N esp. d'herbe cultivée, "fonio" ou "fogno" [Eulesine coracana]. **dūr ì kō ndɔ̀r̄ Tụníyạ̀ gī.** Le "fonio" est une céréale plantée par les Tuniya.

sà [sàà]

N fumée. **M-ā m-ạ̄y máng, sà-ñ njí6ā-ī à?** Je fume du

tabac, est-ce que la fumée te dérange?

sā [sāā]

VT chercher, rechercher. **ā̰ ngɔ̄dī ndɔ́ɔ́, ā ī-sā ì rí?** Tu cours dans la nuit, qu'est-ce que tu cherches? **M-ā m̄-sā ì hòr.** C'est le feu que je cherche. **m̄-sā-ǹ sétɨ.** Je l'ai recherché en vain.
Expr: sā tà [dèē] - provoquer [qqn].
VT violer, avoir des rapports sexuels par la force.
Expr: sā na̰a̰ - avoir des rapports sexuels.
V être sur le point de (faire qqc). **m̄-sā rā kújɨ̀ bà m̄-ɨngá kɨlā àlé.** J'étais sur le point de construire une case mais je n'ai pas trouvé de la corde.

sā [sāā]

N chaussure. **Ré m-ō̰ sā bè-ré lò tɨngā ngáy ànī njà-m̄ à hólō.** Si je porte des chaussures quand il fait très chaud j'aurai d'ampoules sur les pieds [litt: des ampoules apparaîtront sur mes pieds].

sá

AV sans arrêt, jusque. **à̰ȳ ngɔ̄dī sá ɓōkɨ ɓē-é.** Il est couru jusqu'ß son arrivé au village.

sáā

N objet droit. **m̄-sā sáā kāgī kàdī m-rā kújɨ̀.** Je cherche un bois droit pour construire la maison avec.

sà-wùr

N un passionné; personne ou chose passionnée. **Lábī ì**

sà-wùr ndām. Labi est un passionné de la danse.

sàbā (Sango)

N sorte de panier avec manche (*d'origine centrafricaine*). **Ngò-làā Mānjā gī rèē kɨ̀ sàbā àlé.** Maintenant les Manja ne viennent pas avec les paniers (à vendre).

sàbáà (Français)

VI aller bien. **m̄-sàbáà ɓáy.** Je vais toujours bien.
Expr: sàbáà kɨ̀ [dèē] - marcher bien pour [qqn]. **Kòń-làā ndɔ̄r̄ sàbáà sè-m̄ àlé.** Cette année la culture n'a pas bien marché pour moi.

sábā (Syn: sɨr̄ē)

VT étendre (*ou bien*). **Njà-m̄ à̰ȳ-m̄ ngáy àdī m̄-sábā séy.** J'ai la jambe engourdie et alors je vais les étendre un peu.

sàbō̰ò̰ [sàbō̰ò̰,sàbō̰] (Français)

N savon. **ādī-m̄ sàbō̰ò̰ m̄-tɨgō̰-ǹ kūbī.** Donne-moi du savon pour que lave mon habit avec.

Sádɨ [sádɨ̀,čádɨ̀]

NP Tchad. **Sádɨ bò ngáy, bà núsɨ̀-ǹ kɨ́r̄ēý ì lò kɨ mángá kàr̄ī.** Le Tchad est très vaste, une partie n'est que le désert.

sádì

N nourriture gardée pour le voyage. **Wúɾ ì sádì kàɾ àbìyō̧ àlé.** Le pois de terre n'est pas une nourriture pour un voyage en avion (parce qu'il fait trop de bruit quand on le mange).

sádìgà (Arabe)

N cérémonie de commémoration d'un défunt. **J-àw̄ rā sádìgà yē kà-ḿ tì.** Nous allons à la cérémonie de mon grand-père mort.

sájì

NIN beau-frère. **M-ā m̄-ndì yā sájì-m̄.** Je vais loger chez mon beau-frère. **Sájì-m̄ ì ngà ngō-kó̧-m̄ kì dìyá̧.** Mon beau-frère est le mari de ma soeur.

sàkàtámbù

N sorte de jupe des initiées. **Ndò bà̧yà̧ gī à ndām-n̄ ì kì sàkàtámbù-ú gír-dì tì.** Les jeunes-filles initiées dansent avec le jupe "sakatambu" (sur leurs fesses).

sákī

N sac. **Sákī gò̧y-dò̧ ì gúsì dūbú só̧ Njàménà tì.** Un sac de maïs est à vingt mille CFA à N'djaména.

sákì-sákì

ID tous (détruire, éparpiller, etc.). **Rō̧ nùjì kì 6ē sákì-sákì.** La guerre a détruit tout le village.

sāl

N enclume du forgeron. **Kò̧dī ùn gìndī kàdī rā-n̄ sāl.** Le forgeron a pris un

morceau de métal pour en fabriquer l'enclume.

sáɾ

VT disperser, éparpiller. **Nél sáɾ mbī-kāgī gī sákì-sákì.** Le vent a éparpillé les feuilles à tous les côtés.

sálā

VI prier, faire les prières musulmanes. **Kì mbàng kì mì̧ kì tā-jī-lò-sò̧ɾ tì à dùm gī à sálā-n̄.** À cinq heures du soir vers le coucher du soleil les arabes font leurs prières.

sáláng

N couture faite sur un tissu déchiré au milieu (*normalement avec le verbe* ò̧r). **ì dèē kì gèɾ kù̧ɾ̄ kūbī àlé, à ò̧r ì sáláng ngóỳ.** Il n'est pas quelqu'un qui connaît coudre, il raccommode les pagnes seulement.

Expr: ò̧r sáláng - raccommoder un pagne.

sáláng

N bâton. **Sáláng ì yá̧ kìndà ngōn àlé.** Un bâton n'est pas une chose pour taper un enfant.

sáláng

Id en se débarrassant. **ún nīń mìlà ń nù̧ ú̧ īnī-n̄ sáláng kī bà gò̧jì-ó̧.** Prends le cadavre de chat là et débarrasse-toi de lui en le lançant dans le terrain de sorgho.

sáláng

Av important. **Nì̀ dèē kí sáláng kírēý à?** Est-il quelqu'un d'important?

sàlbétì (Français)

N serviette de toilet en tissu (*on dit aussi* sàlbétī). **Dìyá dò̰ò̰ ngōn gìdì-ǹ tí kì sàlbétì-é.** La femme attache l'enfant sur le dos avec une serviette.

NIn panse (d'animal). **Sàlbétì màñg dèē tíngā àlé tɔ̀dɔ̄ kí tíngā nèľ àlé.** On ne grille pas la panse de boeuf parce que grillée elle ne donne pas le bon goût.

sám

N importance, consideration. **ɔ̀r sám yá̰ ngá̰y = rā sám yá̰ ngá̰y.** Il attache beaucoup d'importance aux choses (qui n'en ont pas).

sàñ

N sorte de tamis (*v.* sàñ-ndíī). **Sàñ ì yá kìgà kùm ndíī, dèē à ìgà-ň kùm ndùjī àlé.** Le tamis "san" est pour tamiser le condiment "ndii", on n'utilise pas pour tamiser la farine.

sàñ-ndíī

N tamis pour les épis (*on dit aussi* sàñ). **Sàñ-ndíī ì yá kí kòjō tām kì ìgà-ň kùm**

ndíī. Le tamis est une chose tressée qui sert à tamiser l'épice "ndii".

sàndàng

ID avec grands pas (marcher: descr. de njīrā). **Ī-njīrā sàndàng sàndàng āw ɓē-é.** Marche-toi avec grands pas et va chez toi.

sándáng-sándáng

ID très (sombre: descr. de líbī).

sángá

N sorte de sac en vannerie avec couvercle. **Dìyá Ndɔ̀m gī àw̄-ñ súkī-ú ì kì sángá.** C'est avec le sac en vannerie que les femmes Tumak vont au marché.

sāngē (Syn: sēngē)

N moustiquaire. **Sāngē yā-í gòtóō à?** Tu n'as pas de moustiquaire?

sānjē (Français)

VT changer, échanger. **Gúrsì yā-ḿ ì kí-mbī, ī-sānjē-ḿ kì kí sílē-é.** J'ai des billets, change les-moi en monnaie.

sàpáỳ

N tissu en nylon. **Ī-ndīmā-ḿ sàpáỳ yē-í ādī ḿ-tàā-ň kùm kòsádì.** Prête-moi ton tissu en nylon pour que je filtre la bière avec.

sàpì

VI être retardé, fou. **Ngōn-ǹ ì ngōn kí sàpì, à rā làkɔ́l àlé.** Son enfant est retardé, il ne fait pas l'école.

sāpɨ́

N chasse mouche. m̄-sā kīlá màng kàdɨ̄ m̄-rā-ň̄ sāpɨ́. Je cherche la queue d'un boeuf pour fabriquer un chasse mouche avec.

Sàr̄

NP Sar. ɨ̄-gèr̄ tà sàr̄? Sais-tu le Sar?
Expr: tà Sàr̄ - la langue Sar.

Sár̀

NP Sarh (capitale du Moyen Chari). Sár̀ ì ɓē yā Sàr̄ gɨ̄ ō, Kābɨ̄ gɨ̄ ō, Yɨ̀lɨ̀m gɨ̄ ō. Sarh est une ville de Sars, des Sara Kaba et des Yilims.

sàrìyà

N jugement. Ngār̀ ìlà pàjā gō-dɨ̀ tɨ́ yā rā sàrìyà tā. Le chef envoya un serviteur les chercher afin de faire le jugement.

sārīyā

VT faire un peu mal. Njà-m̄ sārīyā-m̄ àdɨ̄ m-āw ndɔ̀r̄-ɔ́ ɓōó-làā àlé. Mon pied me fait un peu mal de sorte que je ne vais pas au champ aujourd'hui.

sàw

AV sans rien laisser. Ngè-ɓògɨ̀ tā gúrsɨ̀ sàw jɨ̄-ǹ tɨ̀ kɔ̄ɔ́. Le voleur a pris l'argent de sa main sans rien laisser.

sàw

N grosse pince de forgeron. Kɔ̀dɨ̄ ùn gìndɨ̄ yē-ǹ kɨ̀ sàwá. Le forgeron prend son morceau de fer avec une pince.

sāy

N sorte de danse. Sāy ì ndām yā dèē kɨ́ ɓēsàdā gɨ̄. Le "say" est la danse des gens de Béssada.

sáỳ (Arabe)

N thé. Sáy kɨ́ kànjɨ̄ síkɨ̀r à rā wùr̄-m̄ ngáy. Le thé sans sucre me fait mal au coeur.
NIN la mousse (de la bière). Kàsɨ̀ kɨ́ kànjɨ̄ sáỳ à rā dèē àlé. La bière sans la mousse ne soule personne.

sàỳ

AV loin. āw ì sàỳ ngáy à? Es-tu allé loin? Bà lò kɨ́ dɔ̀-nàng tɨ́ ì sàỳ ngáy. Mais là où était la terre était très loin. ɓē yā mùm-í sàỳ. Le village de mon beau-père est loin.
Expr: [rā yáạ] àw̄ sàỳ àlé - ne réussir pas à [faire chose], progresser dans [une activité]. Ngè kàȳ kàsɨ̀ à rā kɨ̀là àw̄ sàỳ àlé. Il grand buveur ne va pas progresser dans son travail.

sè-

PRP avec (avec pronom dépendant). ìlà gír̀ sè-í ì rɨ́ngáy-tɨ́? Quand est-ce que cela a commencé avec toi? ì ngè kɨ̀sà sè-í ń ì ngè tɔ̄l-ī. C'est celui qui mange avec toi qui te tuera. M-āw sè-í. J'irai avec toi. sè-m̄, sè-í, sè-nè, sè-jí, sè-sí, sè-dɨ̀ - avec moi, avec toi, avec lui, avec nous, avec vous, avec eux.

sē [sēē]

NIN odeur nauséabond. Sē dò yē-í òtɨ̀-m̄ ngáy. L'odeur

nauséabonde de ta plaie me dérange beaucoup.

séē

VT retailler. **M-ā m-séē tà-jī-kāgī àdī m̄-ndɔ̀r̄-ń kór.** Je vais retailler les branches pour que je laboure des sésames.

sébī

renverser (*v.* séw̄).

sèee

INJ hélas (marque la déception ou une mauvaise surprise). **Sèee, dèē kɨ́ dèē nò àsɨ̀ tàā dɨ̱yá à?** Hélas, un pauvre type comme ça peut-il marier une femme?

séjɨ̀ (Français)

N chaise longue avec support pour les pieds. **ún séjɨ̀ ādī-m̄ mbā n̄-ndì-ň.** Prends une chaise longue pour que l'invité s'assoie.

séjɨ̀-bàmbū

N chaise longue en bambou. **Séjɨ̀-bàmbū ì séjɨ̀ kɨ́ à rā-ñ ì kɨ̀ kāgī nàl-á.** La chaise de bambou est une chaise qu'on fabrique avec l'arbre de bambou.

sèkɨ́

V porter plainte contre, accuser. **m̄-sèkɨ́ ngōn-í nàjī gɔ̀y-dɔ̀ yā-m̄ tɨ́.** Je porte plainte contre ton enfant à cause du maïs (qu'il a volé).

sèl

Av comfortablement. **àw̄ tò sèl kèm tɨ̱ŗá-á.** Il s'est couché confortablement sur le lit. **ɨ̄-ndì sèl ngāŗ̄ tɨ́ bà jɨ̱ tá jɨ̀-rā kɨ̀là à?** Tu t'es

instalé comme un chef mais c'est nous qui faisons le travail quoi?

sèĺ

V draper. **Dùm gɨ̄ sèĺ -ñ kūbī, ì rí? ì kàl kɨ́-ngà-ndóng.** Des arabes que se drapent d'étoffes, qu'est-ce que c'est? Ce sont les tiges rampantes de "nga-ndong" (devinette).

sèĺ

VT étaler (un à un). **ɨ̄-sèĺ gòm nàng àdī tùtɨ̀.** Étale la plante "gom" sur la terre pour qu'il sèche.

sēl

VT couler (un métal). **Kɔ̀dī sēl gìndī nīngá tɨ́.** Le forgeron a coulé le bracelet avec du fer.

sēl

V laisser croître. **Sēl nɨ̀ngà dɔ̀-n̄.** Il laisse croître les cheveux.
VT conserver, maintenir. **Sēl kō bàtī ń-tòō ì jóò.** Il conserve cette race de moutons depuis longtemps.
VT entretenir (feu). **m̄-sēl hòr kàdī ngɔ̀ tɨ́ kàdī bɨ́ŗí à m̄-rèē m-ɨ́ngá ɓáy.** J'entretiens le feu à côté de l'arbre mort pour que demain je peux venir le trouver.

sèléng

VT fouiller. **Sèléng gíŗ̀ kūbī bà à̱ yá̱ àlé.** Il a fouillé les habits mais il n'a rien vu.

sēm

VI être absorbé (*obj. est normalement* kùm [dèē]).
m̄-ɓār-n̄ bà sēm kùm-n̄ dɔ̄ kɪ̀là yā-n̄ tɪ́ àdɪ̄ òō àlé. Je l'ai appelé mais il était absorbé avec son travail et il n'a pas entendu.
Expr: kùm [dèē] sēm dɔ̄ [yá̰] tɪ́ - [qqn] concentrer sur [qqc]. **Kùm-m̄ sēm dɔ̄ yá̰ ndóō tɪ́ àdɪ̄ m̄-rā kɪ̀là kɪ́-ràng àlé.** Je suis concentré sur les études et je ne fais pas autre travail.

sèmbē

N cuvette émaillée (*on dit aussi* sɪ̀mbē). **āw kèm sèmbē-é ún̄.** Va en prendre dans la cuvette émaillée.

séng

V manger (la boule, sans sauce). **Màsà gɪ̄ à séng-n̄ mùr̄ ì kɪ̀ kàndà-á.** C'est avec boulettes que les Massa mangent la boule (sans sauce).
N nourriture sans sauce. **Dèē gɪ̄ à rā-n̄ yérgè kɪ̀ séng mùr̄-ú.** On prépare la boisson "yerge" avec la boule sans sauce.

sēngē (Arabe) (Syn: sāngē)

N moustiquaire. **Sēngē yā-m̄ màjàɪ́ tɔ̀dɔ̄ kùm-n̄ bò ngáy.** Ma moustiquaire est mauvaise parce que ses trous sont trop grands.

séngē

AV nu, nue. **ì rí n̄ rā yá̰ á ngōn-í à njɪ̄rā gír-n̄ séngē.** Qu'est-ce qui se passe pour que ton enfant marche nu.

sènglè

Av pas solide. **Séjɪ̀ n̄-tòō tò sènglè, ɪ̄-lō ndì kèm-é.** Cette chaise n'est pas solide, il ne faut pas t'asseoir dessus.
Av branlant, pas bien fixé,. **Kāgɪ̄ n̄-nṵ́ṵ rà ì sènglè, ɪ̄-lō ndɪ̄nā rɔ̄-í kūtɪ́.** Ce poteau est branlant, ne t'appuie pas contre.

séṅglē

VT toucher, mettre en désordre. **Ngán gɪ̄ séṅglē-n̄ kūbɪ̄ yā-m̄ kɪ́ kèm ngòng tɪ́.** Les enfants ont mis mes habits dans le sac en désordre.

sēngrē

VI être bagarreur. **Ngōn kɪ́ sēngrē ngáy à rā làkɔ̀l̄ àw̄ sày àlé.** Un enfant bagarreur ne va pas progresser dans les études.
VT provoquer, défier (*obj. est toujours* kùm [dèē]). **Ngán dùm kɪ́rēý gɪ̄ sēngrē-n̄ kùm màdɪ̄-dɪ̀ gɪ̄ ngáy.** Certains enfants arabes provoquent beaucoup leurs camarades.

sèpɨ

VT vanner (*v. aussi* hèpɨ).
VT activer le feu (avec l'éventail). **ún bèⁱⁱ-sèpɨ-ň hòr gír mɨnjò tɨ.** Prends l'éventail et active le feu sous les haricots avec.

sèr

N sorte de natte en feuilles de rônier. **Túmàkɨ gī gèř-ň kòjō sèr ngáy.** Les Toumak savent bien tresser les nattes en feuilles de rônier.

sèr

V viser. **Ré ā índá yèⁱkɨ làspér-é ɓá-à ī-sèr-ň màjɨ tá índà-ň ɓáy.** Si tu tires sur un oiseau avec un lance-pierre alors vise bien avant de tirer.

sēř

VT pénétrer, rentrer dans. **Mụ̀ sēř jī-ḿ tɨ.** Un brin de paille m'est rentré dans la main.
VT passer pour travers (suj. est un liquide qu'on avale). **Màñ sēř-ḿ àdī ḿ-késɨ.** L'eau m'a passé pour travers et je tousse.

sètɨ

V activer (feu). **Ngōn sètɨ hòr gír bàrátɨ àdī ɓòbī-ň.** L'enfant active le feu sous la théière pour son père.

sétī

VT tresser (la corde). **ī-sétī kɨlā àdī j-ɔ̀dɨ-ń màñ.** Tresse la corde pour que nous puisions de l'eau avec.

sétɨ

AV en vain. **Bɔ̀bī-ň ngóō-ň sétɨ, mbàng tūŗ dɔ̀ jī-ň.** Son père l'attend en vain, le soleil change de côté. **M-ādī-ň gúsɨ ɓú-jōó, bà m-ɔ́sɨ-ň kīrā sétɨ.** Je lui ai prêté 1000 CFA, mais je l'ai lui ai réclamé en vain.

sètɨtɨ

AV exactement, précisément (avec nombre) (*ou bien* sètɨ). **m̄-rèē sètɨtɨ njà ì mɨtá bà m-ɨngá-ī àlé.** Je suis venu exactement trois fois, je ne t'ai pas trouvé.

sèw

AV parfaitement (droit). **Róbɨ kɨ kàw̄ Kūmrāá ndà súmū sèw.** Le chemin qui va à Koumra est parfaitement droit.
AV directement (se diriger vers). **Bà̰ý á ī-sɔ̀ɔ̄-m̄ sèw bèē?** Pour quoi tu te diriges directement vers moi comme ça.

séw̄   (Syn: sébɨ̄)

VT renverser. **Gòtɨ kèē ń séw̄ nàng tɨ ní tò nụ̀ụ́ ɓáy-tụ.** Les traces du van qu'elle avait renversé par terre sont toujours là.

sèý   (Arabe)

N vérité, vrai. **ɔ̄r nàjī kɨ sèý ādī-m̄ m-ō** Dit moi la vérité pour que je comprenne.
N sincérité. **Sèý yē-í gòtóō.** Ta sincérité n'existe pas (tu n'es pas sincère).

sēy

NIN odeur. **Gījā ì dā̰ kḭ́ sēy-ǹ òtì ngáy.** La civette est un animal qui a une odeur très mauvaise.

sḛ́y

AV un peu. **m̄-gèr̄ tà Sàr̄ sḛ́y-sḛ́y.** Je sais la langue Sar un tout petit peu. **Sḛ́y gō-tḭ́ 6á-à, ngè màng kīnjá tél̄ 6ār̄ gō ngè kìgì kīnjá ní.** Un peu de temps après, le client revient et appelle le marchand de poule. **à̰á̰ā̰, rā só-tḭ́ sḛ́y, tò tīt̄ kḭ́ kété àlé.** Oui, cela va un peu mieux, ce n'est pas comme avant. **Kàñ kāgī lúndī sḛ́y.** Le fruit de cet arbre est un peu sucré.

-sí

PRA vous (acc.). **m̄-gèy kàdī-sí gúsì bíṛí.** Je vais vous donner l'argent demain.

-sí

PRA vous (après prép.). **Lápíyà yā-sí!** Bonjour à vous!

PRA votre. **Kó̰-sí àw̄ ì rá?** Où est allée votre mère?

sìdáà (Français)

N la maladie SIDA. **Sìdáà ì mò̰y kḭ́ dáwá-ǹ gòtóō.** Le SIDA est une maladie qui n'a pas de remède.

sìjóò (Français)

N ciseaux. **m̄-ndōgō sìjóò àdī m-ḭ́já-ň dò̰-m̄.** J'ai acheté des ciseaux pour couper mes cheveux.

síkī

VI pleurer à sanglots. **Ngōn ndì à síkī nō̰.** L'enfant pleure à sanglots.

síkī-mál̄ (Syn: kíl-mál̄)

N hoquet. **Síkī-mál̄ ò̰sì-ī 6á-à ā̰y màñ à ī-só-í-tḭ́.** Si tu as l'hoquet alors tu bois de l'eau et ce sera mieux.

Expr: **síkī-mál̄ ò̰sì/rā [dèē]** - [qqn] avoir le hoquet.

síkì-síkḭ́

AV différent. **ílá sā kì síkì-síkḭ́ njà-í tḭ́ āw-ň ì kī rá?** Tu mets des chaussures différentes pour aller où avec?

síkìr (Français)

N sucre. **Kùm-mbàng Ràmàdáñ tḭ́ gāt̄ síkìr ḭ̀ ngáy.** Pendant la période de Ramadan le prix de sucre augmente beaucoup.

síkɔ̄r

N esp. d'oiseau, martin-pêcheur. **Síkɔ̄r ì yèl̄ kḭ́ à rā 6ē yē-ǹ ì bìlò-màñ-á.** Le Martin-pêcheur est un oiseau qui fait son nid dans les puits.

sīl

N foyer; blocs d'argile du foyer. **6èt̄ī àw̄**

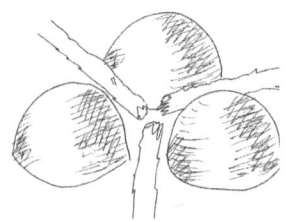

tètì kūbīṛū sīl. Le singe alla casser des morceaux d'argile du foyer.

Ngán kí màndì gī mìtá tìgā-ñ ūwá mọ̄y-ọ́, ì rí? ì sīl. Trois belles jeunes filles qui finissent le mil du silo, qu'est-ce que c'est? Ce sont les blocs d'argiles du foyer (devinette).

Sīl jì-rā tām yē kìndā jóò dò-tí ō, hòr gír-í ō. Le foyer on l'utilise pour mettre les marmites dessus et le feu dessous.

sílkì (Arabe)
N fil électrique. ā āw ún sílkì ī-rèē-ň ādī m̄-tám̄-ň ràdyóò. Va prendre un fil électrique et emmène le moi pour que je répare la radio avec.

sìmạ̄ (Français)
N cément. Ngɔ̄-làā à rā-ñ sìmạ̄ Pālāá. Maintenant on fabrique le ciment à Pala.

sìndī
VI disparaître à la vue. Ngè-ɓògì sìndī gìdì ndògī-ó. Le voleur a disparu derrière le secko.

síndī
V échapper de l'attention, disparaître de l'esprit. Rī-ň síndī-m̄ kɔ̄ɔ́. Je n'arrive pas a me rappeler son nom. Ị̄ ì náạ̄, ī-síndī-m̄. Qui es-tu, je n'arrive pas à te reconnaître. Expr: kùm [dèē] síndī dì [dèē màdī] tí - [qqn] reconnaître mal [qqn d'autre].

síñglī
VT rendre la respiration difficile, faire suffoquer. Ré údì màñ-á bè-ré mān tà-kú-í ɓá-à màñ à síñglī-ī. Si tu entres dans l'eau et si elle dépasse le niveau de ta poitrine alors l'eau rendra la respiration difficile pour toi.

síñgṛī
N élévation de terrain. M-ɔ́y ngàlì m-āw-ň dò síñgṛī tá m̄-ngīyạ̄. Je ramasse le manioc et je les emmène sur une élévation de la terre et je les épluche.

síṛ (Syn: tágī)
VI s'enfler, être enflé. Jī-m̄ síṛ ngáy àdī m̄-ɓī ndɔ́ɔ́ làā àlé. Ma main est enflée donc je n'ai pas dormi cette nuit.

sírdì (Arabe)
N selle de cheval. Ré āl sìndá kànjī sírdì à gír-í à hólō. Si tu montes à cheval sans selle alors tes fesses auront des ampoules.

sīṛí
NUM sept. Dèē gī ɓú sīṛí rèē-ñ. Sept-cent personnes sont venues.

sísì
N ancienne pièce de monnaie. Sísì gē kɔkīrɔ̄ gē ì gúrsì kí jóò ngáy gī. Le "sisi" et le "kokiro" sont l'argent de jadis.

sīsīrī
V flétrir; être ratatiné. Ré ā-īnā dạ̄ kí mbōl hòr-ó à

sīsīrī. J'ai mis la viande au feu et elle est ratatinée.

sìtì

VI bourgeonner, produires des feuilles. **ɓàr̄-á ɓá-à kāgī à sìtì-n̄ ngáy.** En saison des pluies les arbres produisent beaucoup de feuilles.

sìtī

VI perdre connaissance, s'évanouir. **Ngōn òsō dɔ̀ kāgī-á àdī sìtī kɔ́ɔ́.** L'enfant est tombé de l'arbre et il s'est évanoui.
VT faire perdre connaissance, épuiser. **Kàsì n̄ āy n̄-nɔ̀ɔ̀ à sìtī-ī.** Cette boisson que tu bois va te faire perdre connaissance.
VI ne produire pas (les feuilles). **Mbàng ɔ̀sì ngáy àdī kāgī gī sìtī-n̄ kɔ́ɔ́.** Le soleil est très fort et les arbres ne produisent plus des feuilles.

sítī

VT faire des trous pour semer. **Sítī bárá wúdùm tōr ngáy.** Faires les trous de semence pour les arachides est très difficile.

sìw

Id à moitié, pas complètement (sec: descr. de). **Kūl ò̰ ngáy àdī kūbī n̄ m̄-tógò ní àȳ sìw.** Il fait très froid est les habits que j'ai lavé ne sont pas complètement secs.

sìw

Av droit (pour un objet long et mince, dressé. **āw ún kāgī kí tò sìw ī-rèē ādī m̄-ɨ̀jà-n̄ mángò.** Va prendre un bois dressé et viens pour que je coupe la mangue avec.

sìw

Id rougeâtre (descr. de). **Bɨ̄ī bísì yā-m̄ kɨ̀rē sìw.** Les poils de mon chiens sont rougeâtres.

sīyā

VT tamiser. **Kɔ́ sīyā ndùjī kì tḛ̀mḛ̄-ḛ́.** Ma mère tamise la farine avec un filtre.

síyā

V chauffer (*ou bien* síyē). **īndā màn̄ hòr-ó ādī síyā tá m̄-ndògī.** Mets de l'eau sur le feu pour qu'elle chauffe d'abord et après je vais me baigner.
Expr: lò síyā [dèē] - [qqn] avoir chaud.

síyē

VT avoir doute sur. **m̄-ndì à m̄-síyē nàjī n̄ ī-ìdà-m̄ ní.** J'ai des doutes sur ce qu'il m'a dit.

sɨ̀ɨ̄

PR vous (forme indépendante). **Ngār̄ àdī-sí sɨ̀ɨ̄ ngáy bà jɨ̀ àdī-jí àlé.** Le chef a donné beaucoup à vous, mais à nous il ne nous a pas donnés.

sɨ̀yà̰

N plaie incurable sur la peau. **Dò sɨ̀yà̰ ì dò kí à ìdī àlé.** La plaie "siya" est une plaie qui ne se guérit pas.

sɪ̀bā

VT décortiquer (une céréale, haricot ou pois de terre) (*ex.* ūwá kɪ́ sɪ̀bā, tḛ̄y kɪ́ sɪ̀bā *"mil/petit mil décortiqué"*). **Dɪ̀yá̰ gɪ̄ à sɪ̀bā-ñ tḛy ì gɪ̀dɪ̀ ɓē tɪ́ nà tīsá tḛy ndɔ̰̀ ngáy.** Les femmes décortiquent le petit mil derrière le village parce que le son de petit mil démange beaucoup.

sɪ̀bà

N esp. de papillon blanc et petit, nocturne. **Ré sɪ̀bà ìwà gō-í tɪ́ à ā íngá dɪ̀yá̰ yē tàā àlé.** Si un papillon blanc se pose sur ta nuque alors tu ne trouveras pas une femme à marier.

sɪ̀bà

N célibataire. **Sɪ̀bà ì mbóò àlé.** Le célibataire n'est pas un sot. **Dɪ̀ngàm kɪ́ kànjɪ̄ dɪ̀yá̰ ì sɪ̀bà.** Un homme qui n'a pas de femme est un célibataire.

sɪ̀gà

VT prendre avec effort (un obj. lourd). **ɔ̀y wúɪ́ ròsɪ̀ ngòng sɪ̀gà àw̄-ň ɓē-é.** Il a ramassé les pois de terre et a remplis le sac et l'a pris avec un effort et l'emmené chez lui.

sɪ̀gà

N baguette, fil servant à enfiler et porter d es animaux capturés (poissons, rats, criquets, etc.). **Sūr̰ yégɪ̄ tà sɪ̀gà tɪ́.** Il enfile les rats sur la baguette.

sɪ̀gā

AV instrument en fer à bout tranchant (pour creuser, déraciner des arbres, etc.) . **Ngé-ndɔ̀ gɪ̄ à ndēr̰-ñ ndōr̰yō ì kɪ̀ sɪ̀gā-á.** Les chasseurs creusent les termitières avec un outil en fer.

sɪ̄lā

VT résister. **ā ɪ̄-sɪ̄lā ngōn kàdɪ̄-á ɓògɪ̀ à?** Vas-tu instiguer l'enfant pour qu'il vole?

sɪ̀lē

N canine. **Sɪ̀lē ɓɔ̀l òtō ɓóɪ́ ngáy.** Les canines de lion sont féroces.

sɪ̄lé

N tige (d'arachide). **Sɪ̄lé wúdùm ì mór̰ó màñg.** La tige d'arachide est le foin pour les boeufs.

sɪ̀lē

N pièce d'argent, monnaie, jeton. **ɪ̄lō kɪ̀là sɪ́lē tà-í tɪ́.** Il ne faut pas mettre la pièce d'argent dans ta bouche.

sɪ̀mbóỳ

N esp. de petit oiseau, soui manga. **Ré jɪ̄-í ɔ̀dɪ̀ ɓē sɪ̀mbóỳ ɓá-à ā ójɪ̀ ngón ì kógɪ̄m̀ bè.** Si tu touches le nid de l'oiseau soui manga alors tu auras un seul enfant.

sɪ̀nékɪ̀

N trèfle (cartes). **Gɪ́r̀ kártɪ̀ gɪ̄ ì sɔ́: jìnárì ō kúbì ō sùbátà ō sɪ̀nékɪ̀ ō.** Il y a 4 couleurs de cartes: carreau, trèfle, coeur et pique.

síndà

N cheval. **Dìyá ì síndá á dèē màng ỳyà̰ gíṛ dèē yā-n̄ gī tí à?** La femme est-elle un cheval pour qu'on puisse l'acheter et la laisser à la charge des siens? **Bɔ̀bī-m̄ ndōgō síndà kàdī jì-ngōm-n̄ màng yē-n̄ gī.** Mon père a acheté un cheval pour que nous gardions ses boeufs.

síndā-kókíràng   (Syn: kí-ngōdī-ndɔ́ɔ́)

N esp. d'insecte. **Dèē gē ìdà-n̄ nà síndā-kókíràng à òtō kókíràng gìdì-n̄ tí.** Les gens disent que l'insecte "sindakokirang" porte le scorpion sur son dos.

sīṛā

N cocon. **Tàw̄ ùdì sīṛā-á ɓá-à à tél bèl-bél.** La chenille entre le cocon et sort un papillon.

sírā

VI marcher en courant. **Kīṛ ɔ̀ȳ-m̄ ngáy àdī m̄-sírā kī ɓē-é.** Le fagot est très lourd pour moi ainsi que je marche chez moi en courant.

síṛā

VT désherber, sarcler, racler (v. aussi hɔ̀ṛ). **Ré ī-síṛā kèm gɔ̀jì yā-í àlé ànī tīṛo à tɔ̄l kɔ̄ɔ́.** Si tu ne sarcle pas ton champ de sorgho le Striga va le tuer.

sīrā-dùl

N esp. de petit sous-arbrisseau de savane à fruits minces et allongés. **Ré kɔ́**

bīyā̰ ìsà sīrā-dùl ngáy ɓá-à mbà-n̄ à sīngā ngáy.** Si une chèvre mange beaucoup de la plante "sira-dul" alors son sein va couler beaucoup de lait.

sìrèi

VT fabriquer en tournant avec la main plate. **m̄-sìrè kìlā kàdī m̄-dò̰ tà kār màn tí.** Je vais fabriquer une corde pour le seau.

sírē   (Syn: sábā)

VT étendre (partie du corps). **ī-lō sírē njà-í nà lò àsì-jì àlé.** Il ne faut pas étendre les pieds car il n'y a pas assez de place pour nous.

síṛō

V essayer de piquer à plus. reprises (qqc qu'on ne voit pas). **síṛō kèm kámbì, síṛō gíṛ mṵ** piquer les feuilles, les herbes (pour voir s'il y a un animal dedans) **m̄-síṛō kèm kámbì m-ō ké dā̰ kíṛēy tèē wà.** Je frappe les arbustes avec un bâton pour voir si un animal va sortir. **Expr: síṛō kèm [dèē] -** provoquer [qqn] avec des mauvaises paroles. **ī-lō síṛō kèm bɔ̀bī-í kí nàjī yē-í kí tà àtì.** Il ne faut provoquer ton père avec des paroles tranchantes.

sóò   (Français)

N seau. **Kɔ̀dī kí ngò-làā gī gèr-n̄ rā sóò**

ngáy. Les forgerons de nos jours savent très bien faire les seaux.

sòó

N esp. d'animal,cynhyène, lycaon. **Sòó ō bàtī ō à rā-ň ɓē nàā̰ tɨ́ àlé.** Le cynhyène et le mouton ne fait pas la maison ensemble.

sò-sò

N esp. de rat agressif. **Sò-sò ì yégī kɨ́ òtɨ̀ ngáy, màdī-ň gī ɓōĺ -ň-ň màlàng.** Le rat "soso" sent très mauvais, les autres rats l'ont beaucoup peur.

só-tɨ́

AV mieux. **Mò̰y yā ngōn-í ì só-tɨ́ à?** La maladie de ton enfant, va-t-il mieux? **Dáwá ń àdī-m̄ ní ì kɨ́ màjɨ̀, rā-m̄ só-tɨ.** Le médicament qu'on m'a donné était bon, je suis mieux maintenant.

sòbī

VT piler (pour enlever le son). **Dɨ̀yá̰ sòbī gò̰jɨ̀ àlé.** Une femme ne pile pas le sorgho rouge (pour enlever le son).

sōkɨ́

AV peut-être (*on dit aussi sōgɨ́*). **Sōkɨ́ à ì nàjī kɨ́ sèý.** Peut-être c'est la vérité.

sókī

VT effrayer pour s'amuser. **ī-lō sókī ngán gī kɨ̀ kìyā.** Il ne faut pas effrayer les enfants avec le couteau. **ī-sókī bísɨ̀ ādī àw̄ kɔ́ɔ́.** Effraie le chien pour qu'il parte.

sōkɨ́-tā (*Arabe*)

INJ à bientôt! (*v. aussi nākā́-tā*). **Sōkɨ́-tā! -- nāká-tā!** à bientôt! -- à bientôt!

sòl

N farine mélangée avec l'eau fraîche. **ī-gùr̰ sòl ɓōkɨ́ màň-á tá ī-ɓīr̰ mùr̄ ɓáy.** Mélange la farine dans l'eau fraîche et verse-las dans l'eau (chaude) et fais la boule.

sòl

N farine délayé dans l'eau pour préparer la boule. **Sòl ì ndùjī kɨ́ gùr̰ màň-á tām yā rā-ň mùr̄.** "Sol" est farine mélangée dans l'eau pour en faire la boule.

sōl

VT s'inquiéter au sujet de. **Dɨ̀yá̰ sōl ngōn-ň kɨ́ mò̰y.** La femme s'inquiète au sujet de son enfant malade.

VI être inquiété. **Ré ngà-í ì ásgàr à ā ī-sōl kɨ-ndɔ̄-gī.** Si ton mari est un militaire alors tu seras inquiétée tous les jours.

N inquiétude. **àdī-m̄-ň dáwá bà sōl rā-m̄ àdī m-úr mbàkɨ̀.** Ils m'ont donné de médicament mais l'inquiétude m'a saisi et je les ai avalé tous (pour me guérir vite).

sólyō

VT mettre en désordre. **ì ná̰á̰ ň sólyō kūbī kújɨ́-ú tòō à?** Qui a mis en désordre les habits dans la maison-ci?

sōḿ

VI chanter (le coq). **Kḭŕá yā-í sōḿ ndɔ́ɔ́ ngáy, ɔ̀gī-m̄ ɓī.** Ton coq a crié toute la nuit, il m'empêche de dormir!

V pleurer. **Ngōn kḭ́ mǫ̀y sōḿ ndɔ́ɔ́ ngáy.** L'enfant malade pleurait beaucoup pendant la nuit.

sòr̄

V mentir. **Ré ā ī-sòr̄ ngáy à dèē gī à tàā-ñ kèm-í àlé.** Si tu mentes beaucoup les gens ne vont pas te croire.

sōr̄ō

N escargot. **Sōr̄ō ì ngōn kùr̄ kḭ́ dūú kḭ́ à njīrā kḭ́ kújḭ yē-ǹ gìdḭ-ǹ tḭ.** L'escargot est une petite créature qui se promène avec sa case sur le dos.

sǫ̀ǭ

N coin. **kújḭ-kátḭ̀-kǫ́ỳ sǫ̀ǭ-ǹ ì sɔ́.** Une maison rectangulaire a quatre coins. **Ngōn ɓɔ̄ rō-ǹ sǫ̀ǭ ndògī tḭ́.** L'enfant se cache au coin de la concession.

sǫ̀ǭ-nǫ̀

N chef. **ásgàr kḭ́ à njīrā kété ní ì sǫ̀ǭ-nǫ̀ ásgàr gī.** Le soldat qui marche devant est le chef des soldats.

sɔ́ [sɔ́ɔ́]

NUM quatre. **dūbú-sɔ́ kḭ̀ ɓú-sɔ́ kḭ̀ kùt-sɔ́-kàl̄-ǹ-kḭ̀ sɔ́** - quatre mille quatre cent quarante-quatre.

sɔ̀ɔ̄

V se diriger vers. **Kāgī gī kḭ́ lò-ń ḭ̀ àā̰ ɓɔ̄ r̄ɔ̄-ǹ kūtḭ ní tò-ñ kḭ̀ mbǫ̀y-ǫ́ màlàng, kùm-dḭ́ sɔ̀ɔ̄ màñ.** Les arbres, à l'endroit où il s'est enfui, sont tous penchés en direction l'eau. **Bísḭ́ sɔ̀ɔ̄-m̄ sèw kàdī dǫ̀-m̄ á m-āy.** Le chien s'est dirigé vers moi pour me mordre et j'ai fui. **Expr:** sɔ̀ɔ̄ kàdī - il est bon que, il est normal que. **Sɔ̀ɔ̄ kàdī màñ èdḭ̀ tā.** Il est normal qu'il pleuve maintenant.

sɔ́-sɔ́

NUM huit. **M-ā m̄-nàjḭ̀ mbàng-á àsḭ̀ ndɔ̄ sɔ́-sɔ́ àláà ì ndɔ̄ kùtḭ̀.** Je les laisses étendus au soleil de huit à dix jours. **M-āw mbā àḭ́ nā̰ sɔ́-sɔ́.** Je n'ai pas voyagé depuis huit mois.

sɔ́kī

VT chasser dehors d'un trou (à l'aide d'un bois). **Ngán gī à sɔ́kī-ñ yégī gī kḭ̀ kāgī-á.** Les enfants chassent les rats (dans leurs trous) à l'aide d'une perche.

sɔ̀l̄

VI être frais, rafraîchi. **Màjḭ̀, ń-tòō ní kùm-m̄ sɔ̀l̄**

lòm tā. Bon, maintenant je suis très rafraîchi [litt: ... mes yeux son frais maintenant]. **Lò sɔ̀ɍ ɓōó-làā.** Il fait frais aujourd'hui. **VT** rafraîchir. **Màñ kɪ́ sɔ̀ɍ sɔ̀ɍ-m̄ ngá̰y.** L'eau fraîche me rafraîchit beaucoup.

sɔ̀ɍ-kèm

N consolations. **m̄-ādī-ǹ sɔ̀ɍ-kèm-ǹ tɔ̀dɔ̄ kó̰-ǹ òy.** Je lui apporte des consolations pour sa mère qui est morte.

sɔ̀ñg

NIn jeune (animal, personne). **Sɔ̀ñg kīnjá nèɍ mān kīnjá kɪ́ bò.** Un jeune poulet est plus délicieux qu'un poulet grand. **Sɔ̀ñg dèē à ìsà yá̰ ngá̰y.** Une jeune personne mange beaucoup.

sɔ̀ngɔ̀y

N type de sagaie. **Ngè-ndɔ̀ ùr nàsī kɪ̀ sɔ̀ngɔ̀y-ɔ́.** Le chasseur a lancé la sagaie sur l'antilope cheval.

sù   [sùù]

VI être égoïste. **ḭ̄ ì ngè sù á í-sá yá̰ kɪ̀ kér-í à?** Est-ce que tu es égoïste pour manger à seule? **Expr: sù kɪ̀ [dèē] kɪ̀ [yá̰]** - refuser de donner [qqc] à [qqn] pour égoïsme. **Ngō-kó̰-m̄ kɪ́ dḭ̀yá̰ sù sè-m̄ kɪ̀ bíyā̰.** Ma soeur a refusé de me donné de la bouillie.

sū   [sūū]

VT enfumer (viande, poisson). **Dḭ̀yá̰ à sū kānjī.** La femme enfume le poisson. **VT** déranger (la fumée). **Sà sū-m̄ ngá̰y, m-á̰ yá̰ àlé.** La fumée me dérange beaucoup, je ne vois rien.

súū

N conte. **ɔ̄r súū yē dɔ̀gm̄.** Conte-nous une histoire du lièvre. **Expr: kɔ̀ɍ súū** - conter une histoire.

Súū

NP personne des contes Saras. **Kèm súū gɪ̄ tɪ́ ní Súū ì dèē kɪ́ à gḛ̀y rā kùm-kèdī ngá̰y bà rā àw̄ sà̰y àlé.** Dans les contes Sou est une personne qui veut faires beaucoup d'astuces mais ne réussit pas. **N** diable (Chrét.).

súū

N araignée. **Súū rā dɔ̀ndɔ̄ kàdī ùwà-ň kóñg.** Les araignées tissent des toiles pour attraper les mouches.

súū

VT montrer respect, respecter. **Dḭ̀yá̰ súū mùm-ǹ àdī mbātɪ́ kɪsà yá̰a̰ kùm-ǹ tɪ́.** La femme montre respect à son beau-père et elle refuse de manger à sa présence.

sùbátà

N pique (cartes). **Gɪ́ɍ kártɪ̀ gɪ̄ ì sɔ́: jìnárì ō kúbì ō sùbátà ō sɪ̀nékɪ̀ ō.** Il y a 4 couleurs de cartes: carreau, trèfle, coeur et pique.

sùkī

VT rincer. **Dùm gī sùkī-ñ tà-dí tá sálā-ñ ɓáy.** Les arabes rincent leurs bouches avant la prière.

súkī

N marché. **Súkī kí Sárˋ bò mān kí Kūmrāá.** Le marché de Sarh est plus grand que celui de Koumra.

súl

N bosse (d'animal). **Jámbàl kírēý gī súl-dí ì jōó.** Certains chameaux ont deux bosses.

Súl màng kí dìyá ì ngáy àlé. La bouche d'une vache n'est pas très grande.

súlú (Arabe)

N chaine. **Màng kí bò ngáy ré ī-dò̩-ǹ kì súlú-ú àíˋ à dèē gī à ɓògì-ñ-ǹ.** Un très grand boeuf, si tu ne l'attaches pas avec une chaine alors les gens vont le voler.

sùlùlù

ID très (gonflé, enflé) (*général, avec,* gàbì, síīˍ, tágī). **Dò-tà-ǹ síīˍ sùlùlù.** Sa lèvre est très enflée.

sùlùlù

ID à ras bord (remplir: descr. de ròsì). **ɔ̀jì kō ròsì dójì sùlùlù ādī-m̄.** Il a mesuré le mil et il a rempli le récipient à ras bord pour moi.

sùm

N panier à poisson. **ī̩ ì náw̆ á ōtō sùm à?** Es-tu un pêcheur que tu portes un panier à poisson?

sùm̄

V rester sans bouger ou sans changer. **Kòrō sùm̄ ràaa.** L'animal reste sans bouger. **ā ī-sùm̄ kújí-ú ā ī-rā rí wà?** Tu restes sans sortir de la maison, qu'est-ce que tu fais? **Sùm̄ rā kí mò̩y gī tí kɔ̄ɔ́.** Il toujours reste sans bouger en faisant le malade.

súmū

N droite; adresse. **Kāgī màrˍ ì kāgī kí ndà súmū.** Le rônier est un arbre qui est tout droit.

Expr: ndà/rà súmū - être droit.

sùmbìrù

AV inachevé, sans conclusion. **Rā kìlà sùmbìrù àdī bírí à m-ādī-ǹ kìlà àlé.** Il a travaillé sans finir et alors demain je ne lui donne pas de travail.

súndī

VI s'emmêler, être emmêlé. **Kìlà súndī nà̩ā̩ tí àdī m-ā m̄-tútī ì mbéē** La corde s'est emmêlée et donc je suis en train de la détacher seulement.

V s'entortiller autour de. **Lī súndī gìlà-ǹ tí.** Le serpent s'est entortillé autour de sa jambe.

sùndúkìˋ (Arabe)

N coffre, malle. **m̄-ɓōkɨ́ kūbī yā-m̄ kèm sùndúkɨ̀ tɨ́.** Je mets mes habits dans le coffre.

sùngó

N devinette. **ɔ̀sɨ̀-m̄ sùngó gɨ̄ ngáy, bà m-ɨ́ngá màlàng.** Il m'a posé beaucoup de devinettes, mais j'ai tout trouvé.

súpɨ́rà (Arabe)

N plateau en métal.

sùr̄

V marcher (dans l'eau). **Màn èdɨ̀ ngáy à ā ɨ̄-sùr̄ màn tá āw súkɨ̄-ú ɓáy.** Il pleut beaucoup, tu vas marcher sur l'eau d'abord pour aller en fin au marché.

sūr̰

VT enfiler. **Ngán kɨ́ màndɨ̀ gɨ̄ tām-yē kɨ̀jà ɓàyà yē-dɨ́ tɨ́ ní sūr̰-n̄ mèdè.** Les jeunes filles pour l'initiation enfilent des perles.
VT coudre (avec grande aiguille). **m̄-ndōgō tɔ̄-kùm-dùm kàdī m̄-sūr̰-n̄ tà sákɨ̄ wúl̄ yā-m̄.** J'ai acheté une grande aiguille pour coudre mon sac de pois de terre.

súr̄

N esp. d'herbe dressée, épi allongé à courtes barbes [Setaria sp.]. **Ndɨ̀sā súr̄ ngàng mān ndɨ̀sā dā.** Le balaie de l'herbe "sur" est plus fort que le balaie de l'herbe "da".

súr̰

VT filtrer, quitter le liquide de (qqc). **Kàsɨ̀ kɨ́ kànjī súr̰**

yē-n̄ ì ngáy. La boisson qui n'a pas été filtrée a beaucoup de résidu.
VT mélanger (liquides). **ɨ̄-súr̰ màn ādī m̄-ndògī.** Mélange l'eau (chaude avec l'eau fraîche) pour que je me lave.

sùsùsù

AV long et souple. **Mbāy-n̄ tò sùsùsù.** Il a une barbe longue et souple.

sùtɨ̀

AV en grandes quantités, beaucoup. **ɓōkɨ́ kàtɨ̄ sùtɨ̀ kùm tá tɨ́.** Elle a mis beaucoup de sel dans la sauce. **Bísɨ̀ dò̰-m̄ sùtɨ̀.** Le chien m'a mordu largement.

sútɨ̄

NIN sans sauce (la boule) (*toujours avec* **mùr̄**). **m̄-ndōgō sútɨ̄ mùr̄ kàdī m̄-rā-n̄ yérgè.** J'ai acheté la boule sans sauce pour fabrique la boisson avec.

Sùwā

NP Arabe. **Sùwā gɨ̄ ì ngé-kùl̄-màng gɨ̄.** Les Arabes sont des éleveurs.

sūwē

VT traiter. **ɓèyè kɨ́ ngáy gɨ̄ dá, ā ɨ̄-sūwē tá ì ɨ́sá ɓáy.** La plupart des champignons, il faut les traiter avant de les manger.

tà [tàà]

NIN bouche. **ūtī tà-í, kó̰ŋ gɨ̄ à ùdɨ̀-n̄.** Ferme ta bouche, les mouches vont y entrer.
Expr: tà [dèē] ngàng - [qqn] être non-respectueux. **Ngōn-nān-m̄ ì ngōn kɨ́ tà-n̄**

ngàñg ngáy. Mon cousin est un enfant qui ne respecte pas.

Expr: tà [dèē] ɔ̀ȳ - [qqn] être timide. **Ngōn kɨ́ tà-n̄ ɔ̀ȳ ì ngōn kɨ́ à gèr̄ yá̰ làkɔ́l̀-ó àlé.** Un enfant timide est un enfant qui ne vas pas savoir beaucoup de choses à l'école.

Expr: tà [yá̰à̰] òy - [qqc] n'être pas tranchant. **Tà kìyā yā-ḿ òy, m-ásɨ́ kàdɨ̄ m-ɨ́jā-ń dā̰ àlé.** La lame de mon couteau n'est pas tranchante, je ne peux pas couper la viande avec.

tà [tàà]
N problème. **Ngō-kó̰-ḿ sā tà kɨ̀-ndɔ̄-gɨ̄.** Mon frère cherche toujours des problèmes.

tà [tàà]
N langue. **Bɔ̀bī-ḿ gèr̄ tà nàsár̀ màjɨ̀ ngáy.** Mon père connaît la langue française très bien.

Expr: tà sàr̄ - la langue Sar. **m̄-gèr̄ tà Sàr̄ séy-séy.** Je sais la langue Sar un tout petite peu.

tà [tà]
PRP devant. **Ndà tà kújɨ́ tɨ́.** Il reste devant la maison.

tā [tāa]
V faire connaître, faire savoir. **Rèē tā-m̄ nà nɨ̀yá̰-ḿ à òjɨ̀.** Il a venu me faire savoir que ma femme va accoucher.

VT avertir, prévenir. **m̄-tā-ī**

mbā yā Súū. Je te préviens de l'arrivée de Sou.

tā [tā]
AV maintenant. **ī-tèē tā.** Tu sortes maintenant. **M-ā ɓē yā-ḿ tɨ́ tā.** Je vais chez moi maintenant.

tá [tá] (Syn: pá-tā)
AV d'abord (*devient* tā *après un mot qui finit avec le ton haut*). **m̄-gèy kàā ndɔ̀ tá m̄-tél̀.** Je vais aller à la pêche d'abord avant de revenir.

AV seulement. **Ndùbɨ̀ ì lī kɨ́ à dɔ̀ ì kɨ̀mā tá.** Le python royal est un serpent qui mord les sorciers seulement.

tàā
VT prendre. **ī-tàā mápà ādɨ̄ m-āw.** Prends ce pain (de ma main) pour que je puisse partir.

Expr: tàā kèm [dèē] - avoir confiance à [qqn], croire. **m̄-tàā kèm-n̄ gá̰r̰-gá̰r̰.** J'ai confiance totale à lui.

Expr: tàā kùm - filtrer. **ī-tàā kùm màn̄ nà kùsúr̰ū ngáy.** Filtre l'eau parce qu'elle est très boueuse.

VT dépasser (la force de quelqu'un). **Kāgɨ̄ ń-tòō dá tàā tógɨ́-ḿ.** Ce bois dépasse ma force.

tá-à (Syn: tá-ànī)
CNJ et, et alors. **Tá-à ā ī-rā làà ndɔ̄ ì kóndóng?** Et alors combien de jours vas-tu rester ici?

tá-ànī
CNJ au contraire. **Nì àw̄ kɨ̀ gúrsɨ̀ ngáy bà mā̰ tá-ànī jī-**

ḿ ì kàr̄ī. Il a beaucoup
d'argent mais moi, au
contraire, j'ai les mains
vides.

tà-dò

N l'ouverture d'une plaie.
Tà-dò kɨ́ kànjī ɓír̄ òtɨ
ngáy. L'ouverture d'une
plaie qui n'est pas couverte
sent mal.

N piqûre (de moustique,
etc.). **Tà-dò yíl̄ gī ndò̰ò̰-ḿ**
ngáy. Les piqûres de
moustique me démangent
beaucoup.

tà-dɔ́ɔ́

AV tout de suite,
immédiatement. **M-á̰à̰-n̄ tà-**
dɔ́ɔ́ ngóỳ ɓá-à ḿ-gèr̄-n̄
kàdī ì ngè-ɓògɨ̀. Je l'ai vu
immédiatement et alors j'ai
su qu'il était un voleur.

tà-gàjɨ̀

N croisement (de chemins).
Tà-gàjɨ̀ ì lò rā ɓèsī yē dèè-
kɨ́rēý gī. Le croisement est
là où certaines personnes
font le rite "ɓesi".

tà-jī

NIN branche [d'un arbre].
Tà-jī mángò ngàng àlé. La
branche du manguier n'est
pas résistante.

tā-jī-lò-sɔ̀r

N le coucher du soleil. **Jɨ̀-**
ngóō tā-jī-lò-sɔ̀r tɨ́ tá j-àw̄
mbā ɓáy. Nous attendons
jusqu'au coucher du soleil
d'abord et après nous irons
en voyage.

tà-kèm

N boyaux, intérieur du
ventre (d'un animal). **Jɨ̀-tɔ̄l**
bīyā̰ ndɔ́ɔ́-làā bà j-ɨ̀sà ì tà-
kèm-n̄ ɓáy. Nous avons tué
une chèvre cette nuit mais
on a mangé les boyaux
seulement.

tà-kɨ̀ɓà

N la sortie du terrier. **Yégī**
à ɨ̀yà̰ tà-kɨ̀ɓà-n̄ wōy-ó bɨr̄á
àlé. Normalement le rat ne
laisse pas la sortie du terrier
ouverte comme ça.

tà-kɨ̀gà-dɔ̀

N commencement. **Tà-**
kɨ̀gà-dɔ̀ ní, Nɨ́ɓā ìlà Súū kɨ
mɨ̀yā̰-bò-ó kàdī mbàng
ɓēdày tɨ́. Au
commencement, Nouba
envoya Sou avec un "miya-
bo" pour le donner au chef
Day.

AV premièrement, premier.
Dèè gī ń à̰-n̄-n̄ tà-kɨ̀gà-dɔ̀
ní ì dèè kɨ́ dɨ̀yá̰ gī. Les
personnes qui l'a vu
premièrement étaɪent les
femmes.

tà-kɔ̀ȳ

N timidité. **Tà-kɔ̀ȳ yē-í**
nò̰ò̰-n̄ ɔ̀gī-í kɨ̀dà nàjī ɓē yā
ngàr̄-á ní. C'est ta timidité
qui t'a empêché de parler
chez le chef.

tà-kú

N creux de la poitrine, bas
du sternum (*on peut dire*
aussi kū). **ìndà tà-kú-ḿ àdī**
gḛ̀y tɔ̄l-ḿ. Il m'a frappé

303

dans le creux de ma
poitrine, il veut me tuer.

tà-kújī

N porte. Ị ń ī-ndì tòō, ị́ ūtī
tà-kújī. Toi qui es là, va
fermer la porte. tèē̜ tà-kújı̀;
ùtī tà-kújı̀ - ouvrir la porte;
fermer la porte.

tà-kūl

PRP grâce. Tà-kūl-m̄ mā̱
ń ó̜ mùr̄ ɓōó-làā̱ ní. Grâce à
moi tu as mangé la boule
aujourd'hui.

tà-kùm

N visage. Tà-kùm sìnwā gī
tèē nà̱ā̱ màlàng. Les
visages des chinois sont tous
les mêmes.

N présence. Dı̀yá̱ kı́ àw̄ kı̀
hɔ̄rmɔ̄ à à ìsà tà-kùm
mùm-ǹ tı́ àlé. Une femme
qui se respecte ne mange
pas en présence de son
beau-père.

tà-ngàñg

N manque de respect. Tà-
ngàñg ì yá̱ kı́ à tɔ̄l-ī. Le
manque de respect est une
chose qui va te tuer.

tà-róbī

N porte. Ngāṛ àdī-dı́ kānjī
kı́ njàṛ kèm yā kàdì tò-ñ-ň
ō ùtī-ñ-ň tà-róbı̀ ō. Le chef
leur donna un poisson divisé
par le milieu pour qu'ils
couchent dessus et pour
fermer la porte. ī-tèē̜ tà-róbī
ādī kàmyō̱ mān-ň. Ouvre la
porte de la concession pour
que le camion puisse y
sortir.

tà-rútı́

NIN benjamin, benjamine
(dernier de la famille). Tà-
rútı́-jí ì dı̀yá̱. La benjamine
de notre famille est une fille.

tà-tél

N sommet. àr̄ kāgī má̱ṛày
àw̄ tà-tél-é. Il est monté
jusqu'au sommet.

tà-wà

N cabinet.
Expr: àw̄ tà-wà tı́ - aller au
cabinet. M-āw tà-wà tı́ ní
m-á̱ lī. Quand je suis allé au
cabinet j'ai vu un serpent.
Expr: rā tà-wà - déféquer.
ī-lō rā tà-wà kàdı̀ kújı̀ tı́. Il
ne faut pas déféquer à côté
de la maison.

tàā-gōĺ

N esp. d'oiseau, veuve à
collier d'or. tàā-gōĺ ı̀ yèr̄
kı́ tà-ǹ ngāl ō tà-ǹ rùgı̀ ō.
L'oiseau veuve à collier d'or
est un oiseau avec le bec
longue et courbé.

tábı̀l (Français)

N table. ī-lō kı̀ndā mùr̄ dò̜
tábı̀l tı́ nà njà-ǹ ì kı́ tētī.
Ne mets pas la boule sur la
table car son pied est cassé.

tàbı̀lóò [tàbı̀lóò, tàbı̀lō]
(Français)

N tableau de classe. Métı̀r
ndàng yá̱ ngá̱y tàbı̀lō-ó bà
ngán-làkó̜ì gī ndàng-ñ kèm
màktūbī-ú. Le maître écrit
beaucoup de chose sur le
tableau et les élèves les
écrivent dans les cahiers.

tādī

VT bégayer (*normalement suivi de* nàjī̀). **Ngōn kɨ́ à ìsà kà ngáy à tādī nàjī.** Un enfant qui mange beaucoup d'oeufs va bégayer.

tàgà-dɔ̀

AV premier, d'abord. **Kàmyɔ̄ tò tēē kèm ɓē-é tàgà-dɔ̀.** Ce camion ici sortira de la ville en premier lieu.

tàgɨ́

N passé. **ɨ́dá kɨ́ tàgɨ́ ànī ngōn à nējī-ī.** Si tu parles des choses du passé alors l'enfant ne te croira pas.

tāgī

N genette. **Tāgī ì dã̀ kɨ́ gír-ǹ òtɨ ngáy.** La genette est un animal dont la fesse sent beaucoup.

tágī (Syn: síṛ)

VI s'enfler, être enflé. **Màdī-ǹ ìndà kùm-ǹ àdī ń-tòō ní kùm-ǹ ì kɨ́ tágī.** Son ami l'a tapé dans l'oeil, et maintenant son oeil est gonflé.

tàgɨ́-ɓèē

AV hier. **āw Kūmrāá ì rɨ́ngáy-tɨ́? m-āw Kūmrāá ì tàgɨ-ɓèē.** Quand es-tu parti à Koumra? Je suis parti à Koumra hier. **Tàgɨ́-ɓèē jó**

yā-ḿ tɔ̄. Hier ma jarre s'est cassée.

tájī

VT insulter. **Ré ī-tájī-ḿ à m-ā m-ɨndà-ī.** Si tu m'insultes, je te frapperai.

tákī (Syn: tɔ́kī)

VT salir, tacher (un liquide). **Màñ èdɨ bà m̄-tēē kùm tɨ́ àdī bɔ̀r tákī rɔ̄-m̄ tɨ́.** Il pleuvait et je suis sorti sous l'eau et alors la boue m'a sali le corps.

tàkɨ̀m

AV indique contact avec l'eau ou un liquide. **ɨnī kùȳ màñ-á tàkɨ̀m ō kānjī ùn ō.** Il avait (à peine) lancé l'hameçon dans l'eau quand le poisson l'a attrapé. **Bísɨ tōñ màñ tàkɨ̀m tàkɨ̀m.** Le chien lape l'eau.

tàl

N rosée. **ɓàṛ-á tàl ì ngáy kūtī mṳ̀ gī tɨ́ kɨ-sɨ́.** Pendant la saison pluvieuse, il y a beaucoup de rosée dans les herbes le matin.

tàṛ

N chacal. **Tàṛ ì dã̀ kɨ́ dèē à ndɔ̀ kɨ bísɨ àlé.** Le chacal est un animal qu'on ne peut pas chasser à l'aide d'un chien.

tál

AV clair; pur; sans tâche. **m̄-ndōgō kūbī kɨ́ ndà tál tál.** J'ai acheté un habit très blanc.

táṛ

V fendre. **Mángò gī tɨ́sō-ñ lò kɨ́ ngàng tɨ́ táṛ-ñ kɔ̄ɔ́.** Les mangues sont tombé sur une surface dures et se sont écrasées.

VI être fendu; s'éclater, s'écraser. **Mángò òsō lò kɨ́ ngàng tɨ́ àdī táɽ.** La mangue est tombée sur une surface dure et elle s'est écrasée.

táɽ

VI sauter (à plus. reprises) (*fréq. de* àɽ). **ɓètī táɽ dɔ̀ kāgɨ̄ tɨ́.** Le singe saute de branche en branche.

VT s'accoupler (avec les animaux) (*obj. est pronom* nà̰ā̰). **ɨ̄-tɨ̄ɓā bísɨ́ gɨ̄ ɲ́ à táɽ-ɲ̄ nà̰ā̰ ní kɔ̄ɔ́.** Chasses les chiens que sont en train de s'accoupler.

VT éclabousser. **Yìbī kɨ́ tɨ̀ngā táɽ rɔ̄-ɱ́ tɨ́.** L'huile chaude a éclaboussé sur moi.

tàɽ-hèẃ

N esp. de renard, renard blond des sables (*renard pâle, renard blonde des sables*).

tálà (Syn: képè)

Inj santé! (dit la mère ou la grand-mère quand l'enfant tousse).

tàlàng (Syn: kàlàng)

AV rapidement, vite. **ɨ̄-njīrā tàlàng tàlàng āw ɓē.** Marche vite et vas chez toi.

tàlàtā (Arabe)

N le trois, Q (cartes).

tām

CNJ parce que. **M-ɨ́ndà-ɲ̀ tām njɨ́bā-ɱ̄ ngáy.** Je l'ai tapé parce qu'il me dérange

trop.

PRP pour [+ nom]. **Tàgɨ́-ɓèè m-āw làbɨ̀dān-á tām mò̰y.** Hier je suis allé à l'hôpital pour une maladie.

táɱ̄

V réparer ou guérir avec difficulté, avec tous les moyens disponibles. **ɱ̄-táɱ̄ bɨ̀lō yā-ɱ́ kàdī m-ā-ň̃ mbā tɨ́.** Je répare mon vélo avec tous les moyens possibles pour que je voyage avec. **Expr: nàjɨ̄ kɨ́ táɱ̄** - parole inventée pour s'en sortir.

tām-rí

INT pourquoi (*normalement avec* tɨ́). **ɓār̰-ɱ̄ ì tām-rí tɨ́?** Pourquoi m'as-tu appelé?

tām-yā-rí

INT pourquoi. **ɨ́ndà-ɱ̄ ì tām-yā-rí tɨ́?** C'est pourquoi que tu m'as tapé?

tàn

VI s'égarer (toujours avec tɨ̄) (*toujours avec*). **Ngōn àw̄ kèm ɓē-é àdī tàn tɨ̰̄.** L'enfant est allé en ville et il s'est égaré.

táñ

VT prélever en plus. points pour mettre ensemble (*seulement avec les pois de terre*). **ì ɨ̰̄ ɲ̀ ā ɨ̄-táñ wúɽ.** C'est toi qui ramasses les pois de terre pour les mettre ensemble.

tándī

V faire mal; brûler. **Kùr̰-bɨ̀nā òsō kùm-í tɨ́ ā tánd-ī ngáy.** Si l'insecte qui habite dans le son tombe dans tes

yeux, ils auront une
sensation brûlante.

tànjà

N explication claire
(*utilisation très limitée*).
Expr: ɔ̀jì nàjī kɨ̀ tànjà-á -
expliquer quelque chose
clairement. **ɔ́jì nàjī kɨ̀
tànjà-á ādī m̄-gèr̄ kùm.**
Explique la chose
clairement pour que je
comprenne.

tànjɨ̀

N pintade. **Dèē gī ɔ̀y-n̄ kà
tànjɨ̀ bèmbèé rēē ɓōkɨ́-n̄
gír kīnjá tɨ́.** Les gens
ramassent les oeufs de la
pintade dans la brousse et
les mettent dessous les
poules.

tánjī

VT avoir un effet sur, agir
puissamment sur.
Mɔ̀y/kàsɨ̀/bī tánjī-n̄. Il est
secoué par la maladie/la
boisson/le sommeil. **Mɔ̀y
tánjī-ǹ àdī ń-tòō ɨ̀ dɔ̀ɔ́ àlé.**
Il est tellement pris par la
maladie que maintenant il
ne peut pas se lever.

tār̄

N esp. de plante grimpante
[Cissus quadrangularis]. **M-
ā m̄-sā tār̄ kàdī m-ādī
màng yā-ḿ gī** Je vais
chercher la plante "tar" pour
donner à mes boeufs.

tár

VT aimer. **Ngōn tà-rútɨ́ ì
ngōn kɨ́ kɔ́-ǹ tár-ǹ ngá̰y.**
Le benjamin est un enfant

que sa mère l'aime
beaucoup.

tár̀

VT aimer. **Mā̰, tár̀-m̄ ngá̰y
ādī àdī-m̄ ì kɨ-ndɔ̄-gī.** Moi,
il m'aime beaucoup et il
m'en donne tous les jours.

tār̄

VT étaler (pour l'élargir,
aplatir). **ī-tár̄ ngɨ̄r̰ā ń-nɔ̀ɔ́
àɨ́ à ndùm.** Si tu n'étales
pas la peau alors ça va
pourrir.

tásā

N tasse, cuvette. **ī-sā tásā
kɨ́ ùnjī ī-rēē ādī-m̄.**
Cherche une tasse propre et
apporte-la-moi.

tàsɔ́ɔ̀

N attention, en garde. **ī-r̰ā
tàsɔ́ɔ̀ àláà ōsō.** Si tu ne fais
pas attention tu vas tomber.

tàw̄

N chenille (sans poils).
**Tàw̄ ì kùr̄ kɨ́rēý gī à àw̄-n̄
kɨ̀ kɔ̄n ō, kɨ́rēý gī à àw̄-n̄ kɨ̀
kɔ̄n àɨ́ ō.** La chenille est
un insecte dont certaines
poussent des épines et
d'autres pas. Ils ont
beaucoup de pates.

tàwá (Arabe)

N marmite en métal. **Kété
dèē gī à gātī-n̄ bíl-bìl kèm
jó-ó bà ngɔ̄-làā à gātī-n̄ ì
kèm tàwá-á.** Avant les gens
vendaient la bière de mil
dans les jarres mais
maintenant on la vend dans
les marmites en métal.

táwàl (Arabe)

VI durer longtemps, rester longtemps. **M-ā m̄-táwàl làā ngáy àlé.** Je ne vais pas rester ici longtemps. **Kūbī yā-m̀ ń-tòō táwàl.** Mon habit a beaucoup duré.

tàyā

AV différent. **ɓál nàsár gī ì kɨ́ tò tàyā, tò tītī yē-jí àlé.** La couleur des blancs est différente, elle n'est pas comme la notre.

tá̰ [tá̰á̰]

VT préparer (la bouillie). **àdī ī-rèē ī-tá̰ bɨ́yā̰ ādī-m̄ m-a̰y.** Alors viens me préparer de la bouillie pour que je mange.

tá̰à̰

N sauce. **Dìyá̰ ndīr tá̰à̰.** La femme est en train de cuire la sauce.

tá̰a̰

VT remuer. **Ma̰ m̄-tá̰a̰ gɨ́r ì kɨ̀ kāgī-á kàdī tètɨ yìbī.** Je la remue avec un bâton pour qu'en cuisant cela se liquéfie en huile.

VT faire, préparer (la bouillie). **Dìyá̰ tá̰a̰ bɨ́yā̰ kàdī ngōn-ǹ.** La femme prépare de la bouillie pour son enfant.

tē [tēē]

N rite de divination pour trouver l'origine d'une maladie ou d'un problème. **Dèē à ìsà yá̰ kɨ ngè tē àlé.** On ne mange pas avec une personne qui pratique la divination.

Expr: **ìndā tē** - faire la divinatoin. **màmíwàtā gī rā-ñ-á ngáy bà ń-tòō à ìndā tē.** Les genines de l'eau l'ont beaucoup derangé et maintenant il va faire la divination.

tèē

VI sortir. **Tèē ì jóò à?** Est-il sorti depuis longtemps? **ī-tḛ̄ḛ̄ tà-róbī àdī kàmyȭ tèē-ň.** Ouvre la porte de la concession pour que le camion puisse y sortir. **m̄-tèē dù-lòý bátɨ ngáy.** Je suis sorti très tôt le matin.

Expr: **tèē gìdɨ [bā] tɨ́** - traverser [le fleuve]. **M-ál bā m̄-tèē gìdɨ tɨ́.** J'ai nagé et je l'ai traversé.

Expr: **tèē àlé** - réussir. **ā ī-tèē yá̰ àlé ré ī-ndóō yá̰ àĺ ní.** Tu ne va pas réussir si tu n'étudies pas.

V passer. **Màjɨ̀, m-ā m-āw à m-ā m̄-tèē làā.** Bien, quand je partirai, je passerai par ici.

V traverser, passer à l'autre côté. **M-ál bā m̄-tèē gìdɨ tɨ́.** J'ai nagé et j'ai le traversé.

VT jouer (cartes). **ī-tèē kɨ́-ràng tā.** Joue une autre (carte).

VT devenir. **Ngōn-m̀ ndóō yá̰ ngáy kàdī tèē nàsár.** Mon enfant étudie beaucoup pour devenir un fonctionnaire

VT ressembler. **Ngō-kó̰-m̀ tèē bɔ̀bī-m̄ ma̰ tā-à m̄-tèē kṵ́-m̀ ngáy.** Mon frère ressemble à notre père, tandis que je ressemble plus à notre mère.

tèblè

N impatience. **Kóñg gī kɨ́ tèblè òsō kùm ndèñg tɨ́.** Les mouches impatientes tombent dans la diarrhée (prov.).

tēgɨ́

V enlever (avec les mains). **Yá̰-rɔ̄-í tēgɨ́ ndùjī kèm bɨ̄-í.** Yanroy a quitté la farine dans le mortier (avec les mains).

tèjɨ̀

N abeille. **Tɨ̄ɓā-ñ tèjɨ̀ gī kɨ́ hòr ngèī-é.** Ils ont chassé les abeilles avec une torche de paille. **ɓūtī tèjɨ̀ kɨ́ séy bèē gī ngóy̰ ndì-ñ kèm hórō yā-ḿ tɨ́.** Un petit essaim des abeilles seulement est resté dans ma ruche.

N miel. **Dìyá̰ ì mbī-kámbɨ̀ kɨ́ kɨ̀ tèjɨ̀-é.** La femme est une feuille recouverte de miel. **Dɨ̀mà ì kàsɨ̀ kɨ́ à rā-ñ kɨ̀ tèjɨ̀-é.** Le "duma" est une boisson qu'on prépare à base de miel.

tèī

V pleuvoir avec des éclairs. **Màñ tèī àdɨ̄ ndàng kāgɨ̄ kɨ́rēý kàdɨ̀ kújɨ́ yā-ḿ tɨ̀** Le tonnerre a grondé et l'éclair a frappé un arbre à côté de ma maison. **Būṛ dɔ̀-ī à màñ tèī tá à ɨ̀yà̰-ī.** Le varan te mord et alors il pleut avec des éclairs avant qu'il te laisse. (Proverbe).

Expr: dɔ̀ [dēē] tèī-ǹ - [qqn]

avoir mal à la tête. **Dɔ̀-ḿ tèī-ḿ ngáy̰ àdɨ̄ m-āw làkɔ́ɨ̀-ɔ́ àlé.** J'ai mal à la tête et je ne vais pas à l'école.

téì

V revenir, rentrer. **ā ɨ̄-téì ì rɨ́ngáy̰-tɨ́?** Quand vas-tu revenir? **Bɔ̀bī-ḿ tél mbā tɨ́ àɨ́ ɓáy.** Mon père n'est pas encore revenu de son voyage.

Expr: téì kɨ̀ [yá̰à̰] - rapporter [qqc]. **ɓá-à ɨ̄-téì kɨ̀ ngàlì-á séy.** Alors, rapporte un peu de manioc.

Expr: téì kɨ̄ gògɨ́ = téì gògɨ́ - reculer, se retourner. **ɨ̄-téì gògɨ́.** Recule.

Expr: téì kɨ̀ yá̰à̰ - rapporter, remettre. **m̄-téì kɨ̀ kɔ̀sɨ̀ m-ādī kúwà-ǹ.** J'ai ramené la houe à son propriétaire.

V devenir. **ɨ̄-lō tél jàng-ḿ.** Ne deviens pas mon rival.

V prospérer (avec les animaux domestiques) (*pas utilisé avec sens négatif*). **Kòǹ-làa dā̰-kùī yā-ḿ gī mò̰y rā-dɨ̀ àɨ́ àdɨ̄ tél-ñ ngáy̰.** Cette année mes animaux n'étaient pas malades et ils ont bien prosperé.

V faire encore, faire une deuxième fois (: *'faire quelque chose de nouveau'*). **Gō-tɨ̀ à m̄-tél m̀-nàjɨ̀ mbàng-á ndɔ̄ mɨ̀tá ɓáy-tò̰.** Ensuite, je l'étends encore au soleil pendant trois jours.

tém

N gui, plante parasite. **Dèē gī à sā-ñ tém kāgī gī kàdī àjı̀-ñ-nèé màdī-dı̀ gī.** Les gens cherchent les guis pour guérir leurs copains.

tèmē (Français)

N tamis. **Dı̀yá ı̀gà kùm ndùjī kı̀ tèmē.** La femme tamisait la farine avec un tamis.

témtènjı̀

N bonne sauce de viande ou de poisson. **Témtènjı̀ ı̀ tá kı́ dèē àdī sı̀bā àlé.** La bonne sauce de viande ou poisson est une sauce qu'on ne donne pas à un célibataire.

tèmbı̀

N esp d'herbe. d'herbe [Pennisetum pedicellatum]. **Tèmbı̀ ı̀ mù kı́ ndò̧ò̧ tītī būm àlé.** "Tembi" est une herbe qui ne démange pas comme l'herbe "bum".

tēndī

N sangsue. **Tēndī ı̀ kùr̃ kı́ ndı̀ màñ-á; à ùwà njà dèē gī, à njíbī mósı̀-dı́.** La sangsue vit dans le fleuve et elle se fixe aux corps des gens et leur boit le sang.

ténjı̀

N nectar de certaines fleurs. **Tèjı̀ gī à rā-ñ yı̀bī-dı́ kı̀ ténjı̀-é.** Les abeilles font leur miel avec le nectar des plantes.

tèr̃

VT annoncer la présence (un oiseau). **Jūm̀bū gī tèr̃-ñ bísı̀.** Les drongos annoncent la présence du chien.

VT être content de voir (qqn aimé). **Ngōn tèr̃ bò̧bī-ñ kı́ ı̀mbā tı́.** L'enfant est content de voir son père qui revient d'un voyage.

tèrgāl

N tissu synthétique. **Ngō̧-làā dı̀yá gī gè-ñ jípı̀ tèrgāl ngáy.** à nos jours les femmes aiment les jupes de tissu synthétique.

tèrmbētī

N sorte de tambour. **Tèrmbētī ı̀ kò̧dı̀ kı́ à ı̀ndà-ñ kı̀ ngán kāgī gēé.** Le tambour "termbeti" est un tambour qu'on joue avec des petits bâtons.

tèrwél

N panier de capture. **Kābā gī gèr̃-ñ ndò̧ kı̀ tèrwél-é ngáy.** Les Sara Kaba savent bien faire la pêche avec le panier de capture.

tètı̀

VT caster. **ɓètı̀ àw̄ tètı̀ kūbı̀r̃ū sīl.** Le singe alla casser des morceaux d'argile du foyer. **Bò̧gī yèr̃ ń-tòō tètı̀, yā ń-nò̧ò̧ ñ òsō ní.** L'aile de cet oiseau est cassée, c'est pourquoi il est tombé.

Expr: ndīr àdī tètı̀ yı̀bī - se liquéfier en huile. **m̄-tá gı́r kàdī ndīr tètı̀ yı̀bī.** Je remue le bâton pour qu'en cuisant cela se liquéfie en huile.

tētī

VT casser, rompre (*v.* tètì).
VI se casser, être cassé. **ì rí n̄ rā jī-í á tētī.** Comment tu t'es cassé le bras.

tétī

VT casser (en plus. endroits, etc.) (*fréq. de* tètì).
ī-tétī mbètī gàgì màjì tá ī-ndīr. Coupe bien les barbes du poisson chat avant de le cuire.

Expr: **tétī nàjī dɔ̀ [dèē] tí -** parler mal de [qqn], injurier. **Tétī nàjī dɔ̀-m̄ tí dāy-á.** Il dit du mal de moi insu (à mon absence).

VI se casser, être cassé (en plus. endroits). **Bɔ̄gī yèr̄ tétī àdī òsō.** L'aile de cet oiseau est cassée, c'est pourquoi il est tombé. **M-īsō dɔ̀ kāgī tí àdī dūn-m̄ tétī.** Je suis tombé de l'arbre et je me suis cassé le bassin.

VT écraser. **m̄-tétī ngō kàdī m̄-rā-ň hòr.** J'ai écrasé des brindilles pour en faire le feu.

tēwlē

VI être mouillé en surface. **M-ōsō kùm màñ-á àdī rō-m̄ tēwlē téwlé.** Je suis tombé dans la pluie et mon corps est très mouillé.

téwlé

Id très (mouillé: descr. de tēwlē).

tèē̠

V ouvrir. **ī-tèē̠ tà-ndògī ādī kàmyō̠ tèē-ň.** Ouvre la porte de la concession pour que le camion puisse y sortir.

tèmē̠ N tamis. **Tèmē̠ ndùjī dèē ìgà-ň kùm ndùjī ngàlì àlé.** Le tamis pour la farine, on ne tamise pas la farine de manioc avec.

tē̠y

N mil pénicillaire. **T ìsá tē̠y ndò̠ō̠ ngáy.** La balle du petit mil démange beaucoup.

tī [tīī]

VI faire jour. **Lò tī kɔ̄ɔ́ j-àw̄-ī ndɔ̀r̄-ɔ́ tā.** Il fait déjà jours, partons au champ maintenant.
VT faire jour sur (qqn). **m̄-njīrā ndɔ̄ɔ́ már̄ày lò tī-m̄.** J'ai marché toute la nuit et il a fait jour sur moi.

tìī

NIN intestins. **Tìī-m̄ tōr-m̄ ngáy.** Mes intestins me font beaucoup mal.

tíī

V enfler (*fréq. de* ì). **Mbèr̄ ngōn-ǹ tíī pùm-pùm.** Son enfant a les joues bien gonflées.

tībī

VT cracher. **ī-tībī hōr̄ kàdì kújì tí bèè àlé.** Ne crache pas sur le sol à côté de la maison comme ça!
N la sève, colle. **Tībī k̄ȳā tíȳā r̄ɔ̄-m̄ tí.** La sève de l'arbre de karité s'est collée à mes vêtements.

N piège fabriqué avec la colle. **M-ɨndā tíbī kàdɨ m-úwà-ň kɨ́lē gɨ̄.** J'ai tendu un piège en colle pour attraper les mange-mils avec.

tíbī
VT submerger, monter dessus (l'eau). **Màñ bā ɨ̀ ngáy ūdī kūtɨ à tíbī dɔ̀-í.** L'eau de la rivière a monté beaucoup, si tu entre dedans elle va te submerger.
VT couvrir bien (la tête de qqn).

tìl
VI être sombre, noir. **Tāmjɨ́ɨ́m, lò rìsɨ tìl ngáy, ɨ̄-rēē kɨ lámbá-á.** Tamjim, il fait une nuit noire, apporte une lampe. **J-ɔ̀sɨ-ñ nàā̰ kɨ màdɨ̄-ɨ́m tìl-í.** Nous nous sommes cognés avec mon ami dans l'obscurité.
Expr: rìsɨ tìl - être sombre, noir. **Lò rìsɨ̀ tìl ngáy, m-á̰ yá̰ àlé.** La nuit est noire, je ne vois rien.

tīl
VT traverser, passer. **Màdɨ̄-ɨ́m tīl-ɨ́m dɔ̀ róbɨ́ tɨ́ kɨ bìlō yā-nè-é.** Mon voisin m'a dépassé sur le chemin avec son vélo.

tīĺ
VT enlever (la peau de là canne à sucre). **ɨ̄ ì ngón á dèē tīĺ   kádɨ àdɨ̄-ɨ̄ à?** Toi, es-tu un enfant pour que quelqu'un (doit) quitter la peau de la canne à sucre pour toi?

tīr
VT cotiser, contribuer. **Dèē gɨ̄ tīr-ñ dɔ̀ gúrsɨ yā rā-ń ngōn-wúdùm.** Les gens ont cotisé (de l'argent) pour faire une petite fête.

tīr
VT préparer (une sauce qui n'est pas gluante). **Kó̰-ɨ́m ɓēṛ-ɨ́m sā njòṛ kàdɨ tīr mbītī tɨ́.** Ma mère m'a demandé de chercher d'aubergine pour qu'elle prépare la sauce avec.

tīsɨ̄rī
VI grimacer (*suj. est* kùm [dèē] *'visage de [qqn]'*). **Kùm-ň tīsɨ̄rī yɨ̀ngṛìi.** Il fait une vilaine grimace.

tītī
N esp. d'arbuste épineux à fruit jaune [Ximenia americana] (*v.* jīmkītī).

tītī
VI être comme, être pareil. **Tò tītī kɨ́ kété àlé.** Ce n'est pas comme avant. **M-ā ɱ̄-rā tītī ń ɱ̄-rā-ň kété ní.** Je le ferai comme je l'ai fait avant.

tītī-ń
CNJ comme, puisque. **ɨ̄-rā tītī-ń m-ɔ́j-ī nè ní.** Fait comme je t'ai montré.

tíyām-ngō
N esp. d'oiseau, petit calao. **ɓàṛ-á ɓá-à tíyām-ngō gɨ̄ àw̄-ñ ndɔ̀r wúĺ-ú màlàng.** Pendant la saison des pluies tous les petits calaos vont pour labourer les champs de pois de terre (c'est à dire, on

ne les voit pas pendant la
saison des pluies).

tíyɔ̄ng

N esp. d'oiseau, petit calao
(*v.* tíyām-ngō).

tị̄ [tị̄ị̄]

VT disperser. **Tị̄-ñ nàā̰ kī
ɓē gī tị́.** Ils se dispersèrent
en rentrant chez eux. **ásgàr
gī tị̄ị̄-ñ dèē gī kị̀-lò-gī tị́.**
Les soldats dispersent la
foule.

VI être désenflé. **Jī-ñ ń tíī
ní tị̄ kɔ́ɔ́.** Sa main qui était
enflée est désenflée.

tị̄ [tị̄ị̄]

V perdre. **Ngōn ɔ̀jì-m̄ lò ń
tị̄-ň tà gúsì ní.** L'enfant m'a
montré là où il a perdu
l'argent.

Expr: tàn tị̄, tà tị̄, tị̄ tà -
perdre.

VI se perdre; être perdu.
Ndɔ̄ kógīí tị́ tà bɔ̀bī-dí tị̄.
Un jour leur père se perdit.

tíị̄

VT défaire (obj. fabriqué).
**m̄-tíị̄ dɔ̀-kújí yā-m̄ kàdī m̄-
dìlè ràng.** J'ai défait le toit
de ma maison pour faire un
nouveau.

VT démolir. **Gɔ̀gì tíị̄ kújí-
bɔ̀r gī ngáy Njàménà tị́.** Le
gouvernement a démoli
beaucoup de maisons en
brique de boue à N'djamena.

tíị̄

V sauter (*normalement
avec* bàl). **à tíị̄ bàl ndɔ́ɔ́.** Il
saute pendant la nuit.

tị̰̂-ɓē

N esp. d'oiseau, serpentaire
(*ou bien* yèī̀-dɔ̀-gàjì̀). **Tị̰̂-ɓē
ì yèī̀ kí bò ngáy àlé bà à ìsà
lī gī.** Le serpentaire n'est pas
un grand oiseau mais il
mange les serpents.

tị̰́ị̰́

N esp. de petite souris. **Tị̰́ị̰́
ɔ̀jì kèdī.** La petite souris a
engendré l'éléphant
(Proverbe). **Tị̰́ị̰́ ì yégī kí
dūú ndḛ́-ndḛ́, à bò àlé.** Le
"tiin" est une toute petite
souris, il ne grandit pas.

tíyā̰

VT coller. **Tībī kị̄yā̰ tíyā̰
ɹ̰ɔ̄-m̄ tị́.** La sève de l'arbre
de karité s'est collée à mes
vêtements.

tíyō̰ (Syn: kó̰yō̰)

N étoile. **Tíyō̰ gī ì ngáy dɔ̀-
ɹ̰ā̰ tị́ ɓōó-làā.** Il y a
beaucoup d'étoiles dans le
ciel cette nuit.

tíyō̰

N esp. de fourmi rouge
(*habitent dans les
manguiers*). **Tíyō̰ gī ì ngáy
kūtī mángò ń-tòō tị́, āl àlé.**
Il y a beaucoup de fourmis
rouges dans ce manguier là.

tị́

LOC là; y. **Yē kàā rā-ň rí
tị́?** Pour y aller faire quoi?
āw ì rā rí tị́? Tu es parti
pour quoi faire?

LOC en, avec la chose dont
on a parlé. **ń tòō ní ā ī-rā
yìbī tị́ à?** Maintenant vas-tu
en faire de l'huile?

LOC marqueur qui

accentue location en espace ou en temps (*après les prépositions locatives*). **bō̄kí kō kèm kèē tí.** Elle a versé le mil dans le van.

tí

AV s'il te plaît, s'il vous plaît. **āw ī-tàā bíl-bìl ādī-m̄ tí.** Va prendre de la bière de mil, donne-en-moi.

tìbò̀

N grand aiguille en bois (*servant à fixer la paille du toit à la charpente de la case*). **Tìbò ì kāgī kí dèē gī à sū̄r-ñ-nèé kújì.** L'aiguille "tibo" est un bois que les gens utilisent pour attacher le toit d'une maison.

tīɓā

N esp. d'herbe [Jardinea congoensis] (*on dit aussi* tūwā). **Tīɓā ì mụ̀ kí à ìɓà kàdì mā̄ñ tí; à òjō-ñ ndògī tí ō mọ̄y tí ō gàgìrà tí ō.** La "tiba" est une herbe qui pousse à côté du fleuve; on tresse le secko, le grenier, et la natte avec.

tīɓā

V chasser. **m̄-tīɓā bīyā̄ gī kèm ndò̄r yā-m̄ tí.** J'ai chassé les chèvres dans mon champ de mil.

V renvoyer. **āw à métìr à tīɓā-ī nàjī kūbī tí à?** Y es-tu allé, et le maître t'a-t-il renvoyé à cause du vêtement?

tídā

VT compter. **Dān ngè-kùr̄-dā̄ tídā bīyā̄ yē-ǹ gī ní, gè̄r kàdī kógīm̄ tàn tị̄.** Quand l'éleveur comptait ses chèvres, il a trouvé qu'une était perdue.

tígā

VT finir. **Kàtī-kūbī yā-í tígā à?** As-tu fini avec les engrais? **m̄-tígā kìlà yā-m̄ ɓō̄ó-làā.** J'ai fini mon travail aujourd'hui.

VI être fini. **Kìlā yā-m̄ tígā.** Mon travail est fini.

tígā

VT couper, hacher (en plus. reprises). **Tígā kāgī kì kīngā kàdī rā-ň tò.** Il a coupé un arbre pour en faire une pirogue.

VT piquer (plus. fois). **Kókìràng tígā Pól.** Un scorpion pique Paul.

tíjā

VT casser, rompre. **Dìyá tíjā nímá kàdī ndīr.** La femme coupe le gombo en morceau pour le cuire.

tílā

VT mettre (plus. choses, plus. fois). **Tílā jī-m̄ kùm-m̄ tí.** Il a mis ses mains dans mes yeux (plus. fois).

Expr: tílā nà̠ā̠ - être compliqué. **Yá̠ kí tílā nà̠ā̠ gī mbùtì-ñ gír túkì.** Les choses compliquées ont percé le tonneau.

tīló

VT avoir beaucoup, obtenir beaucoup. **Kòń-làā dèē gī tīló-ñ ūwá ngáy.** Cette année les gens ont eu beaucoup de mil.

tílò

N termitière de petite taille. **ɨ̄ ì ɓètī á ī-ndì dɔ̀ tílò tí à.** Es-tu un singe pour t'asseoir sur la petite termitière.

tìmbē (Syn: ndɔ́l)

VT maudire, jeter une malédiction sur. **Dìyá tìmbē ngōn nān-n̄.** La femme a jeté la malédiction sur son neveu.

tīnā

VT prêter (quand on ne rend pas la chose prêtée, sinon le même type de chose et de la même quantité) (*v. aussi* ndīmā). **m̄-gèy kàdī ī-tīnā-m̄ kūbī kɨ́l mɨ́.** Je veux que tu me prêtes 5 coudes (yards) de tissu. **m̄-tīnā-n̄ gúsɨ̀ bà gèy kàdī-m̄ àlé.** Je lui ai prêté de l'argent, et maintenant il ne veut pas me payer.

Expr: tàā [yá] lò tīnā tí - prendre [qqc] en bon. **Tàā kɔ̀sī jī kɔ̀dī tí lò tīnā tí.** Il a pris la houe du forgeron en bon.

tínā (Syn: tínī)

VT lancer (plus. choses) (*fréq. de* ìnā). **īlō tínā-ī nàā̯ kɨ̀ kɔ̀kɨ̀rɔ̀.** Il ne faut pas jeter des cailloux.

tínī (Syn: tínā)

VT lancer (plus. choses) (*fréq. de* ìnī). **Ngán gī tínī-n̄ bísɨ́ kɨ̀ kɔ̀kɨ̀rɔ̀-ɔ́.** Les enfants jettent les pierres sur le chien.

VT mettre (plus. choses) (*fréq. de* ìnī).

tīndā

VT casser. **m̄-tīndā ngɔ́ɔ̀ gìdɨ̀-n̄ tá m̄-ngɨ̄yā̯ kùm-n̄.** Je commence par casser leurs coques, puis j'en sors l'amande.

tíndā

VT arranger, poser (plus. choses) (*fréq. de* ìndā). **Tíndā bɨ̀ríkɨ̀ dɔ̀ nàā̯ tí kàdī ɓāl-ndɔ̄ tá rā-n̄ kújɨ̀.** Il a arrangé les briques pour qu'il puisse en construire la maison dans la saison sèche.

tìngā

VI être chaud. **Lò tìngā ngáy, ī-tàā màn ī-ndògī.** Il fait chaud, prends de l'eau, lave-toi. **Màn kɨ́ tìngā tɔ̄l kīnjá gī mā̯ m̄-gèy àlé.** L'eau chaude a tué la poule, moi, je n'en veux pas.

VT chauffer; faire chauffer. **Bày ì kār kɨ́ tìngā mùr̄ ngáy.** La poterie pour la sauce est une "calebasse" qui maintient la boule bien chaude.

VI se chauffer. **M-īndā màn hòr-ó kɨ̀ mbī-kámbɨ̀ kūtɨ́ kàdī tìngā.** J'ai mis de l'eau au feu avec des feuilles dedans pour qu'elle se chauffe.

tíngā

VT griller. **Dìyá tíngā kānjī. Dìyá tíngā wúl-dùm.** La femme grille le poisson. La femme grille les arachides.

tīr̄ā

N étranger, non-Sar. **Kèm tīr̄ā ì kèm mụ̀.** Les sentiments d'un étranger sont sauvages. **Tīr̄ā à ndì ngār̄ Kūmrāá àlé.** Un étranger ne deviendra pas le chef de Koumra.

Expr: tīr̄ā kɔ̄r̄ - étranger d'origine inconnue.

tīr̄á

N lit, lit de boit. **ɓɔ̀r̄ɓɔ̄r̄ gī ì ngáy kūtī tīr̄á yā-m̄ tí.** Mon lit en bois est plein de punaises.

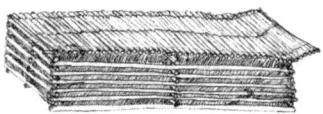

tír̄à

N cicatrice (*on dit aussi* tír̄è). **Tír̄à ndéy ì ngáy gìdì ngè-ɓògì tí.** Un voleur aura beaucoup de cicatrices sur le dos.

Expr: tír̄à yír̄ - piqure de moustique. **Yír̄ ré dò̀ nàsár̄ à tír̄à-ǹ à tèē ngáy.** Si un moustique pique un blanc un piqure va sortir.

tír̄ē̞ý

N esp.

d'arbre de savane [Pericopsis laxiflora]. **Màng**

ìsà mbī tír̄ē̞ý à à ò̀y. Si un boeuf mange la feuille de l'arbre "tirey" il va mourir.

tīr̄ō

N herbe parasite du sorgho [Striga hermonthica]. **m̄-ndɔ̄r̄ gò̀jì bā tīr̄ō tɔ̄l màlàng kɔ̄ɔ́.** J'ai planté du sorgho mais le Striga a tous tué.

tìsá

NIN balle de grain. **Tìsá tē̞y ndò̞ō̞ ngáy.** La balle du petit mil démange beaucoup.

tīsá

V se frôler. **Bɔ̄gī-jí tīsá nà̞ā̞ kèm súkī-ú.** Nos épaules se sont frôlées au marché. **tìsō** VI tomber (plus. fois); tomber en groupe. **Yē̞l hòr tìsō rɔ̄-m̄ tí.** Les étincelles du feu ont sauté sur moi. VI s'égoutter. **Yò̞ ò̞ kújí yā-m̄ ń à tìsō ní.** Les termites ont rongé le toit de ma maison et il s'égoutte.

títā

VT projeter, verser en petite quantité (un liquide). **ī-títā màn dɔ̀ jī-m̄ tí ādī m̄-tógō-ň.** Verse-moi un peu de l'eau dans les mains pour que je les lave (avec).

tìtè

N esp. de petite fourmi. **í kɔ́ɔ́ nà tìtè gī āl-ň rɔ̄-í tí.** Lève-toi de peur que les petites fourmis montent sur toi.

tò   [tò]

VI être. **Kùm-ǹ tò wóy bà à̰ lò àlé.** Ses yeux sont ouverts, mais il ne voit pas. **Expr: tò nṵ́ṵ́** - exister, il y. **Gúrsì yā-í tò nṵ́ṵ́ à?** As-tu de l'argent?

VI se coucher. **Ngā̰ṛ ìdà-dɨ́ nà kɨ̀ ùwà-n̄ wà-á tò-dɨ́ jī-dɨ́ tí.** Le chef leur a dit de se munir de la natte sur laquelle ils se sont couchés.

Kɔ̀ṛ às̀ì-ǹ nákɨ̀, àdī tò nàng. Il était si fatigué qu'il se coucha sur le sol.

AUX marqueur progressif, être en train de (*normalement avec une activité qu'on fait couché*). **Ngōn tò à ɓī.** L'enfant est en train de dormir (couché).

tò   [tòo]

N pirogue. **Ngōn dā̰ yā-ḿ kɨ́ à njīrā à dèē à̰ njà-ǹ àlé, ì rí? ì tò.** Mon petit animal qui, quand il va se promener, personne ne voit les traces, qu'est-ce que c'est? C'est la pirogue. **Ngé-ndò̰ gī tèē-m̄ dù-lòý bátɨ́ kɨ̀ tò-ó.** Les pêcheurs sont partis le matin dans la pirogue.

tó   [tóo]

VT dépouiller. **Ngè tɔ̄l dā̰ ndà tó màng.** Le boucher est en train de dépouiller le boeuf.

tòō

AV ici. **ń-tò tòō.** Voici!

tòō

Cmp marqueur de la fin d'une proposition relative. **Ngōn ń m-á̰-n̄ ɓóó-làā tòō ì ngōn nàsár** = **Ngōn ń m-á̰-n̄ ɓóó-làā ní ì ngōn nàsár** = **Ngōn ń m-á̰-n̄ ɓóó-làā nò̰ò̰ ì ngōn nàsár.** L'enfant que j'ai vu aujourdÆhui était en enfant blanc.

tóó

N sorte de danse des hommes (*seulement pratiqué dans le pays Sar*). **Ndām tóó ì ndām kɨ́ dèē à ndām ì kɨ̀ màngɨ̀là njà-ǹ tí.** Le "too" est une danse que les gens font avec des clochettes sur les jambes.

tóó

NIN trace de, piste de. **Yá̰ ń-tòò ì tó l̄ī wàlá ì tó būṛ àlé.** Cette chose est la trace d'un serpent et non d'un varan.

NIN absence. **M-āw tó-í tɨ́ bà āw súkɨ̄-ú kɔ́ɔ́.** Je suis allé en ton absence et tu es parti au marché.

tóō

VI souffler doucement. **Nél tóō àdī lò sɔ̀ɼ lùmmm.** Le vent souffle doucement et le temps est bien fraîs.

VT souffler doucement sur.

Yégī à tóō-ī tá dòō̰-ī ɓáy. Le rat souffle doucement sur toi avant de te mordre.

tó-ndòō

malheureux .

Expr: kùm [dèḛ̄] tóndō - [qqn] être malheureux. **Ngōn kí mò̰y ní kùm-n̄ tóndòō ngá̰y.** L'enfant malade est très malheur.

Expr: r̄ɔ [dèḛ̄] tóndō - [qqn] être pauvre.

tò-róbó-nò̰ó̰

N esp. d'oiseau, gomolek à ventre blanc. **Tò-róbó-nò̰ó̰ ì yèl̄ kí ré āw kī wà tí ɓá-à à ìdà-ī nà: "tò róbí-ó nò̰ó̰", bè ré ī-dìjè-n̄ nà: "dā̰ à ké ì dèē̄?" ɓá-à à ìdà-ī.** Le gomolek à ventre blanc est un oiseau que si tu vas en brousse alors il te dit: "il est là sur la route", et si tu lui demande: "est-il un animal ou une personne?" alors il va te dire.

tōbī

N flûte fabriqué de la corne d'antilope utilisé pour la chasse ou pour la danse (*v.* gá̰à̰). **Ngé-ndò̰ dùl gī à ɓāɽ-n̄ nà̰ā̰ kɨ tōbī-ó.** Les chasseurs de la biche-cochon s'appellent les uns les autres avec la flûte.

tòdō   (Syn: tòdɔ̄)

CNJ parce que, car. **Mā̰ m-ā m̄-ngóō kṵ-ḿ sḛ́y, tòdō m-á̰à̰-n̄ àĺ   ì jóò.** Je vais rester un peu près de ma mère, parce que je ne l'ai pas vue depuis longtemps. **M-ɨ́ndá-n̄ tòdō ḭ̄ nò̰-ḿ ngá̰y.** Je l'ai tapé parce qu'il me dérange trop.

tógò

VT laver. **ī-tógò jī-í, j-ṵ̀ mùɽ̄.** Lave-toi les mains, mangeons la boule. **M-ā tà bā tɨ kàdī m̄-tógó kūbī yā-ḿ.** Je vais au fleuve pour laver mes vêtements.

tókīrō

N carcasse (pour les objets en fer). **tókīrō kàmyō̰, tókīrō sèmbē, tókīrō bìlóò, tókīrō púsɨ -** carcasse de camion, cuvette, vélo, charrette.

tól   (Français)

N tôle; toit fait en tôle. **Bìr-bìr gī ùtī-n̄ mbī ngá̰y gāɽ tól tɨ.** Les chauves-souris font beaucoup de bruit dans la tôle.

tōmbī   [tō̰mbī,tṵmbī]

V vomir. **ɽɔ̄ ngōn-ḿ tōr-n̄ ngá̰y àdī tōmbī ngá̰y.** Mon enfant est très malade et il vomit beaucoup.

N vomissement. **M-á̰ tōmbī tà lò tɨ́, ì na̰ā̰ n̄ ì mò̰y?** J'ai vu de vomissement devant la concession, qui est malade?

tómbɨ́

N le gui, plante parasitaire qui pousse sur certains arbres. **Tómbɨ́ kāgī kɨ́ɽēý gī dèē̄ gī à ngáá-n̄-nèé mò̰y.** Certains guis, les gens les utilisent pour guérir les maladies.

tōń

N lécher. **Dìyá̰ ì kám kɨ́ kɨ̀ yìbī-tèjɨ̀-é: ā īnā-ǹ kɔ́ɔ́ à, ā ī-tél̀ yā kùn tōń.** La femme est une feuille recouverte de miel: tu la jettes, mais tu iras la chercher pour la lécher (proverbe). **Ngōn ìlà jī-ǹ kùtɨ̀ tá̰ tɨ́ bà tōń.** L'enfant se lèche les doigts.

tóñg

VT égrainer à la main (épis de maïs). **m̄-tóñg gɔ̀y-dɔ̀ kàdī m-āw-ň súkɨ̄-ú gātī-á.** J'égraine les épis de maïs pour les emmener au marché à vendre.

tōńgr̥ō

NIN carcasse (d'un véhicule, vélo, etc.). **Ngán gī à kógī nà̰ā̰ kèm tōńgr̥ō kàmyɔ̰ tɨ́.** Les enfants jouent dans la carcasse d'un camion.

Expr: tōńgr̥ō kàmyɔ̰ - vieux camion en mauvais état. **Kàw̄ mbà kɨ̀ tōńgr̥ō kàmyɔ̰ tōr ngáy.** Voyager dans la carcasse d'un camion est très difficile.

tōr

VT faire mal. **Dò tōr-m̄ ngáy.** La plaie me fait très mal. **Jī-ḿ tōr-m̄ ngáy.** J'ai beaucoup mal à la main.
VI être difficile. **Dèè gī ìgà-ñ kāgī màlàng kɔ́ɔ́, àdī ń-tòò kɨ̀ngà kɨ̄r̥ tōr ngáy.** Les gens ont coupé tous les arbres et maintenant il est devenu difficile trouver du fagot.

N souffrance. **Tōr ì ngáy dúníyà tɨ́.** Il y a beaucoup de souffrance dans le monde.

tòtō

N sueur; suer. **Lò tɨ̀ngā, m-ɨ́lá gír tòtō.** Il fait chaud et je commence à suer.

tòw

N antilope (guib harnaché) (v. aussi bàjɨ̀). **Tòw ì dā̰ kɨ́ tītī kòrō bà nɨ̀ tá bḭ̄-ǹ ì kɨ́ kɨrē.** Le guib harnaché est un animal de la taille de l'âne, mais avec la tête et la peau rouge.

tōw

N corne d'appel (fait le plus souvent avec une corne d'animal) (ou bien tōw-bā, tōw-ɓɔ̀). **Tōw ń à ɓār̥ nò̰ó̰ ì tōw rɔ̄.** La corne que résonne là est une corne de guerre.

tòȳ

N esp. de fourmi, petite et rouge. **Tòȳ ì ngán kùr̥ kɨ́ tītī yɔ̰ bà ùn-ñ gō nà̰ā̰ ì ngáy.** La fourmi "toy" est un insecte pareil au termite mais ils marchent en longues files.

tò̰   [tò̰ò̰]

AV encore. **ī-ndégī wúl-dùm séy ādī-ǹ tò̰.** Ramasse un peu d'arachides et donne-lui encore.
Expr: séy tò̰ - bientôt.
AV plus (avec le négatif). **Kɨ̀là ndér̥-m̄ kɔ́ɔ́, àdī m̄-ɓōɨ́ kɨ̀là tò̰ àlé.** Je suis

habitué au travail de sorte
que je crains plus le travail.

tòō̠

  VI gémir. **Ngōn kɨ́ mòy
tòō̠.** L'enfant malade gémit.

tòō̠

  VI être paresseux. **Ngè tòō̠
à rā ndɔ̀r̄ àlé.** Le paresseux
ne laboure pas.

tóō̠

  VI gémir (plus. fois). **Ngè-
mòy tóō̠ ndɔ́ɔ́-làā ngáy.** Le
malade gémissait pendant la
nuit.

tō̠r̠ō̠

  N souris. **Tō̠r̠ō̠ ì ngáy kújɨ́
yē-ɨ́m tɨ́.** Il y a beaucoup de
souris dans ma maison.
  Expr: bàtī tō̠r̠ō̠ - race de
moutons de petite taille.
  Expr: bòr̄ tō̠r̠ō̠ - sorte de
phacochère de petite taille.

tō̠r̠ō̠

  N bâton. **Bóỳ mànḡ gɨ́ à
ndīr̠ā-ń kɨ̀ tō̠r̠ō̠ kɔ́-dɨ́ tɨ́.**
Les enfants bergers se
promènent avec un bâton
sur le cou.

tɔ̄ [tɔ̄ɔ̄]

  VT briser, casser. **Ngōn tɔ̄
jóò àdɨ̄ gájɨ̀-ǹ gɨ́ ròsɨ̄-ń lò
kújɨ́-ú.** L'enfant a cassé le
canari et les morceaux sont
partout dans la maison.
  VI se casser, se briser. **Jó
yā-ɨ́m tɔ̄ nàā̠ tɨ́.** Ma jarre est
brisée en menus morceaux.
Gàɨ́ yā-ɨ́m tɔ̄ lò jōó. Ma
gourde s'est cassée en deux.
VT éplucher. **m̄-tɔ̄ kɨ̀là yír̠-
mbáȳ kàdɨ̄ m̄-dɨ̀lè-ň kújɨ.**
J'ai épluche l'écorce de

l'oseille pour (faire) la corde
pour tresser (le toit de) la
maison.

  V tourner. **Ré āw kī súkī-ú
à ī-tɔ̄ dɔ̀-jī kɨ́ gèl tɨ́ ɓá-à ā
íngá ɓē yā-ɨ́m.** Si tu vas vers
le marché et tu vires vers la
gauche alors tu vas trouver
ma maison.

tɔ̄-kùm

  N première distillation,
premier pilage. **Sáy ń-tòō ì
tɔ̄-kùm-ǹ.** Ce thé est le
premier (les feuilles n'ont
servi qu'une fois) **Gātī tɔ̄-
kùm yérgè ì ngáy.** Le prix
de la première distillation de
la boisson alcoolisée "arge"
est beaucoup.

tɔ̀-tōr

  N mal de tête. **Tɔ̀-tōr ń rā-
m̄ tàgɨ́-ɓèē nòó̠ ì mòy kɨ́ rā-
m̄ ndɔ̄ kógɨ́m àɨ́ ɓáy.** Le
mal de tête qui m'a frappé
hier est une maladie qui ne
m'a jamais frappé avant.

tɔ̀dɔ̄ (Syn: tòdō)

  CNJ parce que, car. **ī-nēl-ī
mbī-sí màjɨ̀ ō-ī-nèé tɔ̀dɔ̄
màn̄-tà-ḿ gòtóō kɔ̄ɔ́.** Prêtez
bien l'oreille et écoutez, car
je n'ai plus de salive dans la
bouche.

tɔ̀gɨ̀

  VI grandir, devenir adulte.
**ī-njɨ́ɓā r̠ɔ̄-í àlé, ré ā ī-tɔ̀gɨ̀
ànī ā āw kàr̠ī.** Ne t'inquiète
pas, quand tu deviendras
grand tu pourras partir sans
aucun problème.

Expr: ìwà r̰ɔ̄-n̄ tɔ̀gì - prendre courage. íwà r̰ɔ̄-í tɔ̀gì nà ýá̰à̰ màlàng à rèē dɔ̀-í tí. Prends ton courage à deux mains, car toutes ces choses viendront vers toi. **VI** atteindre une taille. **Ngōn rèē tɔ̀gì àsì bèē.** Et l'enfant atteint cette taille-la (le conteur montre la taille). **VT** devenir (qqc) en croissant. **Ngōn tɔ̀gì dìngàm.** L'enfant est devenu un homme. **Nímá yā-m̄ tɔ̀gì ɓìgá kɔ̄ɔ́.** Mes gombos sont devenus mûrs.

tɔ́gì

N force, pouvoir. **Bɔ̀bī-ḿ ì ɓìgà; àā kì tɔ́gì kàdī rā-ň kìlà àlé.** Mon père est déjà vieux; il n'a plus la force de travailler. **Tɔ́gí màdī-ḿ ì ngá̰y, m-ásī r̰ɔ̄-n̄ àlé.** La force de mon ami est trop; je ne puis pas le battre.

tɔ̄jī

VT mesurer. **ī-tɔ̄jī kō kórō mḭ ādī-m̄.** Mesure-moi cinq petits récipients de mil.

tɔ́jī

VT mesurer (plus. fois, plus. choses, etc.) (*fréq. de* tɔ̄jī). **ī-tɔ́j-ī kō ādī-ī ì ná̰ā̰?** C'est pour qui que vous mesurez le mil?

tɔ́kī   (Syn: tákī)

VT salir, tacher (un liquide). **Mósī-n̄ tɔ́kī kūbī**

yā-ḿ. Son sang a sali mon habit.

tɔ̀kɨ̀r̰ɔ̀

N boue liquide, eau boueuse (*par fois on dit* tɔ̀kɨ̀r̰ɔ̀ màñ). **Kàmyɔ̰ kɨ̄rā tɔ̀kɨ̀r̰ɔ̀ màñ r̰ɔ̄-ḿ tí.** Le camion m'a éclaboussé avec la boue.

tɔ́kɔ̀

INJ exclamation dit par une femme quand un bébé tousse. **Ré ngōn késī ɓá-à kɔ̰́-n̄ à ìdà nà, "tɔ́kɔ̀!".** Si un enfant tousse se mère va dire: "toko!".

tɔ̄l

VT tuer. **àdī-m̄ mā̰ kānjī àlé àdī ɓō tɔ̄l-m̄ kɔ̄ɔ́.** Il ne me donne pas de poisson, ainsi la faim me tue. **ásgàr tɔ̄l ɓòl kì búndí yē-n̄-é.** Le soldat a tué le lion avec son fusil. **Expr: tà tɔ̄l tà [nā̰] tí -** à la fin du mois. **ì tà tɔ̄l tà nā̰ tí tá.** (attends) jusqu'à la fin du mois d'abord.

tɔ́r̰

VT éplucher, peler. **Bāngàw kí tɔ́r̰ à ndīr-n̄ ì kì yìbī-í.** La patate douce pelée, on la prépare avec de l'huile. **VT** tailler. **m̄-tɔ́r̰ kāgī kàdī m̄-rā gòlìgì tí.** Je taille le bois pour faire le manche de houe avec.

tɔ̄l-bānjī

N esp. d'herbe à petites fleurs blanches [Mitracarpus scaber]. **Tɔ̄l-bānjī ì mṳ ki̘ à ndùm-ñ màñ-ǹ rɔ̄ dèē ki̘ hāy-mèdè rā-ṅ ti̘.** Le "tol-banji" est une herbe qu'on en enduit le corps de quelqu'un qui a la maladie de la peau "hay-mede".

tɔ̄l-nàng

N esp. d'herbe annuelle à petite fleurs verdâtres [Micrococca mercurialis].

tɔ̄l-ngāng-yɔ̰

N esp. d'herbe vivace [Andropogon gayanus] (donne une paille très résistante). **Ré ī-rā kúji̘ yē-í ki̘ tɔ̄l-ngāng-yɔ̰ à yɔ̰ gī à ɔ̰̀-ñ àlé.** Si tu fais ta maison avec l'herbe vivace, les termites ne vont pas la ronger.

tɔ̄l-tɔ̰́ṛyɔ̰   (Syn: ki̘-yèyḛ̄, này-rɔ̄-bàtī-ti̘)

N esp. d'herbe à chardons épineux [Cenchrus biflorus] (*?? grammar, serial verb here is terrific*). **Kɔ̄n tɔ̄l-tɔ̰́ṛyɔ̰ ì kɔ̄n ki̘ ɔ̀si̘ tōr ngáy.** L'épine de l'herbe "tol-toryo" est une épine qui fait très mal quand il pique quelqu'un.

tɔ́r̄

VT enlever (*fréq. de ɔ̀r̄*). **āw-ī tɔ́r̄-ī kūbī kàdī màdī ti̘.** Allez enlever les cotonniers en laissant quelques uns (pour que les plantes ne soient pas trop serrées).

Expr: tɔ́r̄ tàn dɔ̀ [dèē] ti̘ - faire une invocation pour [qqn]. **Kàdī ngōn tɔ́r̄ tà-ǹ dɔ̀-ǹ ti̘.** Invocation d'un grand-parent pour un enfant.

tɔ̄r-kīnjá   (Syn: kār-kīnjá)

NIn clavicule. **Lò ki̘ndā tɔ̄r-kīnjá dèē nà̰ā̰ ti̘ tōr ngáy.** Remettre en place (les os de) la clavicule d'une personne fait beaucoup mal.

tɔ́rsi̘

N torche. **Lò rìsi̘ tìl ngáy kúji̘-ú, ādī-m̄ tɔ́rsi̘ yē-í ti̘.** Il fait sombre dans la maison, donne-moi ta torche, s'il te plaît.

Expr: ɔ̀si̘ tɔ́rsi̘ - allumer la torche.

Expr: tɔ̄l tɔ́rsi̘ - éteindre la torche.

tɔ́sī

VT retirer. **m̄-tɔ́sī yìbī ki̘ dɔ̀ ti̘ ki̘ ngōn kɔ̄y-ɔ́.** Je retire l'huile qui est dessus avec une petite calebasse.

tɔ́si̘-ngɔ́ṛ

N esp. d'aigle, aigle pêcheur. **Tɔ́si̘-ngɔ́ṛ ì yèr̄ mbō, ā íngá-ǹ kāgī-á àlé.** L'aifle pêcheur est un oiseau aquatique, tu ne vas pas le trouver dans la forêt.

tɔ́tī

VT faire tomber, renverser. **Ngáṅ gī tɔ́tī nà̰ā̰.** Les enfants se renversent.

tɔ̄ȳ

VT surpasser (*Par. ex.* (dèē) rā [yáà̰] tɔ̀ȳ *'(qqn) fait [qqc] mieux que'*). **Màdī tɔ̀ȳ ngè.** L'amitié est surpasse la parenté.

VT faire mieux que (*forme comparative*). **Kógīí gèf̄ kàl màñ tɔ̀ȳ dèē kí kèm ɓē-é gī màlàng.** Un (autre) était le meilleur nageur de tout le village.

tɔ̄y

VT encourager, féliciter. **ī-gèf̄ ndām àl̄ à ī-tɔ̄y ngé ndām gī.** Si tu ne sais pas danser, il faut féliciter les danseurs.

tɔ́ỳ

VT guetter, traquer. **Mɨ̀là tɔ́y yégī kàdī ìwà-n̄.** Le chat sauvage guette la souris pour l'attraper.

tɔ̄y-màñ

N esp. d'oiseau rapace, Circaete Jean-le-Blanc. **Ré màñ ɨ̀ ngáy ɓá-à tɔ̄y-màñ à túf̄ kɔ̄l ō à ndām ō.** Quand le fleuve mont beaucoup alors l'oiseau "toy-man" commence à crier et danser.

tɔ̄y-mèdè

N maladie de la peau (*v.* hāy-mèdè).

tù [tùù]

AV touffu. **Kīlá ndàm tò tù.** La queue de l'écureuil est touffue.

tū [tū] (Syn: kūtɨ̄)

PRP contre. **Ndīnā dɔ̀ mʉ̀ tū kāgī tɨ́.** Il appuie la botte

d'herbe contre l'arbre.

PRP à (avec attacher). **ī-dʉ̀ʉ̄ màng gī tū púsɨ̀ tɨ́.** Il attache les boeufs à la charrette.

PRP dans. **m̄-ɓōkɨ́ kàtī tū tá̰ tɨ́.** Je verse le sel dans la sauce.

tū [tūū]

VT lancer plus. fois. **Ngán gī tū-n̄ nà̰ā̰.** Les enfants se bombardent (avec des cailloux).

tū-tɨ́

AV dedans. **Bà gō-tɨ́ ìdà dúɾú: "nān-m̄, ī-tɛ̀ɛ̄ tà-í ngáy, ādī m̄-ɓōkɨ́ gòtɨ̀ wúl̄ tū-tɨ màlàng."** Il dit ensuite au calao: "Mon oncle maternel, ouvre bien ton bec pour que je puisse y verser tout le reste des pois de terre."

tūbī

N gerbille (*ou bien* tūw). **Tūbī ɨ̀ yégī kɨ́ ɨ̀sà kùm yíɾ ngáy.** La gerbille est une souris qui mange beaucoup du grain de l'oseille.

túbɨ̀

N serment. **Túbɨ̀ kɨ̀ kámbɨ̀ mātī-á** Serment avec la feuille de néré

túdī

V entrer (plus. fois, à plus. reprises, etc.) (*fréq. de* ùdɨ̀). **Tɛ̀jɨ̀-gī túdī-n̄ kɔ́n̄-n̄ tɨ́.** Les abeilles sont entrées dans son nez.

VT faire entrer; planter (plus. choses). **Túdī-n̄ ngán kāgī gī róbɨ̀-ó.** Ils ont planté les petits arbres au bord de la route.

túdī

VT plier (plus. fois) (*fréq. de* ùdī). m̄-túdī kūbī kàdī m̄-káñ kèm ngɔ̀ng-ɔ́. Je plie les habits pour les remettre dans le sac.

VI être plié (en plus. endroits). Kɩ̀lā túdī kī-lò-gī-tɩ́. La corde est pliée partout.

túgī

VT recueillir (*fréq. de* ùgɩ̀). m̄-túgī mbī-mɩnjò kàdī m̄-ndīr kībā tɩ́. Je recueille les feuilles de haricot pour faire la nourriture "kiba".

VT pincer (plus. fois). Ngán gī ń à túgī nà̰a̰ tòō, kɔ́-dɩ́ àw̄ ì rá? Les enfants pincent l'un à l'autre, où est leur mère?

túkɩ̀ (Français)

N fût, tonneau. Gɩ̀dɩ̀ túkɩ̀ rā kàsɩ̀ ndùl ngá̰y. L'extérieur du fût utilisé pour fabriquer la boisson devient très noir.

tùkɩ̀rù

ID très (épais): descr. de ɓɔw. Bɩ́ya̰ kɩ́ ɓɔw tùkɩ̀rù nèl̄ àlé. La bouillie qui est très épaisse n'est pas agréable.

túlò

N termitière. īnā kūbī yē-í dɔ̀ túlò tɩ́ à dɔ̀ngrɔ̀ gī à ìsà-ñ. Si tu mets tes habits sur la termitière les termites vont les ronger.

tūm (Syn: tūm-bísɩ̀)

N esp. de poisson [Gymarchus niloticus]. **Tūm ì kānjī kɩ́ kīngā-ǹ ì ngáy.** Le "tum" est un poisson avec beaucoup d'arêtes.

tūm

VT tresser (les cheveux d'une femme) (*obj. est normalement* dɔ̀). **ādī-m̄ tógò dɔ̀-m̄ bà ī-tūm ādī-m̄.** Laisse-moi me laver la tête, après tu me tresseras (les cheveux).

túm̀ (Arabe)

N ail. ɔ́sɩ̀ túm̀ ādī-m̄ ndīr-ň tá̰a̰. écrase-moi de l'ail pour que je fasse une sauce avec.

tūm-bísɩ̀ (Syn: tūm)

N esp. de poisson [Gymarchus niloticus].

Túmàkɩ̀ (Syn: Ndɔ̀m)

NP Toumak, peuple de Goundi, non Sara. **Túmàkɩ̀ gī ìlà-ñ ngán-dɩ́ gī bóỳ màng-á àlé.** Les Toumak ne envoient pas leurs enfants (pour travailler) comme enfants éleveur.

túmbī

VT prendre dans la bouche (plus. fois); siroter. **ī-túmbī sáỳ, īlō kà̰ȳ nè à ɔ̄r tà-í kɩ̀ dò-ó.** Sirote le thé, ne le bois pas de peur qu'il te brûle.

túmbùr (Arabe)

N datte. **Túmbùr nèl̄ ngáy bà ngè-bɩ́rà à ìsà àlé.** La datte est délicieuses mais la personne sans dents ne la mange pas.

N palmier dattier. **Túmbùr i kāgī kí mángá-á.** Le palmier dattier est un arbre des zones arides.

tùñ

V rendre lisse (une seule action) (*utilisation limitée*). **Expr: ngè tùñ yáà̰** - une personne qui rend les choses lisses.

túñ

VT somnoler (*obj. normalement* ɓī). **a̰y kàsi̱ á ī-túñ ɓī bèē à?** Est-ce que tu as bu pour que tu somnoles comme ça?

túñ

VT rendre lisse en taillant légèrement (*fréq. de* tùñ *"lisser une fois", pas commun*). **m̄-túñ rō kāgī kòsi̱ yā-m̄ nà rā jī-m̄ ngáy.** Je rends lisse le bois de ma houe, il dérange mes mains beaucoup.

túpì

N feuillage dense. **Tànjì túpi̱ rō-ǹ kèm túpi̱ mángò.** La pintade s'est cachée dans le feuillage du manguier.

túpì

V se cacher (*obj. toujours* rō [dèē]). **Ngōn túpi̱ rō-ǹ gír tīr̰á-á.** L'enfant s'est caché sous le lit.

tūr

V verser (dans un récipient à ouverture étroite). **Tūr yìbī kèm kū-ú.** Il verse l'huile dans la gourde.

tūr̰

VT changer. **ī-tūr hál-í tá í-ngá dḭyá.** Change ton comportement d'abord et tu trouveras une femme. **Expr: mbàng tūr̰ jī-ǹ** - le soleil change de côté. **Bòbī-ǹ ngóō-ň sétí, mbàng tūr̰ jī-ǹ.** Son père l'attend en vain, le soleil change de côté.

tūr̰

VI être torsadé. **Nàsī ì dā̰ kí gàji̱-ǹ tūr̰.** C'est un animal aux cornes torsadées. **VI** être tordu. **Jī-ǹ/njà-ǹ rà ki̱ tūr̰-ú.** Il a la main/jambe tordue. **VT** tordre. **Bájò ɔ̄y ngáy àdī m-ási̱ tūr̰ àlé.** La couverture est très lourde, je ne peux pas la tordre (pour quitter l'eau après le lavage).

túr̰

VT avaler (plus. fois) (*fréq. de* ùr̰). **m̄-túr̰ yō̰, nà yō̰ ò̰ bándi̱.** J'avale le termite, car le termite mange le filet de chasse.

túr̰

N esp. de fourmi, petite et noire. **Túr̰ dò̰ ndàm ngōn-m̄ àdī tágī.** Une petite fourmi noire a mordu les testicules de mon fils et ils se sont enflés.

túr̰

VT lancer sur (plus. fois) (*fréq. de* ùr). **Dèē gī túr-ñ kèdī kì sòngòy-ɔ́ bà òy àlé.** Les gens lançaient les sagaies sur l'éléphant mais il

n'est pas mort.
VT verser (plus. fois). **Ngé-kà̰ỳ-kàsì gī túr̄-n̄ kàsì kèm wér̄ gī yē-dì tì.** Les buveurs versent la bière dans leurs verres.

tùr̰ì
AV grandement (percé, troué). **Kùm ndògī mbùtì tùr̰ì.** La secko a un grand trou.

tūsī
VT se débarrasser de. **Sìndá tūsī ngè-kàr̄-sìndá ìnī-n̄.** Le cheval s'est débarrassé du cavalier et l'a jeté (à terre).
VT secouer pour se débarrasser de. **ī-tūsī màn̄ jī-í kɔ́ɔ́ tá ṳ̀-n̄ mùr̄.** Secoue l'eau sur tes mains avant de manger la boule.

tūsī
V donner (quelqu'un qu'on déjà utilisé). **ì ná̰a̰ n̄ tūs-ī kūbī ń-tòō.** C'est qui qui t'a donné cet habit.

tùtì
VI être sec. **M-ísá ì kānjī dór̰ kì tùtì.** Je mange un poisson "dor" séché. **Dàn-ń Súū ìlà ngòng tà jī-kāgī kì tùtì tì ní à, kāgī tètì ādī ngòng òsō kì wúr̄-ú nàng tì.** Quand Sou suspendit le sac à la branche sèche, la branche se cassa, si bien que le sac tomba par terre avec les pois de terre. **Kīr̰ tùtì àlé.** Le fagot n'est pas sec.

tútī
VT détacher, délier. **ī-tútī kìlā tà sóò tì ādī m̄-dò̰o̰-n̄ kì kìjì.** Détache la corde du seau pour que je puisse y mettre une nouvelle.

tūy
N écoper, prendre plus. fois (liquide). **Náw tūy màn̄ kèm tò-ó.** Il écope la pirogue.

túȳ
VI glisser. **Kìlā túȳjī-ḿ tì.** La corde glisse dans mes mains.
VT rendre lisse, lisser. **Dìyá̰ túȳ jóò.** La femme rend la marmite lisse.
VT restituer (l'argent de la dot). **Ngé dìyá̰ gī túȳ gúrsì.** Les parents de la femme ont restitué l'argent de la dot.

túȳ
VI être visqueux, gluant. **r̰ɔ́ ndèr̄ túȳ tītī tá góm bèè.** Le corps du silure est gluant comme le "gom".

tṳ̀ [tṳ̀ṳ̰]
AV encore. **Gō-tì bá-à, dèè kógīḿ ìngè kártì só só, tèē-n̄ jóó jóó, bà tèl̄ ɔ̀y jóó jóó tṳ̀.** Ensuite, chacun reçoit quatre cartes, puis les joue deux par deux, et en tire encore deux.

tṳ́ṳ̰
VT piquer beaucoup. **Yír̄ tṳ́ṳ̰-ḿ ngáy.** La moustique m'a beaucoup piqué.
VT attacher (plus. fois). **Tṳ́ṳ̰-n̄ ngè-ɓògì kì kìlā-á.**

Ils ont attaché le voleur à plusieurs reprises.

Tụ̀nị́yà̀

NP Tuniya, peuple pêcheurs du Moyen Chari, non-Sara, canton à Kokaga. **Gír Tụ̀nị́yà̀ gị̄ ō Yị̀lìm gị̄ ō kógị̄ḿ.** L'origine des Tuniya et des Yilim est la même.

tụ̄ý

N esp. de petit oiseau (*Cordon bleu et Amarante commun*). **Tụ̄ý ì ngōn yèr̃ kị́ dūú ngáy ō ùtī mbī ngáy ō.** Le "tuy" est un tout petit oiseau et il fait beaucoup de bruit aussi.

-ú

LOC dans, en (*suit noms qui contiennent la voyelle 'u'*). **Ī-ɓír̃ wàá údị́ kújị̀-ú.** Enroule la natte et mets-la dans la maison.
INS marqueur d'instrumentalité (avec la prép.). **kị̀ wúr̃-ú, kị̀ bū-ú, kị̀ búndị̀-ú** - avec les arachides, avec les cendres, avec un fusil.

ùbị̀

VT créer (en parlant de Dieu). **Tàgà-dɔ̀ ní Nɨ́ɓā ùbị̀ dɔ̀-nàng ō dɔ̀-r̃ā̰ ō.** Au commencement Dieu a créé la terre et le ciel.
V jurer. **Dèē ùbị̀ kị̀ dị̀yá̰ àlé.** On ne jure pas sur une femme (c'est à dire, sur une accusation d'une relation avec une femme).

ùdị̀

V entrer. **údị̀ kújị́-ú ādī jị̀-wár̃ nàjī séy.** Entre dans la maison afin que nous puissions bavarder un peu.
V descendre. **Ngōn ùdị̀ nàng tị́.** L'enfant est descendu par terre.
VT faire entrer, mettre dans. **Màn à èdị̀ àdī m̄-ɓír̃ r̃àgị̀ kàdī m-údị́ kújị̀-ú.** Il va pleuvoir, alors je vais enrouler la natte et la mettre dans la maison.

ùdī

VT plier. **ūdī gúsị̀ nà̰ā̰ tị́ ngáy àĺ nè à gāng.** Ne plie pas beaucoup l'argent de peur qu'il se déchire.

ùgị̀

VT pincer, gratter. **ùgị̀ mùr̃ ìlà kùm tá̰ tị̀ pá-tā ìsà.** Il a pincé de la boule, l'a mis dans la sauce et puis l'a mangé.

ùgī

V arriver. **ùgī ì tàgị́-ɓèē.** C'est hier qu'il est arrivé.

ùjī

VT jeter, se débarrasser de (un poids qui est sur la tête) (*normalement l'objet est dɔ̀* [dèē]). **Kị̄r̃ ɔ̀ỹ ngáy àdī ùjī dɔ̀-ǹ gír-í.** Le fagot est très lourd et il l'a jeté de sa tête.

ùr̃   (Syn: sēr̃)

VT passer pour travers (suj. est un liquide qu'on avale). **Kàsị̀ ùr̃-m̄ àdī m̄-késī ngáy.** J'ai avalé de travers la bière et j'ai beaucoup toussé.

ùɽ

N élever; garder. **Ngōn ń á ùɽdā̰ gī yā-m̄ ní nà̰y bèmbèé ɓáy.** L'enfant qui garde mes animaux est resté encore en brousse. **āw ūl bīyā̰ gī, ī-tél ɓāl-á.** Va garder les chèvres et reviens dans la saison sèche.

ùm̄

VT surveiller en restant immobile (*implique l'idée qu'on ne veut pas être vu*). **ùm̄ tà-róbí ngé-ndò̰-gī.** Il surveille le passage des pêcheurs.

VT guetter. **Bò̰bī-í ùm̄-ī yā kìndà-ī.** Ton père guette ton arrivée pour te taper.

ùmbī

VT siroter. **M-ūmbī sá̰y m-á ké síkìr ì kūtī-ú à.** J'ai siroté le thé pour voir s'il y avait assez de sucre.

ùmbī

VT prendre dans la bouche (*on dit aussi parfois* ùm̄). **ūmbī màn sḛ́y ī-sùkī-ň tà-í.** Prends un peu d'eau et rince toi la bouche.

ùn

VT prendre, emporter. **Tɔ́gí bò̰bī-m̄ gɔ̀tóò àdī rèē ùn-ǹ.** Le père n'avait plus de force si bien qu'il (le grand oiseau) vint et l'emporta. **ún kèē nò̰ó̰ ādī m-ɓōkí kō kèm-é.** Prends ce van pour que je verse le mil dedans. **Expr: ùn gúrsì** - gagner un salaire, reçevoir le salaire. **ī-rā kìlà àɩ́ à ā ún gúsì àlé.** Si tu ne travailles pas tu ne vas pas gagner un salaire. **Expr: ùn kèm [dèē]** - [qqn] confesser les péchés (Chr.). **ún kèm-í ɓá à ī-ngá kàjì.** Confesse tes péchés et alores tu trouveras la salvation.

ùn̄

VI pénétrer (dans l'eau). **Ré ndābí ùn̄ màn-á ní à tèē láw àlé.** Quand le canard pénètre dans l'eau, il ne sort pas vite.

ùnjī

VI être clair. **Bɔ̀r màn tò ùnjī ngá̰y.** Le fond de cette eau ici est très clair. **Dò-ṟā̰ ùnjī ngá̰y ɓōó-làā.** Le ciel est très clair aujourd'hui.

VT allumer (feu, en le prenant d'autre feu avec la paille). **Ngōn ùnjī hòr kàdī kó̰-ǹ rā-ň sá̰y.** L'enfant a mis le feu pour que sa mère fasse du thé.

VI être bon, amiable (en parlant de relations). **Dò-dáǹ-jí ì ùnjī.** Nos relations sont bonnes.

VI être propre. **ī-sā tásá kí ùnjī ī-rèē ādī-m̄.** Cherche une tasse propre et apporte-la-moi.

VI briller. **Ndō̰-bélé ì kùṟ kí à ùnjī ndɔ́ɔ́.** La luciole est un insecte qui brille dans la nuit.

ùṟ

VT avaler. **Ngè ń àl màn ùdì màn-á ùwà kānjī ń ùṟ bò̰bī-ǹ ní.** Celui qui savait nager entra dans l'eau et attrapa le poisson qui avait avalé son père. **Màm ùr̄ dùl.** Le boa a avalé la biche-cochon.

ùr
VT piler (pour faire la farine). **à̧-n d̥ìyá̧ gī ń à ùr-n wúr̀ ní.** Ils ont vu des femmes qui pilaient de pois de terre. **D̥ìyá̧ ùr kō tām-yē rā mùr̀ tí.** La femme pile le mil pour en faire de la boule.
VT lancer un projectile sur. **Ngè-ndò̧ ùr nàsī kì nìngà-á.** Le chasseur a lancé la sagaie sur l'antilope cheval.
VT verser. **úr sáỳ kèm wér-é ādī-m̄.** Verse-moi le thé dans le verre.

ùr̄
VI tomber par terre. **Nél ìlà àdī yòbí ùr̄ ngáy.** Le vent a beaucoup soufflé et les fruits de karité sont tombés beaucoup.

ùr̄
VT coudre. **Ngè-kùr̄-kūbī à ùr̄ kūbī yā-m̄ gī.** Le couturier est en train de coudre mes vêtements.

ùsì
VT frotter. **M-úsí kèm jó kàdī ùnjī màjì.** Je frotte l'intérieur du canari afin qu'il soit bien propre.

ùsì
VT concerner. **Nàjī yē-í ùsì-m̄ àlé.** Ton problème ne me concerne pas.

ùsī
VT déposer (un fardeau). **D̥ìyá̧ ùsī màn kí dɔ̀-n tí nàng tí.** La femme dépose par terre l'eau sur sa tête.

ùtī
VT fermer. **ūtī tà-kújī nà kóng gī à ùdɨ-n.** Ferme la porte de peur que les mouches n'y entrent.
N gagner, battre (football). **Ngé kí Kūmrāá gī àw̄-n kɨndà bál-á Mūndūú àdī ùtī-n-dɨ.** L'équipe de Koumra est parti jouer football à Moundou et ils les ont battus.

ùwà [ɨ̀wà, ὐwà, ὐwɔ̀]
VT forger. **Kɔ̀dɨ̀ ùn gìndī kàdī ùwà kɔ̀sɨ̀ tí.** Le forgeron a prit un morceau de fer et en a forgé une houe.

ùwà [ɨ̀wà, ὐwà, ὐwɔ̀]
(Syn: ìwà)
VT attraper, saisir. **m̄-ngɔ̄dī ngōn àdī m-úwá-n.** J'ai chassé l'enfant et je l'ai attrapé. **m-úwá ngōn, úwá ngōn, ùwà ngōn** - j'ai attrapé l'enfant, tu as attrapé l'enfant, il a attrapé l'enfant.
Expr: ùwà lò nàng tí - s'asseoir à terre.
Expr: màn ùwà [dèē] - [qqn] se noyer. **Gèr̄ kàr̀ màn àlé àdī màn ùwà-n.** Il ne savait pas nager et il s'est noyé.

ūwá
N mil. **Hòr ừ ì mɔ̧y ń wúr̀ ō ūwá ō mɨnjò ō ì kèm-é ní.**

Le feu a détruit les silos où il y avait les pois de terre, le mil et les haricots. **ūwá ì kō kɨ́ kɨ̀sà kɨ́ ɓē yē Sàɽ̄ gɨ̄ tɨ́.** Le mil est une céréale qu'on mange dans le pays Sarh.

ùy
VT prendre (plus. choses, avec un instrument). **ùy mbī ngàlìyà.** Elle cueille plusieurs feuilles de manioc. VT gratter, racler. **Ngán gɨ̄ ùy-ń kèm jó bɨ́yā̰.** Les enfants raclent l'intérieur de la marmite (pour prendre le reste de) la bouillie.

ȳ
VT puiser. **ūy màǹ àlé à ā ī-ndògī màǹ ɓōó-làā àlé.** Si tu ne puises pas de l'eau aujourd'hui alors tu ne vas pas te laver aujourd'hui.

ṵ̀ [ṵ̀ṵ̀] (Syn: ɔ̀)
VT manger (boule, etc.). **ī-tógó jī-í, j-ṵ̀ mùɽ̄.** Lave-toi les mains, mangeons la boule.

ṵ̀ [ṵ̀ṵ̀]
V occuper un ordre numérique entre. **Súū ṵ̀-jí mɨ̀tá tɨ́.** Sou est le troisième entre nous (Nous étions deux et il s'est adjoint à nous).

ṵ̀ [ṵ̀ṵ̀] (Syn: ɔ̀)
VT brûler. **ì rɨ́ gɨ̄ ǹ hòr ṵ̀ ní?** C'est quoi que le feu a détruit (cela suppose plus. choses).

-ṵ́ [-ṵ́]
LOC dans, en (*avec les noms dont la dernière voyelle est ṵ*). **Kùɽ̄ gɨ̄ ì ngáy**

kèm mṵ̀-ṵ̰. Il y a beaucoup d'insectes dans les herbes.
INS marqueur d'instrumentalité (avec la prép. kɨ̀). **ásɨ́ kàdī ī-dɔ̀ɔ̰̄ kɨ̄ɽ̄ kɨ̀ mṵ̀-ṵ àlé.** Tu ne peux pas attacher le fagot avec de l'herbe.

wà [wàà]
N bruit ou mouvement. **M-ō wà dā̰ kèm-ndògī-ó àlé.** Je ne perçois pas aucun signe d'un animal dans la concession.

wà [wàà]
N la brousse. **Wà tɨ́ dèē gɨ̄ rā-ń hòr ì kɨ̀ màmbā kāgɨ̄-á.** Dans la brousse les gens font les feux avec l'écorce des arbres morts.

wà [wà] (Syn: à)
AV marqueur d'une question. **Ngāɽ̄ dɨ̀jè-dɨ́ ké wà-á ì rá wà.** Le chef leur demanda où était la natte.

wàá
N natte. **Jɨ̀-ɓɨ́ɽ̄ wàá j-ùdɨ̀ kàdɨ̀ bɔ̀r tɨ́.** Nous enroulons la natte et la mettons contre le mur.

wàá
INJ donc, alors (indique surprise). **ā ī-rā kɨ̀là wàá!** Tu es en train de travailler donc!

wájī
N esp. de serpent.

wàÍ
N outil pour tailler le bois, herminette. **Dèē gɨ̄ à tɔ́l-ń bɨ̀ɽ̄ ì kɨ̀ wàÍ -á.** Les gens

taillent le mortier avec l'herminette.

wāl

N ourébi. **Wāl ì dạ̄ kí mbī-ǹ ngāl ngáỵ, à ìsà ì mụ̀.** L'ourébi est un animal avec les oreilles longues, il mange les herbes.

wál

AV étendu à terre (*toujours avec le verbe ɔ̄r̄*). **ạ̀ỹ kàsì ndān àdī rèē ɔ̄r̄ wál kèm wàá tò à ɓī.** Il a bu à plein et il est venu pour s'étendre sur la natte et dormir.

wár̄

VI bavarder, causer. **M-ā rèē wár̄ nàjī-á sè-í kàr̄ī.** Je viens simplement bavarder avec toi.

Expr: **wár̄ nàjī** - bavarder. **m̄-ndì r̄ɔ̄ ngō-kọ́-m̄ tí m̄-tò ndíl-í ní jì-wár̄ nàjī.** Je suis resté auprès de mon frère à l'ombre et nous avons bavardé.

wár̄

VT assaisonner (qqc. cru, avec sel, piment, etc.). **Wár̄ kòsí kì kàtī kár̄ā-á.** Elle assaisonne le concombre avec un mélange de sel et de piment.

wàlá (Arabe)

CNJ et pas. **ì mā̰ wàlá ì nị̀ àlé.** C'est moi et pas lui.

wàlàaa (Français)

INJ voilà (indique satisfaction). **Wàlàaa, ì só-tí tā.** Voilà, il est mieux maintenant.

wālyā

VT tourner dans la bouche. **Kír̄ à ìsà yá̰ àlé à wālyā ngóỳ ɓá-à à ùr.** Le margouillat ne mange pas la nourriture, il la tourne dans la bouche et l'avale.

wánglā

VI se rouler par terre. **Ngōn wánglā kùm**

bùmbúr̄-ú. L'enfant roule dans la poussière.

VI tomber (avec qqc). **Bìlō wánglā sè-ḿ = m̄-wánglā kì bìlō-ó.** Je me suis roulé par terre avec le vélo.

wār̄yā

VT passer la main sur; frotter légèrement. **Wār̄yā tà dò túr̄.** Il frotte légèrement l'endroit piqué par la fourmi. **Kɔ̀dī sā wār̄yā dɔ̀ kèē.** Le voyant passe la main sur le van (pour savoir l'origine d'un problème).

wàsī

N melon. **Wàsī kí ndīr kì dā̰ nèr̄ ngáỵ.** Le melon cuit avec la viande est très agréable.

wàsī-bàndà

N sorte de melon, courge. **Wàsī-bàndà bò mān wàsī-kēý.** Le melon "banda" est plus grand que le melon "key".

wàsī-kēý

N sorte de melon, courgette. **Wàsī-kēý ì wàsī kɨ́ gìdɨ̀-ǹ tɨ́nā ɓáì.** Le melon "kee" est un melon dont l'extérieur est tacheté de couleur.

wàtɨ̀

ID rapidement. **Ngāȓ̄-ì-rí ɔ̀sɨ̀ nàng wàtɨ̀.** Ngariri se lève rapidement.

wā̰ [wā̰ā̰]

N termite ailé. **Wā̰ ì kùȓ̄ kɨ́ àā kɨ̀ bɨ̀ɨ̀-ǹ; dèē gɨ̄ à sà-ǹ-dɨ́.** Le termite ailé est un insecte qui a des ailes. Les gens les mangent.

wà̰rà̰

N esp. d'arbre de savane [Burkea africana]. **Wà̰rà̰ ì kāgɨ̄ kɨ́ mbī-ǹ tītī mbī mbɨ́-mbɨ̀ɨ̀.** Le "wara" est un arbre dont les feuilles sont pareilles à celles de l'arbre "mbimbi".

wà̰rā̰

N esp. de poisson, "poisson caïman" [Polypterus sp.]. **Wà̰rā̰ ì kānjī kɨ́ ngɔ̀ɔ̀-ǹ ngàng ngáy, dèē gɨ̄ à ndīr-ǹ àlé bà à tɨ̀ngà-ǹ ì mbéē.** Le poisson caïman est un poisson avec les écailles très dures, les gens ne le cuisent pas, on le grille seulement.

wà̰tɨ̀

AV rapide, vite (v. aussi ròtɨ̀). **ɔ̀sɨ̀ nàng wà̰tɨ̀ àw̄ ɓē-é.** Il s'est levé vite est rentré chez lui.

wá̰ỳ

N esp. de poisson [Alestes nurse]. **Wá̰ỳ ì kānjī kɨ́ tītī wúdɨ̀ bà nì tá ì kɨ́ dūú.** Le poisson "way" est pareil au poisson "wude" mais il est plus petit.

wēlēng

VT pousser à, inciter. **Ngán-gɨ̄ wēlēng-ń nà̰ā̰ tà kàw̄ mbō-ó.** Les enfants se sont poussés les uns les autres en allant au marigot.

wéȓ

N verre. **Dìyá̰ rā kìnín kèm wér-é kàdɨ̄ àdɨ̄ ngōn.** La femme prépare le médicament dans un verre pour donner à l'enfant.

wīy

N pus. **Jī-ǹ ì kɨ́ síȓ̄ ō, wīy kɨ́ kèm-é tōr-ǹ ngáy ō àdɨ̄ ɓī ɓōó-làā àlé.** Il avait la main enflée et le pus dedans l'empêchait de dormir.

wìyà (Syn: mbīȓ̄)

N esp. de poisson, poisson chien [Hydrocyon]. **Wìyà ì kānjī kɨ́ kīngā-ǹ ì ngáy.** Le "wiya" est un poisson avec beaucoup d'arêtes.

wòkī

N variété de petit mil à épi long et grains blancs. **Wòkī ì kō kɨ́ màjɨ̀ rā kàsɨ̀ tɨ́ àlé.** Le petit mil "woki" n'est pas bon pour faire la boisson (avec).

wòl

NIN crinière. **Wòl ɓòl mān wòl sɨ́ndà.** La crinière du

lion est plus grande que la crinière du cheval.

wòl

VI être poilu, velu. **Jī-n̂ wòl hùyùyù = Jī-n̂ wòl hùlùlù.** Il a les bras très velus

wōng

N colère. **àdī tél kɨ wōng gī àw̄-n̂ ɓē-é.** Alors elle s'en retourna à la maison en colère. **Nàjī n̂ ídá-m̄ ní àdī-m̄ wōng.** Ce que vous m'avez dit me rendit en colère.
Expr: ìsō wōng - devenir mécontent ou en colère. **Bísɨ-gī òsō-n̄ wōng** Les chiens tombent en colère (un conte)

wòṛ (Syn: gàrà)

N pierre de divination. **ìndā-n̂ wòṛ kàdī òō-n̂ ké mòy̰ rí n̂ rā dɨ̰yá̰ ní wà.** Ils ont utilisé la pierre de divination pour trouver la cause de la maladie de la femme.

wòṛòṛò

N l'aube. **Lò tò wòṛòṛò.** L'aube apparaît.

wōtīrō (Français)

N voiture. **wōtīrō gī ì ngáy Njàménà-á àdī lò gīlā dɔ̀ róbɨ tōr ngáy.** Il y a beaucoup de voitures à Ndjaména et traverser la rue est très difficile.

wōy [wōy,wɔ̄y]

AV vide. **Kèm kújɨ tò wōy. Kèm kújɨ gī tò-n̄ wōy.** L'intérieur de la maison est

vide. Les intérieurs des maison sont vides.
AV ouvert. **Tà-róbɨ tò wōy = Tà-róbɨ ì kɨ tò wōy.** La porte est ouverte.

wúdɨ́

N esp. de poisson [Labeo senegalensis]. **Wúdɨ́ ì kānjī kɨ́ dā̰-n̂ àtī̄. à ɔ̀sɨ-nèé ì kàndà.** Le poisson "wudi" est un poisson avec la chair amère. On prépare la sauce de sésame avec.

wúdùm

N arachide (*locatif irrég*: wūdùm-é). **Wúdùm kɨ́ kɨ ngɔ́ ndùm láw àlé.** Les arachides en coquilles ne pourrissent pas rapidement.

wúľ

N pois de terre. **Hòr ṵ mɔ̰y n̂ wúľ ō ūwá ō mɨnjò ō ì kèm-é ní.** Le feu a détruit les silos où il y avait les pois de terre, le mil et les haricots. **Wúľ kɨ́ ndàw̄ àí ɓáy ngàng ngáy.** Les pois de terre qu'on n'a pas encore grillés sont très durs.

wùlé

N sorte de chasse avec cris de rabatteurs. **Dùl n̂-tòō ì dā̰ wùlé wàlá ì dā̰ búndɨ àlé.** Cette antilope est un animal pris pendant la chasse à cris et non tué à fusil.

wùṛ

NIN foie. **Ré a̰y kàsɨ̀ ngáy à kàsɨ̀ à ìsà wùṛ-í.** Si tu bois beaucoup la boisson va détruire ton foie.

wùr̥-kàtī

N tristesse. **M-ō kɪ̀là kɪ́ tò wùr̥-kàtī.** J'ai entendu une triste nouvelle.

wùr̥-kɪ̀l

N endurance, courage. **Wùr̥-kɪ̀l ì yá̰ yā ásgàr gɪ̄.** L'endurance est une chose des soldats.

wúr̥ī (Syn: mbátɪ́-kɔ́rɔ̄)

N pâte d'arachide. **Wúr̥ī kɪ́ ndà màjɪ̀ ndīr yɪ́r̥ ngáy.** La pâte d'arachide blanche est très bon pour préparer l'oseille.

wùsɪ̀

N odeur. **Wùsɪ-ǹ tàā kèm kújɪ̀.** Son odeur répand dans la maison.

yā [yā] (Syn: yē)

PRP de, à (possessif). **ì mɪ̀njò yā ná̰ā̰?** A qui sont ces haricots? **ì yā-m̄ mā̰ gɪ̄.** Ce sont à moi.

PRP chez. **ā ī-ndì yā ná̰ā̰?** Chez qui vas-tu loger?

yā [yā]

CMP pour. **Màng rèē kɪ̄ r̥ɔ̄-m̄ tɪ́ yā kɔ̀sɪ-m̄.** Le boeuf s'est dirigé vers moi pour m'encorner. **m̄-rèē làā yā kàdī ídá-m̄ nàjī.** Je suis venu ici pour que tu parles avec moi.

yáā

VI être étonnant, étrange, bizarre. **Ngè-mò̰y n̄-tòō ì dɔ̀ɔ́ 6á-à ì yá̰ kɪ́ yáā már̥ày.** Ce malade s'est levé, c'est une chose vraiment incroyable.

yàbɪ̀

N hippopotame. **Ngīr̥ā yàbɪ̀ ndèr̥̄ ngáy.** La peau de l'hippopotame est très épaisse.

yàng

VI être fort (boisson). **Kàsɪ̀ n̄-tòō yàng mbɪ̀ɪ̰ɪ̰.** Cette bière est éventée.

yár̥

VT balancer sur la tête. **Dɪ̀yá̰ yár̥ jóò.** La femme balançait le canari sur la tête.

yày

VI être paresseux. **Ngōn-í nò dá yày ngáy gē àdī yá̰ kɪ̀là jī ngō-kó̰-ǹ tɪ́ màlàng.** Ton enfant là est très paresseux; il laisse tout le travail à son frère.

yá̰à̰ [ɲá̰á̰, ɲá̰à̰]

N chose. **Yá̰ n̄-tòō ì yā ná̰ā̰?** Cette chose là appartient à qui?

yá̰-gèr̥

N connaissance. **Kɪ̀gà yá̰-gèr̥ gòtóō.** Il n'y a pas de magie pour la connaissance.

yá̰-gòtɪ-yò

N héritage. **Yá̰-gòtɪ-yò ì yá̰ yē ngán ngè-yò gɪ̄.**

L'héritage est une chose pour les enfants du défunt.

yá̰-kà̰ȳ

N boisson alcoolisée. **ɓē dùm gī tí yá̰-kà̰ȳ gòtóō.** Chez les arabes il n'y a pas de boisson alcoolisée.

yá̰-kìsà

N nourriture. **ādī mbā gī yá̰-kìsà à?** As-tu donné de la nourriture à ton invité?

yá̰-kòtō

N charge. **Yá̰-kòtō gòtóō dɔ̀-í tí bà ì rí ǹ ɔ̀gī-ī njīrā.** Il n'y a pas de charge sur ta tête, c'est quoi qui t'empêche de marcher.

yá̰-kùɽ

N bétail, animal domestique. **Yá̰-kùɽ yā-ḿ gī òjì-ñ nà̰ā̰ ngáy kɔ̄ń-làā.** Mes animaux domestiques ont eu beaucoup de petits cette année.

yá̰-mòy

N remède. **Kàsì ì yá̰-mòy àlé.** La bière n'est pas un remède pour les maladies.

yá̰-mbā (Syn: kàmáḿ)

N bagage. **m̄-káñ yá̰-mbā yā-ḿ ndɔ́ɔ́-làā kɔ́ɔ́.** J'ai déjà arrangé mon bagage cette nuit.

yá̰-ndìbā

NP héritage. **Kɔ́ màng ń tò ì yá̰-ndìbā kí bɔ̀bī-jí ìyà àdī-jí.** Cette vache là est l'héritage que notre père nous a laissé.

yá̰-rɔ̄

N arme. **Ngāɽ̀ ɓē ndōgō yá̰-rɔ̄ ngáy.** Le chef du village a acheté beaucoup d'armes.

yá̰-yèl

N contrepoison (*contre le poison traditionnel, les "grigri", etc.*). **Ngé Álà gī gèy-ñ yá̰-yèl àlé.** Les Chrétiens n'aiment pas les contrepoisons traditionnels.

yá̰à̰-gī

INJ euh ... (*quand on ne trouve pas les mots*). **Yá̰à̰-gī....yá̰à̰-gī....** Euh...euh...

yáɽ [ɲáɽ]

VT produire des sensations douloureuses. **Kɔ̄n yáɽ-m̄ njà-ḿ tí.** L'épine me produit des élancements dans la jambe.

yàɽ̄ [nàɽ̄]

VI refléter, produire des éclats de lumière. **Dɔ̀ màn̄ yàɽ̄ ngòy-ngòy gō mbàng-á.** La surface de l'eau reflète les éclats du soleil.

VT éblouir. **Hòr kàmyɔ̄ yàɽ̄ kùm-ḿ.** Les phares du camion m'éblouissent.

yā̰ɽ [ɲā̰ɽ]

N esp. de liane [Cissus populnea]. **Yā̰ɽ ì kìlā kòjō ndògī.** La liane est (utilisée comme) une corde pour tresser le secko.

yàrkáy

N esp. d'herbe [Amaranthus cruentus].

yē [yē] (Syn: yā)

PRP de, à. **ì yē-n̄ nì.** C'est à lui.

PRP pour, pour que. **ń-tòō m-ǹ̰ yē kàw̄ kújí-ú.** Maintenant, je vais me lever pour aller dans la maison. **Mā̰ m̄-tàā dìyá̰ kógīm̄ bà nḭ̀ tá-ànī tàā yē-n̄ gī ì jōó.** Moi j'ai épousé une femme mais lui au contraire il a pris pour lui deux.

Expr: **yá̰ kí yē [rā yá̰]** - quelque chose pour [faire qqc]. **ì yá̰ kí yē kàjì-n̄ dèē.** C'est une chose pour sauver les gens.

yéē

VT secouer. **Yéē tà-jī mángò kàdī mángò tìsō.** Il secouait la branche du manguier pour que les mangues tombent à terre.

yèdī

N excrément. **ɔ́y yèdī ń bísí èdì ní kɔ́ɔ́.** Jette dehors l'excrément que le chien a laissé.

yèdī-ɓòng

N variété de concombre à peau blanc-jaunâtre. **Yèdī-ɓòng ré āw-n̄ súkī-ú à dèē gī à ndōgō-n̄ àlé, à rā-n̄ kàdī ì kòsí kí gàgā kɔ́ɔ́.** Le concombre "excrément de l'hyène", si tu l'amènes au marché les gens ne l'achètent pas, ils vont penser que c'est un concombre déjà trop mûr.

yégī

N rat, souris. **Sò-sò ì yégī kí r̰ɔ̄ ngáy tɔ̀y̰ yégī gī màlàng.** Le rat "soso" est plus agressif que tous les autres rats.

yégī-Bāngīí

N esp. de rat d'origine européen. **yégī-Bāngīí ì yégī à ìsà àlé, dā̰-n̄ àtī.** Le rat de Bangui est un rat que les gens ne mangent pas, sa chair est amère.

yèjī

VI faire une grimace qui indique qu'on va pleurer (*normalement avec* nɔ̄). **Ngōn yèjī nɔ̄ mìgìrìii.** L'enfant a fait une grimace avant de pleurer.

yèr̄

N oiseau. **Yèr̄ kí bò kírēý rèē yā kùr̰-n̄.** Un gros oiseau arriva pour les avaler. **Bùr̰ùm ì yèr̄ kí bò kì à ḭ̀ bɔ̄gī-á àlé.** L'autruche est un grand oiseau qui ne vole pas.

Expr: **òsō yèr̄** - attraper l'épilepsie. **Dèē gī ìdà-n̄ nà ísá dɔ̀ bòr̄ à à òsō yèr̄.** Les gens disent que si tu manges la tête du cochon tu attraperas l'épilepsie.

yèr̄

N épilepsie. **Yèr̄ ì mò̰y kí dɔ̀ tí.** L'épilepsie est une maladie de la tête.

yèr̄-dɔ̀-gàjḭ̀

N esp. d'oiseau, serpentaire (*v.* tḭ́ì-ɓē). **Yèr̄-dɔ̀-gàjḭ̀ ì yèr̄** kɨ́ bò tītī gò̰ bà nɨ̰̀ à àsɨ̀ kùwà lī gī kàr̰ī. Le serpentaire est un oiseau grand comme l'heron mais lui il peut attraper les serpents sans problème.

yèⁱ-kó-nīngá
N esp. d'oiseau, martin-pêcheur pie. **Yèⁱ-kó-nīngá ì yèⁱ kɨ́ à rā ɓē yā-ǹ ì bɨ̀lò-màñ-á.** Le martin-pêcheur pie est un oiseau qui fait son nid dans les puits.

yèⁱ-kò̀dī   (Syn: pópóò)
N esp. d'oiseau (Bagadais casqué). **Yèⁱ-kò̀dī ì yèⁱ kɨ́ dò̀-ǹ tītī kīnjá-nò̰-ɱ́-gò̀ⁱ** . Le Bagadais casqué est un oiseau dont sa tête est pareille à celle du poulet qui a une crête sur la tête.

yèmbɨ̀   [ɲ̀èmbɨ̀]
VI être graisseux. **Dā̰ ń-tò yèmbɨ̀ ngáy.** Cette viande a beaucoup de graisse.
VI être couvert d'huile. **Ngōn ìsà mɨ̀njò àdī tà-ǹ yèmbɨ̀ mbɨ̰̄ɨ̰̄.** L'enfant a mangé des haricots et sa bouche est couverte d'huile.

yémbī
VI bruiner, tomber en petits quantités (la pluie). **Màñ yémbī njèkɨ-njèkɨ bà tél dɨ̀bà.** La pluie est tombée en petites quantités mais elle est arrêtée.

yēŕ̰
VI être mince. **ì dèē kɨ́ yēŕ̰ yér̰-yér̰.** Il est quelqu'un très mince.

yér̰
N esp. de grande herbe [Eragrostis sp.]. **Yér̰ ì mṵ̀ kɨ́ à rā-ñ ndɨsā tɨ.** "Yer" est une herbe qu'on utilise pour fabriquer la balaie.

yér̰-yér̰
ID très (mince: descr. de yēr̰).

yérgè   (Syn: árgè)
N boisson alcoolisée préparée à base du manioc. **Ré ā̰y yérgè ngáy à mbór̰-í à tágī.** Si tu bois beaucoup de la boisson "yerge" tes joues vont se gonfler.

yēw
VI être mouillé. **Bò̀r yēw ngáy lò kàdī jɨ̀-rā-ñ bɨríkɨ gòtóō.** La boue est très mouillée, nous ne pouvons pas faire des briques.

yḛ̀   [ɲḛ̀ḛ̀]
NIN résidu. **ɱ̄-sā yḛ̀ kàsɨ̀ kàdī m-ādī bò̀r yā-ɱ́ gī ɨ̀sà-ñ.** Je suis à la recherche de résidus de la bière pour en donner à manger à mes

cochons. **Kọ́-ḿ njèr̄ sáỳ dɔ̀ yḛ̀-r̀ tí.** Ma mère a versé peu à peu le thé qui est sur le résidu (pour ne pas verser le résidu du thé).

yḛ̀ḛ̄ [n̰ḛ̀ḛ̄]

V fondre, se fondre. **M-ɔ́ỳ yìbī, m-īndā hòr-ó kàdī yḛ̀ḛ̄ ɓá-à m̄-tūr kèm kū-ú.** Je prends l'huile, je la mets sur le feu pour qu'elle fonde, puis je la décante et je la verse dans une gourde. **Ré ī-mbīsā wúr̰ī gī ànī à yḛ̀ḛ̄ jī-í tí.** Si tu presses la pâte d'arachide alors elle se fondra dans ta main.

yèkɩ̀ [n̰èkɩ̀]

AV vif (feu, braise). **Yḛ̄l hòr kɩ́ yèkɩ̀ ń-tòō màjɩ̀ tíngā kānjī ngáy.** Ces braises vives sont très bonnes pour griller le poisson.

yḛ̀l [n̰èl]

N poison, empoisonnement (dans boisson ou nourriture). **Mò̰y yē-r̀ ní yḛ̀l.** Sa maladie est due à un empoisonnement.

yḛ̄l [n̰ēl]

NIN braises. **Yḛ̄l hòr ndɔ́bī àdī òsō r̰ɔ̀-ḿ tí.** Les braises du feu ont étincelé et elles sont tombées sur moi.

yḛ̄m [n̰ḛ̄m]

VI être maigre, maigrir. **Mò̰y rā-r̀ àdī yḛ̄m ngáy.** La maladie l'a rendu maigre.

yḛ̄ńg [n̰ḛ̄ń]

VT être dégoûté par. **m̄-yḛ̄ńg tá̰ ndèl̄ ngáy.** Je

trouve la sauce du poisson "ndel" dégoutante.

yèr̄ḛ̄ [n̰ḛ̄r̄ḛ̄]

VI être tacheté. **Síndá kɩ́ yèr̄ḛ̄ dèē gāng-ň màn̄ àlé.** Un cheval tacheté, on ne traverse pas le fleuve avec lui.

yésī [n̰ésī]

V être pitoyable, avoir l'air pitoyable (toujours avec kùm). **Ndì à yésī kùm-r̀ tītī ɓètī kɩ́ kūr̰-ngāng rā-r̀.** Il a l'air pitoyable comme un singe qui a mal aux dents.

Expr: kùm (dèē) yésī-r̀ dɔ̀ [dèē màdī] tí - (qqn) avoir pitié de [qqn d'autre]. **Kùm-ḿ yésī-m̄ dɔ̀-í tí.** J'ai pitié de toi.

yètī [n̰ètī]

VT mélanger (grains, liquides, etc). **m̄-yètī kór̄ kɩ̀ náñg-á kàdī m-ɔ̄gī ngán ngè dùbī-r̀ gī kɩ̀sà.** Je mélange le sésame avec le sable pour empêcher les enfants qui les sèment de les manger.

yḛ̄tī [n̰ḛ̄tī]

N esp. de guêpe. **Yḛ̄tī gī rā-r̀ ɓē yē-dɩ́ tà kújɩ́ yèl̄ tɩ.** Les guêpes font leurs maisons devant les nids d'oiseaux. **Gèr̰ ɓá ɔ̀gī yḛ̄tī rā yìbī-r̀.** Savoir déjà a empêché la guêpe de faire le miel (Prov: on disant "je sais déjà" il n'a jamais appris).

yètɩ-yètɩ

ID peu à peu (tomber de l'eau: descr. de tísō). **Màn̄**

tísō yètì-yètì àdī ā ī-njīrā
gír-í kàr̥ī. L'eau tombe peu
à peu et alors tu ne (peux)
pas marcher dessous
facilement.

yètì-yètì
ID à très voix basse (parler
descr. de kòtī̀). ā ī-kòtī̀ nàjī
yètì-yètì ní métìr à òō-ī
bày? Tu parles à voix basse,
comment le maître va
t'écouter?

yìbī
N huile. Gír̥ rā yìbī gāng
tā à? Est-ce que la
fabrication de l'huile est
finie? Yìbī rɔ̄ý màjì tɔ̀ỹ
yìbī wúl̄-dùm. L'huile de
karité est meilleure que
l'huile d'arachide.
Expr: tètì yìbī - faire
liquéfier en huile.

yíl̄   (Syn: yíl̥)
N moustique. Yíl̄ tụ̄ ụ̄-m̄
ngáy. Les moustiques m'ont
piqué continuellement. Yíl̄
dọ̀-m̄ ngáy ndɔ̄ɔ́-làā. Les
moustiques me piquaient
beaucoup cette nuit.

yīr̥
VT faire effort pour
expulser, contracter. ī-yír̥
ngōn ādī tèē r̥ɔ̄-í tị́. Fais
effort pour que l'enfant sorte
(pendant l'accouchement).

yír̥
N oseille [Hibiscus
sabdariffa]. Jì-rā tá́ ń-tòō ì
kì kàñ yír̥ kí ndà-á. On fait
cette sauce avec le fruit de
l'oseille blanche.

yír̥-mbáỹ
N esp. de plante [Hibiscus
cannabinus]. Yír̥-mbáỹ ì yír̥
kí dèē gī à ndɔ̀r̄-ň ì tām rā
kìlā tị́. Le Hibiscus
cannabinus est un type
d'oseille que les gens
plantent pour faire la corde.

yír̥-tà-gɔ̄gīr̥ɔ̄
N variété d'oseille. Yír̥-tà-
gɔ̄gīr̥ɔ̄ ì yír̥ sáỳ àlé.
L'oseille "gogiro" n'est pas
une oseille pour le thé.

yír̥-tą́
N esp. d'oseille blanche
utilisée dans la sauce (on dit
aussi yír̥ kí ndà).

yīl   [n̄īl]
VT dissoudre. Yìbī yīl kàtī
àlé. L'huile ne dessout pas le
sel. Màñ ɔ̀dì síkìr àdī yīl
kɔ̄ɔ́. L'eau a touché le sucre
et il s'est dissous.

yíɽ [ɲíɽ] (Syn: yíɽ)
N moustique. **Yíɽ gī ré tóɔ̄-ñ-ī ngáy ɓá-à à àdī-ñ-ī mɔ̀y-gàjɨ.** Les moustiques, s'ils te piquent beaucoup alors ils vont te donner le paludisme.

Yɨ̀lɨm
NP Yilim, peuple non-Sara, pêcheurs (du Moyen Chari canton Yilim) (on dit aussi Yìlɨm). **Yɨ̀lɨm gī ì ngáy dɔ̀-nàng tɨ́ àlé.** Les Yilim ne sont pas nombre dans le monde.

yɨ̀m̄ [ɲɨ̄m]
VT être jaloux de. **ī-lō kɨ ī-yɨ̀m̄ màdī-í, nà yɨ̀m̄ màjàlé.** Ne sois pas jaloux de votre ami, la jalousie est mauvaise.

yɨ̀m̄ [ɲɨ̀m̄]
N criquet, sauterelle. **Ndúɽ à ìsà ì mbī mṳ gī ō yɨ̀m̄ gī ō.** Le hérisson se nourrit d'herbes et de sauterelles.

yɨ̄mbēɽ [ɲɨ̄mbēɽ]
NP Nigérian, Igbo. **Yɨ̄mbēɽ gī ì dèē gī kɨ́ ɨ̀ñ Nìjéríyá.** Les Igbos sont les gens qui viennent de Nigéria.

yɨ̄ngā [ɲɨ̄ngā]
VT embêter, ennuyer (plus fort que njɨɓā). **ì dèē kɨ yɨ̄ngā lò ngáy.** Il est quelqu'un d'embêtant.

yɨ̄ngá [ɲɨ̄ngá]
N rasoir. **Yɨ̄ngá ì yá ndɨ̀sā mbāý.** Le rasoir est une chose pour raser les barbes.

yɨ̀ngrɨ̀ii [ɲɨ̀ngrɨ̀ìì]
ID très (âpre). **Màñ kɨ Sár-á nèɽ àlé, tò yɨ̀ngrɨ̀ii.** L'eau à Sarh n'est pas agréable, elle est très âpre.
Expr: **tīsīrī yɨ̀ngrɨ̀ii** - faire une grimace.

yɨ̄ɽ [ɲɨ̄r]
N esp. de poisson [Distichodus rastratus]. **Yɨ̄ɽ ì kānjī kɨ́ nèɽ tá ngáy.** Le "yir" est un poisson qui est très agréable dans la sauce.

yīdā [yīdā,yɨ̄dā]
N esp. d'arbre [Anogeissus leiocarpus]. **Kāgī yīdā tètɨ à à ndīnā màdī-ñ.** Si l'arbre "Yida" casse alors il s'appuie sur les autres arbres [litt: sur ses camarades]. (Proverbe: qqn avec beaucoup de soutien ne peut pas tomber).

yɨ́nà
N esp. d'herbe vivace [Schizachyrium sanguineum]. **Yɨ́nà ì mṳ rā kújɨ.** Le "yina" est une herbe pour faire les cases.

yò [yòo]
N la mort. **Tɔ̄l màng lò yò tɨ́ tàgɨ́-ɓèē.** Ils ont abattu un boeuf à la place mortuaire hier. **Yò ngōn kɨ́ dūú tōr ngáy mān yò dèē kɨ́ tɔ̀gɨ.** La mort d'un petit enfant fait plus mal que la mort d'un adulte.

yò [yò]

INJ exclamation de désapprobation. **Yò! ī-kɔ̄r nà rā-ī à?** Quoi! C'est la follie qui t'a attaqué quoi?

yó

AV là (distingué de làā 'ici', et toujours employé en opposition avec làā. **Ní kɨ́ yó ìdà nà ... ní kɨ́ làā ìdà nà ...** Celui-ci a dit .... celui-là a dit ...

Expr: kī yó kī làā = kī yó gī kī làā gī - de-ci de-là. **Gèɽ kàɽ bìlō àlé àdī àw̄ kī yó gī kī làā gī.** Il ne sait pas monter le vélo de sorte qu'il va de-ci de-là.

yòō

N sorte d'harpon à plusieurs pointes en fer. **yòō kɨ́ mbètī kógɨ̄ɨ́/jōó** harpon à un/deux barbelures **m̄-ndōgō yòō kàdī m̄-āw-ň ndò̰ kānjī-á.** J'ai acheté un harpon pour emmener à la chasse de poisson.

yōó

N esp. de poisson, carpe. **M-úwà kānjī dóɽ̰ ō kānjī yōó ō kānjī ngóɽ̰ ō.** J'ai pris des poissons "dor", des carpes, et des poissons "ngor".

yòbɨ

N fruit de karité. **Yòbɨ́ gòtóō súkī-ú Njàménà tɔ̀dɔ̄ kāgī kɨ̄yā̰ gòtóō.** Il n'y a pas de fruit de karité à N'djaména parce que il n'y a pas d'arbres de karité.

yóm̄

VI bruiner. **Màñ yóm̄ kɨ̀ ndɔ̄ý-làā lò kàdī m-āw ndɔ̀ɽ-ó gòtóō.** Il a bruiné ce matin et il était impossible d'aller au champ.

yōró [yə̄ró,yōró]

N saleté. **Kūbī yā-ɨ́m tò yōró.** Mes vêtements sont très sales. **ɽɔ̄-í tò yōró.** Tu es sale.

yò̰ò̰rò̰

ID vif (rouge: descr. de kɨrē). **Mò̰y rā-ǹ àdī kùm-ǹ kɨrē yò̰ò̰rò̰.** Il est malade y ses yeux ont un coleur rouge vif.

yóróró

ID indique un cri insistant. **Kà̰ɽā̰ gír njá̰ gī ń à ìgà-ñ kɔ̀ɽ "yóróró yò̰rò̰rò̰ yóróró" nò̰ó̰, màñ à tàà lò.** Les crapauds de la zone inondable croassent ainsi sans cesse, l'eau va inonder l'endroit.

yòw̄ (Syn: yòbɨ)

N fruit de karité. **M-íngè yòw̄ m̄-rēē-ň kàdī dèē-gī ṵ̀-ñ.** Je trouve des fruits de karité et je les amène pour que les gens mangent.

yòy

VI arrêter lentement, devenir moins actif. **Ndām yòy, ngé ndām gī yòy-ñ.** La danse se fait moins animée, les danseurs sont moins animés.

yò̰ [ŋò̰]

N résidu (du sorgho) après le pilage. **Yō̰ gī ò̰-ñ yò̰ gɔ̀jɨ** yā-ḿ kí kèm kèē-é. Les termites ont rongé le résidu du sorgho qui était dans le van.

yǭ [nǭ]

N termite. m̄-túr̄ yǭ, nà yǭ ṵ bándì. J'avale le termite, car le termite mange le filet de chasse. Yǭ gī ò̰-n̄ tīr̄á yā-ḿ. Les termites rongent mon lit en bois.

yǭkītɔ̄ [nǭkītɔ̄] (Syn: yǭngr̄ɔ̄)

VT réduire ou mettre en miettes. Màn̄ ìndà bìríkì yā-ḿ àdī yǭkītɔ̄ kɔ̄ɔ́. L'eau a mouillé mes briques et les a réduits en mini-morceaux.

yǭngr̄ɔ̄ [yǭngr̄ɔ̄] (Syn: yǭkītɔ̄)

VT réduire ou mettre en miettes. Màn̄ yǭngr̄ɔ̄ jóò. La pluie a mis la poterie en miettes.

VI être décomposé, mis en miettes. Kānjī yā-ḿ yǭngr̄ɔ̄ kɔ̄ɔ́. Mon poisson (trop cuit) est en petits morceaux.

yòtì [nòtì]

AV en petite quantité. Mápà ǹ ādī-m̄ ní ì yòtì ngóỳ. Le morceau de pain que tu m'as donné est bien petit.

yòtì-yòtì

ID en petits morceaux. Gáng mápà nà̰ā̰ tí yòtì-yòtì. Elle coupe le pain en petits morceaux.

yɔ́kī

VI avoir de jeu, être desserré, être déchaussé.

Kīngā yɔ́kī kèm kūl-ǹ tí. La hache est desserrée dans son manche. Kāgī kòsì yā-ḿ yɔ́kī kɔ̄ɔ́. Le manche de ma houe est déchaussé.

yòkìlò

NIN débris (d'herbes) (*toujours avec* mṵ̀). Ɓāl-á á kòrō gī à ìsà yòkìlò mṵ̀. Pendant la saison sèche les ânes mangent le débris des herbes.

yòl

AV un peu. Kàtī ń ādī-m̄ ní ì yòl ngóỳ. Le sel que tu m'as donné est très peu.

yòr

NIN envie de. Yòr wúdùm rā-m̄ ngáỳ. J'ai envie d'arachides.

yòr̄

VT déformer. Nì ì ngōn ɓáy, bà ì kìlà ǹ yòr̄-ǹ. Il est encore jeune, mais c'est le travail qui l'a déformé.

yùkì-yùkì

AV en grande nombre (animaux, personnes). Kīnjá gī tèē-n̄ bìlà-á yùkì-yùkì. Les poulets sont sortis en grand nombre du poulailler.

yṵm [nṵm]

AV incliné, légèrement incliné. Sùm ùdì màn̄-á yṵm. Le panier à poissons est plongé dans l'eau, légèrement incliné.

AV baissé un peu. Màn̄ tél

yùm. L'eau a baissé un peu.
AV calmé un peu. **Wōng
yā-m̄ tètì yùm.** Ma colère
est un peu calmée.

yṵ́r̄ [ɲṵ́r̄]

VI murmurer, grommeler. **à
yṵ́r̄ kì bísì tí ní, náā̰ ǹ à òō
sè-nèé?** Il grogne comme un
chien, qui va le
comprendre?

Bibliographie

Fournier, Maurice 1976: Conversations et textes sar (2me edition). Centre d'Etudes Linguistiques, Collège Charles Lwanga, Sarh.

Lewis, M. Paul, Gary F. Simons, and Charles D. Fennig (eds.). 2013. *Ethnologue: Languages of the World*, Seventeenth edition. Dallas, Texas: SIL International. Online version: http://www.ethnologue.com.

Madjingar, Gaby Tidanbay and Jaques Fredry 1982: *Pecheurs et Poissons*, Centre D'Etudes Linguistiques, Sarh.

Keegan, John M. 2014 :*The Eastern Sara Languages*, Ninth Edition,Morkeg Books,Cuenca.

Palayer, Pierre, 1992 : *Dictionnaire sar-français: Tchad.* Paris, Geuthner.
_____ 1970: *Eléments de grammarie sar (Tchad)*: Centre d' Etudes linguistiques, No. 2. Afrique et Langage, Lyons.
_____ 1977 :*Lexique de plantes du pays sar (Tchad)* :Centre d'Etudes Linguistiques,tome I et II, College Charles Lwanga ,Sarh.